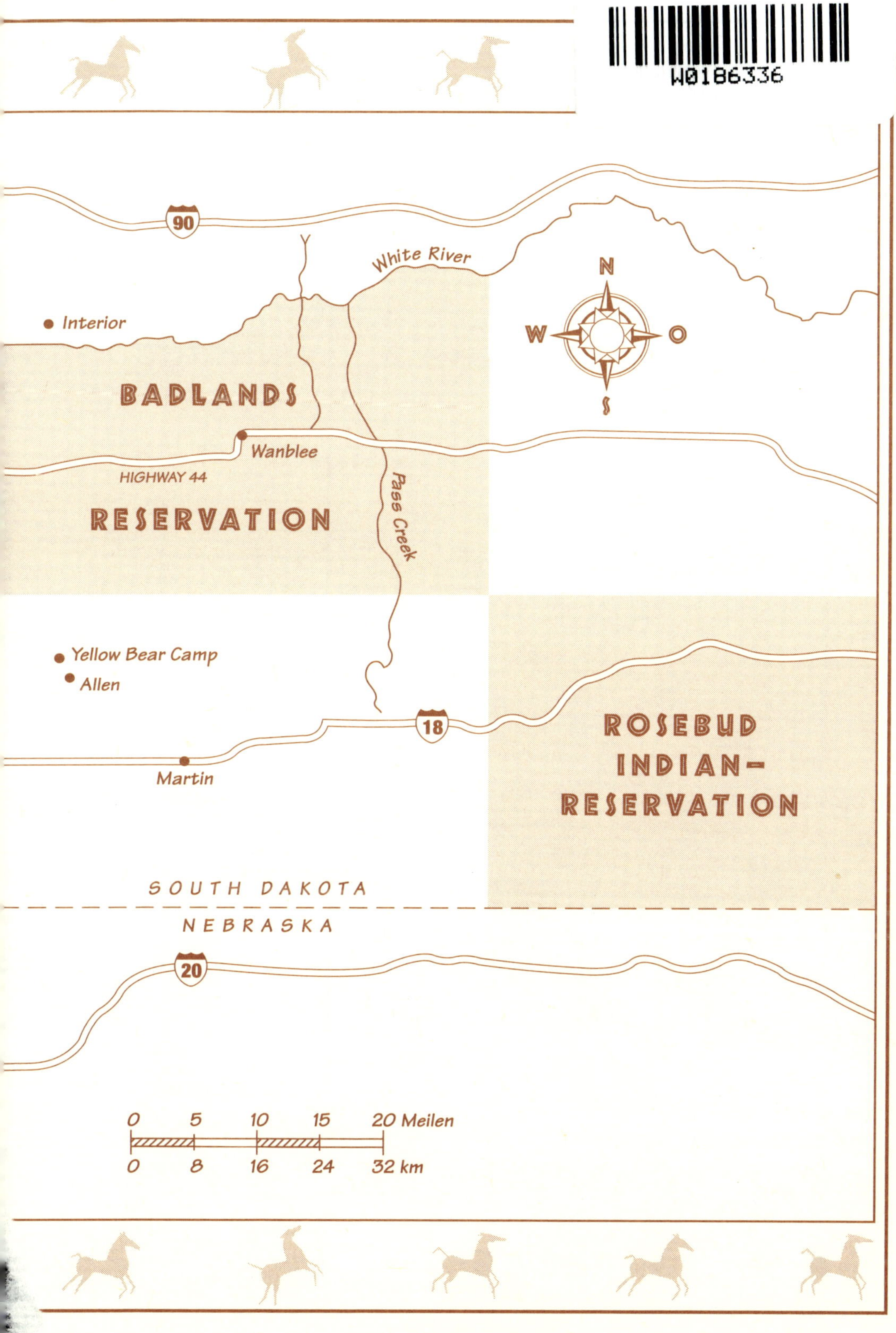
90
White River
Interior
N
W
O
S
BADLANDS
Wanblee
HIGHWAY 44
RESERVATION
Pass Creek
Yellow Bear Camp
Allen
18
Martin
ROSEBUD
INDIAN-
RESERVATION
SOUTH DAKOTA
NEBRASKA
20
0 5 10 15 20 Meilen
0 8 16 24 32 km

Joe Starita

HÄUPTLING DULL KNIFE

Joe Starita

HÄUPTLING DULL KNIFE

Die Geschichte einer Indianerfamilie

Aus dem Amerikanischen
von Margit Enders

Droemer Knaur

Originaltitel: The Dull Knife of Pine Ridge
Originalverlag: G. P. Putnam's Sons, New York
Frontispiz: Häuptling Dull Knife (rechts) und Little Wolf, anläßlich einer Unterredung mit Präsident Grant im Jahr 1873 zu Gast im Weißen Haus (Alexander Gardner, mit freundlicher Genehmigung der Nebraska State Historical Society)

Die Deutsche Bibliothek – CIP-Einheitsaufnahme

Starita, Joe:
Häuptling Dull Knife : Die Geschichte einer Indianerfamilie / Joe Starita.
Aus dem Amerikan. von Margit Enders. – München : Droemer Knaur, 1996
Einheitssacht.: The Dull Knife of Pine Ridge <dt.>
ISBN 3-426-26758-6

Die Folie des Schutzumschlags sowie die Einschweißfolie sind PE-Folien und biologisch abbaubar.
Dieses Buch wurde auf chlor- und säurefreiem Papier gedruckt.

Umschlaggestaltung: Agentur ZERO, München
Umschlagfotos v. li. n. re.: Häuptling Dull Knife, Guy Dull Knife sen., George Dull Knife, Guy Dull Knife sen.
Umbruch: Ventura Publisher im Verlag
Druck und Bindearbeiten: Franz Spiegel Buch GmbH, Ulm
Printed in Germany
ISBN 3-426-26758-6

5 4 3 2 1

Gewidmet den Vätern und Söhnen,
den Müttern und Töchtern und Jesse

Ein Volk ohne Geschichte ist wie der Wind im Büffelgras.

Crazy Horse, Oglala Sioux

INHALT

Guy Dull Knife sen. (Bob Feder)

DER ALTE MANN IM PFLEGEHEIM

Sie weiß nicht so recht, wie sie sich gegenüber dem alten Mann neben ihr verhalten soll.
Langsam und freundlich spricht er sie in der Sprache ihres Volkes an. Aber sie lernt gerade erst sprechen, und zwar in Englisch und nicht in Lakota. Daher versteht sie die Bedeutung seiner Worte nicht.
»*Waste. Wicin'cala waste.*«
Sie sitzen etwa drei Handbreit voneinander entfernt auf der Bettkante. Ihre kurzen Beinchen mit den winzigen LA-Gear-Turnschuhen reichen nur knapp über den Rand der olivfarbenen Armeedecke hinaus, die über das Bett im Pflegeheim ausgebreitet ist. Sie schaut unentwegt zwischen dem alten Mann und ihrer Familie, die sich ebenfalls im Zimmer befindet, hin und her, den Mund weit geöffnet. Wie bei einem Tennismatch dreht sie den Kopf mal nach rechts, mal nach links, und ihre Augen suchen nach einem Zeichen dafür, daß ihr nichts geschehen kann. Sie erweckt den Eindruck, als wolle sie sich jeden Augenblick auf den Bauch rollen, vom Bett hinunterrutschen und zu den anderen hinüberlaufen. Aber gerade jetzt wagt sie es nicht, sich zu bewegen, sitzt statt dessen stocksteif da und starrt in das Gesicht des alten Mannes, in seine schwarzen Augen, auf die hohen, hervorstehenden Wangenknochen und auf die große Adlernase. Früher war er einmal über einen Meter achtzig groß und brachte gut seine 130 Kilo auf die Waage. Auch heute noch lassen seine breiten Schultern und sein mächtiger Brustkorb sie neben ihm wie ein Zwerg erscheinen. Er trägt einen sandfarbenen Cowboyhut aus Filz, dessen Krempe nur eine einzige Adlerfeder ziert. Sein silbergraues Haar, das

sorgfältig zu einem Pferdeschwanz gebunden ist, reicht ihm halb den Rücken hinunter.
Beinahe einhundert Jahre trennen ihn von seiner Urenkelin, und daher kennt er sich in ihrer Welt nicht sonderlich gut aus. Er hat keine Ahnung von ihrer Begeisterung für Pizza, von den Legobausteinen oder von den Videoclips, die sie sich noch vor ein paar Stunden angesehen hat.
Und ihr geht es genauso. Sie weiß nichts über den alten Mann, der ihr mit seinen lustig klingenden Worten ein Lächeln entlocken möchte, nichts über seinen guten Freund und Nachbarn und auch nichts über den jungen Leutnant, den dieser Freund an jenem Nachmittag gesehen hatte, wie er durch Staub und Rauch am Ostufer des Little Bighorn ankam. Sie weiß nichts über seinen Großvater, den würdevollen Häuptling und verläßlichen Politiker, der sich für den Frieden eingesetzt hatte, zu guter Letzt aber im Schnee kauerte, auf die Soldaten wartete und seine Mokassins aß, um die letzten Nächte zu überleben.
Sie kennt noch nicht die Geschichten, die der alte Mann von seinem Vater gehört hatte, weiß nichts von dem Ritt zum Hügel oberhalb der Wounded-Knee-Schlucht nach Beendigung des Gefechts; von den mageren Jahren, in denen der alte Mann für elf Geschwister zu sorgen hatte, während sein Vater zusammen mit Buffalo Bill durch Europa reiste. Auch nichts von den Geschichten von Schlamm und Regen, von Senfgas und davon, daß er tagtäglich im Schützengraben kauerte, und daß man später dem alten Mann, der jetzt auf der Kante seines Bettes im Pflegeheim in Colorado sitzt, nachdem er die Greuel des Krieges überstanden hatte, in seiner angestammten Heimat das Wahlrecht verweigerte, weil ihn die Regierung, die ihn in den Ersten Weltkrieg geschickt hatte, nicht als amerikanischen Bürger anerkannte.
Es gibt noch so viel, was das kleine Mädchen über seine Familie und sein Volk nicht weiß.
Sie ahnt nicht, wie glücklich es den alten Mann macht, daß sie heute abend bei ihm ist. Er nimmt ihre kleine Hand, zieht sie langsam zu sich hin und reibt sie leicht an seiner Wange.
»Toksa. Le wicin'cala ni waste.«
Sie hüpft vom Bett und läuft durchs Zimmer. Der alte Mann holt aus

einer Schublade seines Nachttisches einen Kaugummi und reicht ihn ihr. Sie rennt zu ihm hinüber, holt sich den Kaugummi und ist auch schon wieder zurück. Alle im Zimmer lachen. Der alte Mann setzt seinen abgewetzten Hut ab, ordnet seinen Pferdeschwanz und streicht über das schmale Silberarmband, das ihm seine Frau vor dreiundfünfzig Jahren geschenkt hat. Er blickt auf, lächelt und ist zufrieden über diesen ersten Erfolg.

Guy Dull Knife sen. wird möglicherweise drei verschiedene Jahrhunderte erleben. Er wurde am 17. Februar 1899 im Pine-Ridge-Reservat in Süddakota geboren und kann noch immer ohne Brille sehen und ohne Hörgerät hören. Seine Hände sind riesig, seine Finger muskulös. Wenn er sich in den Rollstuhl niederläßt, zeichnen sich die Muskeln an seinen Armen immer noch deutlich ab. Seine Haut ist von tief rotbrauner Farbe und gut durchblutet, was auf ein kräftiges Herz schließen läßt. Im Pflegeheim ist er für seinen gesunden Appetit auf Fleisch, Kartoffeln und Süßigkeiten bekannt. Er hat die Angewohnheit, im Schneidersitz zu sitzen, seine Hände im Schoß zu falten, mit dem Oberkörper vor und zurück zu wippen und dann zu lächeln. Man sieht drei Zähne oben und fünf unten. Die Pfleger, die ihm sein Essen bringen und sein Bett machen, ihm Sprachunterricht geben und ihn bei seinen Turnübungen unterstützen, sprechen gern über sein Lächeln.
Bei seinem Volk ist es Sitte, die Alten zu verehren, und Guy Dull Knife nimmt somit eine ganz besondere Stellung ein: Er ist der älteste lebende Oglala Sioux und im Stamm der Lakota der einzige überlebende Veteran des Ersten Weltkriegs.
Er steht jetzt wenige Monate vor Vollendung seines fünfundneunzigsten Lebensjahres und verbringt die meisten Tage allein in seinem Zimmer im Sierra-Vista-Pflegeheim in Loveland, Colorado. Er hat reichlich Zeit, um über sein langes Leben als Sohn, Ehemann, Vater, Großvater und Urgroßvater, Soldat, Broncoreiter*, Bauer, Viehzüchter, Mitglied im Stammesrat und geschätzter Ältester nachzudenken.

* Broncos sind kleine, halbwilde Pferde. Anm. d. Übers.

Er erlebte achtzehn Präsidenten und fünf Kriege. Es gibt Tage, an denen weiß er nicht so recht, was er von alledem halten soll. Manche seiner Freunde und Verwandten zogen mit Crazy Horse, Sitting Bull und Red Cloud gegen die US-Armee in den Krieg. Andere jedoch kämpften in dieser Armee gegen die Deutschen, Japaner, Koreaner, Vietnamesen und Iraker.

In seinem Zimmer – es trägt die Nummer 103 – bewahrt Guy Dull Knife sen. die Familienfotos auf. Sie hängen an den Wänden, liegen im Nachtschränkchen, sind verborgen in Büchern und Schubladen. Es sind Fotos von den fünf Generationen der Dull Knifes, die er gekannt hatte. Die Angehörigen seiner Familie erlebten in früheren Zeiten Custer* und später Hussein, nahmen ursprünglich an der Sonnentanz-Zeremonie teil und gingen schließlich zur heiligen Kommunion. Früher ernährten sie sich von Büffelfleisch**, heute essen sie Pizza, früher schrieben sie ihre Geschichte auf Tierhäuten nieder, und heutzutage programmieren sie Computer. Wenn er dazu aufgelegt ist, versucht er, so gut er eben kann, zu erklären, warum jede Generation seiner Familie immer wieder vor dieselben Probleme gestellt war. Immer mußten sie kämpfen, immer versuchten sie, manchmal verzweifelt und ohne Hoffnung, an dem festzuhalten, was sie zu einem Lakota machte, versuchten sie, dieses Bewußtsein aufrechtzuerhalten in einem Jahrhundert der Massaker und der Krankheiten, des Hungers und der Heimatlosigkeit, der Armut und des Alkoholismus, des Rassismus und der Korruption.

Das, woran er sich am deutlichsten erinnern könne, das Wichtigste überhaupt, sagt er dann, sei der Kampf gewesen, Lakota zu bleiben. Trotzdem hatte er Glück gehabt, mehr Glück als die meisten seines Volkes. Weder sein Großvater noch sein Vater, weder seine Großmutter noch seine Frau glaubten daran, daß sie ein besiegtes Volk seien.

* General Custers Truppen wurden im Jahre 1876 in der Schlacht am Little Bighorn von einer alliierten Streitmacht indianischer Stämme ausgelöscht. Anm. d. Übers.

** Eigentlich ist die Bezeichnung *Büffel* (engl. *buffalo*) für den in Nordamerika lebenden *Bison* falsch. Da er von den Indianern selbst benutzt wird und sich in diesem Kontext auch im deutschen Sprachgebrauch eingebürgert hat, wird er hier beibehalten. Der exakte wissenschaftliche Begriff für dieses Tier lautet *Bison*. Anm. d. Übers.

Sie schenkten dem, was die Missionare predigten, was ihnen die Lehrer erzählten und was die Regierungsbeauftragten anordneten, keine Beachtung. Sie glaubten nicht daran, daß die Indianer sterben müßten, damit die Weißen leben könnten.

Als man ihm das erste Mal in seinem Leben das Haar abschnitt, weinte er. Aber er ließ es wieder nachwachsen. Als man seine Muttersprache verbot, sprach er zu Hause in seinem alten, am Ufer des Red Water gelegenen Blockhaus dennoch weiter seine eigene Sprache. Als sie die heilige Sonnentanz-Zeremonie verboten, zog er sich in den entferntesten Winkel des Yellow-Bear-Lagers zurück und fastete vier Tage und Nächte lang, wie es bei seinem Volk seit Generationen Brauch war.

Als der Krieg kam, ging er unter ›Black Jack‹ Pershing* nach Frankreich, um den Hals sein heiliges Medizinbündel. Sein Bruder trug ebenfalls eines, als er unter Patton* im Zweiten Weltkrieg kämpfte, sein Neffe trug eines unter MacArthur* in Korea, sein Sohn trug eines unter Westmoreland* in Vietnam, und sein Großneffe trug eines, als er unter Schwartzkopf* an der Operation Wüstensturm im Golfkrieg teilnahm.

Selbst heute noch, fünfundachtzig Jahre nachdem sein Vater an einem Sonntagabend ein Messer herauszog und ihm die Haare für den bevorstehenden ersten Schultag abschnitt, stellt sich der alte Mann oft mit dem kurzen Gruß vor: »Mein Name ist Guy Dull Knife sen. Ich bin ein Oglala Sioux.«

Sein Volk, die Oglala[1], waren einst der größte und mächtigste von sieben Unterstämmen der Teton Sioux**. Sie bewohnten die Prärie und lebten weiter westlich als die anderen Stämme der Großen Sioux Nation. In ihrer eigenen Sprache bezeichneten sich die Mitglieder des Stammes der Teton traditionsgemäß als *Lakota*, was soviel bedeutet wie ›Freundesbund‹. Die Weißen nannten sie im Lauf der Zeit Sioux, der Kurzform von *nadewisou*, einem Wort der Ojibwa, das *verräterische Schlange* bedeutet.

* Generäle der Armee der Vereinigten Staaten. Anm. d. Übers.

** Die Teton nennen sich heute Lakota. Sie sind die größte Stammesgruppe der Dakota-Indianer, die als die bekanntesten Vertreter der Sioux gelten. Anm. d. Übers.

Nachdem die Ojibwa* sie aus ihrer angestammten Heimat, den Wäldern im Quellgebiet des Mississippi in Nordminnesota, vertrieben hatten, zogen die Lakota nach Westen, bis sie etwa gegen 1760 das zentrale Gebiet der Great Plains erreichten. In den folgenden Jahrzehnten entwickelten sie sich zu hervorragenden Pferdezüchtern, erfahrenen Jägern und tapferen Kriegern, die über einen großen Teil der nördlichen Ebenen herrschten. Zeitweise reichte ihr Territorium vom Missouri in Süddakota bis zu den Big-Horn-Bergen in Montana. Von den sieben Unterstämmen der Lakota, deren Lebensweise mittlerweile vom Kriegshandwerk geprägt war, stellten die Oglala viele der größten Kriegshäuptlinge der Sioux. Red Cloud, der 1868 die US-Armee zwang, eine Reihe von Forts aufzugeben, die man zum Schutz des Bozeman Trail** in Montana errichtet hatte, war ein Oglala. Ihr bedeutendster Kriegshäuptling, Crazy Horse, Militärstratege im Kampf am Little Bighorn, war ein Oglala. Little Wound, American Horse und Man Afraid of His Horses entstammten ebenfalls den Oglala. Und auch der heilige Mann der Lakota, Black Elk, gehörte zu ihnen.

Doch wie schnell ihre Ponys auch galoppierten, wie erfahren ihre Jäger und erfolgreich ihre Kriegshäuptlinge auch waren, nie bestanden Zweifel daran, daß ihr Ende nahte. Es dauerte nicht lang, und weiße Haufen gebleichter Büffelknochen türmten sich in der Grassteppe. Das Feuerroß durchdrang ihr gesamtes Land, und in den ihnen heiligen Black Hills, der Heimat des Großen Geistes, wurde nach Gold geschürft. Einige von ihnen gaben auf, andere kämpften weiter. Doch den Hunger wurden sie nicht mehr los, und ständig kamen die Soldaten, sogar im Winter. Die Häuptlinge versuchten, so lange wie möglich durchzuhalten. Aber schließlich kam einer nach dem anderen in die Forts, die über die nördlichen Ebenen verteilt waren.

Von den 545 bekannten Indianerstämmen Nordamerikas war wohl keiner für das Leben in einem Reservat, für das seßhafte Leben eines Bauern, weniger geeignet als die Lakota.

* In den USA *Chippewa* genannter Stamm, auch in Kanada beheimatet. Anm. d. Übers.

** Von J. Bozeman gefundener Weg durch die nördlichen Plains, durch das den Indianern vertraglich zugesicherte Land. Anm. d. Übers.

Zimmer 103 ist ordentlich und sauber. Es liegt im ersten Stock und hat ein großes Fenster, durch das man auf einen sonnenbeschienenen Innenhof blickt. Die Tür steht offen. Draußen in der Eingangshalle herrscht ein ständiges Kommen und Gehen von alten Menschen in Rollstühlen und mit Gehhilfen. Meist kommt morgens Verna Ping vorbei, um nach dem alten Mann zu sehen. Noch immer freut er sich sehr, wenn sie ihn besuchen kommt. Dann strahlt er über das ganze Gesicht, und seine schwarzen Augen leuchten.

»Guten Morgen, Mr. Dull Knife. Wie geht es Ihnen heute?«

»Gut, gut. Und Ihnen, wie geht es Ihnen?«

Verna Ping arbeitet in dem Pflegeheim als Sprachtherapeutin. Sie sitzen nebeneinander auf seinem Bett und plaudern wie gute Freunde. Das ist meist genau nach seinem Geschmack: sich unterhalten, lachen, Witze machen, sich necken und in diesem nur allzuoft leeren Raum die Nähe eines anderen Menschen spüren. Solange sie bei ihm ist, lächelt er und wendet seinen Blick nicht von ihr ab. Lange Zeit wußte der alte Mann nicht, daß sie Chinesin ist. Er dachte, sie sei vom Stamm der Sioux oder vielleicht vom Stamm der Nordcheyenne. Manche Anthropologen[2] nehmen an, daß es früher dort, wo sich heute die Beringstraße befindet, eine Landverbindung zwischen Asien und Nordamerika gegeben hat. Vor ungefähr zwanzigtausend Jahren sollen die ersten Indianerstämme über diese Landbrücke gezogen sein. Wenn Verna Ping und Guy Dull Knife nebeneinandersitzen, wenn sie Witze machen und sich necken, kommt dieses Thema nicht auf, und man könnte den über neunzig Jahre alten Sioux und die junge chinesische Sprachtherapeutin durchaus für Großvater und Enkeltochter halten.

Im letzten Februar haben Verna und die anderen eine Geburtstagsparty für ihn veranstaltet. Während er seinen Mittagsschlaf hielt, malten sie ein Schild und hängten es außen an seine Zimmertür:

Herzlichen Glückwunsch!
Guy Dull Knife
Alles Gute zu Ihrem 94. Geburtstag.
Die allerbesten Wünsche für diesen besonderen Tag.
Alles Liebe, die Bewohner und Angestellten
von Sierra Vista.

Sie nahmen drei Luftballone, einen roten, einen weißen und einen blauen, und banden sie an die Armlehnen seines Rollstuhles, der neben dem Bett stand. Auf den roten schrieben sie »Herzlichen Glückwunsch zum Geburtstag«. Auf den weißen malten sie eine »9« und auf den blauen eine »4«.
Als er aufwachte, sah er die Luftballone über seiner Bettkante schweben. Einen Augenblick lang schien es, als wüßte er nicht, wo er sich befand oder was geschah. Er hatte seinen Geburtstag vergessen und konnte sich nicht erklären, was vor sich ging, bis die Angestellten hereinkamen und ihm »Happy Birthday« sangen. Während sie das Ständchen vortrugen, saß er schweigend auf der Kante seines Bettes, war zwar ein bißchen verlegen, lächelte aber. Verna Ping ging zu dem alten Mann und umarmte ihn. »Alles Gute zum Geburtstag, Guy.« Als ihm Tränen in die Augen stiegen, strich sie ihm über den Rücken und streichelte seinen Kopf.
Die Angestellten des Pflegeheims kümmern sich gut um Guy Dull Knife. Sie haben einige der Geschichten gehört und manche der Aufzeichnungen gelesen. Sie wissen, daß sich das bisherige Leben des alten Mannes deutlich von dem der anderen Bewohner des Sierra-Vista-Pflegeheimes abhebt.
An der beigen Wand über seinem Bett hängt ein Poster von Frederic Remington. Es zeigt einen Krieger mit nacktem Oberkörper, das lange, schwarze Haar mit einer Adlerfeder geschmückt, auf dem Rücken eines Kriegsponys allein in den Hügeln. An einer Ecke ist ein aus Weihrauch geflochtenes Seil mit verkohlten Enden hinter das Poster gesteckt und gleich daneben ein kleines Bündel Salbei. Viele Generationen lang hat sein Volk Weihrauch verbrannt, um einen Platz rituell zu reinigen. Der Salbei, der bei vielen religiösen Zeremonien Verwendung findet, wird neben der heiligen Pfeife aufbewahrt. Sein Volk glaubt, daß er böse Geister fernhält.
Auf seinem Nachttisch, direkt unterhalb des Posters, liegt die Bibel des alten Mannes. Der rötliche Umschlag ist ausgefranst, und der Einband hat sich gelöst. Auf der Innenseite des Buchdeckels steht »Dieses Gebetbuch erhielt Herr Guy Dull Knife sen. am 16. Januar 1987«.
Die Widmung lautet:

Pater Bear's Heart
1969 bis 1975
Pfarrer der Standing Rock Mission, Süddakota.

Die Bibel ist auf der Seite mit dem vierundzwanzigsten Psalm aufgeschlagen. »Die Erde ist des HERRN und was darin ist, / der Erdkreis und die darauf wohnen ...«. Eine Seite ist in englischer Sprache, die andere in Lakota verfaßt.
An einer anderen Wand sind zwölf Polaroid-Farbfotos sorgfältig in zwei Reihen arrangiert. Unter den farbigen Schnappschüssen hängt die Schwarzweißfotokopie eines Fotos, auf dem der alte Mann mit einem Banner in der Hand zu sehen ist. Das Banner trägt die Inschrift »In liebender Erinnerung an Bernard Moves Camp, sen.«.
Bernard Moves Camp, der am 21. Juni 1991 im Pine-Ridge-Reservat starb, war einer der besten Freunde des alten Mannes. Wie sein Vater vor ihm, so war auch er Medizinmann. Chips, sein Großvater, war einer der mächtigsten Medizinmänner der Lakota. Vor mehr als 130 Jahren kam ein junger Oglala-Krieger zu Chips und bat ihn, ihm eine Vision zu erklären, die er selbst nicht verstand. Chips ließ sich die Vision erzählen und riet dem Krieger dann, er solle in Schlachten immer eine Pfeife aus Adlerknochen und die mittlere Schwanzfeder des heiligen Vogels tragen. Außerdem müsse er einen bestimmten mit einem Loch versehenen Stein an seiner linken Schulter tragen. Die mündliche Überlieferung der Geschichte der Lakota besagt, daß diese Auslegung seiner Vision dem jungen Oglala-Krieger Crazy Horse[3] zu großer Macht verhalf.
Crazy Horse soll sich vor jeder Schlacht in tiefe Trance versetzt und sich dabei suggeriert haben, daß ihm keine Kugel Schaden zufügen und er jeden Schmerz ertragen könne. Vier Monate nachdem er seine hungernden Stammesbrüder nach Fort Robinson geführt hatte, widersetzte er sich einer Gefangennahme durch die Armee und wurde von hinten mit einem Bajonett niedergestochen. Er war tödlich verwundet, wollte aber nicht, daß man ihn in ein Bett legte, verblutete lieber auf dem schmutzigen Boden eines Offiziersbüros, auf dem Land, ohne das er nicht leben konnte.
Bis zuletzt hatte Crazy Horse es vorgezogen, wie ein Lakota zu leben, die Werte der Lakota, ihre Sitten und ihre Religion zu pflegen. Er war

in keiner Schlacht besiegt worden und hatte nie einen Friedensvertrag unterzeichnet. Nie ließ er sich fotografieren, zeichnen oder malen. Als er gestorben war, nahmen seine Eltern den Leichnam und ritten nach Norden in das Hügelland von Süddakota.

Schon als kleiner Junge hörte der alte Mann die Geschichten, die man sich über den Kriegshäuptling der Oglala erzählte. Die Angehörigen seiner Mutter hatten in dem Dorf von Crazy Horse gelebt. Sein langjähriger Nachbar, Dewey Beard, kämpfte am Little Bighorn an der Seite von Crazy Horse. Als das Heimatdorf von Guy Dull Knifes Großvater an einem Novembertag von Soldaten eingeäschert worden war, fand er im Winterlager von Crazy Horse am Powder in Montana Essen, Obdach und Kleidung.

Der alte Mann fährt mit seinem Rollstuhl quer durch das Zimmer und schaltet den kleinen Fernseher aus, der in der Nähe des Bettes steht. »Wir Indianer haben keine Geschichtsbücher. Die Geschichte unseres Volkes wird mündlich von einer Generation an die nächste überliefert. Dewey Beard und meine Mutter erzählten uns oft die Geschichte unseres Volkes. Mein Großvater gab sein Wissen an meinen Vater weiter, und mein Vater lehrte es mich. Ich gab die Geschichten an meinen Sohn weiter, und er wird sie seinem Sohn erzählen. So ist es Brauch bei den Lakota.«

Eine Schwester kommt und fragt Guy Dull Knife, ob er etwas wünsche. Kaffee, Wasser oder vielleicht Plätzchen? Sie ist noch jung, gerade erst Anfang zwanzig, und hat wallendes, blondes Haar, das sich auf den gestärkten, weißen Schultern ihrer Schwesternuniform kringelt. Sie ist eine Studentin, die bis zum Studienbeginn im Herbst zeitweise im Heim aushilft. Er antwortet nicht auf ihre Frage, und so wartet sie in der Tür, bis er zu Ende erzählt hat.

»Mein Großvater erzählte meinem Vater, daß Crazy Horse immer an der Spitze seiner Krieger ritt. Stets ritt er allen voran in die Schlacht und fing die erste Salve ab. So konnten die Krieger, die hinter ihm ritten, ihr Ziel sorgfältig aufs Korn nehmen, während der Feind seine Waffen nachlud. Man hat acht Pferde unter ihm weggeschossen, er aber wurde nie in einer Schlacht verwundet.

Crazy Horse war ein sehr bescheidener Mann, ein genügsamer Häuptling. Kein Angeber wie so manch anderer. Er trug nie einen Kopfschmuck, immer nur eine einzige Adlerfeder. An vielen Abenden sah man ihn auf einem der Hügel oder am Rand des Lagers sitzen. Er war fast immer für sich allein.«

Nach einer Weile wiederholt die junge Schwester ihre Frage. Der alte Mann lehnt dankend ab, sagt, er brauche nichts. Also geht sie wieder aus dem Zimmer. Der Blick des alten Mannes hat sich in den beigen Wänden verloren. Erst nach einer Weile sammelt er seine Gedanken und fährt fort.

»Eines Tages wollten die Weißen unsere Black Hills kaufen. Einige der Häuptlinge stimmten zu und unterzeichneten die Verträge. Crazy Horse aber verweigerte sein Einverständnis. Nie hätte er auch nur einen Teil der Black Hills verkauft. Er ließ den Soldaten ausrichten: ›Land, über das ein Volk geht, kann man nicht verkaufen.‹ Er war ein großartiger Mann und unser bedeutendster Häuptling. Sein Volk und seine Heimat gingen ihm über alles.«

Der alte Mann verliert sich wieder in seinen Gedanken. Vor allem nachmittags passiert ihm das oft. Zu viele Erinnerungen stürzen auf ihn ein, und manchmal überwältigen ihn die Gefühle. Dann hört er mitten im Satz auf zu sprechen. Oder er fängt an, von einer Sache zu erzählen und wechselt mitten im Satz das Thema. Oder er schweigt, starrt die Wand an und ist mit seinen Gedanken allein. Bildsequenzen, Fragmente, verloren in diesem oder jenem Jahr. Verloren im Hunger und in der Kälte. Das Zelt an der Frontlinie. Buffalo Bill und das lustige schwarze Pferd. Eine Tasche voller Silberdollars. Eine Münze mit dem Eiffelturm auf der Rückseite. Großvater, der das Leder seiner Mokassins essen muß, der sich in der Höhle in den bewaldeten Felskuppen verbirgt. Die Gaswolke, die vom Boden aufsteigt, und dann der Geruch. Die zweite Ernte der Luzerne spät im Juli. Die Farbe der *tinpsila**, purpurrote Tupfer auf einer Hügelflanke an dem Tag, an dem er in Uniform nach Hause zurückkehrte. Sonnys bester Freund, der am Vordereingang verblutete. Die Broncos auf dem Volksfest in Gordon. Deweys kleine Tochter, die mit drei Kugeln in ihrer Seite im gefrorenen Bachbett lag. Die Pfeife seines Vaters, der Pfeifenkopf aus rotem Catlinit, geschwärzt vom *kinnikinnick***. Rose, geliebte Rose,

* In den Great Plains Nordamerikas beheimatete Blütenpflanze. Anm. d. Übers.

** Besondere Tabakmischung der Indianer. Anm. d. Übers.

die schon vor so vielen Jahren in die Welt der Geister eingegangen ist. Die immer an seiner Seite war, vor Abstimmungen im Hintergrund saß und ihm bedeutsam zunickte. Kommt Sonny? Wird er mich heute abend besuchen?

»Crazy Horse liebte sein Volk und sein Heimatland über alles«, wiederholt der alte Mann. »Er war ein großartiger Mann, ein bedeutender Häuptling.«

Wie die Angestellten anderer Pflegeheime wissen auch die von Sierra Vista, daß man alte Menschen möglichst nicht zu lange allein läßt. Also kommen sie des öfteren vorbei, um nach dem Rechten zu sehen, und versuchen, den Tagesablauf interessant zu gestalten, damit die Bewohner des Heimes sich jeden Tag auf etwas freuen können.

28. Mai:
9.30–12.00: Streichelzoo
14.00: Wortspiele
15.00: Maniküre und Orthographiewettbewerb
16.30: »Programmgestaltung« (kleine Arbeitsgruppe)
19.00: Bibelstunde

Im Mai waren die Bewohner des Pflegeheimes sehr beschäftigt. Es fanden Orthographiewettbewerbe, Gymnastikstunden, Bingo und Wortschatzspiele, Eiscremepartys, ein Kirchenbrunch, eine Film- und Popcornnacht sowie mehrere Gesangstreffen statt. Sie besuchten auch ein Rodeo in Greeley, dreißig Kilometer östlich des Heimes.

Als der Heimleiter dem alten Mann von dem bevorstehenden Rodeobesuch erzählte, erschrak dieser sehr. »Nein, nein, kein Rodeo«, sagte er und schüttelte den Kopf. »Ich bin zu alt zum Reiten. Dazu bin ich jetzt wirklich schon zu alt.« Der Direktor lachte, und der alte Mann stimmte in sein Lachen ein, nachdem er verstanden hatte, daß er nur als Zuschauer an dem Rodeo teilnehmen würde. An einem heißen, schwülen Sonntag bestiegen er und zwanzig andere Leute einen Bus, der sie vom Pflegeheim abholte und zu dem Rodeo brachte.

Als kleiner Junge hatte er oft geholfen, die Pferde zu versorgen, mit denen sein Vater so gern über das weite Grasland dahinjagte. Im Ersten Weltkrieg hatte er sich zur Armee gemeldet und wurde zur Kavallerie abgeordnet. Wieder zu Hause, ritt er, so oft es ihm möglich

war, auf Mustangs, und als er heiratete, arbeitete er gerade als Cowboy. Selbst im Alter von vierundneunzig Jahren ist seine Liebe zu Pferden ungebrochen, und daher zählte der Ausflug nach Greeley zu den schöneren Erlebnissen, die er in letzter Zeit gehabt hatte.
An manchen Tagen ist Guy Dull Knife sen. gesprächig. Dann erzählt er den ganzen Nachmittag lang. Das Gehen fällt ihm jetzt zwar schwer, aber dennoch zieht er seinen Pullover über und setzt den abgewetzten braunen Cowboyhut auf, macht es sich in seinem Rollstuhl bequem und genießt draußen im Hof die Nachmittagssonne. An der frischen Luft fühlt er sich wohl. Von hier aus kann er im Westen die Rocky Mountains sehen, und die Sonne macht ihm gute Laune. Wie viele ältere Menschen kann auch er sich überraschend gut an Einzelheiten von Geschehnissen erinnern, die mehr als ein halbes Jahrhundert zurückliegen, aber es fällt ihm schwer zu sagen, ob er vor einer Woche oder vor einem Monat auf dem Rodeo in Greeley war. Manchmal beschäftigt er sich einen ganzen Tag lang mit einem einzigen Gedanken und spricht mehrere Stunden lang darüber.

Man erzählt sich, daß Sitting Bull, der Medizinmann der Lakota, häufig barfuß um das Dorf herumging, daß er morgens seine Mokassins auszog, um die Erde, den heimatlichen Boden und das Gras unter seinen Füßen zu spüren. Dieses Ritual verlieh ihm Stärke und Sicherheit, und er hielt bis ans Ende seiner Tage daran fest. Sein Volk verstand nie das Wort, mit dem die *Wasichu** sein Heimatland bezeichneten. In der Sprache der Lakota gibt es kein Wort für *Wildnis*.
Die Sonne scheint warm. Sein Pullover liegt ordentlich zusammengelegt über einer Armlehne des Rollstuhls.
»Ich wurde 1899 in einem Blockhaus geboren. Mein Vater kam aber noch in einem Tipi auf die Welt. Seine Generation war die letzte, die in Tipis lebte. Das Tipi war ein Rundzelt, in dessen Mitte ständig ein offenes Lagerfeuer brannte, das in Form eines Kreises angelegt war. Wenn sich im Sommer die Sioux überall, in Nord- und Süddakota,

* Wort der Sioux für »Weiße«. Anm. d. Übers.

Nebraska, Wyoming und Montana, zum Sonnentanz versammelten, wurden die Tipis in den Dörfern ebenfalls im Kreis angeordnet. Der Kreis war unser Symbol, ein heiliges Zeichen, das uns daran erinnerte, daß wir mit allen anderen Dingen auf dieser Welt verbunden waren. Wenn wir leben wollten, dann mußten wir auch Büffel, Hirsch und Elch leben lassen. Nach unseren Vorstellungen hatte jedes Wesen ein Recht auf Leben. Alle Pflanzen, Vögel, Fische, alles. Wenn diesen Lebewesen etwas zustieß, würden auch wir Indianer das zu spüren bekommen. Wir müßten darben. Seit wir in Blockhäusern wohnen, hat sich unser Lebensgefühl nachteilig verändert. Wir sind nicht mehr dieselben wie früher.
Als ich noch ein kleiner Junge war, konnte man zum Fischen an den Wounded Knee gehen und sicher sein, eine Menge Fische zu fangen. Jetzt ist der Fluß tot. Die Fische sind weg. Alles hat sich verändert.«
An manchen Tagen ist der alte Mann nicht so gesprächig. Seine Stimme ist zwar frei von dem bitteren Unterton, der bei alten Menschen sonst oft mitschwingt, aber zuweilen klingen seine Worte matt und leblos. Komplexe Ereignisse schrumpfen dann zu bloßen Worten.
»Zuerst schlachteten sie unsere Büffel ab. Dann stahlen sie unser Land. Dann verboten sie unsere Sprache und unsere Religion. Dann nahmen sie uns unsere Kultur und unsere Art zu leben. Am Ende war alle Hoffnung zunichte gemacht, und jeder hatte seine Träume verloren. Für viele blieb dann nur noch der Whiskey.«
Anders als andere aus seinem Volk ertränkte Guy Dull Knife sen. seinen Kommer nicht in Alkohol. Als Knabe half er seinem Vater, einen der kärgsten Böden in Süddakota zu bestellen. Als junger Mann züchtete er Rinder und führte Broncos auf Rodeos im Pine-Ridge-Reservat vor. Als Ehemann und Vater arbeitete er als Cowboy, half bei der Heuernte, züchtete Hühner und sorgte dafür, daß in dem großen Garten um sein Blockhaus immer jede Menge Sommergemüse heranwuchs. Das Blockhaus hatte er 1927 eigenhändig erbaut. Dreißig Jahre lang war er als Mitglied des Bezirksrats von Kyle tätig, setzte sich für den Bau neuer Schulen ein, für den Bau von Krankenhäusern, Polizeirevieren, Abwasserleitungen, Straßen und eines Altenheims. Die Briefe, in denen ihm die Präsidenten Kennedy und Johnson für sein langjähriges Bemühen um die ärmste Gemeinde der Vereinigten Staaten dankten, bewahrt er in seinem Nachttisch auf.

Auch hätte seine Frau niemals Alkohol geduldet.
Nur ein einziges Mal kam er ziemlich angetrunken nach Hause. Damals machte sie ihm klar, daß er das nie wieder tun solle.
Er traf Rose Bull Bear 1922 bei einer Tanzveranstaltung in Kyle in Süddakota. Erst kurz zuvor war er aus dem Krieg zurückgekehrt. Er war ein wenig schüchtern, aber unbeschwert, ein Mann von großem Wuchs, der auf der Tanzfläche die stolze, zierliche, eindrucksvolle junge Frau wie ein Turm überragte. Sie war ein Nachkomme von Häuptling Bull Bear, einem der ersten großen Führer der Oglala, einem willensstarken Mann, der 1841 von dem jungen Krieger Red Cloud ermordet worden war.
In den Jahren vor dem Mord hatten die Oglala in den nördlichen Great Plains ein idyllisches Dasein geführt. Ihre Ponyherden, die durch wiederholte Raubzüge gegen die Crow, die Arikara, die Pawnee und die Snake gewaltig angewachsen waren, erregten die Mißgunst ihrer Feinde. Die reichhaltigen Vorräte an Büffel-, Hirsch- und Elchfleisch in ihren Tipis zeugten davon, daß es in den Ebenen Wild im Überfluß gab. Die Black Hills, die sich weit über die endlosen Ebenen erhoben, markierten das Zentrum ihres Landes. Hier gab es keine Forts und nur wenige Weiße, die sie gestört hätten. Viele der Jäger und Händler, die das Land bereisten, wurden als Freunde betrachtet.
Zu dieser Zeit waren die Oglala in zwei große Gruppen gespalten. Die eine wurde von Häuptling Bull Bear angeführt, die andere, zu der auch Red Cloud gehörte, von Häuptling Smoke.
Anfang der vierziger Jahre des achtzehnten Jahrhunderts kam in einem Land, das mehr als achttausend Kilometer von ihnen entfernt lag, plötzlich eine neue Mode auf. Das setzte eine Reihe von Ereignissen in Gang, die sich für die Lakota und die anderen Indianerstämme der Great Plains als sehr bedeutsam erweisen würden. Die Einführung europäischer Seide brachte den Markt für Biberpelze in Nordamerika praktisch über Nacht zum Erliegen. Da es keine Nachfrage nach Biberpelzen mehr gab, verlegten die riesigen Pelzhandelsunternehmen ihr Interesse schnell auf jenen Artikel, der fast das gesamte neunzehnte Jahrhundert lang für den Handel in den Great Plains das allgemein gültige Zahlungsmittel darstellte. Ungefähr ab dem Jahr 1840 entwickelte sich zwischen den Pelzhandelsgesellschaften ein trauriger, mehrere Jahre andauernder Krieg um Büffelfelle.

Die Gesellschaften kämpften hart, um ihre bevorzugten Lieferanten bei der Stange zu halten. Das Mittel, mit dem sie dieses Ziel zu erreichen suchten, war der Whiskey.
Vor 1840 waren tödliche Auseinandersetzungen zwischen zwei Oglalas äußerst ungewöhnlich. Während der frühen vierziger Jahre aber war dem nicht so. Whiskey-Lieferanten, die mit der einen oder anderen Pelzhandelsgesellschaft zusammenarbeiteten, eröffneten in den Indianerlagern rund um die Handelsposten Läden. Das hatte für die Lakota verheerende Folgen. Wie fast alle Stämme, die zu Beginn des neunzehnten Jahrhunderts in diesem Teil des Landes lebten, vertrugen sie den starken Whiskey des weißen Mannes nicht. Auch hatten sie kaum Möglichkeiten, sich dagegen zu wehren. Fast täglich machten Lieferanten der American Fur Company oder von Pratte, Cabanne & Company die Runde durch die Indianerlager und verschenkten Whiskey.
Im Herbst 1841 rangen die Häuptlinge Bull Bear und Smoke um die Vorherrschaft über ihr Volk. Im November kamen Bull Bear und einige seiner Gefolgsleute in das Lager von Häuptling Smoke, das am Ufer des Chugwater lag, einem Gebiet, das jetzt zu Wyoming gehört. Die Whiskeyhändler der American Fur Company, die sich in dem nicht weit entfernten Fort John niedergelassen hatten, waren bereits im Lager. Es dauerte nicht lange, da hatten Smokes Krieger die Gefolgsleute von Bull Bear betrunken gemacht, und es kam zu Streitereien. Als Bull Bear aus seinem Tipi trat, um schlichtend einzugreifen, wurde er von Red Cloud erschossen.[4] Im Pine-Ridge-Reservat führt dieser Mord selbst nach anderthalb Jahrhunderten noch immer zu Spannungen zwischen den Nachkommen von Bull Bear und Red Cloud.
Die Frau des alten Mannes konnte ihre Abstammung über vier Generationen auf den ermordeten Häuptling zurückführen. Sie besaß einen starken Charakter und verfügte über feste Grundsätze. Sie war eine strenge Frau mit ausgeprägtem Sinn für Gerechtigkeit, die ihren Haushalt fest im Griff hatte. Ihr Arbeitstag begann mit Sonnenaufgang und endete erst mit Sonnenuntergang. Wenn sie, Tante Rose, ihren Besuch angekündigt hatte, sorgten die Kinder dafür, daß sie den Abwasch rechtzeitig erledigt und das Spielzeug aufgeräumt hatten und daß auch der Boden gewischt, geschrubbt und gewienert war.

Guy Dull Knife sen. hat weder ihren unerschütterlichen Glauben an Disziplin und harte Arbeit vergessen noch ihr Traditionsbewußtsein. Obwohl ihrem Volk in den zurückliegenden Jahren mehr und mehr die alten Werte verlorengegangen waren, blieb sie dennoch der Überzeugung, daß die Lebensweise der Lakota immer noch einen wahren, unverfälschten Kern in sich trug.
Sie kannte die Pflanzen und Kräuter, die über Generationen hinweg bei Schlangenbissen und Grippe, bei Erkältung und Fieber, bei Magenverstimmung und Schlaflosigkeit geholfen hatten, und sie wußte, daß man gegen pochende Zahnschmerzen jene kleine Distel verwenden konnte, an der jetzt so viele Menschen achtlos vorübergehen. Ihr ganzes Leben lang vergaß sie nicht, was man ihrem Großvater Lone Bull angetan hatte. Aus dem Reservat gelockt und in einen Käfig gesperrt, wurde er in Boston, New York und Philadelphia als einer der Wilden zur Schau gestellt, durch die Custer den Tod gefunden hatte. Dieses Erlebnis veränderte sie und auch ihre Mutter. Sie war zu einer Zeit politisch aktiv, in der dies nur wenige Frauen wagten, sei es aus Mangel an Gelegenheit, Zeit oder Energie. Sie schrieb Reden, setzte sich für das Krankenhaus ein und unterstützte Parteien, bis ihr aufgrund ihres Diabetes schließlich die Kraft ausging. Tatsächlich, pflegt der alte Mann zu sagen, bestand nie ein Zweifel darüber, daß sie in guten wie in schlechten Zeiten die treibende Kraft der Familie war und daß sie allein die Familie zusammenhielt.
Er erinnert sich noch ganz deutlich daran, daß Rose Bull Bear Alkohol verabscheute. Sie machte sich nichts daraus, und sie hätte auch niemals geduldet, daß in dem Blockhaus mit den zwei Räumen, das sie und ihr Mann sechsundvierzig Jahre lang zusammen bewohnten, Alkohol auf den Tisch kam.
»Einmal, es geschah während der Weltwirtschaftskrise gegen Ende der dreißiger Jahre, besuchte ich eine Versammlung, die ziemlich lang dauerte. Nach dem Treffen beschlossen ein paar Freunde und ich, noch einzukehren.«
Der alte Mann erzählt diese Geschichte sehr gern. Dabei erhellen sich seine Gesichtszüge, und in seine Augen tritt ein Leuchten, das ein halbes Jahrhundert glücklicher Ehe verrät.
»Nun ja, ein Glas kam zum anderen, und es dauerte nicht allzulang, und wir drei waren völlig betrunken. Wir hatten soviel Spaß, daß wir

beschlossen, bei mir zu Hause weiterzufeiern und die Flasche zu leeren, die einer der Männer mitgebracht hatte.
Es war spät, und wir dachten, daß Rose schon fest schlafen würde. Als wir drei durch die Vordertüre wankten, sah ich Rose neben dem kleinen Holzofen in der Küche stehen. Ohne ein Wort zu sagen, bückte sie sich, hob einen Holzklotz auf und schlug ihn mir auf den Schädel. Ich war sofort bewußtlos und kippte um. Den Rest der Nacht verbrachte ich auf dem Fußboden. Am nächsten Tag verlor Rose kein Wort darüber, was in der Nacht vorgefallen war. Sie tat einfach ihre Arbeit, und ich tat meine. Aber das war das erste, das letzte und das einzige Mal, daß ich oder jemand anderer sich mit einer Flasche Whiskey in der Hand über die Schwelle unseres Hauses wagte.«
Als seine Frau an ihrer Zuckerkrankheit starb, saß der alte Mann im Blockhaus am Küchentisch neben dem kleinen Holzofen und las in einer in Lakota verfaßten Bibel. Wenige Monate später verließ er ihr gemeinsames Heim und kehrte nie wieder dorthin zurück.

Der Memorial Day bricht an, warm und wolkenlos.
Die Berge tragen hohe Kappen aus weißem Pulverschnee. Das Licht, das von den verschneiten Bergspitzen durch das Fenster von Zimmer 103 fällt, und auch die Luft haben sich verändert. Es ist später Frühling, und der Sommer steht vor der Tür.
Wochenlang hat der alte Mann die Tage gezählt und auch auf seinem Wandkalender, der über dem Bett hängt, Tag für Tag durchgestrichen. Gewöhnlich herrscht lautlose Stille im Zimmer. Nur an den allzu langen Nachmittagen sorgt ein kleiner Schwarzweißfernseher manchmal für Kurzweil. Doch heute geht es laut und geräuschvoll zu. Das lange Warten hat endlich ein Ende. Guy Dull Knife sen. sitzt auf der Kante seines Bettes, den Kopf leicht nach vorne geneigt und schüttelt sich vor Lachen. Sein Sohn sitzt neben ihm und spricht mit ihm in der Sprache ihres Volkes. Mittlerweile sind sie in vorgerückter Stimmung, so daß der alte Mann, sobald sein Sohn etwas sagt, in schallendes Gelächter ausbricht, was wiederum alle anderen ansteckt. Begierig fragt er nach Neuigkeiten von daheim und will von seinem Sohn immer noch mehr erfahren. So erzählt ihm dieser, daß sämtliche

Ehemänner seiner früheren Freundinnen gestorben seien und daß jetzt die geeignete Zeit für ihn sei, nach Pine Ridge zurückzukehren. Wieder lacht der alte Mann schallend und schnappt nach Luft. Ein wenig später erkundigt er sich nach Jake Little Thunder, einem alten Freund aus der Heimat. Sein Sohn sagt, daß es ihm gutgehe. Dann fragt er nach einem anderen alten Mann, den er bereits seit einem halben Jahrhundert kennt, den er jedoch nie richtig leiden konnte. Sein Sohn beugt sich zu ihm hin und erzählt so laut, daß es jeder hören kann, daß sein alter Feind zum Häuptling aller Oglala Sioux gewählt wurde. Wieder bricht der alte Mann in schallendes Gelächter aus, schlägt sich auf die Oberschenkel und seinem Sohn auf den Rücken. Sein Lachen erfüllt den mit Besuchern vollgestopften Raum. Eine Schwester kommt vorbei, um nach dem Grund der Aufregung zu sehen. Nach einem kurzen Blick in die Runde lächelt sie und geht wieder.

Trotz all der Orthographiewettbewerbe und Rodeobesuche geht es Guy Dull Knife sen. wie den meisten anderen Bewohnern von Sierra Vista. Er vermißt sein Zuhause, er vermißt sein Volk. Die Sehnsucht, ins Pine-Ridge-Reservat, das 560 Kilometer nordöstlich von hier liegt, zurückzukehren, ist immer gegenwärtig. Es sind Tage wie heute, die seinem Leben einen Sinn geben. Darin unterscheidet er sich in nichts von den meisten anderen Heimbewohnern.

Er merkt sich alle Namen seiner sechs Enkel und fünf Urenkel. Akribisch führt er über ihr Alter und ihre Geburtstage Buch. Er erkundigt sich nach ihrer Gesundheit und ihren Schulleistungen. Seit Wochen schon weiß er, daß heute ein schul- und arbeitsfreier Tag ist, an dem mit ein bißchen Glück vier Generationen der Dull Knifes in seinem Zimmer versammelt sein würden.

Der alte Mann nippt an einem Glas Sprite und holt aus der oberen Schublade seines Nachttisches eine Dose Sardinen heraus. Er ist süchtig nach Sardinen und Keksen und ißt sie fast jeden Tag. Diese Angewohnheit brachte er aus dem Ersten Weltkrieg mit.

Guy Dull Knife III mag seinen Großvater sehr und fährt oft auf seinem Fahrrad die fünf Kilometer von zu Hause bis zum Heim, um ihm einen Nachmittag lang Gesellschaft zu leisten. Aber er haßt Sardinen. Er wird wie sein Großvater bald von stattlicher Statur sein. Mit erst dreizehn Jahren mißt er bereits einen Meter zweiundachtzig und wiegt fünfundneunzig Kilo. An manchen Wochenenden nimmt die Familie den alten Mann mit zu sich nach Hause. Dann schiebt sein Enkelsohn das Lieblingsvideo des alten Mannes in den Recorder, und die beiden sehen sich im Wohnzimmer *Der mit dem Wolf tanzt* an. Der Großvater mag den Film, weil darin manchmal in seiner Sprache gesprochen wird. Seinem Enkel hingegen gefallen die Szenen mit der Büffeljagd.

Sein Enkel kann Sardinen nicht ausstehen. Er sitzt im Rollstuhl des alten Mannes, und als sich der Geruch von Sardinen verbreitet, rümpft er die Nase und knöpft sich die Jacke zu. Sie ist in Schwarz und Silber gehalten, den Farben seiner Lieblingsfootballmannschaft, den Los Angeles Raiders. Er wendet sich zur Tür. Auf dem Rücken seiner Jacke steht ›POW-MIA – Wir haben nichts vergessen‹ geschrieben. Dann dreht er sich um und boxt ein kurzes Scheingefecht in die Luft. »Da steht er«, lacht der alte Mann, »da steht der nächste Joe Louis.«

Nellie, zehn Jahre alt, ist sich noch unschlüssig, ob sie ihrem älteren Bruder nach draußen folgen soll. Sie hat die dunklen Augen, die hohen, ebenmäßigen Wangenknochen und das üppige schwarze Haar aller Oglala. Sie ist schüchtern und zurückhaltend und kann stundenlang in der Musik aus ihrem Walkman versinken und dabei die Wirklichkeit vergessen. Sie hört vor allem Billy Ray Cyrus und Country- und Westernmusik. Rap mag sie nicht. »Die verwenden zu viele dumme Texte«, sagt sie.

Wie ihr Bruder ist auch sie kein Freund von Sardinen, aber sie bleibt ruhig sitzen, beobachtet Vater und Großvater und hört ihnen bei ihrer Unterhaltung zu. Sie versteht zwar, was sie sagen, kann aber selbst kein Lakota sprechen.

Torrie Dull Knife ist noch keine zwei Jahre alt. Sie scheint den Geruch völlig zu ignorieren, so sehr hängen ihre Augen an dem alten Mann. Sie hat einen Schnuller im Mund, und immer wenn sie in seine Reichweite kommt, tut der alte Mann so, als wolle er ihr den Schnuller wegnehmen. Sie stutzt und lächelt ein wenig verlegen. Dabei wirft sie einen kurzen Blick auf die Gesichter der anderen. Nie zuvor ist sie jemandem begegnet, der so aussieht wie der alte Mann. Sie weiß noch nicht so recht, ob er gutmütig und nett ist und gern ihr Freund sein möchte oder ob er nachts durch ihre Träume geistern wird. Also flitzt sie im Kreis herum, rennt über das Linoleum von Opa zu Nellie, von Urgroßvater zu Opa, von Nellie zurück zu Cora Yellow Elk.

Cora, die Schwiegertochter des alten Mannes, spricht die Sprache der Lakota. Über die Witze, die in der Runde gemacht werden, lacht sie fast so herzhaft wie Guy Dull Knife sen. selbst. 1973 traf sie den alten Mann zum ersten Mal. Das war das Jahr, in dem Rose gestorben war. Er hatte sein Blockhaus in den Hügeln verlassen und war zu ihnen nach Wanblee gezogen, einer kleinen Gemeinde im Osten des Reservates, damit er näher bei seinem Sohn sein konnte. Für gewöhnlich sorgt sie dafür, daß der alte Mann immer genügend Sardinen vorrätig hat. Unter den Leuten, die heute hier versammelt sind, scheint sich Torrie bei Cora am wohlsten zu fühlen. Bei all dem Gelächter, das an diesem Tag den Raum erfüllt, hüpft sie beim ersten Anzeichen von Unsicherheit auf ihren Schoß.

Es passierte im Januar 1985. Cora kehrte zusammen mit einem Freund von der Arbeit nach Wanblee zurück. Es war dunkel, und an einem baufälligen Abschnitt der Autobahn, die durch das Reservat führt, verlor der Freund auf einem vereisten Fahrbahnstück die Kontrolle über seinen Wagen. Stark blutend kroch Cora aus dem Wrack und lag zwei Stunden lang auf dem vereisten Boden, bis endlich ein Krankenwagen eintraf. Als sie drei Tage später im Bezirkskrankenhaus von Rapid City aufwachte, hatten ihr die Ärzte beide Beine unterhalb der Knie amputiert.

Im Haus der Familie Dull Knife in Loveland, Colorado, füllen ihre Webarbeiten und Perlenstickereien die Vitrinen und Regale, zieren die Tischplatten. Komplizierte, farbenfrohe handgestickte Muster finden sich auf Puppen aus Hirschleder, auf Messerhüllen, Jacken, Handschuhen und Kissen. Beim Perlensticken verwendet sie eine Technik, die sie ihre Mutter gelehrt hat, die diese wiederum von ihrer Mutter gelernt hatte. Während der langen Monate ihrer Genesung lenkten sie das Weben und Perlensticken davon ab, allzuoft über den Verlust ihrer Beine nachzudenken. Das und ihr Glaube, der noch von ihrem Ururgroßvater Chips, dem Medizinmann der Lakota, herrührte, gaben ihr Kraft.

Jetzt geht es ihr wieder gut. Vorsichtig läßt sie das kleine Mädchen auf einem Knie reiten, bis es zum nächsten Verwandten läuft.

»Kommt Sonny? Kommt Sonny heute?«
An diese Frage haben sich die Mitarbeiter des Pflegeheims längst gewöhnt.
Der alte Mann kann es nicht ertragen, von seinem Sohn für längere Zeit getrennt zu sein.
Guy Dull Knife jun. hätte seinen Vater bei Freunden und Verwandten in Süddakota, im Pine-Ridge-Reservat, unterbringen können. Da aber auch er nicht lange von seinem Vater getrennt sein möchte, nahm er ihn mit, als er 1989 nach Loveland zog.
Der Sohn, das einzige Kind seiner Eltern, ist Künstler, Maler und Bildhauer. Zwei Jahre lang arbeitet er schon an Skulpturen, die die Tänze darstellen, welche einst wesentlicher Bestandteil der Kultur und Tradition seines Volkes waren. Seine Plastiken zeigen den Kesseltanz, den Pferde- und den Hasentanz, den traditionellen Adler- und den Kriegstanz und den heiligen Sonnentanz. Insgesamt sollen es achtzehn Statuen werden, jede dreißig Zentimeter hoch und etwa siebeneinhalb Kilo schwer.
Nach seiner Rückkehr aus dem Vietnamkrieg wollte Guy Dull Knife jun. seine künstlerischen Fähigkeiten nutzen, um die alten Traditionen der Lakota zu bewahren, Traditionen, die er selbst gerade erst zu verstehen anfing. Er wollte den Büffeltanz darstellen, aber keiner seiner Freunde konnte sich mehr an die Kleidung und die Bewegungen erinnern.
»Das war schlimm, schlimmer als alles, was ich je in Vietnam erlebt hatte«, sagt er heute. »Es hatte den Anschein, als wäre unsere gesamte Kultur während weniger Generationen verschwunden.«
Früher durchstreiften die Lakota mit ihren kraftvollen Ponys und ihren tragbaren Tipis die Prärie, immer auf den Spuren des Tieres, dessen Wanderverhalten das Umherziehen des Stammes bestimmte und dessen Existenz so eng mit ihrer eigenen verknüpft war.
Aus seinem Fell stellten sie Tipis, Kleidungsstücke und Umhänge her, die sie gegen Messer, Decken, Kaffee, Gewehre und Munition ein-

tauschen konnten. Sein mageres und eiweißreiches Fleisch ließ sie die harten Winter überstehen. Sein Horn wurde als Schöpfkelle verwendet. Mit dem aus seinem Hirn gewonnenen Fett gerbten sie Tierhäute. Seine Eingeweide dienten als Behälter. Aus den Hufen kochten sie Leim für ihre Pfeile, und aus den Sehnen entstand Zwirn. Die Knochen wurden zu Nadeln, Keulen, Schmuck und zu Schabmessern zum Gerben der Haut verarbeitet. Getrocknet oder zu Stücken geschnitten, fanden selbst die Büffelfladen Verwendung. Sie dienten in der baumlosen Steppe als Brennstoff und als Windeln.
Im letzten Viertel des achtzehnten Jahrhunderts, als die Briten den Krieg im weit entfernten Osten verloren, zogen noch Millionen von Büffeln über die nördlichen Ebenen. Es war damals nicht ungewöhnlich, daß eine Herde ein Gebiet von 70 mal 50 Kilometern bedeckte. Büffel waren schneller als Pferde, bis zu eine Tonne schwer und hervorragend an das Leben auf den flachen, grasbedeckten Ebenen angepaßt. Wo später Rinder im Stehen erfroren, boten die Büffel dem Wind die Stirn und trotzten dem Winterblizzard. Ein erwachsener, ein Meter achtzig hoher Bulle reichte aus, um eine Familie vom Spätherbst bis in den zeitigen Frühling mit Fleisch zu versorgen.
Das ganze Jahr über bestand die wichtigste Aufgabe der Indianer darin, ihrem Fleischlieferanten zu folgen. Für die Lakota bedeutete das Aufbruch, sobald sich die Büffel von ihrem Winterquartier in den Hügeln und Bergen aufmachten, um im Frühling zum frischen Gras der Prärie zu ziehen. Sie folgten den Herden quer über die Ebenen, von den Big-Horn-Bergen im Westen bis zum Missouri im Osten.
Wann immer während der Wanderung ein Tier geschossen wurde, zerlegten es die Frauen und lagerten das Fleisch im Erdboden. Die beste Qualität hatten Fleisch und Fell im Herbst. Deshalb wurden im Herbst die meisten Tiere geschossen. Ihre Lager errichteten die Lakota entlang der Flußtäler. Von Sommer bis Herbst gruben Frauen und Kinder nach wilden Rüben, pflückten Pflaumen und Chokecherries*, die in den Büschen und im Dickicht unter den Cottonwood-Bäumen** wuchsen.
Im Spätherbst zogen die Lakota wieder zu ihrem Winterlager in den

* Chokecherry: Würgkirsche (Prunus virginiana). Anm. d. Übers.
** Cottonwood: Baumwollbaum. Anm. d. Übers.

Bergen. Unterwegs sammelten sie die eingelagerten Vorräte ein. Sie trockneten und zerstießen das Fleisch und mischten es mit Wildbeeren. Im nächsten Frühjahr dann würde dieser Zyklus erneut beginnen.

Früher versammelten sich die Lakota zum Tanz, bevor sie zur Jagd aufbrachen. Auf diese Weise dankten sie dem Büffel, der für sie sein Leben lassen mußte.

Im Jahr 1976 konnten sich Guy Dull Knife jun. und seine jungen Freunde nur noch wenige Einzelheiten über den Büffeltanz ins Gedächtnis rufen. Schließlich wandte sich Guy Dull Knife jun. an diejenigen, deren Weisheit und Wissen sein Volk Hochachtung zollt. Die Alten halfen ihm, indem sie ihm von den traditionellen Bräuchen erzählten.

Guy Dull Knife jun. ist davon überzeugt, in seinem Leben viel Glück gehabt zu haben. Er hätte nie damit gerechnet, einmal siebenundvierzig Jahre alt zu werden. In der Grundschule hänselten und verspotteten ihn die eigenen Kameraden mit den Schimpfworten »fetter, doofer Indianer« und »Teufelsanbeter«, wenn er in der einzigen Sprache sprach, die er im Blockhaus in den Hügeln zu hören bekam. Da er sich weigerte, den Religionsunterricht am Montagnachmittag zu besuchen, gaben seine Lehrer schließlich auf und setzten ihn statt dessen mit seinen Farben und Pinseln allein in einen Raum. Er bekam Schwierigkeiten, hatte häufig Streit mit anderen und schwänzte dann einige Zeit lang die Schule, verbrachte den Tag lieber am Ufer des Red Water, wo er, nur von seinem Hund begleitet, fischen ging.

In Vietnam traf er ein, als die Tet-Offensive gerade vorbei war. Seine Einheit mußte schwere Verluste hinnehmen. Viele seiner Kameraden wurden in den grünen Säcken mit den langen Reißverschlüssen nach Hause transportiert. Wieder zurück in den Staaten, bewarfen ihn in seiner ersten Nacht Schüler am Seattle-Tacoma-Flugplatz mit Eiern und Tomaten, so daß er sich für den Heimflug umziehen mußte. In Pine Ridge zog er die Uniform dann wieder an. Seine Leute klopften ihm anerkennend auf die Schultern und stopften ihm lauter Dollarscheine in die Taschen.

Nicht lange danach spaltete ein blutiger Bruderkrieg sein Volk. Im zweitgrößten Reservat der Vereinigten Staaten brachten sich die den

alten Bräuchen verhafteten Lakota und die, die sich davon losgesagt hatten, gegenseitig um.
Meist spricht der Sohn mit einer tiefen, sanften Stimme und so leise, daß er manchmal kaum zu verstehen ist. Guy Dull Knife jun. hat den tonnenförmigen Brustkorb und die breiten Schultern seines Vaters, dieselbe Hautfarbe und die hohen, breiten Wangenknochen geerbt. Sein dicker, schwarzer Pferdeschwanz ist fest zusammengebunden und fällt zur Hälfte über sein schwarzes T-Shirt, auf dessen Rückseite mit weißen Buchstaben ›POW-MIA‹ gestickt ist. Phosphorbomben, die er im Krieg abbekommen hat, haben auf seinen Unterarmen ein wildes Muster von Beulen und roten Narben hinterlassen. Seine Augen wirken dunkel und ruhig. Ihnen entgeht nichts.
»Nach meiner Rückkehr aus Vietnam erfüllte mich eine maßlose Wut. Die meiste Zeit glaubte ich, ich müßte jeden Augenblick explodieren. Während der vergangenen zehn Jahre hatte ich viel durchgemacht. Für mich ergab alles keinen Sinn mehr. Schließlich entschloß ich mich, das zu versuchen, was mir noch sinnvoll erschien, die einzige Sache, auf die ich noch Vertrauen setzte – meine Kunst.«
Außerdem schätze er sich glücklich, daß auf dem Regal hinter seiner Arbeitsplatte in der Gießerei am Rand von Loveland bereits sechs fertige Plastiken stünden.
Jede Plastik wurde in Bronze gegossen und von Hand bemalt. Dafür benötigte er jeweils fünfundsiebzig bis hundert Stunden. Jede der Statuen ist einem guten Freund gewidmet: eine seinem hochbetagten Nachbarn Dewey Beard, dem einzigen noch lebenden Veteran aus der Schlacht gegen Custer und dem Massaker am Wounded Knee Creek; eine Eskra Fire Thunder, dem hundertjährigen Medizinmann, der ihm zur Seite stand, als er aus Vietnam zurückgekommen war; eine Frank White Buffalo Man, der sich daran erinnerte, was die Tänzer beim Adlertanz trugen; eine weitere seinem Onkel Daniel, der eines Sommers nach Memphis ging, um für den König des Rock and Roll zu singen.
Und eine ist Byron DeSersa gewidmet, dem Urenkel von Black Elk, seinem besten Freund, der während des blutigen Bruderkrieges am Rande der Badlands ermordet wurde.
Jetzt hat der alte Mann aufgehört zu lachen. Er möchte seinem Sohn etwas zeigen, über das er sich geärgert hat. Aus der Schublade des

Nachttisches neben seinem Bett holt er eine Zeitung hervor, die ihm seine Schwägerin, Tante Bessie, erst kürzlich aus Rapid City geschickt hat.

Unten links auf der Titelseite sind auf einem großen Foto aus dem Jahr 1892 acht Männer abgebildet, die den für Krieger üblichen Kopfschmuck und Lederkleidung tragen. Die vier Männer auf der einen Seite sind Krieger der Lakota, die vier auf der anderen sind Pawnee. In der Mitte steht Buffalo Bill Cody in seiner typischen, mit Fransen verzierten Jacke, mit hirschledernen Handschuhen und schwarzen Lederstiefeln.

In der hinteren Reihe, als zweiter von links, befindet sich der größte und scheinbar jüngste der Krieger. In seinem geflochtenen Haar trägt er zwei Adlerfedern. Um seinen Hals hängt eine große Silbermedaille, und in der Hand hält er eine Axt. Ein Wolltuch fällt bis auf seine Mokassins herab.

Der Sohn, dessen Frau und die Kinder drängen sich um den alten Mann, der auf dem Bett sitzt und die Zeitung auf seinem Schoß ausgebreitet hat. Sie betrachten das Gesicht von George Dull Knife, dem Vater des alten Mannes. Sein Sohn geht hinaus in den Gang und kehrt mit der kleinen Torrie auf seinen Armen zurück. Er setzt sie neben den alten Mann auf das Bett und zeigt ihr die Fotografie. Er erklärt ihr auf Englisch und Lakota, daß der Mann mit den beiden Federn im Haar ihr Ururgroßvater ist. Ihr aber ist das egal. Sie klettert wieder vom Bett herunter und läuft zurück in die Eingangshalle.

In der Fotolegende wurde George Dull Knife falsch zugeordnet. Tante Bessie hat den Fehler mit roter Tinte markiert. Der alte Mann ärgert sich darüber. Er möchte, daß sein Sohn bei der Zeitung anruft, damit der Fehler korrigiert wird. Der Sohn verspricht, sich darum zu kümmern.

Als der alte Mann noch ein Junge war, brachte ihm George Dull Knife den Umgang mit Pfeil und Bogen bei. Er lehrte seinen Sohn, im tiefen Schnee des Yellow-Bear-Lagers Hirsch und Hase zu jagen. Das Lager, in dem um die Jahrhundertwende viele der Tradition verhaftete Lakota lebten, lag in einer unwirtlichen Gegend des Pine-Ridge-Reservates. George Dull Knife verreiste häufig mit Cody's Wild West Show nach Übersee und überließ seinem ältesten Sohn die Aufgabe, währenddessen das Essen für elf jüngere Brüder und Schwestern zu beschaffen. In einem Winter mußten sie sogar die Büffelblase kochen, die ihnen als Behälter gedient hatte, damit sie etwas Brühe bekamen. Aber sie überlebten, und die anderen Winter waren nicht so hart.

Nach seinen Europareisen hatte der Vater des alten Mannes über zwanzig Jahre als Indianerpolizist gearbeitet und war an der östlichen Grenze des Reservates Patrouille geritten. Im Sommer erhielt er von seinen Vorgesetzten, die an der westlichen Grenze des Reservates stationiert waren, den Befehl, jeden zu melden, der an der Sonnentanz-Zeremonie teilnahm. Washington hatte inzwischen diesen heiligsten Brauch der Lakota offiziell verboten. Wer ihn dennoch zelebrierte, dem drohten Festnahme und Inhaftierung; außerdem konnten die Lebensmittelrationen seiner Familie für die Dauer von zehn Tagen gestrichen werden.

Solange sie zurückdenken konnten, war der Sonnentanz das wichtigste Ereignis im Leben der Lakota gewesen. Während der Sommermonate kamen die Stämme von überall aus den nördlichen Ebenen zusammen, um diese Zeremonie jedes Jahr wieder abzuhalten. Sie feierten und tanzten, sie schlossen Freundschaften und erfreuten sich an ihren Sitten und Bräuchen. Für die Tänzer war es eine Zeit des Opfers, eine Zeit, in der sie ihre Körper dem Sonnengott *Wi* zu Füßen legten, in der Hoffnung, daß ihre Schmerzen und ihr Leiden das Volk stärken mögen.

Diejenigen, die das Opfer vollzogen, tanzten und fasteten vier Tage lang. Nachts gingen sie in die Schwitzhütte, um sich zu reinigen. Die Hütte war aus Schößlingen gebaut, hatte eine niedrige Kuppel, war mit Häuten gedeckt und wurde mit heißen Steinen aufgeheizt. Die Tänzer legten den heiligen Beifuß* aus, rauchten die roten Pfeifen aus Catlinit und beteten für das Wohlergehen ihnen nahestehender Menschen. Sie trugen besondere Kleidung und heiligen Schmuck. Am letzten Tag der Zeremonie traten sie in die Sonne, stemmten sich gegen die an hölzernen Pflöcken befestigten Riemen aus Rohleder, die man ihnen an Brust und Schulter durch die Haut getrieben hatte. Sie zerrten und zogen so lange, bis die Haut riß und die Pflöcke freikamen.

* Sagebrush: Beifuß (Artemisia tridentata), unkorrekterweise oft mit »Salbei« übersetzt. Anm. d. Übers.

Nachdem sie die heilige Handlung vollzogen hatten und in ihrem Glauben gestärkt waren, zerstreuten sich die Lakota wieder über die weiten Ebenen, bis sie erneut in dem Monat zusammenkamen, in dem die Prärierosen blühen, dem Monat, in dem die Kirschen reifen.*

Man erzählt sich, daß Bloody Knife und die anderen Indianer, die unter Custer als Kundschafter dienten, Angst bekamen, als sie in den Tagen vor der Schlacht das Gelände erblickten, auf dem sonst der Sonnentanz abgehalten worden war und das nun verwaist vor ihnen lag. Sitting Bull schnitt sich aus jedem Arm fünfzig Fleischstücke heraus und brachte sie als Opfer dar. Danach sah er in einem Traum Soldaten in das Lager einfallen. Die Kundschafter erspähten, daß sich in jenem Sommer sehr viele Lakota und ihre Verbündeten im Rosebud-Grund versammelt hatten, und sie konnten die Kraft spüren, die von dem verwaisten Platz ausging. Sie versuchten, Custer zu warnen, mit ihm zu sprechen, doch er befürchtete, die Indianer könnten entkommen, falls seine Soldaten zu langsam vorrückten. An dem Morgen, an dem die Kavallerie vom Hügelkamm hinunterritt, trug Bloody Knife sein Totengewand.

Während der langen Sommermonate an der östlichen Grenze des Pine-Ridge-Reservates hörte George Dull Knife die Trommeln in den Hügeln und sah die Cottonwood-Bäume im heiligen Kreis. Er hörte die Pfeifen aus Adlerknochen und bemerkte die Brustnarben, aber nie forderte er von seinem Sohn oder irgend jemand anderem, mit dem Brauch aufzuhören. Er nahm niemanden fest und verlor gegenüber seinen Vorgesetzten kein Wort darüber. Dreiundzwanzig Jahre lang wandte er seinen Kopf ab und sah darüber hinweg.

An der höchsten Stelle des Yellow-Bear-Lagers ist das Land meilenweit von niedriger Grassteppe bedeckt. Hier lebt niemand mehr. Außer dem entfernten Muhen einer Kuh oder dem weithin hörbaren Gezwitscher einer Lerche herrscht Stille. Nur der Wind streicht in Böen über das Grasland. In der Mitte der ausgedehnten Kuppe steht die alte Episkopalkirche. Sie wurde bereits 1881 erbaut und ist nun schon reichlich windschief, ihr Holz grau und verwittert.

Wo früher innen Gaslaternen hingen, stehen jetzt an der nach vielen Jahren durchhängenden und aufgeworfenen Decke nur noch rostige

* Gemeint ist der Monat Juni. Anm. d. Übers.

Haken heraus. Schwärme von Tauben, Fledermäusen und Schwalben bevölkern das Gebäude, dessen blauweißer Anstrich schon lange verblichen ist.
Von der Tür der Kirche aus nach Westen führen Wagenspuren etwa vierhundert Meter weit durch das hohe Gras und dann allmählich einen kleinen Hügel hinauf bis zum Friedhof. Wenn eine starke Windböe die hohen Halme niederdrückt, kann man ein kleines, weißes Kruzifix aus dem Gras ragen sehen, dessen Spitze Rostflecken aufweist und dessen blauweiße Farbe größtenteils abgeblättert ist.

George Dull Knife
80 Jahre alt
Gestorben am 28. Februar 1955

Es ist fast fünf Jahre her, seitdem der alte Mann das letzte Mal an der höchsten Stelle des Yellow-Bear-Lagers war. Er ist nicht mehr kräftig genug für den Aufstieg und zu alt, um die Erinnerungen noch zu bewältigen. Aber er hat seinem Sohn gesagt, daß er, wenn seine Zeit gekommen sei, die Reise in die Ewigen Jagdgründe neben seinem Vater antreten möchte.

Es ist ein angenehmer Abend im Frühling. Dämmerung über den östlichen Flanken der Rocky Mountains. In einer Stunde wird die Sonne hinter den Berggipfeln versinken. Über dem gezackten, schneebedeckten Kamm oberhalb der Baumgrenze wird dann ein rosa Schimmer liegen.
Ein schwarzweißer Stadtbus fährt gerade auf den Wendeplatz vor dem Pflegeheim, und ein älteres Paar steigt aus. Geländewagen mit geöffnetem Verdeck fahren vorbei. Ein Kleinbus und ein roter Ford-Lieferwagen folgen. Kurz darauf heult das Martinshorn eines Krankenwagens auf. Nicht lange danach fährt ein Feuerwehrauto vorbei.
Es war ein langer Tag, und Torrie wird langsam bockig. Sie umkreist Cora Yellow Elk wie eine lästige Fliege, zieht an ihrer Bluse, wirft den Schnuller auf den Boden. Nellie und Guy Dull Knife III vermissen ihre Freunde und möchten sich zu Hause noch einmal mit ihnen treffen, bevor es dunkel wird. Sie sagen es nicht, aber das muß auch nicht

sein. Sie lehnen an ihrem auf der Straße geparkten blauweißen GMC-Familienauto und öffnen und schließen die Türen.
Die Kinder in der Nachbarschaft spüren wohl, daß mit dem warmen Wind auch das Ende der Schulzeit naht. Auf der West Eighth Street herrscht reges Treiben. Eine Horde Jungen radelt am Pflegeheim vorbei. Sie wenden sich um und rufen einem dicken Jungen etwas zu, der den Wendeplatz entlangläuft und dabei einen Basketball vor sich herkickt. Als er stoppt und den Ball über ihre Köpfe hinwegschleudert, hallt ihr Johlen und Schreien die Straße hinunter. In der aufkommenden Dunkelheit wirbeln zwei etwa dreizehn- bis vierzehnjährige Jungen auf ihren Skateboards um die Ecke, fahren über den Bordstein hinab und lachen und johlen. Wenige Meter von ihnen entfernt sitzt der alte Indianer allein auf der Bank.
Der Sohn kennt die Angst seines Vaters vor diesen Augenblicken des Abschieds und versucht, so lange wie möglich bei ihm zu bleiben.
Während der vergangenen Stunde saß der alte Mann friedlich auf der schmalen Zementbank, die Beine übereinandergeschlagen, über seinen Schultern ein Wolltuch, den Blick fest auf die immer dunkler werdenden Gipfel der Berge im Westen gerichtet. In einer Hand hielt er eine aufgerollte Zeitschrift, mit der er gelegentlich Insekten verscheuchte.
Jedem, der in den letzten Wochen sein Zimmer betrat, zeigte er den Zeitungsartikel. »Schau, hier steht etwas über meinen Großvater. Mein Großvater war ein Häuptling.« Irgend jemand aus der Familie – er kann sich nicht erinnern, wer – hat ihm den Artikel geschickt. Wie alle Dinge, die ihm etwas bedeuten, bewahrt er ihn in einer Schublade seines Nachttisches auf. Er hat ihn Stephanie gezeigt, der Leiterin des Sozialdienstes im Pflegeheim, und der Sprachtherapeutin Verna Ping. Er hat ihn Dianne gezeigt, der Rehabilitationshelferin, und den Schwesternhelferinnen Kelley und Audrey.
Der Artikel ist kurz, nur drei Seiten lang. Er möchte seinem Sohn den Bericht noch lesen lassen, bevor die Familie aufbricht.
Sein Sohn kennt die Geschichte bereits. Seit er ein kleiner Junge war, hat man sie ihm erzählt. Sein Vater und sein Großvater, seine Mutter und seine Großmutter, Tanten und Onkel, ältere Cousins und Cousinen. Es ist eine Geschichte, die fast alle Angehörigen seines Volkes schon viele Male gehört haben. Es ist die Geschichte eines Volkes, das

seine Heimat liebte und seine traditionelle Lebensweise verlor. Fieberkrank, frierend und hungernd folgten sie ihrem Häuptling, gingen sie zurück an den Ort, an dem ihre Kinder geboren waren und ihre Vorfahren begraben lagen. Viele sahen ihre Heimat nie wieder.

Der Sohn nimmt den Artikel und läßt sich auf der Bank nieder. Als er ihn durchgelesen hat, rollt er die Seiten wieder zusammen und gibt sie dem alten Mann zurück. Nach einer Weile steht er auf, geht um die Bank herum und faßt die Enden des Wolltuchs, um es fester um die Schultern seines Vaters zu wickeln.

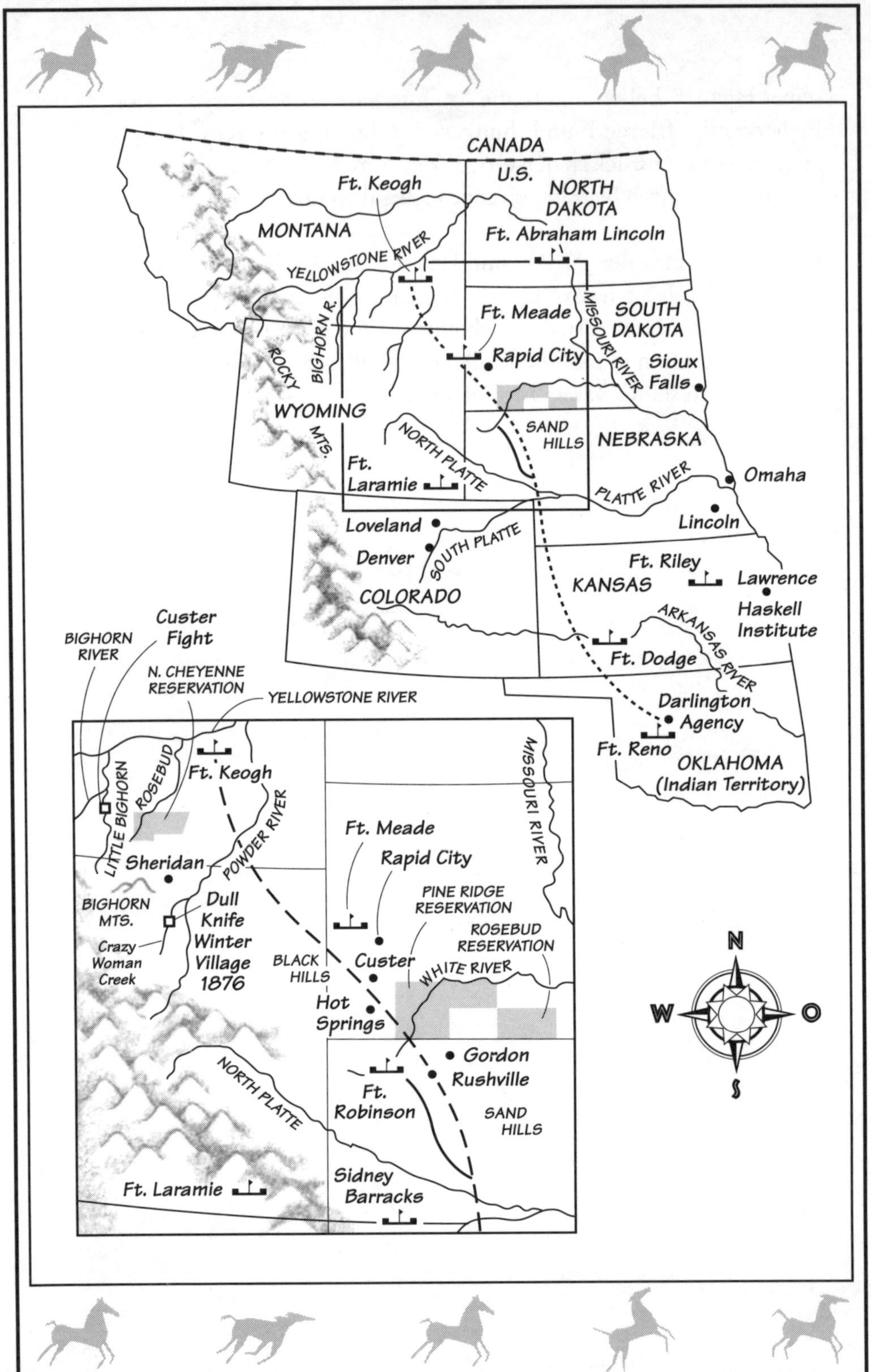
CANADA
U.S.
NORTH DAKOTA
Ft. Keogh
MONTANA
Ft. Abraham Lincoln
YELLOWSTONE RIVER
BIGHORN R.
MISSOURI RIVER
SOUTH DAKOTA
Ft. Meade
Rapid City
ROCKY MTS.
WYOMING
Sioux Falls
SAND HILLS
NEBRASKA
NORTH PLATTE
Ft. Laramie
PLATTE RIVER
Omaha
Lincoln
Loveland
Denver
SOUTH PLATTE
COLORADO
KANSAS
Ft. Riley
Lawrence
Haskell Institute
ARKANSAS RIVER
Ft. Dodge
Darlington Agency
Ft. Reno
OKLAHOMA (Indian Territory)
Custer Fight
BIGHORN RIVER
N. CHEYENNE RESERVATION
YELLOWSTONE RIVER
LITTLE BIGHORN
ROSEBUD
Ft. Keogh
POWDER RIVER
Sheridan
BIGHORN MTS.
Dull Knife Winter Village 1876
Crazy Woman Creek
MISSOURI RIVER
Ft. Meade
Rapid City
PINE RIDGE RESERVATION
ROSEBUD RESERVATION
BLACK HILLS
Custer
WHITE RIVER
Hot Springs
Gordon
Rushville
Ft. Robinson
SAND HILLS
NORTH PLATTE
Sidney Barracks
Ft. Laramie
N
W
O
S

HÄUPTLING DULL KNIFE

Am Morgen des 21. April 1877 bewegte sich ein langer Troß aus Männern, Frauen und Kindern von den schroffen, mit Kiefern bewachsenen Spitzkuppen hoch über den Ebenen von Nebraska langsam in den Talgrund hinunter und auf das Fort am Ufer des White River zu.
An der Spitze des kilometerlangen Zuges ritt ein fast achtundsechzig Jahre alter, würdevoller Mann, aus dessen Verhalten seine Führerrolle klar ersichtlich war. Er war von großem Wuchs, hatte ein kantiges Gesicht, kräftige Schultern und einen mächtigen Brustkorb. Früher war er ein großer Krieger gewesen, der militärische Strategien entwickelt und seine Krieger in Schlachten angeführt und befehligt hatte. Aber während des vergangenen Jahrzehnts hatte er sich vor allem mit seiner Stimme für den Frieden eingesetzt. Nur so könnten sie überleben, hatte er argumentiert, wenn sie sich nachts an den Lagerfeuern berieten. Er war ein guter Redner, sprach eindrucksvoll und gewandt und wurde oft dazu auserwählt, sein Volk bei Unterredungen mit anderen Stämmen, bei Friedensverhandlungen und bei Zusammenkünften mit den Weißen zu vertreten. Man bewunderte seine Weisheit und Rücksichtnahme, seinen Mut und seine Würde, und so wurde er zum Oberhäuptling des Stammes ernannt, dessen Position gleichbedeutend mit der eines großen Staatsmannes war.
In der Sprache seines Volkes, der Nordcheyenne, war sein Name *Wo'he hiv'*, was Morgenstern bedeutet. Sowohl die Weißen als auch die Lakota, deren Stamm seine Frau angehörte und mit denen er viele Jahre lang lebte, nannten ihn Dull Knife.
Für das Dorf von Häuptling Dull Knife war der letzte Winter in den Big-Horn-Bergen von Wyoming der schlimmste, den sie je erlebt hatten.
Nach der Schlacht gegen Custer hatte es plötzlich große Veränderungen gegeben. Als die Nachrichten von dem Massaker den Osten der

Vereinigten Staaten erreichten, konnten die Menschen dort nicht glauben, daß halbnackte, nur mit Pfeil und Bogen bewaffnete Wilde imstande gewesen sein sollten, fünf Kompanien schwerbewaffneter Soldaten auszulöschen. Nach dem Ereignis begann die Armee einen endgültigen Feldzug gegen jene Indianer, die des Kampfes noch immer nicht müde waren und die Hunger und Kälte noch nicht in die Knie gezwungen hatten.

In den siebziger Jahren des neunzehnten Jahrhunderts waren es Hunger und Kälte, gegen die sich die Indianer nicht zur Wehr setzen konnten. Beide waren zu weit tödlicheren Waffen geworden als die Springfield-Gewehre, die Smith-&-Wesson-Revolver und die Feldgeschütze der Artillerie. Die riesigen Büffelherden hatte man nahezu ausgelöscht. Zunächst wurden die Tiere für die Händler abgeschlachtet, dann von Eisenbahnsöldnern, und schließlich wurden sie zum Werkzeug der Regierungspolitik gegen die Indianer. Von geschätzten fünfzig Millionen Tieren zu Beginn des Jahrhunderts hatten letztendlich weniger als fünfhundert überlebt.

Jeder neue Winter brachte den Indianern mehr Elend als der vorangegangene. Und in jedem Frühjahr begaben sich mehr und mehr Indianer, die in den Great Plains ihr Zuhause hatten, zu den Agenturen* in der Nähe der Forts, wo ihnen als Belohnung für den Verzicht auf die traditionelle Lebensweise frisches Fleisch und Kleidung winkten. Fort Robinson, ein Militärposten am White River, war ein solcher Ort, an dem die Indianer Zuflucht suchten.

Dull Knife und Little Wolf, ein anderer Häuptling des Dorfes und dessen fähigster Krieger, wußten, daß es nach der Schlacht gegen Custer Schwierigkeiten geben würde. Einige Stammesangehörige hatten sich am Kampf beteiligt und sich danach tief in die Big-Horn-Berge zurückgezogen, um sich zu verstecken und um Schutz vor den Winterstürmen zu suchen.

In jenem Herbst hatte General George Crook, Befehlshaber der am

* Von der US-Regierung eingerichtete Stützpunkte in von Indianern bewohnten Gebieten oder in Reservaten. Ihre Leiter, die Indianeragenten, waren Regierungsbeamte, die als Vertrauensleute der Indianer wirken sollten. Sie sollten u. a. auf Einhaltung von Verträgen und Gesetzen achten, Lebensmittel u. a. Hilfsgüter verteilen. Anm. d. Übers.

Platte River stationierten Truppen der US-Armee, eine große Streitmacht zusammengestellt, um gegen die noch verbliebenen Feinde vorzugehen. Er bestimmte General Ronald S. Mackenzie zum Anführer der Streitmacht. Sie bestand aus elf Kompanien Kavallerie, elf Kompanien Infanterie und vier Kompanien Artillerie. Eine Versorgungseinheit von 168 Wagen und 400 Mulis, geführt von 285 Kutschern und Helfern, folgte den Truppen. Das Ende des Zuges bildeten sieben Lazarettwagen. Mehr als vierhundert indianische Scouts*, hauptsächlich Pawnee, Shoshonen und Crow, ritten voraus.[1] Diese Kundschafter waren alte Feinde der Lakota und spürten sie nun im Auftrag der Regierung auf, die ihnen dafür Essen und Kleidung stellte. Alles in allem rückten Mitte November mehr als zweitausend Mann aus Fort Fettermann, Wyoming, aus.
In der Morgendämmerung des 25. November 1876, fünf Monate nach der Schlacht am Little Bighorn, griff General Mackenzie das schlafende Dorf von Dull Knife an, das sich nahe Crazy Women's Fork, einer Flußgabelung des Powder River, in Nordwyoming befand. Kaum war die erste Salve gefeuert, formierten sich die Krieger zu einer Schützenlinie, die sich den Angreifern entgegenstellte, während Little Wolf dafür Sorge trug, daß Frauen und Kinder inmitten eines heftigen Schneesturmes evakuiert wurden. Obwohl er während des Kampfes siebenmal verwundet wurde, hielt er die Stellung, bis Frauen und Kinder die sicheren bewaldeten Hügel oberhalb des Lagers erreicht hatten. Die Schlacht tobte fast den ganzen Tag lang. In der Abenddämmerung war das Dorf jedoch nicht mehr zu halten. Von den Hügeln oberhalb des Lagers mußten die Indianer mit ansehen, wie Tipis, Kleidung, Geschirr und Wintervorräte hoch aufgetürmt und verbrannt wurden. Sie hatten fünfundzwanzig Männer verloren, dazu 173 Tipis und mehr als 500 Ponys.[2] In jener Nacht flohen Dull Knife und Little Wolf mit den restlichen Überlebenden in nordöstlicher Richtung und zogen sich noch tiefer in die Bighorn-Berge zurück.

* Kundschafter: Von der US-Armee wurden bei Indianerkriegen gezielt indianische Scouts angeheuert, die mit geographischen und ethnischen Verhältnissen und dortigen Sprachen vertraut waren. Meist waren sie dem Stamm, gegen den sich eine Militäraktion richtete, feindlich gesinnt. Anm. d. Übers.

Viele von ihnen waren für den Marsch durch die Schneestürme in den Bergen nur unzureichend bekleidet. In der ersten Nacht sank die Temperatur auf minus dreißig Grad, und elf Kinder erfroren. In der zweiten erschossen die Krieger einige der ihnen noch verbliebenen Pferde, nahmen sie aus und legten viele der kleineren Kinder in die ausgehöhlten Kadaver. Einige der Alten steckten ihre Hände und Füße zu den Kindern hinein, damit sie ihnen nicht erfroren. Ein paar Tage später fanden sie im Winterlager der Oglala Sioux von Crazy Horse am Powder River Zuflucht.

Sein ganzes Leben hatte Dull Knife im Land am Powder River und in den Bergen von Wyoming und Montana zugebracht. Hier, im Tal des Rosebud, war er zur Welt gekommen, und noch viele Jahre danach hatten nur wenige Weiße die schroffen Berge, die Flüsse und die Täler der Büffel zu Gesicht bekommen, die so typisch für seine Heimat waren.

Da er schon als Kind ungewöhnlichen Mut bewiesen hatte, glaubte sein Volk an diesen früh ausgeprägten Wesenszug. Von Generation zu Generation wurde folgende Geschichte überliefert: Als der neunjährige Junge eines Sommers mit seiner Familie im Fluß spielte, stürmte eine Büffelherde auf sie zu. Während seine Mutter auf einen Baum kletterte, schwamm er zu seiner Schwester, um sie in einen verlassenen Biberbau zu ziehen. Darin blieb er mit ihr, bis die Herde vorbeigezogen war. Jahre später, als seine Leute einmal ohne ausreichende Nahrungsmittel in einem schlimmen Wintersturm gefangen waren, stellte er einen Hilfstrupp zusammen, der 240 Kilometer marschierte, um nach Wild zu suchen. Als die Jäger in das Lager der frierenden und hungernden Menschen zurückkehrten, brachten sie auf ihren Packpferden frisches Büffelfleisch mit.

In der Zeit, in der der Knabe zum Mann heranwuchs, folgte er den Kriegsbräuchen seines Volkes und ging mit den anderen jungen Männern auf Raubzüge gegen die Crow, Arikara, Snake und Shoshonen. Er war bekannt für seine Wildheit und seinen Mut, und so wurden die Älteren auf ihn aufmerksam.

Als später immer mehr Weiße in ihre Heimat eindrangen, griffen Dull Knife und seine Krieger gemeinsam mit den Sioux eine Kette von Forts an, die ihr letztes, großes Jagdrevier durchschnitt. Am 21. Dezember 1866 führten Dull Knife und Crazy Horse eine Gruppe an, deren Aufgabe es war, Captain William Fettermann von Fort Phil Kearny wegzulocken. Die Truppen verfolgten sie bis zu einem Hinterhalt, wo eine größere Abordnung der Indianer schon auf sie wartete und Fettermann und seine einundachtzig Mann niederstreckte.

Obgleich seine Leute den Kampf gewonnen hatten, fühlte Dull Knife, daß sie den Krieg gegen die Weißen niemals gewinnen konnten. Nicht lange nach dem Kampf gegen Fettermann befand er sich, wie viele andere Häuptlinge in den nördlichen Ebenen, in einer schwierigen Lage. Wenn sein Volk weiterkämpfte, würde es wahrscheinlich ausgelöscht werden; wenn es kapitulierte, würde es seine Heimat und seine traditionelle Lebensweise aufgeben müssen. Immer öfter sprach Häuptling Dull Knife seinen Leuten gegenüber davon, daß die Weißen zu zahlreich und zu mächtig wären, daß die Indianer nur überleben könnten, wenn sie versuchten, mit den Weißen in Frieden zu leben. Da er ein gewandter Redner war und geschickt verhandeln konnte, ging er in die Forts, sprach mit den Soldaten, nahm an Friedensverhandlungen teil und versuchte, für sein Volk einen Ausweg zu finden.

Er gehörte zu den Häuptlingen, die 1868 den historisch bedeutsamen Vertrag von Fort Laramie unterzeichneten, einen Vertrag, in dem den Indianern die ihnen heiligen Black Hills und die westliche Hälfte Süddakotas zugesichert wurden. Die Indianer gelobten dafür Frieden. Auf den Feierlichkeiten, die die Unterzeichnung des Vertrages umrahmten, erklärte sich Dull Knife bereit, nie wieder »sein Messer zu schärfen«, um gegen die Weißen vorzugehen. Er hielt sein Wort. Acht Jahre später blieben er und Little Wolf in ihren Lagern unweit des Schlachtfeldes, während andere Stammesangehörige zum großen Kampf am Little Bighorn auszogen.

Colonel George A. Woodward aus Fort Fettermann war Dull Knife und Little Wolf begegnet, als sie im Frühjahr 1871 den Militärposten besuchten. Jahre später erinnerte er sich an das Treffen: »Unter den drei Führern der Cheyenne ragte meiner Meinung nach Dull Knife eindeutig heraus. Er hatte eine große, geschmeidige Gestalt und das ästhetische und würdevolle Gesicht eines Staatsmannes oder eines kirchlichen Würdenträgers. Seine ernste und würdevolle Art zu sprechen und sein gesamtes Benehmen kamen dem eines obersten Landesherrn gleich. Little Wolf beeindruckte weniger. Er war eher Soldat als Staatsmann.«[3]

Der Tag war noch jung, als an jenem Frühlingsmorgen Ende April 1877 General Crook und General Mackenzie Dull Knife und seinen Leuten wartend entgegensahen, wie sie von den Hügeln herunterkamen und in das Fort am White River einritten.[4] Hinter dem Häuptling folgten in strenger Formation die verschiedenen Kriegergesellschaften – die Kit Fox, die Crazy Dog und die Elkhorn Scapers. Über den Köpfen der ersten Kriegerabordnung wehte eine weiße Flagge. Es folgten die Frauen, die Kinder und die Alten, und dann die von Pferden gezogenen *Travois**, auf denen sie ihr restliches Hab und Gut verstaut hatten. Als nächstes kam die Ponyherde. Der Tradition entsprechend bildeten die Dog Soldiers das Ende des Zuges. Diese Elitekrieger, die in einer Schlacht stets in der ersten Verteidigungslinie kämpften, wurden von ihrem Volk verehrt, weil sie ihr Leben riskierten, um ihr Volk zu retten.

Als sich die Indianer näherten, wurde den Soldaten, die jahrelang gegen sie gekämpft hatten, übel bei dem Anblick, den sie boten. Wochenlang hatten sie sich nur von Pferdefleisch ernährt. Viele waren ausgezehrt, Arme und Beine bis auf die Knochen abgemagert, die Gesichter hager und vom Hunger ausgemergelt. Den Pferden hing die dünne Haut über die hervorstehenden Rippen. Die Reiter trugen kaum mehr als Fetzen, und bei vielen war von Frostbeulen geschwärztes Fleisch zu sehen. Manche hatten offene Stich- und Schußwunden. Leutnant J. G. Bourke, General Crooks Adjutant, untersuchte später die Leute. Er kam zu dem Ergebnis, daß viele von ihnen »auf grausame Weise« verwundet worden waren. Sie hatten Wunden, die »einen amerikanischen Soldaten für Monate ans Bett fesseln würden«.

Häuptling Dull Knife führte den Zug ins Fort und kam genau vor General Crook zum Stehen. Er und die anderen Anführer saßen ab, schüttelten die Hand des Generals und händigten dann nacheinander ihre Waffen aus. Am Ende lagen achtundsechzig Gewehre, vierunddreißig Pistolen und vierzehn Bogen am Boden. Mehrere Soldaten

* Primitives Transportgerät, bestehend aus zwei am Boden schleifenden Stangen, auf denen Querbretter oder Netze befestigt sind. Anm. d. Übers.

fingen an, die Leute zu zählen. Nach offiziellen Angaben trafen an diesem Tag 554 Indianer im Fort ein. Als sie schließlich am späten Nachmittag die letzte Ponyherde übergeben hatten, war die Kapitulation vollzogen.
Dull Knife nahm an, daß man seinem Volk gestatten würde, auf den nördlichen Ebenen, ihrem Heimatland, zu bleiben, daß man ihnen erlaube, bei den Oglala Sioux in der Nähe der Red-Cloud-Agentur zu leben. Die Oglala waren ihre Freunde, ihre Verwandten. Seit mehreren Generationen hatten sie in denselben Gebieten gejagt, in denselben Bergen überwintert, gegen dieselben Feinde gekämpft und so manchen Brauch, so manche Tracht und so manches Ritual von den Oglala übernommen. Frauen der Nordcheyenne hatten Oglala-Männer geheiratet und umgekehrt. Nordcheyenne und Oglala standen in enger Verbindung miteinander.
Vor fast zehn Jahren hatte der mächtige Oglala-Häuptling Red Cloud den Vertrag von Fort Laramie mit unterzeichnet (1868). Unter anderem erhielten Red Cloud und seine Gefolgsleute dadurch ein Gebiet zugesichert, in dem sie leben konnten. Der Vertrag garantierte jedem Indianer, der über vier Jahre alt war, pro Tag ein Pfund Fleisch und ein Pfund Mehl, außerdem jeder Familie Kaffee, Zucker, Kleidung, Kochgeschirr und Tipis aus Segeltuch. Als Folge dieses Vertrages wurde die Red-Cloud-Agentur ins Leben gerufen, aus der, wie damals üblich, dann das Lager Robinson entstand, aus dem später Fort Robinson hervorging. Hier wurden nun – wie in den anderen Forts, die über die Great Plains verstreut lagen – die in den Friedensverträgen zugesicherten Lieferungen der Regierung verteilt, die den Grundstein für das Leben im Reservat legen sollten.
Durch die Ankunft Häuptling Dull Knifes und seiner Leute stieg die Zahl der um die Red-Cloud-Agentur versammelten Lakota Sioux und Nordcheyenne auf mehr als fünftausend an.
Am 6. Mai 1877 traf ein über drei Kilometer langer Zug im Fort ein, der von den Ebenen bis in das Tal hinunterreichte und an dessen Spitze Crazy Horse ritt. Auch er unterwarf sich zusammen mit 899 seiner Oglala Sioux. Die Anwesenheit des großen Kriegshäuptlings der Lakota versetzte Indianer und Soldaten gleichermaßen in Unruhe. Bald darauf erhielt General Crook aus Washington folgenden Befehl: Dull Knife und seine Leute sollten so bald wie möglich in das Indianerge-

biet im Süden, das spätere Oklahoma, übersiedeln, um sich dort ihren Verwandten, den Südcheyenne, anzuschließen.
Dull Knife und Little Wolf konnten nicht glauben, was ihnen mitgeteilt wurde. Vier Jahre zuvor, im November 1873, waren sie mit anderen Häuptlingen ihres Stammes übereingekommen, in Wyoming einen Zug der Union Pacific zu besteigen und nach Washington zu fahren, um mit dem Präsidenten zu reden. Als das Thema zur Sprache kam, teilten sie Präsident Grant*, dem Innenminister und dem Kommissar für Indianerfragen mit, daß es für sie undenkbar wäre, das Land im Norden zu verlassen, daß sie sich nicht vorstellen könnten, ein Leben weit entfernt von ihrer Heimat zu führen. Sie sagten, daß ihnen in dem Vertrag von Fort Laramie die Möglichkeit zugesichert worden sei, zusammen mit den Leuten von Red Cloud im Norden zu leben. Der Präsident und seine Mitarbeiter aber entgegneten, daß diese Möglichkeit nie bestanden hätte, daß der Dolmetscher das mißverstanden und sie falsch in Kenntnis gesetzt hätte. Dull Knife und Little Wolf verließen daraufhin das Treffen, nahmen den Zug und traten die Heimreise an.[5]
All das brachten sie im Frühjahr 1877 erneut vor. Aber General Crook blieb hartnäckig. Er erklärte Dull Knife und Little Wolf, daß es gut für sie wäre, wieder mit dem südlichen Teil ihres Stammes vereint zu sein. Er sagte ihnen, daß sie ein neues Leben beginnen, Bauern werden und in Frieden in ihrem Reservat im Süden leben könnten. Sie bekämen neue Wagen, Pferde und Pflüge. Auch gäbe es Geschenke für alle Häuptlinge. Generalleutnant Philip H. Sheridan, Crooks Vorgesetzter, versicherte ihnen, daß die Beschaffung von Lebensmitteln im Süden – anders als im Norden – kein Problem darstellen würde. Im Süden hätten sie mehr als genug zu essen. Wild gäbe es im Überfluß, und sie könnten wie früher wilden Truthahn und Büffel jagen.
Ungeachtet dieser Zusicherungen weigerten sich Dull Knife und Little Wolf, der Übersiedelung zuzustimmen. Schließlich sagten ihnen Regierungsbeauftragte zu, daß sie, sollten sie im Süden nach Ablauf eines Jahres noch immer unzufrieden sein, in den Norden zurück-

* Ulysses Simpson Grant, von 1869 bis 1877 Präsident der Vereinigten Staaten; Oberbefehlshaber der Unionstruppen im Sezessionskrieg. Anm. d. Übers.

kehren dürften.[6] Jetzt aber hätten sie keine Wahl. Sie müßten gehen. Verwirrt, verängstigt und niedergeschlagen stimmten sie zu.

Am frühen Morgen des 28. Mai 1877 machten sich Dull Knife, Little Wolf und 931 Nordcheyenne für den langen Marsch in den Süden bereit.

Eine Militäreskorte, befehligt von Leutnant Henry W. Lawton vom Vierten US-Kavallerieregiment, setzte sich an die Spitze des Zuges. Dahinter ritten Dull Knife und Little Wolf, unmittelbar vor ihren Leuten. In der Beuge des linken Armes hielt jeder von ihnen, wie es Brauch war, eine der langrohrigen Pfeifen, die ihre Rolle als Führer nach außen sichtbar machten. Mit diesen Pfeifen wurde das Volk gesegnet und für eine sichere Reise gebetet.

Auf das Zeichen von Leutnant Lawton hin setzte sich der Zug in Bewegung und zog in die weiten Ebenen hinaus. Sie führten Wagen mit sich, in denen die Alten, Kranken und Schwachen transportiert werden konnten. Es gab einen Versorgungszug und einen Trupp Soldaten, der ihn bewachte. Die Nachhut bildete eine Rinderherde, die unterwegs geschlachtet werden sollte, damit niemand Hunger leiden mußte.

Sie sollten die westlichen Ausläufer der Hochebene von Nebraska hinabziehen, dicht vorbei an den trostlosen Sandhills, um dann nach einer Biegung durch die Prärie von Kansas nach Oklahoma zu gelangen.

Die Gebiete, durch die sie während der ersten Wochen zogen, waren Dull Knife und seinen Leuten eine vertraute Umgebung. Sie kannten die Bäche, Flüsse und Täler und die Felsformationen, die ihnen auf ihren Wanderungen als Landmarken gedient hatten. Die Alten waren in der Lage, auf den weiten Ebenen nachts anhand der Sterne ihren Weg zu finden. Hier hatten sie gelagert, gejagt und gekämpft. Hier waren ihre Kinder zur Welt gekommen und hatten sie ihre Toten begraben. Obwohl ihnen das Land immer noch vertraut war, hatte es sich doch verändert.

Nach dem Bürgerkrieg waren scharenweise Abenteurer in die Great Plains gekommen, die ihr Glück mit Gold oder im Bergbau, als Viehzüchter, Bauern oder Jäger machen wollten. Hier gab es jetzt Rinder und eine ganze Menge Stacheldraht, ein paar Dörfer und Städte, Viehfarmen und Bauernhäuser. Teile des Graslandes waren gepflügt worden. Die Felder nahmen sich in der Prärie wie ein Schachbrettmuster aus. Telegraphendrähte zogen kreuz und quer durch das Land, eiserne Schienenstränge schnitten mitten durch das Tal des Platte River. Und mit den Büffeln war in den Plains gründlich aufgeräumt worden.

Kurz nach Beginn des Marsches erhielten Dull Knife und Little Wolf die Erlaubnis zur Büffeljagd. Wie in alten Zeiten versammelten die Häuptlinge die Anführer der Kriegergemeinschaften um sich, und jeder wählte zehn seiner Männer aus. Lawton ließ Gewehre und Munition verteilen, und dann ritten sie los, um die Büffel zu suchen. Als sie weiter nach Süden vorstießen, fanden sie dort keine mehr.

Über Jahre hinweg hatten Berufsjäger diese Tiere, von denen das Überleben der Plainsindianer abhing, fast ausgerottet. Mit neuentwickelten, großkalibrigen Jagdwaffen und automatischen Gewehren ausgerüstet, pirschten sich die Jäger bis an den Rand einer Herde heran und metzelten in wenigen Stunden Tausende von Tieren nieder. Wenn die Läufe der Gewehre überhitzten, wurden sie mit Wasser gekühlt. Zwischen 1872 und 1876 wurden in den Great Plains mehr als sechs Millionen Büffel geschossen. Dieses Massaker wurde von der Armee unterstützt, da sie darin die kostengünstigste und rascheste Möglichkeit sah, die Indianer aus ihren heiligen Gebieten vertreiben und in Reservate pferchen zu können.

»Die weißen Felljäger haben in den vergangenen zwei Jahren mehr zur Lösung der lästigen Indianerfrage beigetragen als die gesamte Armee in den letzten drei Jahrzehnten«, sagte Generalleutnant Sheridan. »Sie zerstören die Nahrungsquelle der Indianer. Laßt sie im Interesse des Friedens die Büffel töten, häuten und verkaufen, bis sie ausgerottet sind. Dann können das gescheckte Rind und der fröhliche Cowboy in der Prärie Einzug halten.«[7]

Nachdem sie siebzig Tage lang unterwegs gewesen waren, führten Dull Knife und Little Wolf ihr Volk am 5. August 1877 in ihre neue

Heimat im Süden, in die Darlington-Agentur, ein Indianergebiet vor den Toren von Fort Reno. Zu dem Troß, der an diesem Tag eintraf, gehörten 235 Männer, 312 Frauen und 386 Kinder.

Während der ersten Wochen ihres Aufenthaltes schien es zunächst, als hätten sie es nicht schlecht getroffen. Die lange Wanderschaft lag hinter ihnen. Sie trafen Verwandte wieder, die sie lange nicht gesehen hatten, sie erneuerten alte Freundschaften und frischten Bekanntschaften auf. Sie tanzten und sangen, und es gab so manches Fest zu Ehren der Neuankömmlinge.

Aber das Glück währte nicht lange.

Rasch entwickelten sich Feindschaften zwischen den Cheyenne aus dem Norden und denen aus dem Süden. Die Cheyenne hatten sich mehr als dreißig Jahre zuvor aufgespalten und nur noch wenig gemeinsam. Der südliche Stamm, der schon seit einigen Jahren im Reservat lebte, fühlte sich durch die Neuankömmlinge bedroht. Die Südcheyenne nannten sie ›Narren‹ und ›Sioux‹ und fragten sie, warum sie überhaupt gekommen seien. Also zog sich der nördliche Stamm auf einen Hügel zurück, der neunzehn Kilometer oberhalb des Forts und nahe am Canadian River lag, und lebte dort für sich.

In ihrem Lager auf sich allein gestellt, fühlten sie, daß ihnen der Klimawechsel schwer zu schaffen machte.

Dull Knife und sein Volk hatten die feuchte, wie eine Wolke von der sengend heißen Prärie Oklahomas aufsteigende Hitze nie zuvor kennengelernt. Und nie zuvor hatten sie die Fliegen- und Mückenschwärme erlebt, die hier die Flußniederungen bevölkerten, nie zuvor die Bekanntschaft mit Zecken gemacht, die in Büschen und Bäumen saßen. Sie stammten aus dem Norden. Dort hatten sie ihr bisheriges Leben verbracht, und deshalb waren sie an das trockene Klima ihrer Heimat gewöhnt.

Viele von ihnen erkrankten innerhalb weniger Wochen. Die Alten bekamen Fieber und Schüttelfrost, die Kinder die Masern; ihre Gesichter waren voller roter Pusteln, ihre Nasen bluteten. Kurz darauf traten die erste von Moskitos übertragenen Krankheiten auf. Im Norden hatten sie weder Masern noch Malaria gekannt.

In jenem Sommer suchte Häuptling Dull Knife seine Leute in ihren Tipis auf. Er sah die Krankheiten, er hörte sich an, was sie ihm zu sagen hatten, und er fühlte wie sie.

Am 31. August 1877 verfaßte John D. Miles, der Indianeragent der Vereinigten Staaten in der Darlington-Agentur, für seine Vorgesetzten einen Bericht, in dem er seinen Eindruck von den Neuankömmlingen wie folgt zusammenfaßte:

»Nicht selten schlägt uns von ihnen Mißtrauen entgegen, denn vor kurzem noch standen sie den Weißen in offener Feindschaft gegenüber. Viele von ihnen beklagen, daß sie ihre Söhne und Brüder in Kämpfen verloren haben. Andere wieder leiden an den Wunden, die ihnen in den Feldzügen gegen die Weißen zugefügt worden sind. Viel Zeit und eine beständige und gerechte Betreuung sind erforderlich, um ihr Vertrauen zu gewinnen. Wenn uns das gelungen ist, können wir weitere Fortschritte erwarten.«[8]

Neben seinen Aufgaben als Indianeragent unterhielt Miles in Darlington noch zwei Geschäfte: Er war Teilhaber der einzigen Handelsgesellschaft, die es für Indianer in Darlington gab, und er verdiente an einer großen Viehherde. Die Handelsgesellschaft verlangte von Indianern dreimal soviel wie von Weißen und verdiente bestens am Geschäft mit dem Alkohol. Außerdem ließ Miles seine Viehherde auf Land grasen, das zum Reservat gehörte.[9]

Ende September – knapp einen Monat nach seinem Bericht – litten viele Frauen und Kinder unter etwas, mit dem sie nicht gerechnet hatten, als sie aus dem Norden hier eingetroffen waren: Sie hungerten. Die Nahrungsmittel, die ihnen vertraglich zugesichert worden waren, trafen nicht ein oder waren immer zu knapp bemessen. In der Regel erhielt jedes Familienmitglied pro Woche zweieinhalb Kilo Rindfleisch. Aber manchmal gab es nur zwei Stück Vieh für achtundsechzig Leute. Oft waren die Kühe kleinwüchsig und mager, so daß das Fleisch nur für drei Tage reichte. Bis zur nächsten Wochenration gab es dann nichts mehr zu essen. Getreide und Mehl kamen überhaupt nicht an. Mit trockenem Brot, Maismehl, Reis, Bohnen und Salz war es dasselbe. Kaffee und Zucker gab es nur ab und zu.

In jenem September befahl Agent Miles den Häuptlingen, ihre Kinder in die Schule der Darlington-Agentur zu schicken. Zunächst weigerten sich Dull Knife und Wild Hog, der Anführer der Kriegergemeinschaft der Elkhorn Scrapers. Als Miles aber damit drohte, die Lebensmittellieferungen auszusetzen, gaben sie nach. Fortan wurden ihre Kinder in der Art der Weißen unterrichtet.

Einige der Kinder besuchten auch den Religionsunterricht. Agent Miles war sichtlich zufrieden. Über die Unterweisungen im christlichen Glauben schrieb er: »... und obwohl wir bislang noch wenig erreicht haben, glaube ich doch daran, daß nun ›Köder‹ ausgelegt worden sind, die möglicherweise viele Seelen in das ›Netz‹ der Kirche locken werden.«[10]

Als der Winter nahte, litten die Indianer noch mehr Hunger. Miles gestattete einigen von ihnen, das Reservat zu verlassen und auf die Jagd zu gehen, um damit die Nahrungsmittelknappheit zu beheben. Am 15. November verließ ein großer Trupp Indianer Darlington, um nach Büffeln Ausschau zu halten. Während sie auf die Jagd gingen, wurden viele ihrer Ponys von Pferdedieben gestohlen. Büffel gab es kaum, und die Jäger überlebten nur, weil sie einige ihrer Ponys schlachteten. Schließlich fand sie ein Suchtrupp, der vom Fort ausgeritten war, und brachte sie heim. Dort waren die Lebensmittelrationen, die ihnen für die Zeit der Jagd zugestanden hätten, immer noch nicht eingetroffen.

In jenem Jahr starben achtundfünfzig der Neuankömmlinge an Hunger oder fielen Krankheiten zum Opfer. Unter den Toten fanden sich junge Männer und Frauen, Alte und vor allem Kinder.

»Sie gaben uns grob zerstoßenes Maismehl zu essen, so wie man es seinem Muli füttert, etwas Salz und ein Stück Vieh, das für sechsundvierzig Personen eine Woche lang reichen sollte«, erzählte Wild Hog später einmal. »Wir aßen es binnen drei Tagen auf und hungerten an den restlichen vier ... Viele von uns verhungerten. Nahrungsmittel und sonstige Vorräte lagerten in unseren Vorratshäusern, aber der Agent nutzte sie für sich. Das Gras war so mager, daß unsere Pferde starben. Und Holz gab es ebenfalls keins.«[11]

Im Frühling 1878 breitete sich im Indianerlager der Darlington-Agentur eine Masernepidemie aus. Im Frühsommer schätzte Agent Miles, daß mindestens 2000 der 5004 dort lebenden Indianer erkrankt seien. Es gab nur einen Arzt, Dr. L. A. E. Hodge, dem überdies keine Medikamente zur Verfügung standen. Bereits am 12. Mai waren Medikamente, Verbandszeug und anderes mehr angefordert worden, aber die Lieferung traf erst am 17. Januar 1879 ein.

Schlimmer als der Mangel an Nahrungsmitteln und Medikamenten, schlimmer als die gebrochenen Verträge, als das quälende Klima, als

Krankheit und Tod war für Dull Knife und seine Leute ein anderes Leiden.
Little Chief, einer der Häuptlinge, sprach später einmal über das Gefühl, das im Sommer 1878 viele seiner Leute nach ihrer erzwungenen Deportation in das Indianerterritorium mit ihm teilten.
»Seit unserer Ankunft war ich die meiste Zeit krank, ich hatte Heimweh und war depressiv, war vollkommen erledigt. Ich habe an meine Heimat gedacht und daran, wie wohl ich mich dort gefühlt hatte. Nie mußte ich Hunger leiden. Wenn ich hungrig war, ging ich auf Büffeljagd ... Ich fühle mich nicht wohl dabei, in einer Agentur herumzuhängen und die Weißen um Essen bitten zu müssen, wenn ich Hunger habe.«[12]
Auch Wild Hog sprach von diesem Gefühl.
»Es war unmöglich, unsere Heimat zu vergessen, das Land, in dem wir aufgewachsen waren, in dem wir alle Hügel, Täler, Flüsse und Jagdgründe kannten. Das Land, in dem das Klima kühler, die Luft reiner und gesünder, das Wasser süßer war ... Statt ein Land vorzufinden, das bessere Bedingungen bot als unsere verlassene Heimat, war nun alles soviel schlechter. Und deshalb sehnten wir uns nach unserem ursprünglichen Zuhause zurück.«[13]
Im Spätsommer beschlossen Dull Knife und Little Wolf, ihr Volk zurück in den Norden zu führen, zurück an den Powder River und in die Big-Horn-Berge Montanas. Zurück in die Heimat.
Vor ihnen: über 1600 Kilometer offene Grassteppe, Cowboys und Viehzüchter, Bauern und Grundbesitzer, zwei Eisenbahnlinien, ein halbes Dutzend Militärposten und Tausende Soldaten. Auf ihrem Weg gab es keine Berge, in denen sie hätten Zuflucht nehmen können. Jagdbares Wild war rar. Sie hatten nur ein paar Waffen und nicht genügend Pferde. Einige von ihnen würden zu Fuß gehen müssen, und so mancher fürchtete sich.
»Wir sind krank und werden sterben, wenn wir hier bleiben«, erklärten ihnen ihre Häuptlinge, »und niemand wird sich nach unserem Tod an uns erinnern. Laßt uns aller Widrigkeiten zum Trotz zurück in den Norden ziehen. Sollten wir im Kampf fallen, dann wird uns unser Volk preisen und unsere Namen in Erinnerung behalten.«[14]
In der Nacht des 9. September 1878 brachen sie auf.
Kurz vor Mitternacht versammelten Dull Knife und Little Wolf ihre

Leute um sich, und zusammen gingen sie zu den Ponys, die außerhalb des Dorfes grasten. Die Frauen hatten Kleider und getrocknetes Fleisch in Lederbeutel gepackt. Einige von ihnen trugen Kinder auf dem Rücken, die noch immer fiebrig und krank waren. Späher durchstreiften weit voraus das Gelände in nördlicher Richtung, um sichere Lagerplätze ausfindig zu machen. Tangle Hair, der Anführer der Dog Soldiers, wies seine Krieger ans Ende des Zuges. Dort hielten sie nach Soldaten Ausschau und warteten, bis Alte, Kinder und Frauen bei den Ponys angelangt waren. Der Hauptteil des Zuges marschierte dicht gedrängt durch die Dunkelheit, vorne geschützt durch die Häuptlinge, an den Flanken durch Krieger und am hinteren Ende durch die Dog Soldiers. Insgesamt waren dreihundert Indianer unterwegs, darunter sechzig Männer im kampffähigen Alter, dreißig alte Männer und Jungen und etwa zweihundert Frauen und Kinder.

Um die Soldaten, die ihr Lager ganz in der Nähe aufgeschlagen hatten, zu täuschen, ließen sie ihre Tipis stehen und ihre Feuer brennen. Sobald sie bei der Ponyherde angelangt waren, saßen sie auf und ritten in scharfem Galopp auf den Cimarron River im Norden zu.

Monatelang hatte es zunehmend Unstimmigkeiten gegeben zwischen den Soldaten, die die Indianer ins Reservat gebracht hatten, und den Regierungsagenturen, die sich ihrer hätten annehmen sollen. Das Militär hatte davor gewarnt, den Indianern Lebensmittel und Medikamente vorzuenthalten. Ein Volk ohne Nahrung und Medizin und ohne jede Hoffnung würde verzweifeln. Jetzt war es passiert. Als die Nachrichten von der Flucht der Indianer am nächsten Tag, dem 10. September, Fort Reno erreichten, wuchsen die Spannungen.

Am 15. September 1878 telegrafierte Oberstleutnant W. H. Lewis seinen Vorgesetzten von Fort Dodge in Kansas. Erst kürzlich hatte er eine Unterredung mit Amos Chapman gehabt, einem Dolmetscher der Darlington-Agentur, der Dull Knifes Leute besucht hatte und sie gut kannte. Er teilte Lewis mit, daß es ihnen in den letzten Wochen vor der Flucht »so schlecht gegangen sei, daß sie Fleisch von Pferden essen mußten, die an einer Krankheit oder auf natürliche Weise eingegangen waren«.

»Seiner Meinung nach«, fuhr Lewis fort, »wird es im bevorstehenden Frühling zu einer Flucht weit größeren Ausmaßes kommen, falls sich die Lebensbedingungen der Indianer hier nicht bessern sollten.«[15]

E. A. Hayt, der Kommissar für Indianerfragen, dem Miles, der Indianeragent der Darlington-Agentur, Bericht erstattet hatte, hielt für seine Vorgesetzten in Washington eine andere Sicht der Lage bereit, er informierte den Sekretär des Innenministeriums wie folgt: Miles »dementiert sämtliche Behauptungen, daß die Indianer aus Nahrungsmangel gezwungen gewesen seien, das Fleisch kranker Tiere zu verzehren. Er versichert, daß von seiten der Indianer überhaupt kein Grund zur Unzufriedenheit bestanden habe.«[16]

»In Wahrheit handelt es sich bei Dull Knife und seinen Gefolgsleuten um die gemeinsten und gefährlichsten Elemente des gesamten Stammes ... Übertriebene Gefühlsduselei ist hier fehl am Platz. Statt dessen sollten sie für ihre Verbrechen gerecht bestraft werden.«[17]

Später nahm sich der Kongreß der Angelegenheit an, und es gab eine Untersuchung. Während der Anhörungen gab Miles zu, daß die Indianer zum Zeitpunkt der Flucht gehungert hätten. Drei Jahre lang hätte er sie auf die Büffeljagd gehen lassen, und jedesmal seien sie »in einem schlimmeren Zustand zurückgekehrt als vor der Jagd«. Er sagte aus, daß ihnen zwar Nahrungsmittelrationen für zwölf Monate zugestanden, sie aber nur Zuteilungen für neun Monate erhalten hätten. »Sie blieben am Leben, und das war's auch schon«,[18] meinte Miles.

Am Abend des dritten Tages fanden die Späher einen sicheren Lagerplatz. Er lag hinter einem Hügel, geschützt zwischen ein paar Felsen oberhalb des Flusses, den sie Little Medicine Lodge River nannten und der ein Nebenfluß des Cimarron ist. Sie befanden sich jetzt achtzig Kilometer nordwestlich der Darlington-Agentur. Erschöpft von dem anstrengenden Ritt holten die Frauen ein wenig zu essen aus den Bündeln und kümmerten sich um die Kinder. Während die Ponys am Fluß tranken, berieten Dull Knife und Little Wolf ihr weiteres Vorgehen. Ihre Krieger bezogen derweilen auf den hohen Felsen Posten, um nach Staubwolken Ausschau zu halten.

General John Pope, der Kommandeur von Fort Leavenworth, hatte die Aufgabe übernommen, die Verfolgung der Indianer zu organisieren. Am 12. September telegrafierte er seinem Vorgesetzten, Generalleutnant Philip Sheridan:

»Um den Nordcheyenne den Weg abzuschneiden, sind folgende Vorkehrungen getroffen worden: Eine einhundert Mann starke, bewaffnete In-

fanterie wird morgen mit dem Zug nach Fort Wallace gebracht. Sie soll sich den Indianern entgegenstellen, wenn sie die Eisenbahnschienen östlich oder westlich des Militärpostens überqueren wollen. Des weiteren verlassen heute abend zwei Kompanien Infanterie Fort Hays, um Stellung an zwei Orten zu beziehen, an denen Indianerpfade bekanntermaßen die Kansas-Pacific-Eisenbahnlinie zwischen Fort Hays und Fort Wallace kreuzen. Westlich davon ist bereits eine Kompanie Infanterie aus Fort Dogde an der Eisenbahnlinie in Stellung gegangen. Zwei Kompanien Kavallerie aus Fort Reno sind den Indianern dicht auf den Fersen und erhalten noch durch eine Kompanie Kavallerie von Camp Supply Verstärkung. Colonel Lewis wird das Kommando übernehmen, sobald sich die Truppen Fort Dogde genähert haben. Die Truppen aus Fort Lyon sind ausgeschickt worden, das Land östlich und westlich dieses Militärpostens zu beobachten. Sie haben Befehl, die Indianer sofort anzugreifen, es sei denn, diese würden sich ergeben. Sollte das eintreten, dann hätten die Indianer sofort ihre Ponys und Waffen auszuliefern.«[19]

Weiter nördlich, im Regierungsbezirk Platte, berief General Crook das Vierte, Neunte und Vierzehnte Infanterieregiment unter Major T. T. Thornburgh nach Sidney, Nebraska. Dort wurde ein besonderer Zug der Union-Pacific-Eisenbahn bereitgestellt, um Truppen, die sich den Indianern in den Weg stellen sollten, nach Osten und Westen zu schaffen. Innerhalb weniger Tage waren mehr als zweitausend Soldaten der Mobilmachung gefolgt.

Sheridans Befehle an General Crook waren einfach: Er solle »keine Mittel scheuen ... um die Cheyennenbande auf ihrem Weg nach Norden zu töten oder gefangenzunehmen«[20].

Am späten Nachmittag des dritten Tages bemerkten die Späher, die in den Felsen oberhalb des Cimarron River postiert waren, über den Ebenen Staubwolken und berichteten Little Wolf unverzüglich davon. Auf Versammlungen, bei Friedensverhandlungen und bei Zusammenkünften in der Agentur hatte stets Dull Knife das Wort geführt, jetzt aber übernahm Little Wolf das Kommando. Er war der Militärstratege und vielleicht größte Krieger, den sein Stamm je hervorgebracht hatte.

Kurz vor ihrem Aufbruch waren sie zum Büro der Darlington-Agentur gegangen. »Wir sind gekommen, um den Agenten zu bitten, uns in unsere alte Heimat in den Bergen zurückkehren zu lassen. Dort, in einem Land, in dem Kiefern wachsen und es kalte, klare Flüsse gibt, ist mein Volk aufgewachsen«, sagte Little Wolf. »Ich möchte nicht, daß in der Agentur Blut vergossen wird. Wenn ihr mir Soldaten nachschicken wollt, wartet damit, bis ich mich ein Stück von der Agentur entfernt habe. Wenn Ihr dann kämpfen wollt, werde ich mich euch stellen, und wir können den Boden anderswo mit Blut tränken.«[21]

Little Wolf befahl seinen Kriegern, ihre Waffen und Ponys herbeizuholen und dann ihre Verteidigungsstellungen in den Felsen einzunehmen, wobei sie sich vor die Frauen und Kinder postierten. Er ordnete an, daß das Feuer erst eröffnet werden dürfe, wenn er das Zeichen dazu gab. Dann holte er sein Pferd und ritt allein den Soldaten entgegen, die über die Ebene daherkamen.

Captain Joseph Rendlebrock vom Vierten Kavallerieregiment war gleich nach dem Ausbruch der Indianer von Fort Reno losgeritten. Er wurde von Indianerpolizisten – alles Südcheyenne – und Scouts der Arapahoe begleitet. Er ließ seine beiden Kavalleriekompanien anhalten und schickte Little Wolf einen der Kundschafter, Ghost Man, entgegen. Inmitten der endlosen Ebenen und weit entfernt von Truppen und Indianern, standen sich die zwei Männer hoch zu Pferd gegenüber. Der Scout sprach zuerst.

»Der Arapahoe teilte uns mit, daß uns die Truppen gefolgt seien, um uns zur Agentur zurückzubringen«, erzählte später Old Crow, ein Unterhäuptling von Dull Knifes Gruppe. »Little Wolf antwortete stellvertretend für uns alle, daß wir zwar keinen Ärger wollten, aber auch nicht beabsichtigten, umzukehren. Wir wären bereit, Bauern und Viehzüchter zu werden und sogar unsere Kinder in die Schule zu schicken. Wir wären zu allem bereit, sofern wir in unserem Heimatland leben dürften. Er sagte ihnen, daß wir Angst vor der Rückkehr hätten, daß wir fürchteten, wir würden alle krank werden und müßten sterben. Wir seien nicht auf Konfrontation aus. Unser einziges Anliegen sei, daß sie wieder gingen und uns in Frieden weiter nach Norden zurück in unsere Heimat ziehen ließen.

Daraufhin kehrte der Arapahoe, der als Unterhändler ausgeschickt worden war, zu den Soldaten zurück, und die Truppen nahmen uns unter Beschuß.«[22]

Die Kämpfe begannen am späten Nachmittag und endeten erst bei Einbruch der Dunkelheit. Am nächsten Morgen wurden sie wieder aufgenommen und hielten fast den ganzen Tag an. Unerwarteterweise zogen sich die Soldaten am späten Nachmittag zurück, wobei die Truppen über die Ebenen in Richtung Fort Reno und Darlington-Agentur davonritten. Einige jüngere Krieger wollten die Verfolgung aufnehmen, aber Little Wolf und Dull Knife hielten sie davon ab, da nicht mehr genügend Munition vorhanden war.

Nach der Schlacht blieben zwei Soldaten und Ghost Man tot in der Ebene zurück. In den Hügeln hatte es keine Toten, dafür aber fünf Schwerverletzte gegeben, darunter ein kleines Mädchen, dem eine Kugel das Fußgelenk zerschmettert hatte.

Einige Frauen gingen hinunter zu den toten Soldatenpferden, schlachteten sie und zogen ihnen das Fell ab, um Fleisch und Kleidung für die nächsten Tage zu besorgen. Am folgenden Morgen teilten sich die Indianer in kleinere Gruppen auf, die schwerer zu erkennen waren und nicht so leicht aufgespürt werden konnten. Sie waren nur nachts unterwegs. Jeden von ihnen zog es nach Norden, dem flachen Grasland in Kansas entgegen.

Nachdem sie zwei weitere Nächte marschiert waren, entdeckten die Späher morgens wieder einen Trupp Soldaten, die auf grauen Pferden von Norden her auf sie zukamen. Die Krieger stellten sich sofort in einer Schützenlinie auf, so daß Frauen und Kinder weglaufen konnten. Dann ritten sie den näherrückenden Soldaten entgegen. Beide Seiten gingen zum Angriff über, zogen sich dann wiederholt zurück, und nach einer Weile machten die Soldaten kehrt und ritten in Richtung Fort Dodge davon.

Little Wolf und Dull Knife, die befürchteten, ihre Leute nicht unversehrt durch das offene Grasland geleiten zu können, das nur wenig Versteckmöglichkeiten bot, riefen schon kurz nach Einbruch der Dunkelheit zum Aufbruch und führten ihre müden Stammesbrüder beständig nach Norden. Gegen Mittag machten die Späher sie auf einen weiteren Trupp Soldaten aufmerksam, der vom Arkansas River her auf sie zugeritten kam. Diesmal wurden die Soldaten von Cowboys, Jägern und Fallenstellern begleitet. Als sie die Indianer sahen, griffen sie sofort an, zogen sich aber schon nach kurzem Schußwechsel hinter einen Hügel zurück, wo sie ihr Lager aufschlugen. Little

Wolf und Dull Knife übernachteten mit ihren Leuten nicht weit vom Ufer eines kleinen Flusses entfernt.
Früh am Morgen bemerkten die Späher, daß sich Truppen auf ihren Lagerplatz zubewegten. In scharfem Galopp ritten sie zu ihren Häuptlingen und berichteten ihnen, daß es wesentlich mehr Truppen seien als am Vortag und daß sie zudem von etwa vierzig Wagen begleitet würden.
Little Wolf und Dull Knife befahlen ihren Kriegern, Schutzgräben auszuheben und Frauen und Kinder hinter die Linie der Brustwehr zu bringen. Die Soldaten näherten sich in raschem Tempo, kamen immer näher und verschanzten sich dabei hinter den Wagen. Als sie auf ein paar hundert Meter herangekommen waren, stellten sie die Wagen zu einer Wagenburg auf, formierten sich und marschierten langsam vor, wobei sie das Indianerlager unter permanentem Beschuß hielten.
Ein paar junge Krieger gerieten in Panik, als sich die Truppen näherten. Überall waren jetzt Soldaten, und sie waren schon ganz dicht heran. Aber Little Wolf hatte Befehl gegeben, erst auf sein Zeichen hin zu feuern. Endlich gab er es. Ein Soldat fiel. Daraufhin ließen sich die anderen zu Boden fallen und schossen wie wild auf die Indianer. Bald darauf sprangen etwa zwanzig Soldaten auf die Beine, liefen hinüber zu den Wagen, nahmen ihre Pferde, saßen auf, ritten im Bogen um das Lager der Indianer herum und versuchten, es von der anderen Seite zu attackieren. Little Wolf befahl seinen Kriegern, ihre Ponys zu holen und ihm zu folgen. Sie schwenkten um und nahmen die zwanzig Soldaten unter Beschuß, wobei einer getötet wurde und sie die anderen zum Rückzug zwangen. Als Dull Knife beobachtete, daß die Soldaten aufgaben, befahl er den übrigen Kriegern, den Wagentroß anzugreifen. Daraufhin rannten die Soldaten zu ihren Pferden, wendeten die Gespanne und flüchteten über den Hügel. Die jüngeren Krieger schickten sich an, sie zu verfolgen. Aber wieder rief Little Wolf sie zurück. Er machte ihnen klar, daß ihre Pferde erschöpft seien und noch für den Marsch nach Norden benötigt würden.
Der Kampf hatte den ganzen Tag gedauert. Unterdessen hatten sich die Frauen um das Feuer gekümmert, gekocht und die Krieger während der Schlacht mit Essen versorgt. Jetzt war es fast dunkel, und jedermann im Lager war erschöpft.

Little Wolf teilte seinen Leuten an diesem Abend mit, daß sie weiterziehen müßten, da zu viele Soldaten in der Nähe seien. Also packten sie in der Dunkelheit alles zusammen und brachen auf. Die ganze Nacht hindurch gingen sie in nördlicher Richtung auf den Arkansas River zu.

Am nächsten Morgen trafen Little Wolf und seine Krieger an einem Fluß in der Nähe des Arkansas auf ein Lager von Felljägern. Little Wolf ordnete an, nicht zu schießen, falls sich die Jäger ergeben sollten, was dann auch geschah. Im Lager der Felljäger entdeckten die Indianer achtzehn Büffelkühe, die die Jäger zuvor erlegt hatten. Sie nahmen die Büffel, die großkalibrigen Gewehre der Jäger und die Munition an sich. Nachdem sie das so dringend benötigte Fleisch und die Waffen auf die Pferde gepackt hatten, ließen sie die Jäger laufen und ritten zurück ins Lager.

Es war die erste ordentliche Mahlzeit, die sie seit ihrem Aufbruch vor zwei Wochen erhielten. Bald fanden sich auch die Späher im Lager ein, die berichteten, daß sie eine Stelle gefunden hätten, an der sich der Fluß leicht durchqueren ließe, und daß sie keine Soldaten gesehen hätten. Nachdem jeder sich satt gegessen hatte, brachen sie noch in derselben Nacht auf und durchquerten am 24. September den Arkansas.

Sie waren bis zum Mittag des nächsten Tages unterwegs. Dann machten sie an einem Wasserlauf Rast, an dessen beiden Ufern hohe, baumbestandene Felsen emporragten. Sie befanden sich an der Punished Women's Fork, einer Flußgabelung des Running Creek in den Smoky Hills. Diese Gegend kannten sie gut, hier waren sie früher oft gewesen. Dull Knife und Little Wolf sagten ihnen, daß dies ein guter Lagerplatz sei, an dem es frisches Wasser und Feuerholz gäbe und die Felsen ihnen Schutz böten. Während nun einige Frauen entlang der Kuppen oberhalb der Schlucht einen Schutzwall aufwarfen, bearbeiteten andere Tierhäute und mischten wilde Pflaumen und Würgkirschen unter das Trockenfleisch. In den bald bevorstehenden kalten Monaten würden sie sich davon ernähren.

Einige Männer gingen auf die Jagd, andere schwärmten in verschiedene Richtungen aus. Seit den letzten Schlachten war es für Dull Knife und Little Wolf immer schwieriger geworden, manche junge Krieger zu zügeln. Sie hatten ihnen befohlen, keine Zivilisten zu töten. Nur Soldaten, die sie selbst bedrohten, galten als vogelfrei. Dennoch zogen einige junge Krieger in kleinen Gruppen los, überfielen Häuser und Gehöfte, stahlen Pferde und Vieh und ermordeten Siedler und Cowboys. Stets kehrten sie nach ein paar Tagen ins Lager zurück und brachten neue Pferde, frisches Fleisch, Decken, Bettüberwürfe und Spielzeug für die Kinder mit.

»So gut es ging, vermieden wir die Nähe von Siedlungen«, sagte Little Wolf. »Wir wollten nicht, daß uns irgend jemand bemerkte. Ich hielt meinen jungen Kriegern oft genug eine Strafpredigt, verbot ihnen, Zivilisten zu töten, sagte ihnen, daß sie sie in Ruhe lassen sollten. Soldaten sollten sie so viele wie möglich töten, da diese uns bedrohten, aber Zivilisten sollten sie ungeschoren lassen. Ich weiß, daß sie Zivilisten umbrachten, aber ich denke, es waren nur wenige. Über ihre Streifzüge erzählten sie mir nichts, da sie wußten, daß ich sie nicht billigen würde.«[23]

Die Siedler und Cowboys rächten sich, wann immer sich die Gelegenheit dazu bot. Sie bildeten Einsatzkommandos, ritten mit den Soldaten oder manchmal auch auf eigene Faust los.

Zu einem der Trupps, die spät im September durch die Gegend am Beaver Creek patrouillierten, gehörte auch A. N. Keith, ein Cowboy, der angeheuert worden war, eine Herde von 2000 Rindern von Kansas City nach Kearney in Nebraska zu treiben.

»Im Gebiet nördlich des Beaver griffen wir einen alten Mann auf, den die Indianer zurückgelassen hatten. Er war sehr alt, fast blind und hatte keine Zähne mehr. Muß so um die hundert Jahre alt gewesen sein. Sie hatten ihn in einem *travois* nachgezogen, der aber zusammengebrochen war. Eine der Stangen war durchgebrochen, und daraufhin hatten sie den Alten zum Sterben zurückgelassen. Die Jungs beratschlagten gerade, was sie mit ihm anstellen sollten, als einer von ihnen auf den jungen Abbot [einen Siedler, den die Indianer umgebracht hatten] zu sprechen kam und sagte, man solle sich seiner erinnern. Daraufhin ergriff einer der jungen Männer ein Stangenstück, der Alte zog sich die Decke über den Kopf, und der Cowboy schlug ihn mit dem Knüppel nieder.«[24]

Am späten Abend des zweiten Tages kamen die Späher in scharfem Galopp ins Lager zurück, rannten sofort zu Little Wolf und brachten ihm die Nachricht, daß sie Soldaten entdeckt hätten, so viele Soldaten

wie noch nie zuvor. Sie würden nur ein paar Kilometer entfernt lagern. Es handele sich um mehrere Kompanien, sowohl Kavallerie als auch Infanterie, und sie seien bestens mit Gewehren, schweren Geschützen und einer großen Anzahl Planwagen ausgerüstet.
Am darauffolgenden Nachmittag marschierte Colonel W. H. Lewis, der Kommandant von Fort Dogde, mit seinem Neunzehnten Infanterieregiment den Fluß entlang auf die Schlucht zu, an der die Indianer ihr Lager aufgeschlagen hatten. Den Truppen voran ritten Pawnee-Scouts. Als nächstes folgte die Kavallerie, dann die Infanterie und schließlich der Wagentroß.
Jahrelang hatte Little Wolf bei seinem Volk in dem Ruf gestanden, ein hervorragender Taktiker und Militärstratege zu sein. Stets arbeitete er seine Pläne sehr sorgfältig aus. Während seiner Zeit als Kriegshäuptling hatte er sie auf den Hochebenen seiner Heimat mit großem Erfolg gegen feindliche Stämme und die Armee der Vereinigten Staaten in die Tat umgesetzt.
Diesmal befahl Little Wolf, daß sich alle Frauen, Kinder und Alten in eine hoch oben, hinter einer Reihe großer Felsen gelegene Deckung zurückziehen sollten, hinter die Brustwehr, die sie zwei Tage zuvor errichtet hatten. Eine kleine Abordnung jüngerer Krieger sollte sich oberhalb einer Stelle verstecken, an der sich der Weg durch die Schlucht verengte. Weiter unten sollte der Großteil der Krieger hinter einem weiteren Schutzwall aus Felsen auf der Lauer liegen. Die kleine Abordnung junger Krieger sollte die Soldaten über den schmalen Weg in die enge, steile Schlucht hineinreiten lassen. In dem Augenblick, in dem die große Gruppe zum Angriff übergehen würde, hätten die jungen Krieger die Soldaten von hinten einzukesseln, das Feuer auf sie zu eröffnen und ihre Pferde in Panik zu versetzen. Eine weitere kleine Gruppe von drei, vier Kriegern sollte sich in einem nahegelegenen Weidendickicht verstecken und die Gewehre der gefallenen Soldaten einsammeln. Dann sollten sie am Eingang der Schlucht Buschfeuer legen, um den Truppen den Rückzug abzuschneiden.
Gegen vier Uhr nachmittags ritt Colonel Lewis mit seiner Kavallerie in die Schlucht ein.
Noch bevor sich die Soldaten vollends in der Schlucht befanden, geriet einer der jungen Krieger in Panik und feuerte einen Schuß ab, der

in der ganzen Schlucht widerhallte und die Soldaten in Angst und Schrecken versetzte. Unverzüglich verteilten sie sich und eröffneten das Feuer auf die Indianer. Bald waren die Planwagen vom Ende des Zuges herbeigeschafft. Während nun die Infanterie losschlug, ritt ein Teil der Kavallerie um das Indianerlager herum und entdeckte die Ponyherde. Die Soldaten schossen so lange auf die Tiere, bis mehr als hundert Pferde daniederlagen.

Ein paar Minuten später saßen die meisten der berittenen Soldaten ab und brachten ihre Pferde bei den Wagen in Sicherheit. Dort ordneten sich Kavallerie und Infanterie neu und rückten langsam zum Lager vor. Während sie immer dichter an die Brustwehr herankamen, feuerten sie pausenlos drauflos, bis ihre Kugeln in unmittelbarer Nähe der Krieger einschlugen. Noch immer gab Little Wolf nicht das Zeichen zum Feuern. Tangle Hair, der Anführer der Dog Soldiers, erzählte später, daß Little Wolf in dieser Schlacht »kein menschliches Wesen mehr war. Er machte den Eindruck eines wilden Tieres, eines Bären, schien ohne jede Furcht zu sein«.[25]

Schließlich gab Little Wolf das Feuer frei. Die Gewehre der Indianer feuerten, und etliche Soldaten brachen zusammen. Colonel Lewis, der das Kommando über die Soldaten hatte, wurde in der ersten Salve am Bein verwundet. Seine Leute ergriffen ihn und zogen sich rasch in die Deckung der Wagen zurück. Bald darauf traten die Soldaten den Rückzug an. Noch bevor die Truppen in der Nacht Fort Wallace erreicht hatten, war Lewis verblutet.

Ein paar Tage später berichtete die Chicagoer *Tribune* auf ihrer Titelseite unter der Überschrift »Dreckige rote Abtrünnige haben wieder einen unserer besten Soldaten umgebracht« über den Kampf zwischen den Indianern und der Kavallerie.[26]

Little Wolf und Dull Knife verloren in diesem harten Gefecht zwei Krieger. Viele ihrer Pferde waren abgeschlachtet und ungefähr achtzig, darunter die Packpferde mit dem Winterproviant, waren weggetrieben worden. Das bedeutete, daß viele Indianer nun zu Fuß gehen mußten und daß es Probleme mit der Nahrung geben würde.

Frierend, müde und hungrig brachen sie ihr Lager noch spät am Abend ab und zogen in der Dunkelheit nordwärts, der Kansas-Pazifik-Eisenbahnlinie entgegen. Am nächsten Tag kamen die Späher von ihren Erkundungsgängen zurück und schilderten den Häuptlingen, was sie gesehen hatten: Die Soldaten hätten die erbeuteten Ponys erschossen und gehäutet. Dann hätten sie das Fleisch und das restliche Eigentum, das den Indianern nach der Schlacht in Montana vor zwei Jahren noch geblieben war, auf einen Haufen geworfen und alles verbrannt.

Dull Knife und Little Wolf trieben ihre Leute nun noch stärker an, so daß sie zwei Tage und Nächte nahezu ohne Pause unterwegs waren.

In Fort Leavenworth telegrafierte General Pope an seine Vorgesetzten:

»Jeder verfügbare Mann aus dem Bezirk, der weniger als 320 Kilometer von dem Unruheherd entfernt war, wurde rechtzeitig dorthin in Marsch gesetzt. Man sollte jedoch nicht erwarten, daß eine Infanterie berittenen Indianern die Stirn bieten, geschweige denn sie überwältigen könne.« Er bat dringlichst darum, daß seine Truppen mit Springfield-Gewehren ausgerüstet würden, »um ein ausgeglichenes Kräfteverhältnis herzustellen«.[27]

An einem Sonntagmorgen, es war der 29. September, überquerten die Indianer die Kansas-Pazifik-Eisenbahnlinie. Wenige Tage später überfielen einige junge Krieger wieder Farmen und Gehöfte in Westkansas.

Eine von Fort Wallace abgeschickte Depesche berichtet folgendes:

> *»Nachdem sie sich etwa vierzig Kilometer nördlich der Bahnstation Buffalo befanden, fingen sie an, Siedler niederzustrecken. Bis jetzt wurden im Gebiet entlang des Sappa Creek siebzehn Leichen aufgefunden. Die Indianer sind nicht in erster Linie darauf aus, Weiße zu töten, aber wenn ihnen ein Weißer zu Pferd begegnet, dann töten sie ihn und stehlen sein Pferd. Gegenwärtig befinden sie sich 130 bis 160 Kilometer nördlich der Kansas-Pazifik-Eisenbahnlinie. Die Truppen folgen ihnen dicht auf den Fersen. Bislang haben sie sowohl Frauen als auch Kinder verschont und ihre Opfer nicht verstümmelt.«*[28]

Anfang Oktober erreichten die Nordcheyenne Nebraska und durchschritten die Frenchman's Fork genannte Flußgabelung des Republican River. Nördlich der Stelle, an der sie den Fluß durchquert hatten, sahen die Späher bald Soldaten und Zivilisten von Süden her in das Tal einreiten.

Tangle Hair und seine berittene Elitetruppe, die Dog Soldiers, begaben sich unverzüglich ans Ende des Zuges. Die alten Leute, die Frauen und die Kinder, von denen manche seit Tagen auf den Beinen und daher sehr erschöpft waren, rannten nach vorne und suchten nach einem Versteck. Währenddessen ritten Späher und Krieger in unterschiedlichen Richtungen auseinander, um es ihren Feinden zu erschweren, ihre Spur aufzunehmen.

Den ganzen Tag über durchstreiften die Krieger wie auch die sie verfolgenden Truppen kreuz und quer das Gelände. Spät am Abend schlugen die Soldaten, verwirrt und müde von der langen Suche, am Ufer eines kleinen Flüßchens, nördlich vom heutigen Indianola in Nebraska, ihr Lager auf.

Die Indianer hatten sich bis zur vertrauten Grassteppe, ihrem früheren Büffelland, durchgeschlagen. So weit ihre Erinnerung zurückreichte, hatte die Prärie zu ihren angestammten Jagdgründen gehört. Früher waren sie den großen Büffelherden über die Ebenen nachgezogen, die von Pferden gezogenen Travois beladen mit Tipis und Kleidern, die Packpferde beladen mit dem Fleischvorrat für den Winter. Jetzt waren sie erschöpft und hungrig, und sie froren. Es waren ihnen nur noch ein paar Pferde, wenige Kleidungsstücke und keine Tipis mehr geblieben. Dennoch tat es gut, dieses Land wiederzusehen. Da die Späher am Morgen keine Soldaten entdeckten, führten Little Wolf und Dull Knife ihre Leute etwas mehr als sechs Kilometer westlich von Ogallala in Nebraska durch den South Platte River. Es war am Nachmittag des 4. Oktober, einem Freitag.

Sie kamen rasch voran, überquerten die Schienen der Union-Pacific-Eisenbahnlinie, durchschritten den North Platte River und marschierten fast ohne Pause auf die unwirtlichen Sandhills zu.

Im Militärstützpunkt des nahegelegenen Sidney wurde Major Thornburgh telegrafisch über diese Flußüberquerung unterrichtet. Am Freitagnachmittag brachte der eigens dafür bereitgestellte Zug seine Truppen nach Ogallala, das an der Union-Pacific-Linie lag. Sie hatten Order, sich in Richtung Norden auf die Sandhills zuzubewegen. In Fort Robinson erteilte General Crook fünf Kompanien des Dritten Kavallerieregiments unter Major Caleb H. Carlton den Marschbefehl. Sie sollten sich den Sandhills von Osten her nähern. In Fort Meade in Süddakota wurden die Truppen des Siebten Kavallerieregiments, Custers Leute, in Marsch gesetzt. Sie hatten Befehl, von Süden her vorzurücken.

Im Jahr 1878 hielt der Winter in den im Westen Nebraskas gelegenen Sandhills sehr früh Einzug. Es sollte ein harter Winter werden. Schon Mitte Oktober blies der eisige Nordwind, so daß morgens Frost über der Prärie lag. Die meisten Indianer waren erschöpft. In nur fünf Wochen hatten sie eine Strecke von mehr als achthundert Kilometer zurückgelegt und sich in vier großen Schlachten gegen die Weißen behauptet. Sie hatten keine Vorräte mehr, hatten all ihre Besitztümer und viele ihrer Ponys verloren. Munition war knapp. Um zu überleben, mußten sie seit einiger Zeit ihre völlig erschöpften Pferde schlachten und deren Fleisch essen. Einige Alte, einige Frauen und Kinder waren wieder erkrankt, hatten Fieber und Schüttelfrost. Eine Frau hatte bereits zu Beginn des Marsches ihr Pferd verloren und war fast die gesamte Strecke mit ihrem Baby auf dem Rücken zu Fuß gegangen. Sie und viele andere glaubten, nicht mehr weitergehen zu können.

Häuptling Dull Knife sah, daß seine Leute der Erschöpfung nahe waren, und wollte die Marschroute ändern, um sie zu Red Cloud und seinem Lakota-Lager zu bringen, nicht weit vom Fort am White River. Er meinte, die Lakota, die mit ihnen verwandt waren, würden ihnen beistehen, und die Soldaten würden sie schon fair behandeln und sie bei Red Cloud im Norden leben lassen.

Little Wolf war da anderer Meinung. Er wollte, daß alle zusammenblieben und so weit nach Norden marschierten – also noch mehr als 640 Kilometer –, bis sie im Herzen ihrer Heimat angelangt seien. Er glaubte fest daran, daß es seine Leute bis in die Berge von Montana schaffen würden.

»Wenn du willst, dann gehe zu Red Cloud«, sagte er zu Dull Knife. »Ich aber werde mich bis zum Gebiet des Powder River durchkämpfen. Ich bin der Meinung, daß es besser für uns alle ist, wenn sich unsere Wege nicht trennen.«[29]

Die Indianer waren nun schon lange Zeit zusammen und hatten gemeinsam eine große Wegstrecke hinter sich gebracht. Daher war es schlimm für sie, mit ansehen zu müssen, daß ihre beiden großen Häuptlinge sich nicht darüber einigen konnten, was für ihre Leute das Beste sei. Dull Knife war nicht bereit, seine Meinung zu ändern, und so spaltete sich der Troß im Gebiet oberhalb des North Platte auf. Diejenigen, die weiter bis nach Montana ziehen wollten, folgten Little Wolf, und die, die lieber zu den Oglala Sioux von Red Cloud gehen wollten – es waren vor allem Frauen, Kinder und Alte –, schlossen sich Dull Knife an. Am Morgen des Aufbruchs ließ die Gruppe, die sich zu Red Cloud aufmachen wollte, eins der wenigen, übriggebliebenen Kleidungsstücke aus Büffelleder am Boden zurück. Darauf lagen als Abschiedsgeschenk für ihre Freunde, die weiter nach Norden ziehen würden, ein paar Kugeln und etwas Schießpulver.

Am frühen Nachmittag des 23. Oktober erspähten die Soldaten sie das erste Mal. Die Gruppe von Dull Knife zog gerade in einem schrecklichen Schneesturm langsam über einen Hügelkamm hinweg. Sie befanden sich am Ende des Chadron Creek, fünfundvierzig Kilometer südöstlich des am White River gelegenen Forts, als Captain J. B. Johnson vom Dritten Kavallerieregiment um ein Uhr nachmittags mit zwei Kompanien in die Schlucht einritt und ihnen seine beiden Sioux-Scouts und einen Dolmetscher entgegenschickte.
Als die Scouts bei ihnen eintrafen, fanden sie ihre alten Cheyenne-Freunde ausgemergelt und schwach vor. Ihre Mokassins waren durchgelaufen, ihre Kleidung in Fetzen. Einige der Frauen hatten sich Bettdecken um die Schultern gehängt, und drängten sich darunter mit ihren Kindern dicht zusammen, um sich und die Kinder gegen den peitschenden Schneesturm zu schützen. Die Scouts überbrachten die Nachricht, daß Dull Knife bereit sei, sich zu ergeben. Seine Leute seien außerstande, weiterzugehen.
Daraufhin trieben die Soldaten sie den ganzen Tag lang fast zehn Kilometer weit den Chadron Creek entlang. Der Blizzard tobte noch immer. Nach Einbruch der Dunkelheit kamen sie im Lager von Major Caleb H. Carlton an, dem das Dritte Kavallerieregiment unterstand. Unterwegs erklärte Dull Knife den Soldaten, er und seine Leute hätten das Lager im Süden verlassen, weil sie dort hungern mußten und von Krankheiten bedroht waren. Nun wollten sie in ihrem Heimatland im Norden bei Red Cloud und seinen Leuten leben und hofften inständig, daß der Große Vater in Washington seine Zustimmung ge-

ben würde. Er sagte ihnen auch, daß sie nie wieder in den Süden zurückkehren würden. Eher würden sie sterben.
Der Blizzard hielt die ganze Nacht über an. Dull Knife und seine Leute drängten sich in einem Dickicht zusammen, um sich vor dem beißenden Schneesturm zu schützen. In dieser Nacht trafen weitere Truppen und schwere Artillerie ein. Am Morgen dann waren mehrere Haubitzen auf den Hügeln postiert und das Dickicht von Truppen umstellt.
Die Sioux-Scouts ritten zu Dull Knife hinüber und teilten ihm mit, Major Carlton habe beschlossen, daß sie weiter bis nach Fort Robinson gehen müßten. Da der Häuptling glaubte, dies sei der erste Schritt zurück in Richtung Süden, ließ er seine Krieger im Schnee Schutzgräben ausheben und entlang des Dickichts eine Brustwehr errichten. Major Carlton informierte seine Vorgesetzten telegrafisch über die Situation:

> *»Die Lage, in der sich die Truppen befanden, erschien mir äußerst prekär. Ein Angriff hätte wahrscheinlich den Tod der meisten Frauen und Männer bedeutet. Im nachhinein hätte der Eindruck entstehen können, daß die Soldaten die Indianer nach der Übergabe ihrer Waffen und Ponys einfach abgeschlachtet hätten.«*[30]

Statt zum Angriff überzugehen, ließ Carlton durch Sioux-Scouts und Dolmetscher mitteilen, daß Dull Knife und seine Leute von schwer bewaffneten Truppen und Feldartillerie umstellt seien. Er wolle das Feuer nicht eröffnen, da dies viele Menschenleben fordern würde. Aber sie würden erst dann mit Nahrungsmitteln versorgt werden, wenn sie aufgäben. Die Sioux-Scouts redeten ihren Brüdern zu, sich zu ergeben. Die Red-Cloud-Agentur sei kürzlich über die Grenze von Nebraska nach Dakota verlegt worden. Es gäbe dort nur wenig zu essen, mahnten sie, und daher sei es besser, nach Fort Robinson zu gehen. Dort müßten sie wenigstens nicht verhungern.
Dull Knife und zwei seiner Unterhäuptlinge, Wild Hog und Old Crow, beschlossen, die Waffen niederzulegen: Sie besaßen noch dreizehn Gewehre, drei Revolver, eine Pistole und fünfzehn bis zwanzig Bogen. Dann nahmen ihnen die Soldaten ihre Tiere, 131 Ponys und neun Mulis, und zählten sie. Den offiziellen Berichten nach hatten sie

149 Indianer gefangengenommen: 46 Männer, 61 Frauen und 42 Kinder.

Nachdem die Indianer gegessen hatten, banden die Soldaten den Männern die Hände auf den Rücken und verluden die Gefangenen auf Planwagen. Die Krieger weigerten sich, aufzusteigen und gingen statt dessen neben den Wagen her, auf denen sich ihre Familien befanden.

Drei Tage lang stapften sie bei bitterer Kälte durch tiefen Schnee. Vier Pferde erfroren und vierzehn Ponys mußten erschossen werden, weil sie sich nicht mehr auf den Beinen halten konnten. Während des Marsches erklärte Dull Knife den Soldaten erneut, weshalb sie den Süden verlassen hätten und warum sie nie wieder dorthin zurückkehren würden.

Am 26. Oktober erreichten sie kurz vor elf Uhr abends das Fort. Die Gefangenen wurden zu einer leerstehenden Kavalleriebaracke in der Nähe des Exerzierplatzes geleitet. Sie war aus dem Holz von Ponderosa-Kiefern gebaut, die man in der Gegend gefällt hatte. Die spärlich erhellte Baracke hatte nach Süden hin keine Fenster, war knapp 30 Meter lang und etwa 14 Meter breit. Das Gebäude öffnete sich zum Exerzierplatz hin, der sich unterhalb einer etwa 450 Meter vom White entfernten, nach Norden und Westen verlaufenden Kette zerklüfteter Felsen erstreckte.

In einem Telegramm an seine Vorgesetzten lobte General Crook seine Truppen:

> *»Die von Major Thornburgh und Major Carlton angeführten Truppen erfüllten ihre Aufgabe treu und ausdauernd. Sie waren so erfolgreich, wie man es von Truppen nur erwarten kann, die damit beauftragt sind, Wilde zu verfolgen, die jedes Risiko eingehen würden, um zu entkommen, und die mit dem Gelände vollkommen vertraut sind.«*[31]

Im Herbst 1878 stand Präsident Rutherford B. Hayes kurz vor dem Ende seines zweiten Amtsjahres im Weißen Haus. In jenem Sommer hatte eine Gelbfieberepidemie im Süden der Vereinigten Staaten mehr als 14 000 Menschenleben gefordert. Thomas Edison hatte die erste Schallplatte auf einem Grammophon gespielt und A. A. Pope das erste Fahrrad gebaut. In New York stellte Dr. W. F. Carver eine Show vor, die der Vorläufer von Buffalo Bill Cody's Wild West Show werden sollte, und ein deutsch-amerikanischer Physiker errechnete, daß sich das Licht mit einer Geschwindigkeit von 298 413 Kilometern pro Sekunde ausbreite.

Häuptling Dull Knife und seinen Leuten ging es in der Baracke von Fort Robinson besser als lange zuvor, seit die Truppen vor zwei Jahren ihr Dorf in den Big-Horn-Bergen zerstört hatten.

Zum ersten Mal in diesen beiden Wintern hungerten sie nicht. Sie bekamen regelmäßig zu essen, schliefen gut und mußten nicht mehr mit Überraschungsangriffen rechnen. Im nördlichen Klima gingen Fieber, Schüttelfrost und Krankheiten zurück. Auch kümmerten sich zwei Militärärzte um Kranke und Verwundete. Als sie um Kleidung baten, schenkten ihnen ihre Freunde, die Oglala, 104 Paar Mokassins. »Eine Zeitlang behandelte man uns anständig, und wir waren auch angenehm untergebracht«, erzählte Wild Hog. »Wir standen zwar unter Bewachung, aber wir hatten ein großes Haus zur Verfügung und bekamen reichlich zu essen.«[32]

Nach einiger Zeit gestatteten die Soldaten einigen Männern, auf die Jagd zu gehen. Andere durften zum Fluß hinunter, um Kinnikinnick zu pflücken und Rinde der roten Weide zu sammeln, mit denen sie ihre Pfeifen stopfen konnten. Auch die Frauen durften sich im Freien aufhalten und sich Bewegung verschaffen, indem sie z. B. mit Getreide beladene Wagen abluden, wenn das Wetter es zuließ. In der Baracke saßen die Männer manchmal in kleinen Gruppen zusammen, spielten Karten und rauchten Pfeife. Die Frauen widmeten sich der Perlenstickerei, und die Kinder vertrieben sich die Zeit mit Spielen. »Sie benahmen sich sehr gut und hatten ein freundliches Wesen«[33], wußte Hauptmann Henry W. Wessels, der Kommandant des Militärpostens, zu erzählen.

Am 24. Dezember 1878 erhielt Captain Wessels Befehl aus Washington, Dull Knife und seine Leute so bald wie möglich in das Indianergebiet zurückzubringen.

Diese Entscheidung war gut 2900 Kilometer weit entfernt im Kriegsministerium und vom Staatssekretär des Innenministeriums getroffen worden. Damals war der Westen erst dünn besiedelt, und das Reservatswesen stand noch auf schwachen Füßen. Die offiziellen Stellen in Washington waren der Überzeugung, daß Dull Knife und seine Leute beides – sowohl die Siedlungspolitik als auch das Reservatswesen – gefährden und man einen Präzedenzfall schaffen würde, wenn sie bleiben durften.[34]

General Crook gab seinen Vorgesetzten zu bedenken, daß sich ihr Befehl nur schwer in die Tat umsetzen ließe. Er war sich nicht sicher, ob er oder seine Leute es über das Herz bringen würden, den Befehl auszuführen.

»Unter diesen Cheyenne«, schrieb Crook später, »befanden sich einige der tapfersten und besten Hilfssoldaten, die unter General MacKenzie und mir gedient hatten ... Immer noch erinnere ich mich in Dankbarkeit, welch ausgezeichnete Dienste sie uns geleistet haben. Die Regierung allerdings scheint dies vergessen zu haben.«[35]

Die Cheyenne, fügte er hinzu, hätten erklärt, weshalb sie geflohen seien und weshalb sie nicht zurückkehren könnten. Sie aus der Baracke herauszuholen, würde nicht einfach werden.

»Sie gaben wiederholt ihrem Wunsch Ausdruck, mit den Weißen in Frieden zu leben, betonten aber, daß sie sich eher umbringen würden, als daß sie sich zurück ins Indianergebiet bringen ließen. Red Cloud und andere freundlich gesinnte Häuptlinge der Sioux bestätigten diese Aussagen und versicherten uns, daß die Cheyenne das Indianergebiet verlassen hätten, um Krankheiten und Hunger zu entgehen. Lieber würden sie allesamt sterben, als daß man sie aus ihrem Quartier herausholen könne ...«[36]

Außerdem, schrieb Crook in einem zusammenfassenden Bericht an seine Vorgesetzten, gebe es eine Reihe praktischer Erwägungen: »Zu dieser Zeit zeigte das Thermometer in Fort Robinson Temperaturen zwischen null und fast minus vierzig Grad [der Gefrierpunkt von Quecksilber] an. Die Gefangenen waren nicht den Temperaturen entsprechend gekleidet, und bis dato waren keine Vorkehrungen getroffen worden ...«[37]

An Heiligabend telegrafierte Crook an Generalleutnant Sheridan: »Es wäre unmenschlich, die Indianer wie befohlen zu deportieren.«[38] Sheridan antwortete, er wolle Washington davon unterrichten, daß Kleidung und verschiedene Ausrüstung benötigt würden. Ansonsten aber sei der Befehl unumgänglich. Die Indianer müßten so bald wie möglich in den Süden gebracht werden.

Noch waren Dull Knife und seine Leute ahnungslos. Während der letzten Dezemberwoche und den ersten Tagen im Januar blieben sie in ihrer Baracke. Um sich vor der grimmigen Kälte zu schützen, wickelten sie sich in Decken und heizten die Öfen ein. Draußen ließ Captain Wessels bereits die für den Marsch nötigen Nahrungsmittel, Kleidungsstücke, Planwagen und Truppen zusammenstellen. Von Fort Robinson sollte es zum Militärposten in Sidney gehen und von dort aus weiter ins Indianerterritorium.

Am 3. Januar 1879 wurden Dull Knife und vier seiner Unterhäuptlinge nachmittags zu einem Treffen mit Captain Wessels bestellt. Das Treffen fand in der Nähe der Baracke in genau dem Offiziersbüro statt, in dem sechzehn Monate zuvor Crazy Horse verblutet war. Nachdem die fünf Anführer eingetroffen waren, teilte Wessels ihnen mit, daß der Große Vater in Washington beschlossen hätte, sie alle so bald wie möglich zurück ins Reservat im Süden zu schicken.

Vor dieser Nachricht hatten sie sich wochenlang gefürchtet, hatten versucht, nicht daran zu denken.

Im Offiziersbüro erhob sich Dull Knife von seinem Sessel, sah erst den Soldaten und dann Wessels in die Augen.

»Ich befinde mich hier auf meinem Land«, sagte er, »und ich werde es nie mehr verlassen. Ihr könnt mich auf der Stelle töten, aber ihr könnt mich nicht dazu zwingen, in den Süden zurückzukehren.«[39]

An den folgenden zwei Tagen erklärte Wessels den Gefangenen wiederholt, daß ihnen keine Wahl bliebe. Immer wieder rief er Dull Knife und seine Unterhäuptlinge – Wild Hog, Old Crow, Tangle Hair und Left Hand – zu sich ins Offiziersbüro und sagte ihnen, daß sie in den Süden zurückmüßten. Diesen Befehl hätte er vom Großen Vater erhalten, und er müsse ihn ausführen.

Die Häuptlinge weigerten sich jedesmal, sagten, sie würden das Land, in dem ihre Kinder geboren und ihre Vorfahren begraben seien, nicht verlassen. Sie würden nicht dorthin zurückgehen, wo ihre Kinder gestorben seien und ihre Alten hätten leiden müssen.

»Ich sagte: ›Seht uns doch an. Seht, was wir anhaben‹. Wir waren nur spärlich bekleidet. Und der Schnee lag dermaßen hoch [ungefähr 60 Zentimeter]«[40], erinnerte sich Wild Hog später.

Wessels aber blieb hart. Sie müßten unter allen Umständen zurück in den Süden.

»Wenn ihr wollt, könnt ihr uns verhungern lassen«, teilte Dull Knife

ihm zu guter Letzt mit, »aber ihr werdet uns nicht dazu zwingen, zurückzukehren.«[41]
Am Morgen des 5. Januar ordnete Captain Wessels an, daß die Gefangenen kein Essen und kein Brennmaterial mehr bekommen sollten. Am 7. Januar befahl er, die Wasserversorgung zu stoppen, in der Hoffnung, »daß sie das umstimmen würde«.
Nach drei Tagen ohne Essen und Brennmaterial und zwei Tagen ohne Wasser zeigten die Kinder und Alten erste Anzeichen von Erschöpfung. Die Soldaten, die die Baracke bewachten, konnten manchmal beobachten, wie die Fenster geöffnet wurden und die Indianer Schnee vom Fenstersims schöpften, damit ihre Kinder etwas zu trinken bekamen. Doch sie gaben immer noch nicht nach. Sie hatten beschlossen, daß man sie durch Hungern nicht dazu zwingen würde, an einen Ort zurückzukehren, den sie verlassen hatten, weil ihnen dort der Hungertod drohte.
Nach vier Tagen baten die Soldaten darum, daß Frauen und Kinder die Baracke verlassen dürften, um Essen anzunehmen. Aber die Häuptlinge verweigerten dies. Wenn einer sterben sollte, dann wollten sie alle sterben.
Am Abend des 8. Januar ging Captain Joseph Lawton zusammen mit seiner Frau und seiner Tochter zur Baracke hinunter, um Dull Knife und Wild Hog aufzusuchen. Die Indianer schienen traurig und verdrossen, sagte er.
»Sie versicherten mir jedesmal, daß sie alles tun würden, was man von ihnen verlangte, nur zurück in den Süden würden sie nicht gehen.«[42]
Am folgenden Tag, dem 9. Januar, bat Captain Wessels Wild Hog kurz vor Mittag in sein Büro. Bald darauf trafen auch Wild Hog und Old Crow ein.
»Ich fragte sie, ob sie für den Marsch nach Süden bereit seien«, erzählte Wessels. »Als sie das verneinten, ließ ich ihnen Handschellen anlegen und sie zum Lager der Kavallerie bringen, das etwa anderthalb Kilometer von dem Militärposten entfernt war.«[43] Sie versuchten, sich der Festnahme zu widersetzen. Wild Hog schrie laut um Hilfe, da aber die Türen verschlossen waren, konnten seine Leute die Schreie nicht hören. Später wurde noch ein dritter Unterhäuptling, Left Hand, in Handschellen zum Lager der Kavallerie abgeführt.

Wessels hoffte, sämtliche Anführer aus der Baracke entfernen zu können. Das sollte die Indianer schwächen, und so würden sie schließlich ihrer Deportation zustimmen.
An jenem Nachmittag befahl man den Frauen der drei festgenommenen Männer, die Baracke zusammen mit ihren Familien und ihren Habseligkeiten zu verlassen. Bevor sie ging, erzählte Wild Hogs Frau Dull Knife, was passiert war. Dann verließen ein Dutzend Familienangehörige und vier alte Frauen die Baracke, um zu den drei Unterhäuptlingen gebracht zu werden, die sich im Lager der Kavallerie befanden. Zurück blieben nunmehr 130 Indianer. Verärgert und verängstigt rechneten sie jeden Augenblick damit, die Gewehre der Soldaten zu hören.
In der Baracke begannen die Krieger, die Fenster mit Decken zu verhängen.
An dem Tag, an dem sie während des Schneesturms gefangengenommen worden waren, hatten sie nicht alle ihre Waffen übergeben. Statt dessen hatten die Frauen ein paar Gewehrschäfte und -rohre unter ihren Kleidern verborgen. Einige der Pistolen hatten sie in ihre Einzelteile zerlegt und sie, als Schmuck getarnt, den Kindern umgehängt. Eines trug um seinen Hals einen Abzug, ein zweites einen Hahn am Armgelenk, ein weiteres eine Feder im Haar. Auch etwas Munition hatten sie verstecken können.
Am 9. Januar 1879 rissen die Krieger den ganzen Nachmittag lang die Bodendielen auf, unter denen sie ihre restlichen Waffen versteckt hatten, und bauten sie zusammen. Sie besaßen insgesamt noch sechzehn Stück: fünf Gewehre und elf Pistolen. Aus den Bodenbrettern, fertigten sie Schlagstöcke und aus den Öfen Schutzschilde.
Die Soldaten draußen im Wachhäuschen hörten eine Menge Lärm, sie hörten die Bodendielen bersten und viele Stimmen zugleich reden. Sie wußten, daß etwas im Gange war, aber sie konnten nicht in die Baracke hineinsehen.
An diesem Tag versuchte Captain Wessels dreimal, Dull Knife herauszulocken. Zweimal stand er vor der Tür der Baracke, und einmal sagte er ihm durch die Ritzen der aus Holzbalken zusammengesetzten Wände, daß er gut zu essen bekäme und wieder sicher zu seinen Leuten zurückgebracht würde, wenn er bereit sei, herauszukommen, um mit ihm zu reden. Aber Dull Knife weigerte sich.

Um 16 Uhr wurden während einer Wachablösung sieben bewaffnete Wächter um die Baracke postiert: Drei nahmen an der Westseite Stellung, zwei an der Ostseite, einer vorn und einer hinten.
Um 17 Uhr ordnete Wessels an, vor eine Seitentür der Baracke drei große Bretter zu nageln.
Um 20 Uhr befahl er dem Schmied des Militärpostens, schwere Ketten vor der Seitentür und den beiden Eingangstüren anzubringen.
Im Innern der Baracke trugen Dull Knife und seine Leute ihre restlichen Besitztümer, Sättel, Lederbehältnisse und Decken, zusammen und stapelten sie vor den Fenstern. »Sicher werden wir sterben. Aber wir werden verhindern, daß sie uns wie Hunde abknallen«, redeten sich die Krieger zu. »Wir werden draußen in der Prärie sterben, und wir werden im Kampf fallen.«[44] Dann zogen sie ihre schönsten Kleider an und schlüpften in ihre besten Mokassins. Nach Einbruch der Dunkelheit umarmten und küßten sie sich zum Abschied.
Um 9.50 Uhr zerbarst eine Fensterscheibe auf der Westseite der Baracke, und ein einzelner Schuß knallte durch die eiskalte Nacht.
Bald darauf gab es einen heftigen Schußwechsel, und zwei Soldaten fielen zu Boden. Tangle Hair und seine vier Dog Soldiers schlugen mit ihren Gewehrstutzen die Scheiben ein und sprangen aus den Fenstern. Sie rannten zu den gefallenen Soldaten, ergriffen deren Springfield-Karabiner, Kaliber 45, rannten zwischen den Stall und das Hauptquartier der C-Kompanie und verteilten sich zwischen der Linie der Soldaten und ihren Leuten.
»Eine Nachhut schien sich im Hintergrund zu halten, um die Flucht der Frauen zu decken«[45], erinnerte sich später Rekrut Julius Janzchin von der F-Kompanie.
Fünf Minuten lang feuerten die Dog Soldiers unablässig aus ihren kleinkalibrigen Karabinern. Als dann die ersten Trupps laut schreiend und um sich feuernd auf die Baracke zuliefen, luden sie nach.
Die Dog Soldiers versuchten soviel Zeit wie möglich zu gewinnen.
»Sie waren als erste draußen und blieben stehen. Nachdem die anderen an ihnen vorbeigerannt waren, liefen sie weiter umher, schrien und schossen um sich und hielten so lange die Stellung, bis sie getroffen zu Boden fielen«[46], sagte Sergeant John Mitchell.
Nach den Dog Soldiers nahmen Dull Knife und sein Sohn als nächste den Notausstieg durchs Fenster. Sie waren noch unbewaffnet und

brachten sich gleich in Deckung. Ihre Leute drängten dicht hinter ihnen durch die zerbrochenen Fensterscheiben.
Es war eine helle, wolkenlose Vollmondnacht. Die Temperatur lag bei minus 18 Grad, und am Boden lag gut fünfzehn Zentimeter hoher Schnee.
Old Sitting Man saß auf dem Boden beim Fenster. Sein Bein war auf der Flucht nach Norden von einer feindlichen Kugel zerschossen worden. Als er vom Fenster herabsprang, brach er sich das Bein wieder und war nicht mehr in der Lage weiterzugehen. Ein Soldat rannte zu ihm hin, richtete die Mündung seines Gewehrlaufes auf den Kopf des Indianers und drückte ab.
Die Indianer liefen so schnell sie konnten, flohen quer durch das Fort, hinaus ins offene, flache Grasland, auf den Saw Mill und den White River zu, der knapp 450 Meter entfernt war. Sie wollten die Flußniederung und den Schutz der Bäume erreichen, dann dem Flußlauf folgen, bis sie bei den zerklüfteten Felsen im Norden und Westen anlangten. Einige Frauen trugen ihre Babys auf dem Rücken. Einige Alte versuchten mit den kleineren Kindern mitzulaufen. Seit fünf Tagen hatten sie nichts mehr gegessen und waren durch Hunger und Kälte geschwächt. Der Schnee war zu tief, um rasch Boden zu gewinnen, und überdies folgten ihnen die Trupps zu Pferd, so daß manche Indianer nicht sehr weit kamen.
Big Antelope und seine Frau rannten über das offene Gelände und versuchten, sich ins sichere Flußtal zu retten. Aber bevor sie es erreichen konnten, wurde Big Antelope von einer Kugel am Bein verwundet und kam nicht mehr weiter. Seine Frau kroch durch den Schnee zu ihrem Mann hin. Dann wurde auch sie von einer Kugel am Bein getroffen. Als sie die Pferde herankommen sahen, sagte Big Antelope zu seiner Frau, daß es für sie nun an der Zeit sei, hier in ihrer Heimat zu sterben. Er zog sein Messer und erstach zuerst sie und dann sich selbst.
Am nächsten Tag, es war der 10. Januar, fuhr ein Bestattungskommando ins Fort ein. Auf dem Wagen lagen die Toten übereinandergeschichtet wie Baumstämme. Die Soldaten packten die Leichen bei den Haaren, zerrten die gefrorenen Körper vom Wagen herunter[47] und brachten die Verwundeten in ein Feldlazarett. Laut offiziellen Angaben befanden sich unter ihnen:

Weibliches Baby: ein Jahr alt, beide Beine gebrochen, starb eine Stunde nach Eintreffen im Militärposten
Weibliches Baby: sechs Monate alt, linkes Bein durch Kugel zerschlagen, starb am Morgen des 12. Januar 1879
Kleines Mädchen: fünf Jahre alt, Schuß durch den Unterleib, starb zwölf Stunden später
Gelbe Frau: Schußwunde am rechten Oberschenkel, Lungendurchschuß rechts, starb
Kleine Frau: Schußwunden an rechter Hand, Kopf und Brust, Rückgrad und Oberschenkel gebrochen
Rote Frau: Schußwunde am linken Oberschenkel, kleinen Finger gebrochen, Schädelverletzung
Medizinfrau: Schußwunde am Kopf, rechtes Auge ausgeschossen, schwer verletzt
Kleiner Junge: sieben Jahre alt, Schußwunde am Kopf, ernster Zustand

Am späten Vormittag traf Captain Wessels im Feldlazarett ein und fragte die Verwundeten: »Wollt ihr jetzt nach Süden gehen?«
Daraufhin erhob sich langsam ein kleines Mädchen mit einer schweren Fußverletzung, stützte sich dabei an der Wand ab und sagte: »Nein, wir werden nicht zurückkehren. Eher werden wir sterben.«[48]
Wessels befahl, die Entkommenen zu verfolgen, ihre Spur aufzunehmen und sie entweder zu töten oder sie im bewaldeten Felsengebiet der Umgebung einzufangen. Also durchkämmten die Spürtrupps in den folgenden zwei Tagen das Gelände. Bittere Kälte und tiefer Schnee zwangen sie mehrmals zum Fort zurück, um sich mit weiterem Proviant und zusätzlicher Kleidung auszustatten. Schließlich wurden Versorgungseinheiten, frische Trupps und Artilleriegeschütze ins Gelände hinausbeordert.
»Ich fand die Spuren zweier Indianer. Eine davon führte hinauf ins Eis«, berichtete Captain Joseph Lawton, der eine der Verfolgergruppen anführte. »Ich schickte einen Soldaten vor, und er fand ein kleines Mädchen, vielleicht sieben oder acht Jahre alt, das im Schnee saß und mit einem Päckchen Spielkarten spielte.«[49]
Am 11. Januar spürte Lawtons Trupp in den Felsen einige Indianer auf. Es kam zu einem Feuergefecht, bei dem ein Pferd der Soldaten erschossen wurde. »Da ich befürchtete, die Indianer könnten sich das

Pferd holen und davon essen, kommandierte ich zwei Leute ab, das Pferd zu Asche zu verbrennen«, sagte Lawton. »Das dauerte etwa zwei Stunden.«[50] Bei Einbruch der Dunkelheit kehrten die Soldaten zum Fort zurück.

Am darauffolgenden Tag, dem 12. Januar, telegrafierte General Crook an seine Vorgesetzten. Er teilte ihnen mit, Captain Wessels hätte berichtet, »die Indianer wären derart gut bewaffnet gewesen und hätten soviel Munition mit sich geführt, wie man es nie zuvor bei Indianern auf dem Kriegspfad erlebt hatte«.[51]

Am 13. Januar wurde ein Großteil der Indianer aufgespürt. Sie hatten sich in einer Schlucht versteckt. Vier Kompanien Kavallerie und ein sechs Kilo schweres Napoleon-Gewehr wurden in Schußweite gebracht. An diesem Nachmittag feuerten die Truppen vierzig Salven Artilleriegeschosse und Gewehrkugeln auf die Schutzgräben ab, in denen sich die Indianer verbarrikadiert hatten. Das Gefecht dauerte an, bis es so dunkel war, daß man nichts mehr erkennen konnte. In dieser Nacht entkamen die Indianer, indem sie sich höher in die Felskuppen zurückzogen. Keiner von ihnen war verwundet worden.

General Crook meldete, daß seine Soldaten erschöpft seien. Captain Wessels, so telegrafierte er, würde sich am nächsten Morgen mit zwei frischen Kompanien erneut auf die Suche machen.

Am Morgen aber waren die Spuren verschwunden. Daraufhin wandten sich die Soldaten an Red Cloud und forderten, daß er Sioux-Scouts stellen solle, um ihre alten Freunde in den hohen Felsen oberhalb des White River aufzuspüren.

Etwas später entdeckten Sioux-Scouts die Spur ihrer Freunde ungefähr zweiundsiebzig Kilometer nordwestlich von Fort Robinson. Die Indianer versuchten, sich zu Red Cloud und seinen Leuten durchzuschlagen, wußten aber nicht, wo sich die neue Indianeragentur befand. Auf ihrer Suche waren sie von den steilen Felskuppen hinunter in die weiten Ebenen und in die Nähe der Straße gelangt, die am Ufer des Hat Creek entlangführte. Dort fanden die Scouts dann auch frische Mokassinspuren, denen die Soldaten folgten. Es war am 22. Januar.

Als sie die Soldaten herankommen sahen, liefen die Indianer zu einer Mulde, einer früheren Büffelkuhle, die etwa 16 Meter lang, 4 Meter breit und 2 Meter tief war.

Vier Kompanien des Dritten Kavallerieregiments, also 147 Soldaten und fünf Offiziere, umstanden die Senke. An jeder Seite war eine Kompanie in Stellung gegangen. In der Senke hatten siebzehn Männer und fünfzehn Frauen und Kinder Zuflucht gesucht.

Über dreißig Minuten lang feuerten die Soldaten aus nächster Nähe auf die offene Grube. Ab und zu kam die Hand eines Indianers zum Vorschein und drückte ab. Eine Kugel traf Captain Wessels in den Kopf. Nach mehr als zweihundert Salven wurde das Schießen eingestellt, und die Soldaten wagten sich vor.

Doch sie kamen nicht weit, da sprangen drei Krieger aus der Grube – einer von ihnen war mit einer ungeladenen Pistole bewaffnet, die beiden anderen mit Messern – und gingen auf die Soldaten los. Sie wurden augenblicklich niedergestreckt.

Captain Lawton traf als erster bei der Senke ein.

»Auf der anderen Seite der Grube saß ein kleines Mädchen und schaute uns mit flehendem Blick an. Ich befahl sofort, das Feuer einzustellen, lief über die Toten am Boden hinweg, nahm das Kind bei der Hand und half ihm aus der Grube.«[52]

Später legten die Soldaten alle Leichen auf einem Schneefeld aus und zählten siebzehn Männer und sieben Frauen und Kinder. In der Grube hatten sich alle dicht zusammengedrängt. Die Männer aber hatten Frauen und Kinder mit ihren Körpern vor dem Kugelhagel geschützt und so acht von ihnen das Leben gerettet.

Am 23. Januar, zwei Wochen nach der Flucht aus Fort Robinson, war das Schießen endgültig vorüber. Von den 149 Indianern, die man in der Baracke untergebracht hatte, waren 78 gefangengenommen und 64 getötet worden. 39 davon Männer und 25 Frauen und Kinder. Sieben Leute wurden noch vermißt.

Vor dem Eintreffen des Bestattungskommandos – die Leichen der Männer, Frauen und Kinder lagen noch im Schnee – sahen die Soldaten Zivilisten über das Schlachtfeld reiten. Leutnant James F. Simpson beobachtete, wie eine Gruppe von drei Leuten die Toten absuchte. Zwei von ihnen befanden sich im Gelände, ein dritter auf einem Wagen.

»Ich konnte beobachten, wie sie die Felsen nach Indianerleichen durchstöberten, und hörte einen der Männer sagen: ›Ich habe eine Pfeife gefunden – genau danach habe ich gesucht‹ … Der Mann im

Wagen rief den anderen zu, sie sollten ihm die Decken der Toten bringen, die wolle er auch haben.«[53]

Leutnant J. F. Cummings, Drittes Kavallerieregiment, befehligte das Bestattungskommando. Am 12. Januar hatte er die erste Gruppe toter Indianer begraben lassen: vierzehn Männer, neun Frauen und vier Kinder.

Von den siebenundzwanzig Indianern, die er an jenem 23. Januar begrub, war etwa die Hälfte skalpiert worden.

»So wie die Toten aussahen, glaube ich nicht, daß sie erst zehn bis fünfzehn Minuten zuvor skalpiert worden waren«, sagte Cummings. »Ich ließ daraufhin die Leichen einsammeln. Die Körper der Frauen waren nackt. Man hatte ihnen die Kleider über den Kopf abgezogen.«[54]

Eine Frau, die im Feldlazarett ihre Verwundung ausheilte, erzählte Dolmetscher James Rowland, daß, »nachdem sie verwundet worden war und am Boden lag, die Soldaten ihr einen Kopfschuß verpassen wollten. Da sie auswich, wurden ihr ›nur‹ die Finger abgeschossen«.[55]

Unter den Toten befanden sich Big Antelope und seine Frau. Leutnant Cummings hatte davon gehört und untersuchte den Körper Big Antelopes, bevor er ihn begraben ließ. »Auf der rechten Seite seines Brustkorbes trug er dicht nebeneinander sechs Stichwunden«[56], sagte er. Big Antelopes Frau war eine Stunde, nachdem sie ins Fort gebracht worden war, verblutet.

In dem Gemenge, in der Dunkelheit und in der Aufregung der Verfolgungsjagd sei es unmöglich gewesen, zwischen Männern und Frauen, Alten und Kindern zu unterscheiden, teilten die Soldaten ihren Vorgesetzten mit. Daß Frauen und Kinder getötet worden waren, sei zwar bedauernswert, aber eben nicht zu vermeiden gewesen.

Einige Zeit später wurde beschlossen, daß die Witwen und Waisen zur Red-Cloud-Agentur gehen dürften, um dort mit den Oglala Sioux zu leben. Anfang Februar fuhren die ersten Wagen mit Überlebenden von Fort Robinson zu der Agentur, die etwa 110 Kilometer nordöstlich, gleich hinter der Grenze zu Nebraska im Dakota-Territorium lag.

Am 4. Februar versuchte Wild Hog, sich in seiner Gefängniszelle das Leben zu nehmen.[57] Er trug immer noch Handschellen, stach sich aber dennoch viermal in die Brust, weil er hoffte, daß man nach seinem Tod seiner Frau und seinen Kindern erlauben würde, sich dem nächsten Transport in die Red-Cloud-Agentur anzuschließen. Wild Hog überlebte seine Verletzungen.

Wenige Wochen später – er hatte sich inzwischen von seiner Verletzung erholt – wurde er zusammen mit Old Crow und fünf anderen Nordcheyenne nach Kansas gebracht, um sich dort vor Gericht für die Morde an weißen Siedlern zu verantworten, die auf der Flucht nach Norden begangen worden waren. Ende Februar 1879 trafen sie in Fort Leavenworth ein, wo sie schon ein von W. B. ›Bat‹ Masterson angeführter Hilfstrupp des Sheriffs erwartete, um sie nach Dogde City zu bringen. Den Staatsanwälten gelang es jedoch nicht, auch nur einem der Männer die im Oktober begangenen Morde nachzuweisen. Und so ließ Richter N. T. Stephens die Anklagen fallen und sprach alle sieben Indianer frei.

Nach ihrer Freilassung wurden die Cheyenne zur Darlington-Agentur zurückgeführt, zurück in das ihnen verhaßte Indianergebiet, aus dem sie im Herbst 1878 geflohen waren.

»Ich hatte überhaupt keine Lust mehr, irgend etwas zu tun. Ich fühlte mich so leer«, erzählt Old Crow über seine Rückkehr nach Darlington. »Ich wollte nicht im Süden leben. Die ganze Zeit über hatte ich nur ein Verlangen: Ich wollte zurück in das Land, in dem ich geboren bin, in dem auch mein Vater geboren ist und begraben liegt, in dem meine Kinder begraben sind und in dem meine Mutter, meine Schwester und meine anderen Verwandten derzeit leben. Also lag ich die ganze Zeit über in meiner Hütte und dachte nur daran und an das Massaker im Robinson-Lager und an meine Verwandten und Freunde, die man dort umgebracht hatte. Jetzt aber glaube ich, daß ich versuchen würde zu arbeiten, wenn ich einen Wagen und ein oder zwei Pferde hätte. Wenn ich etwas besäße, mit dem ich arbeiten könnte, dann würde ich vielleicht nicht so oft daran denken, was passiert ist. So wie es jetzt um mich steht, glaube ich, daß ich möglichst bald bei den Toten sein möchte.«[58]

Lange Zeit nahm man an, daß von den sechsundvierzig Indianern, die sich während des Schneesturms in den Sandhills ergeben hatten, nur

Old Crow und sechs andere – diejenigen, die man in Kansas unter Mordanklage gestellt hatte – die Flucht aus der Baracke überlebt hätten.

In jener Nacht hatte auch Henry Clifford die Schießerei gehört. Er befand sich gerade in Mrs. Dears Laden, ein paar Kilometer östlich des Forts. Clifford war Zivilist. Er sprach die Sprache der Sioux und wurde manchmal vom Militär als Dolmetscher eingesetzt. Er wohnte zwischen dem Fort und der Red-Cloud-Agentur und kannte viele Indianer aus der Gegend persönlich. Am Tag nach der Schießerei ging er mit einem Freund zur Poststation, um Briefe abzuholen. Danach ritt er zum Schlachtfeld hinüber. Als er dort ankam, versuchte ein Armeekommando gerade, einige der Toten zu identifizieren.

»Ein Feldwebel fragte mich, ob Dull Knife unter den Toten sei«, sagte Clifford. »Ich schaute mich unter ihnen um, fand ihn aber nicht.«[59]

Nachdem die Dog Soldiers in jener Nacht die Fensterscheiben zertrümmert hatten und hinausgesprungen waren, um eine wirksame Rückendeckung für die anderen zu gewährleisten, waren ihnen Dull Knife und acht seiner Familienangehörigen als erste gefolgt.

Als sie zum White River hinüberrannten, wurde eine von Dull Knifes Töchtern von einer Kugel getroffen und fiel in den Schnee. Daraufhin blieb ihr Mann bei ihr zurück. Bevor sie starb, beschwor sie ihren Vater, die Familie anzutreiben, damit sie zum Fluß und zum Felsufer gelangte.

Zunächst zögerte die Familie, aber dann beschloß sie, doch weiterzugehen. Nördlich des Flusses wandten sie sich von dem Pfad ab, den die meisten ihrer Leute genommen hatten, die aus der Baracke geflohen waren. Sie liefen schnell durch einen flachen Wasserlauf, bis sie die Felsen erreicht hatten. Dull Knife und die sechs Überlebenden seiner Familie hielten sich so dicht wie möglich an der Felswand, damit sie im Schnee keine Spuren hinterließen. Nach geraumer Zeit entdeckten sie in dieser Nacht eine weite Höhle. Zehn Tage lang blieben sie dort, hielten nach Soldaten Ausschau und warteten, bis es sicher genug war, die letzten hundert Kilometer zu Red Cloud und seinen Leuten hinter sich zu bringen.

Am zehnten Tag beobachtete Dull Knifes Sohn, wie sich weit von ihnen entfernt im Westen ein Trupp Soldaten auf die Felsen oberhalb der Straße am Hat Creek zubewegte.

In dieser Nacht brachen sie auf und arbeiteten sich in den nächsten achtzehn Tagen beständig nach Osten voran. Sie gingen nur in der Dunkelheit, stemmten sich den Winterwinden entgegen und achteten darauf, keine Spuren im Schnee zu hinterlassen. Sie ernährten sich von Hagebutten und ein paar Sehnen, die die Frauen noch mit sich trugen. Auch gruben sie im gefrorenen Boden nach Wurzeln. Schließlich aßen sie die Sohlen ihrer Mokassins und kauten das Leder, um die letzten paar Nächte zu überstehen.

Es ist Frühsommer geworden, 114 Winter nach der Flucht seines Volkes aus der Baracke des Forts am White River. In der Küche seines Wohnwagens, der am Rande von Loveland steht, hat Guy Dull Knife jun. seine Farben und Pinsel für diesen Abend beiseite gelegt. Den ganzen Tag lang hat er an der Plastik des Büffeltänzers gearbeitet, und so ist eine der Arbeitsflächen in der engen Küche mit Ton, Messern, Skizzen, Zeichnungen und Farbflecken bedeckt.
Er geht aus der unaufgeräumten Küche hinaus und vorbei an einem Bücherregal zur Couch im Wohnzimmer.
An der Wand über der Wohnzimmercouch hängt eine kleine Tuschezeichnung von Häuptling Dull Knife. Ihr gegenüber ist das rotweiße Banner des Stammes der Oglala Sioux angebracht. Das Banner gehört seinem Vater, dem alten Mann aus dem Pflegeheim. Nicht weit weg von der Couch liegt auf dem Bücherregal, das Wohnzimmer und Küche voneinander trennt, eine schwarzgoldene Brille, die einmal Buffalo Bill Cody gehörte. Cody schenkte sie 1896 seinem Großvater George Dull Knife.
Seit seiner frühesten Jugend haben ihm sein Großvater und sein Vater folgende Geschichte wieder und wieder erzählt. Er läßt sich auf der Couch nieder und beginnt mit der für ihn so typischen tiefen und sanften Stimme zu berichten:
»Als Häuptling Dull Knife und seine Familie eines Nachts bei der Red-Cloud-Agentur ankamen, schrien einige Indianer dort bei ihrem Anblick. Sie sahen Toten gleich, waren nur noch Haut und Knochen, ihre Gesichter eingefallen. Sie trugen fast keine Kleider mehr am Leib, waren halb nackt. Einige waren barfuß, ihre Hände und Füße

erfroren. Häuptling Dull Knife war damals etwa siebzig Jahre alt, und einige erkannten ihn zuerst nicht. Als die Indianer im Lager erfuhren, was der Gruppe zugestoßen war, weinten viele.

Die Überlebenden erzählten, daß in der Zeit vor der Flucht viele Männer aufgeben wollten, daß die Frauen sie aber zwangen weiterzumachen. Sie sagten, daß sie, wenn sie denn alle sterben müßten, in ihrer Heimat und im Kampf sterben wollten.

Für die ersten Nächte nach ihrer Ankunft gab man Häuptling Dull Knife ein Tipi oberhalb des Wounded Knee Creek. Sie brachten warme Kleider herbei, schürten ein großes Feuer und gaben jedem so viel zu essen, wie er essen konnte.

Später mußte Dull Knife wiederholt seinen Aufenthaltsort wechseln. Noch immer suchten die Soldaten nach ihm. Damit sie ihn nicht finden konnten, brachten ihn die Sioux von Pine Ridge immer wieder an andere Orte. Eine Zeitlang schafften sie ihn ins Yellow-Bear-Lager, wo alle seine Verwandten mithalfen, ihn vor der Kavallerie zu verstecken.

Zu dieser Zeit wohnten ein paar Sioux in Brainard in Süddakota, in der Nähe von Hot Springs. Nachdem Dull Knife sich satt gegessen, ausgeschlafen und sich genügend ausgeruht hatte, brachten sie ihn zu den Sioux in Brainard. Er war damals schwer krank, er hatte sich eine Lungenentzündung geholt, und so brachten sie ihn nach Brainard, damit er sich dort wieder erholte.«

Während des gesamten Winters und Frühlings – sein Zustand besserte sich unter den wachsamen Augen seiner Freunde und Verwandten allmählich – hoffte Dull Knife, daß irgendwann der Tag käme, an dem er seinen Freund Little Wolf im Land ihrer Vorfahren wiedersehen würde.

Nach der Trennung hatten Little Wolf und seine Gefolgschaft im Lost Chokecherry Valley in den Sandhills von Nebraska überwintert. Gleich zu Beginn des Frühlings machten sie sich wieder auf den Weg nach Norden, durchquerten den westlichen Teil Nebraskas, umgingen den Fuß der Black Hills und gelangten nach Wyoming, wo sie dann auf die Berge Montanas zuhielten. Nachdem sie sieben Monate lang unterwegs waren und mehr als 1600 Kilometer hinter sich gelassen hatten, erreichten sie Ende März die in ihrer Heimat gelegene Quelle des Powder River. Dort warteten schon die Soldaten auf sie.

Leutnant William F. Clark, der an der Zerstörung ihres Winterquartiers in den Big-Horn-Bergen beteiligt gewesen war, entdeckte ihr Lager und forderte sie auf, sich zu ergeben. Am 27. März 1879 ritt Little Wolf nach Fort Keogh und übergab Waffen und Ponys an General Nelson Miles.
Etwas später, im gleichen Jahr noch, erhielt Dull Knife die Erlaubnis, die im Dakota-Territorium gelegene Pine-Ridge-Agentur zu verlassen und nach Montana zurückzukehren. Eine Militäreskorte geleitete ihn in seine Heimat, zurück ins Tal des Rosebud. Ende November sah er Little Wolf und die anderen wieder, die die Flucht aus dem Süden überlebt hatten. Im Jahr 1883 starb er dort eines natürlichen Todes. Ein Jahr nach seinem Tod, am 26. März 1884, wies ein Regierungserlaß den Nordcheyenne in Montana ein Gebiet zu, in dem sie von nun an leben durften.

Der State Highway 212 schneidet durch die tiefen Täler und die kiefernbedeckten Berge Montanas und windet sich am Rosebud River entlang durch das Gebiet des Reservats. Östlich von Lame Dear, einer kleinen Gemeinde inmitten des Reservats, führt der Highway in einem Bogen auf ein großes, hölzernes Schild zu:

> *»Nach ihrer Mithilfe an der Niederschlagung Custers im Jahr 1876 wurden die Nordcheyenne verfolgt und im Indianerterritorium von Oklahoma festgehalten. Das Versprechen, sie könnten später wieder nach Montana zurückkehren, wurde gebrochen. Krank, ausgezehrt und voller Sehnsucht nach ihrer Heimat, flohen die Cheyenne, angeführt von Häuptling Dull Knife und Häuptling Little Wolf. Man verfolgte diese tapferen Menschen und hinderte sie am Weiterziehen. Sie aber kämpften, erfroren und verhungerten, weil sie in ihre Heimat zurückwollten.«*

Nördlich des Schildes, unterhalb einer einzelnen, steilen Bergkuppe, die die Berge und Täler Ostmontanas weit überragt, erstreckt sich über mehrere hundert Meter ein Friedhof. In einer Ecke liegen, umgrenzt von einem verblichenen weißen Holzzaun, Dull Knife und Little Wolf nebeneinander begraben.
Inmitten schmuckloser Erdgräber finden sich zwei kleine Banner der Vereinigten Staaten, deren ausgefranste Zipfel im Wind flattern.

ENDE DES ALTEN UND BEGINN EINER NEUEN ÄRA

Hoch oben an den Osthängen der Rocky Mountains hat es schon seit einigen Wochen täglich geschneit. Die riesigen, entlang der Baumgrenze dicht beisammenstehenden Kiefern sind mit dicken Schneeschichten bedeckt. An klaren Tagen blendet einen das Licht, das von den Gipfeln reflektiert wird. Die Luft ist klar und von schneidender Kälte. Es ist Spätherbst, und der Winter steht vor der Tür.

Der alte Mann von Zimmer 103 des Pflegeheimes hat eine schlimme Woche hinter sich. Er spürt die kalte Luft in seinen Knochen, sie verschlimmert seine Arthritis und sein Rheuma. Deshalb ist er meist schlechter Laune, und nicht einmal seine gute Freundin Verna Ping, die chinesische Sprachtherapeutin, scheint ihn aufheitern zu können. Eines Nachmittags – der alte Mann erlitt gerade einen Schmerzanfall – kam die junge Schwesternhelferin Kelli mit ihrem neuen Hund, einem sechs Wochen alten Alaska-Malamut-Welpen, ins Zimmer. Der alte Mann liebt Hunde. Er hatte sein Leben lang Hunde um sich gehabt. Als sie ihn bat, sich mit ihr einen Namen für den Welpen auszudenken, kehrte für eine kleine Weile das altbekannte Lächeln auf sein Gesicht zurück. Guy Dull Knife sen. sah sich den jungen Hund an, wie er so über den Linoleumboden fegte, eine Socke jagte, aufs Bett sprang und ihm schließlich das Gesicht leckte. Dann bedeutete ihr der alte Mann, näher zu kommen. »Dakota«, sagte er. »Du solltest deinen Hund Dakota nennen.«

Kelli gefiel der Name. Sie stimmte ihm zu, daß es ein schöner Name sei, und dankte Guy Dull Knife für seinen Vorschlag. Als Kelli und Dakota sich wieder auf den Weg machen wollten, fragte der alte Mann, ob sie schon den Artikel über seinen Großvater kennen würde. »Mein Großvater war ein Häuptling«, sagte der alte Mann und langte zur Schublade seines Nachttisches hinüber. »Ein richtiger Häuptling, so wie es sie früher gab.«

Häuptling Dull Knife war der letzte seiner Familie, der noch nach altem Brauch gelebt hatte. Er war in einem Tipi zur Welt gekommen, in einem Indianerdorf aufgewachsen und in der Tradition seines Volkes erzogen worden. Er wurde groß in einem bergigen Heimatland, einem Land von unberührter Schönheit und voller Reichtum, einem Heimatland, in das noch viele Jahre lang weder Siedler noch Soldaten, noch Landvermesser ihren Fuß setzen würden. Zur Zeit seiner Geburt im ersten Viertel des 19. Jahrhunderts herrschten die Cheyenne und die Lakota Sioux in den Hochebenen. Dem uralten Rhythmus ihres Stammes folgend, zogen sie durch Gebiete, die zu fünf Staaten gehörten – Montana, Wyoming, Nebraska, Süd- und Norddakota. In dieser Zeit führte sein Volk ein sicheres und sorgloses Dasein. Es gehörte einer in sich geschlossenen Kultur an, in der die Rolle des einzelnen genau umrissen war, einer Kultur, die all ihren Bedürfnissen Rechnung trug.

Der alljährlich stattfindende Sonnentanz war zum spirituellen Höhepunkt ihres Lebens geworden. Jagdbares Wild, von dem sie sich ernährten, aus dessen Leder sie Kleidungsstücke und Zelte herstellten, gab es in Hülle und Fülle. Die Pferde machten sie mobil, ihre Waffen gaben ihnen das Gefühl von Sicherheit und Macht. Der Stolz und die Würde, die das Selbstwertgefühl bestimmten, ließen sich an den verschiedensten Dingen ablesen: vom Perlenbesatz auf den Mokassins bis zum Fleischvorrat, der im Wigwam gelagert wurde, von der Qualität des eigenen Ponys bis zur Anzahl der Attacken, die man gegen einen Feind geritten hatte.

Häuptling Dull Knife hatte sich als Krieger im Kampf gegen die Shoshonen, die Crow, die Pawnee und die Kavallerie einen Namen gemacht, und er hatte auch an den alljährlichen Büffeljagden in den heiligen Tälern im Gebiet des Powder River teilgenommen. Als später ihre alten Pfade wegen der Forts und Eisenbahnen geändert werden mußten, änderte er sich ebenfalls. Der Krieger wurde zum Diplomaten, der Jäger zum Bewahrer des Friedens. Also übergab ihm sein Volk die traditionelle, langstielige Pfeife.

Als er 1883 starb, hatte Häuptling Dull Knife lange genug gelebt, um das Ende einer von traditionellen Werten bestimmten Epoche und den Beginn einer neuen Ära mitzuerleben. Nun beherrschten die Weißen die Hochebenen, seine alte Heimat. Und sein Volk, das seit Generationen ungehindert umhergezogen war, wurde Schritt für Schritt in immer kleinere, wüstenartige Gebiete zurückgedrängt. Innerhalb der neuen Grenzen wandelte sich das runde Tipi aus Tierhäuten in wenigen Jahren zunächst zum Rundzelt aus Leinwand und schließlich zur rechteckigen Hütte aus Holzbohlen. Nach und nach wurde der Medizinmann durch den Arzt ersetzt, und die Ponys wurden vor den Pflug gespannt. Das Abenteuer der Büffeljagd wich der Langeweile, die aufkam, wenn man vor einer Indianeragentur der Regierung anstehen mußte und auf die Wagen wartete, von denen man ein Stück Rindfleisch und einen Sack Mehl zugeteilt bekam. In Norddakota hatte sich Sitting Bull, der geistige Führer des Stammes der Lakota, dem Staat Kanada unterworfen, um dem Hungern und Frieren seines Volkes ein Ende zu bereiten. Nun vegetierte er in einem Militärgefängnis dahin. Im Süden war der einflußreichste Kriegshäuptling des Stammes, Crazy Horse, gestorben. Das neue Leben in den Reservaten hatte begonnen.

George Dull Knife verbrachte den größten Teil seines Lebens im Pine-Ridge-Reservat in Süddakota. Sein Leben unterschied sich in vielem von dem seines Vaters. Er war der erste seiner Familie, der einen christlichen Namen hatte, seine Haare kurz trug und einen Anzug besaß. Er war der erste, der mit Messer und Gabel aß, Kartoffeln anbaute, ein Dienstabzeichen trug und ein Auto fuhr, der einzige, der nach Paris reiste und der letzte, der in einem Tipi zur Welt gekommen war.

George Dull Knife wurde im Jahre 1875 geboren, ein Jahr vor der Schlacht am Little Bighorn. Seine jungen Jahre waren geprägt von dem Chaos und den Verwirrungen, die die turbulente Zeit kurz vor dem Beginn des Lebens in den Reservaten kennzeichneten. Nach der Schlacht gegen Custer im Juni 1876 brachen die großen Stammesverbände der Lakota, der Nordcheyenne und der Arapahoe in kleinere

Stämme und Bands* auseinander und verstreuten sich über die Great Plains. So wie die anderen zogen auch Häuptling Dull Knife und seine Leute ständig umher, hielten verzweifelt Ausschau nach Herden jagdbaren Wildes, die langsam von den Ebenen verschwanden, versuchten den in immer größerer Zahl auftretenden Soldaten aus dem Weg zu gehen, suchten nach einem Ort, der sicherer war und besseren Schutz gegen die Winterstürme bot als die Ebenen.
Bei den Stämmen der Plainsindianer war es nicht ungewöhnlich, wenn sich ein Häuptling mehrere Frauen nahm. Als Oberhaupt seines Volkes gehörte es zu den Aufgaben eines Häuptlings, Feste zu geben, Besucher willkommen zu heißen, Gäste zu unterhalten, Ratsversammlungen abzuhalten und Geschenke zu überreichen, wie zum Beispiel perlenbestickte Kleidungsstücke, Umhänge und Pferde. Daher bestand allgemeiner Konsens darüber, daß ein Häuptling mehrere Frauen haben dürfe, um seine zahlreichen Verpflichtungen erfüllen zu können. Häuptling Dull Knife hatte zwei Frauen. Pawnee Woman, die er vor Jahren bei einem Raubzug gegen ein Dorf der Pawnee gefangengenommen hatte, schenkte ihm vier Töchter und einen Sohn. Mit Slow Woman, auch Short One genannt, hatte er drei Töchter und drei Söhne. In den sechziger und siebziger Jahren des 19. Jahrhunderts bewunderten viele die Schönheit von Dull Knifes Familie. Armeeoffiziere, die seinen Töchtern in verschiedenen Forts und Indianeragenturen begegneten, machten ihnen gelegentlich sogar den Hof. Die Truppen nannten Dull Knifes Kinder schließlich die ›Schönen Menschen‹.
Auch seine Familie mußte in den Wirren nach der Schlacht gegen Custer hin und wieder ihren Preis zahlen. Ein Sohn des Häuptlings fiel, als Mackenzies Truppen ihr Winterlager angriffen. Short One, die jüngere Frau des Häuptlings, ließ ihr Leben auf der Flucht aus dem Indianerterritorium. Ein paar Wochen, nachdem sie sich nach Norden aufgemacht hatten, kehrten Krieger mit Ponys ins Lager zurück, die sie bei Überfällen auf Farmen der Weißen erbeutet hatten. Short One wurde von einem der aufgebrachten Tiere zu Tode getrampelt,

* Nicht gleichzusetzen mit der dt. Übersetzung »Bande«. Bands sind relativ selbständige Untergruppen nomadisierender Indianerstämme. Anm. d. Übers.

und man begrub sie in einem flachen Grab am Wegrand. Eine von Dull Knifes Töchtern und sein Sohn Little Hump wurden auf der Flucht aus Fort Robinson erschossen. Als Dull Knife und sechs seiner Familienangehörigen Ende Januar 1879 das Pine-Ridge-Reservat erreichten, hatte er drei Kinder, eine Frau und nahezu die Hälfte der Leute verloren, die sich in den Sandhills von Nebraska dafür entschieden hatten, mit ihm zu gehen. Man erzählt sich, daß er nie verwinden konnte, was seinen Stammesbrüdern zugestoßen war, und daß er sich bis zu seinem Tode vier Jahre später deswegen bittere Vorwürfe machte und seelische Qualen litt.

Nachdem Dull Knife und seine Familie bei den Lakota in Pine Ridge untergetaucht waren, wurden sie solange von Freunden und Verwandten immer wieder an anderen Orten untergebracht, bis die Armee nicht mehr nach ihnen suchte. In den folgenden Wochen und Monaten erhielten viele Überlebende des Massakers von Fort Robinson die Erlaubnis, nach Pine Ridge zu ziehen. Einige Jahre später gestattete man sogar einigen Indianern, die in der Darlington-Agentur zurückgelassen worden waren, nach Norden zu gehen, um zusammen mit ihren Familien und Freunden in Pine Ridge zu leben.

George Dull Knife war drei Jahre alt, als sein Vater und einige seines Stammes aus der Darlington-Agentur flohen. Das, was ihm in seiner Kindheit widerfahren war – also zwischen 1875 und 1886, dem Jahr, in dem sein Name zum ersten Mal bei einer offiziellen Zählung des Pine-Ridge-Reservates erfaßt wurde –, liegt größtenteils im dunkeln. Er war der jüngste Sohn und zugleich das letzte Kind von Dull Knife und Short One. Als die anderen nach Norden aufbrachen, blieb er zusammen mit sechshundert Indianern seines Stammes im Reservat zurück. Soweit seine Nachfahren später von anderen Verwandten in Erfahrung bringen konnten, hatte man wohl geglaubt, der Junge sei noch zu klein, um eine so entbehrungsreiche Reise überstehen zu können, und ihn daher in der Obhut entfernter Verwandter in der Agentur zurückgelassen. Wahrscheinlich traf George im Sommer 1883 in Pine Ridge zusammen mit über dreihundert Nordcheyenne ein, die mit Militäreskorte von der Darlington-Agentur hergezogen kamen.[1]

»Für viele Familien, einschließlich unserer eigenen, war es eine sehr schwierige und verwirrende Zeit«, sagte Guy Dull Knife jun. »In der

Zeit zwischen den Kämpfen und den Verlegungen von einem Reservat zum anderen wurden Familien aufgeteilt und auseinandergerissen. Das Militär stand zu dieser Zeit gerade kurz vor der Lösung des ›Indianerproblems‹. Wenn eine Gruppe Indianer erst einmal dazu gezwungen worden war, sich zu ergeben, und man sie ins Reservat gebracht hatte, gab es für sie nahezu keine Möglichkeit mehr, es wieder zu verlassen. Manchmal waren Familien über Jahre hinweg voneinander getrennt. Ja sogar schon vorher, gleich nach der Schlacht gegen Custer, hatten sich Stämme, Bands und Familien in immer kleinere Gruppen aufgeteilt und auf diese Weise versucht, den Soldaten zu entkommen. Ihre Versorgungslage war damals sehr schlecht, und jedermann befand sich auf der Flucht. Es herrschten Angst und Verwirrung, und niemand wußte so recht, was tun.

Ich glaube nicht, daß mein Großvater, als er noch ein kleiner Junge war, überhaupt wußte, geschweige denn verstand, was ihm oder seiner Familie widerfahren war. Die Zeiten damals waren für jeden verwirrend. Nach allem, was man uns erzählt hat, verließ er irgendwann zusammen mit vielen anderen das Reservat im Süden und wurde von Verwandten im Yellow-Bear-Lager aufgenommen.«

Als George Dull Knife in Pine Ridge eintraf, war Häuptling Dull Knife schon wieder weitergezogen. Nachdem sie von General Nelson Miles die Erlaubnis erhalten hatten, in ihr Heimatland zurückzukehren, machten sich der greise Häuptling, seine Frau Pawnee Woman, sein ältester Sohn Buffalo Hump, einige seiner Töchter und ein paar seiner Stammesbrüder, die Fort Robinson überlebt hatten, im Dezember 1879 auf den Weg, um sich wieder mit Little Wolf in Fort Keogh in Montana zu vereinen. Drei Jahre später durften sie in das Tal des Rosebud, ihre angestammte Heimat, zurückkehren. Dort verstarb der Häuptling im März 1883.

Nachdem George Dull Knife im Yellow-Bear-Camp eingetroffen war, gab es über mehrere Jahre hinweg einen regen Austausch zwischen den Nordcheyenne in Montana und den Oglala Sioux im Pine-Ridge-Reservat. Wer Jahre zuvor in den anderen Stamm eingeheiratet hatte, zog dorthin, um einige Zeit mit Freunden und Verwandten zu verleben, und kam später wieder zurück. Während der ersten vier, fünf Jahre, die George in Pine Ridge verbrachte, gehörte er zu denen, die häufig nach Montana gingen, dort lange Zeit mit ihren Verwandten zubrachten und dann ins Yellow-Bear-Lager zurückkehrten. Diese Art zu Leben setzten sie bis weit ins nächste Jahrhundert hinein fort.

»Viele Nachfahren meines Großvaters lebten zeitweise im Reservat der Nordcheyenne. Auch mein Vater hielt sich dort mehrmals auf. Insgesamt verbrachte er in seiner Jugend sieben oder acht Jahre dort«, erzählte Guy Dull Knife jun. »Manche seiner Brüder und Schwestern lebten ebenfalls einige Zeit lang mit den Nordcheyenne. Die meisten meiner Verwandten aus Montana waren schon in Pine Ridge und die meisten aus Pine Ridge schon in Montana. Einige von ihnen sprechen sowohl die Sprache der Cheyenne als auch die der Lakota. Obwohl es ein ständiges Kommen und Gehen gab und viele Sioux und Cheyenne durch Heirat miteinander verbunden sind, versteht sich unsere Familie seit der Generation meines Großvaters als Lakota. Er wurde als Lakota erzogen, heiratete eine Lakota, sprach die Sprache der Lakota und wuchs mit den Traditionen und Gebräuchen der Lakota auf. Auf dieselbe Art und Weise erzogen meine Großeltern ihre Kinder und meine Eltern dann mich. Seit meinem Großvater fühlen wir uns den Oglala Sioux zugehörig.«

Als George Dull Knife noch ein Kind war, sorgten die großen und weitverzweigten, in den Reservaten lebenden Familien für viele Stammesangehörige, die in Schlachten oder durch Krankheit ihren Ehepartner, Vater oder Mutter verloren hatten. Sie gaben ihnen ein Heim, Essen, Kleidung und boten ihnen Schutz. Nach seiner Ankunft in Pine Ridge wurde George Dull Knife von Poor Bear und seiner Familie aufgenommen, da seine Mutter gestorben war und sein Vater sich in Montana aufhielt. Die Familie der Poor Bear hatte schon Jahre zuvor in die der Dull Knife eingeheiratet, und George verbrachte die folgenden zehn Jahre meist bei ihnen im Yellow-Bear-Lager. Eunice Poor Bear, eine Oglala Sioux, zog den Jungen auf und nahm für George bald Mutterstelle ein. Im Yellow-Bear-Lager nahm er an den alljährlichen Sonnentanz-Feiern und den Schwitzhütten-Zeremonien teil und lernte einige Lieder und Tänze der Lakota. Seiner Familie erzählte er später einmal, daß er in begrenztem Maße auch Schulbildung erhalten hatte. Am meisten liebte er das Jagen in den Hügeln und Schluchten des Yellow-Bear-Lagers und das Reiten. Nach Ansicht seiner Angehörigen endete das Hinundherreisen zwischen Pine

Ridge und Montana 1886, in dem Jahr, in dem sein Name zum ersten Mal in den Volkszählungslisten von Pine Ridge auftauchte. Danach blieb er im Yellow-Bear-Lager und ging so oft wie möglich auf die Jagd oder ritt umher.

Wie die meisten Indianer nahmen George Dull Knife und die Leute vom Yellow-Bear-Lager, einer abgeschiedenen Gegend, in der viele traditionsbewußte Lakota lebten, in den achtziger Jahren eine andere Lebensweise an.

Erst später sollte Guy Dull Knife von diesem Wandel erfahren. In seiner Kindheit und viele Jahre später noch erzählte ihm sein Vater George Dull Knife, was es bedeutete, in jener Zeit im Pine-Ridge-Reservat aufgewachsen zu sein und wie schwer es den Oglala Sioux in den letzten Jahren des 19. Jahrhunderts gefallen war, sich in die neue Lebensweise einzufinden.

»Er erzählte mir immer, daß das Leben damals sehr schwierig gewesen sei«, sagte der alte Mann, »daß es eine sehr harte Zeit für unser gesamtes Volk war. Die Menschen vermißten ihre traditionelle Lebensweise und wußten nicht mehr, wie sie überhaupt weiterleben sollten; sie vermochten nicht so zu leben, wie die Weißen es von ihnen erwarteten. Am Ende waren viele von ihnen völlig durcheinander, und viele hatten Angst.«

Ungefähr zu selben Zeit, als Dull Knife und Little Wolf aus dem Indianerterritorium flohen und sich auf den Weg nach Norden begaben, wurde im Spätherbst 1878 am nördlichen Ende des mächtigen, mit Kiefern bedeckten Bergkammes, der sich von Nebraska aus über die Grenze hinweg nach Süddakota erstreckt, ein dauerhaftes Reservat für die Oglala Sioux eingerichtet. Seit dem Vertrag von Fort Laramie im Jahr 1868 war die Oglala-Agentur fast ein Jahrzehnt lang immer wieder völlig planlos verlegt worden: von Fort Laramie in Wyoming nach Fort Robinson in Nebraska, dann für ein verhängnisvolles Jahr an den Missouri in Dakota. Danach war das Hauptquartier der Agentur auf eine Hochebene in der Nähe des White Clay Creek, unmittelbar an der Grenze zu Nebraska, verlegt worden. Und dort sollte es schließlich bleiben.

Außer der Verlegung der Agentur gab es bald auch andere Veränderungen. Die Regierung befürchtete, daß der oberste Häuptling der Oglala inzwischen wieder zuviel Einfluß und Ansehen erlangt hätte. Also beschloß sie, den Indianerstützpunkt nicht mehr Red-Cloud-Agentur zu nennen. Nach langem Hin und Her – niemand schien genau zu wissen, wie man das Wort Oglala buchstabiert – wurde er offiziell in Pine-Ridge-Agentur unbenannt. Das neue Reservat umfaßte mehrere Millionen Hektar hügeliges Farmland und windgepeitschte Prärie und befand sich in der abgelegenen südwestlichen Ecke des späteren Bundesstaates Süddakota. Genau hier hatten die Oglala Sioux etwas mehr als zwei Jahre zuvor Custer und fünf Kompanien Kavallerie zur Strecke gebracht. Und nun sollten 6000 von ihnen sich an diesem Ort niederlassen, ihre alte Lebensweise aufgeben und bereitwillig eine neue annehmen. An genau diesem Ort hoffte die Regierung, aus einem Volk barbarischer und nomadischer Krieger ein Volk friedvoller, arbeitsamer und christlicher Bauern formen zu können.
Schon fast fünfzig Jahre zuvor hatten die Vereinigten Staaten ihre Pläne bezüglich der Ureinwohner ihres Landes kundgegeben: Am 3. Dezember 1833 legte Präsident Andrew Jackson in seiner ›Fünften Jahresrede an den Kongreß‹ die Lösung vor, die der Regierung für das Indianerproblem vorschwebte. Jackson, ein früher, sehr redegewandter Befürworter des Reservatwesens, gab bekannt:
»Der Lauf der Ereignisse über mehrere Jahre hinweg hat mich in meiner ursprünglichen Meinung zu diesem Problem bestätigt, und jeden Tag werde ich mehr darin bestärkt. Es steht fest, daß jene Stämme nicht in enger Nachbarschaft mit unseren Siedlungen und in ständigem Kontakt mit unseren Bürgern leben können. Sie besitzen weder genügend Intelligenz noch Fleiß, noch eine moralische Denkweise oder das Bestreben, sich zu bessern, also die Eigenschaften, die sie benötigten, um ihrem Leben eine vorteilhafte Wendung geben zu können. Wenn sie inmitten einer anderen, ihnen überlegenen Rasse leben, ohne die Gründe für ihre Unterlegenheit einzusehen oder diese unter Kontrolle bringen zu wollen, werden sie Opfer ihrer neuen Lebensumstände werden und über kurz oder lang zugrunde gehen. Das ist seit jeher ihr Schicksal. Wenn es ihnen aber erspart werden soll, und das sollte es, so kann das nur geschehen, indem wir sie aus unse-

rem Lebensraum entfernen und ihre politische Struktur entsprechend den neuen Verhältnissen, die sie vorfinden werden, abwandeln …«[2]

Laut diesem Plan sollten die Indianer gewaltsam in öde Landstriche verbannt werden, so weit wie möglich entfernt von den Siedlungen der Weißen. Dort könnte dann das Experiment beginnen. Der Kongreß sollte genügend finanzielle Mittel zur Verfügung stellen, um für Essen, Kleidung, Medikamente, Unterbringung und eine gewisse Grundausstattung zu sorgen. Auch sollten damit Regierungsagenten bezahlt werden, die den Zivilisierungsprozeß der Wilden beaufsichtigen würden. Die Agenten sollten durch Kirchen, Missionsstationen und Schulen unterstützt werden.

Nach Jackson ließ sich das Ziel des neuen Reservatswesens sehr einfach umreißen: Nimm den unterlegenen roten Mann, isoliere ihn von den Weißen und kremple ihn nach deren Vorstellungen um. Diese Philosophie herrschte auch während der restlichen Jahre des 19. Jahrhunderts vor, und ihr Einfluß reichte noch weit ins 20. Jahrhundert hinein.

Als in den achtziger Jahren das Reservatwesen auf den nördlichen Ebenen Amerikas zur festen Institution wurde, traten eine Reihe ernsthafter Probleme zutage. Das vielleicht größte Problem wurde von Sitting Bull folgendermaßen beschrieben:

»Welcher weiße Mann kann von mir behaupten, ich hätte ihm je sein Land oder sein Geld gestohlen? Dennoch behaupten die Weißen, ich sei ein Dieb. Welche weiße Frau, auch wenn sie alleinstehend war, wurde je von mir ihrer Freiheit beraubt oder von mir beleidigt? Dennoch behaupten sie, ich sei ein schlechter Indianer. Welcher Weiße hat mich je betrunken gesehen? Habe ich je einen Hungrigen fortgeschickt, ohne ihm Essen gegeben zu haben? Wer hat je gesehen, daß ich meine Frauen geschlagen oder meine Kinder mißbraucht hätte? Welches Gesetz habe ich gebrochen? Ist es falsch von mir, wenn ich mein Eigentum liebe? Bin ich böse, nur weil meine Haut rot ist? Weil ich ein Sioux bin? Weil ich dort geboren bin, wo mein Vater lebte? Weil ich für mein Volk und mein Heimatland sterben würde?«[3]

Wie viele seiner Stammesgenossen sah Sitting Bull sich und sein Volk in einem anderen Licht, als die Regierung es tat. Er und viele andere zogen ihre alte Lebensweise, ihren eigenen Glauben, ihre eigenen Werte und Bräuche allem anderen vor. Sie wollten keine Weißen, Christen oder Bauern werden. Sie wollten Lakota bleiben.

Am 10. März 1879 traf der erste, den Oglala Sioux in ihrer neuen Heimat zugewiesene Regierungsagent in Pine Ridge ein. Er hieß Valentine T. McGillycuddy. Hart, effizient, gewissenhaft, energiegeladen und mit eisernem Willen ausgestattet, schien McGillycuddy ausgezeichnet geeignet, die Oglala auf den rechten Weg, den Weg des weißen Mannes, zu bringen. Im Vergleich zu anderen Angestellten war er unbestechlich, und – was sich als ebenso wichtig erwies – er war den Oglala kein Unbekannter. Er hatte sich bei der Armee als Militärarzt verpflichtet und war dabeigewesen, als General George Crook gegen die Stämme der nördlichen Ebenen zu Felde gezogen war. Damals behandelte er die Soldaten, die in den verschiedenen heftigen Auseinandersetzungen mit den Sioux und ihren Verbündeten verwundet worden waren. Als die Oglala in ein Reservat am White River gebracht wurden, das nur wenige Kilometer von Fort Robinson entfernt lag, lebte er als Militärarzt des Stützpunktes mitten unter ihnen. In der Nacht des 5. September 1877 wurde Dr. McGillycuddy zum Büro eines Adjutanten gerufen, um einen Oglala zu behandeln, der bei einem Handgemenge am Wachhäuschen verletzt worden war.
Als er eintraf, lag Crazy Horse auf dem Boden des abgedunkelten Büros. Sein greiser Vater und Touch the Cloud, ein Häuptling der Miniconjou Sioux, knieten an seiner Seite. Er war in eine Decke gehüllt und blutete schwer; eine seiner Nieren war durch einen Bajonettstich verletzt worden. Kurz nachdem McGillycuddy in den Raum getreten war, blies ein Trompeter der Armee draußen auf dem Exerzierplatz den Zapfenstreich. Als der Kriegshäuptling der Lakota das hörte, »versuchte er sich aufzurichten. Und dann war von seinen Lippen sein altbekannter Schlachtruf zu vernehmen: ›Dies ist ein guter Tag, um zu kämpfen, und ein guter Tag, um zu sterben …‹ Danach versagte seine Stimme …« Touch the Cloud beugte sich nach unten und bedeckte das Gesicht seines Freundes mit der Decke. »Der Häuptling ist in die ewigen Jagdgründe eingegangen«, sagte er.

»Ich hielt ihn für den besten Führer seines Volkes in der neueren Zeit«, sagte McGillycuddy Jahre später. »Für ihn kam zuallererst die Liebe zu seinem Vaterland und zu seinem Volk. Er war ein bescheidener, furchtloser und geheimnisvoller Mann, er glaubte an das Schicksal, und er war ein Einzelgänger. Die jungen Krieger bewunderten und verehrten ihn und folgten ihm bedingungslos überallhin.«[4]

Nachdem sich Crazy Horse General Crook in Fort Robinson ergeben hatte, soll Red Cloud immer eifersüchtiger auf den Kriegshäuptling geworden sein. Er fürchtete, die Regierung könne Crazy Horse als Häuptling aller Sioux einsetzen. Um das zu verhindern, hinterbrachten er und einige andere Sioux, die im Dienst der Agentur standen, General Crook, daß Crazy Horse planen würde, ihn umzubringen und wieder auf den Kriegspfad zu gehen. Diese Gerüchte führten dazu, daß Crazy Horse festgenommen wurde und daß man versuchte, ihn ins Gefängnis zu stecken. Letztendlich führten sie auch zu seinem Tod.

Als McGillycuddy achtzehn Monate nach diesem Vorfall in Pine Ridge eintraf, um sich seiner neuen Aufgabe als Agenturleiter zu widmen, fand er Red Cloud als Häuptling der 6000 über ihr neues Heimatland verstreuten Oglala vor. Red Cloud war nicht durch Erbrecht zum Häuptling ernannt worden, sondern hatte sich diese Position erarbeitet, indem er sein Können und seine Tapferkeit in Schlachten unter Beweis gestellt hatte. Unter den Indianerhäuptlingen seiner Epoche war er als kluger Diplomat, hervorragender Kämpfer und versierter Politiker einzigartig. Mit großer Zähigkeit hielt er an seiner Position fest. Agent McGillycuddy, der beauftragt war, die alten Lebensweisen der Oglala zu unterminieren und eine neue, zivilisierte Ära einzuleiten, vertrat seine Position mit ebensolcher Zähigkeit. In den folgenden sieben Jahren standen sich McGillycuddy und Red Cloud als erbitterte Kontrahenten in einem Machtkampf gegenüber, der nicht nur das Leben von George Dull Knife und das seiner Kinder und Kindeskinder beeinflussen sollte, sondern auch das aller anderen Oglala-Familien im Pine-Ridge-Reservat.

Kurz nachdem McGillycuddy seine Arbeit aufgenommen hatte, war es eine seiner ersten Amtshandlungen, im Reservat eine Polizeieinheit ins Leben zu rufen. Im August 1879 bestand sie bereits aus fünfzig

Mann – alle waren Indianer, besaßen militärischen Rang, alle waren ausgerüstet und mit neuen Springfield-Gewehren oder mit Sharps-Armeekarabinern bewaffnet. Diese Waffen waren der Agentur von Generalleutnant Philip Sheridan persönlich überbracht worden. Die Einheit unterstand Captain George Sword. Jeder in der Truppe verdiente fünf Dollar pro Monat und hatte sich verpflichtet, innerhalb der Grenzen des Reservats für die Wahrung der bürgerlichen Rechte und der Strafgesetze einzutreten. Red Cloud und andere Häuptlinge des Stammes wandten sich entschieden gegen die Indianerpolizei.

Soweit sie sich zurückerinnern konnten, hatten sich die Lakota immer selbst verwaltet. Mit der Zeit hatte sich ein wohldurchdachtes Gesellschaftssystem entwickelt, in dem zahlreiche Kriegergesellschaften miteinander um die Ehre konkurrierten, innerhalb des Stammes für Recht und Ordnung zu sorgen. Die *Akicitas*, wie sie die Eliteeinheiten nannten, wurden von den Häuptlingen in der Regel für die Dauer einer Jahreszeit eingesetzt. Immer waren sie es, an die sich das Volk wandte, wenn für Disziplin, Ordnung und Bestrafung zu sorgen war. Die Akicitas sorgten für Ordnung, wenn das Lager verlegt wurde, bei gemeinschaftlichen Büffeljagden, wenn Kriegstruppen zusammengestellt wurden, bei großen Feierlichkeiten und in Krisenzeiten.[5]

Für Red Cloud und die anderen Häuptlinge war es undenkbar, daß Krieger der Lakota nun die Uniform der Regierungstruppen trugen, aus Gewehren schossen, die der Regierung gehörten, und für eine Aufgabe von der Regierung bezahlt wurden, die die Akicitas immer um der Ehre willen und zum Wohle des Stammes übernommen hatten.

Agent McGillycuddy aber glaubte fest an die Idee einer nur aus Indianern bestehenden Polizeieinheit. Er sah darin ein unverzichtbares Werkzeug, um Red Clouds Macht und seinen Einfluß auf die Oglala zu unterminieren, die alte Lebensweise der Oglala zu zerstören und die beabsichtigten Veränderungen zu beschleunigen. Die neue Polizeieinheit war für ihn von entscheidender Bedeutung. »Aufgrund der geographischen Lage des Reservats, das sich in unmittelbarer Nähe stetig wachsender weißer Siedlungen befindet«, schrieb er an seine Vorgesetzten, »wäre es nur schwer durchführbar, ja nahezu unmöglich, das Reservat ohne diese Einheit zu verwalten. Sie vertritt Recht und Ordnung. Die Polizisten, uniformiert, diszipliniert, stellen für ihre Stammesbrüder das beste und zweckmäßigste Vorbild dar, dem sie nacheifern können. Was sie übrigens auch tun, wie man an der raschen Verbreitung unserer Kleidung und anderer Dinge erkennen kann.«[6]

Der Regierungsagent sah noch einen weiteren Vorteil darin, eine nur aus Indianern bestehende Polizeitruppe einzusetzen. Er sah in ihr die Möglichkeit, die Spuren der Bevormundung durch die Weißen zu verwischen, eine Möglichkeit, den Glauben der Oglala Sioux an und ihr Vertrauen in die Weißen zu stärken. Und so schrieb McGillycuddy an seine Vorgesetzten: »Zugegebenermaßen ist der Indianer in vielerlei Hinsicht roh und ungeschliffen und befindet sich auf einer niedrigen Entwicklungsstufe. Dennoch verfügt er über die Fähigkeit zu denken und in begrenztem Maße auch über ein Gewissen. Somit wäre es in der Tat befremdlich, wenn er das Vertrauen nicht zu schätzen wüßte, das wir in ihn setzten, als wir die Kontroll- und Verfügungsgewalt in die Hände einer Indianerpolizei und damit in seine Hände legten und zudem sämtliche weiße Soldaten aus der Umgebung der Agentur abzogen, die ihn ständig daran zu erinnern schienen, daß der Große Vater und sein Vertreter, der Regierungsagent, befürchten, ihm, dem Indianer, nicht trauen zu können.«[7]

McGillycuddy war vollkommen davon überzeugt, daß der Prozeß der Zivilisierung nur dann ungehindert vorankäme, wenn alle Spuren indianischer Vergangenheit rasch und endgültig beseitigt würden: Das Häuptlingssystem sollte abgeschafft, die Jagd und das Nomadenleben, die Sprache und die Bräuche unterbunden werden. Die traditionelle Kleidung und die religiösen Riten sollten verboten werden. Wer zuwiderhandelte, sollte inhaftiert werden und, falls nötig, seine Essensrationen gestrichen bekommen. Zu guter Letzt führte McGillycuddy 5600 Rinder, 300 Mulis und 200 Schweine in das Reservat ein und überwachte, wie 900 Hektar Brache in Ackerland umgewandelt und 700 neue Blockhütten gebaut wurden.

McGillycuddy war ein sorgfältiger Chronist. Er besaß einen chirurgischen Blick für Details und zudem einen ungewöhnlichen Arbeitseifer. 1879 schrieb er in seinem Jahresbericht für Washington, welchen Problemen er sich im Pine-Ridge-Reservat anfänglich gegenübergestellt sah:

»Ortsverbundenheit und Heimatliebe finden sich bei den Wilden

Amerikas in vielleicht noch stärkerer Weise ausgeprägt als bei den Weißen ... Die Redensart, daß ein unsteter Mensch es zu nichts bringen kann, traf ausgezeichnet auf den Indianer zu. Es verwundert überhaupt nicht, daß der ›ungebildete Wilde‹, der ursprünglich keine Tücke kannte, mißtrauisch geworden ist und heutzutage allen Anstrengungen der Regierung, ihm unter die Arme zu greifen, zunächst einmal mit Mißtrauen begegnet. Die schlimmen Erfahrungen, die er in der Vergangenheit mit dem weißen Mann machen mußte, waren ihm eine Lehre ...«[8]

»Man kann nicht genug Wert darauf legen, daß sie in festen Häusern untergebracht werden, da das Leben in den leicht zu transportierenden Tipis ihrer Veranlagung zum Nomadentum entgegenkommt und sie davon abhält, seßhaft zu werden ...«[9]

»Wenn wir wollen, daß sie weiterhin als Wilde leben und wir sie solange mit Essen versorgen, bis sie schließlich aussterben, dann halte ich das Stammeswesen dafür am besten geeignet. Dennoch ... wird jedem, der sich mit der Sache beschäftigt, klar werden, daß man die ihren Stämmen voranstehenden Häuptlinge bald ihrer Funktionen entheben muß.«[10]

In späteren Berichten hieß es weiter:

»Es ist reine Zeitvergeudung, dem durchschnittlichen erwachsenen Indianer die Lebensweise der Weißen beibringen zu wollen. Man kann ihn höchstens zähmen, und das ist auch schon alles.«[11]

»Wie bei anderen Wilden auch hat der Medizinmann bei den Indianern Amerikas sowohl die Funktion des Arztes als auch die des Priesters und die des Propheten inne. Insbesondere aber ist er das personifizierte Barbarentum schlechthin: Sein Einfluß auf die abergläubische Anhängerschaft macht ihn zum größten Hindernis auf dem Weg in die Zivilisation. Deshalb sollten weder Mittel noch Anstrengungen gescheut werden, seinen Einfluß und ihn selbst in seiner besonderen Machtposition zu zerstören.«[12]

»Insgesamt betrachtet geben die Indianer ihre eigenartigen Bräuche sehr rasch auf. Sie lassen von ihren Tänzen ab, und die alljährlich stattfindende heidnische Zeremonie, die man ›Sonnentanz‹ nennt, wird, glaube ich, bald der Vergangenheit angehören, da sie langsam an Boden verliert. Bezeichnenderweise tragen bei den Tänzen immer mehr Indianer zivilisierte Kleidung.«[13]

»Sie übernehmen sehr schnell die Lebensweise der Weißen, deren Art sich zu kleiden, zu kochen und anderes mehr. Auch geben sie ihr Geld jetzt für sinnvollere Dinge wie gefederte Wagen, Möbel, etc. statt für Perlen und anderen Plunder aus.«[14]

Im November 1879, am Ende des ersten Dienstjahres von McGillycuddy, erhielten Häuptling Dull Knife und 120 Nordcheyenne die Erlaubnis, das Pine-Ridge-Reservat zu verlassen und in ihr Heimatland in Montana zu ziehen. »Diese Leute gehörten zu den Cheyenne, die im Jahre 1878 das Indianerterritorium verlassen hatten und zusammen mit Dull Knife dem Massaker in Fort Robinson im Jahr 1879 entkommen waren«, schrieb McGillycuddy. »Diese Indianer machten uns ständig Ärger, da sie die ganze Zeit über den Verlust ihrer Verwandten beklagten, die bei der Flucht ums Leben gekommen waren ..., und ich stimmte nur allzugern zu, als es darum ging, ... diese Gruppe nach Fort Keogh in Montana zu verlegen.«[15]

Der Regierungsagent war überzeugt davon, daß der Abzug der Cheyenne in den letzten Novembertagen das Ende eines turbulenten Jahrzehnts und den Beginn einer vielversprechenden neuen Ära kennzeichnen würde. Es gab jetzt immer weniger Tipis, dafür aber mehr und mehr Blockhäuser. In den Flußtälern wurden Mais und Kartoffeln angebaut, in Schulen und Missionsstationen wurden Herz und Verstand der Kinder geschult. Die heidnischen Tänze waren ebenso verschwunden wie die traditionelle Kleidung, die meisten Riten und Gebräuche. Alles in allem war ein solides Fundament gelegt und eine kritische Phase überwunden worden. Am Ende des Jahres war der neue Indianeragent der Oglala Sioux bester Laune und ausgesprochen optimistisch gestimmt. Er war voller Zuversicht, daß das Reservatwesen funktionierte und daß die Saat der Veränderungen bald Früchte tragen würde. Der seinen Traditionen verhaftete Indianer von einst war im Aussterben begriffen. Es war jetzt unwahrscheinlicher als je zuvor, daß er wieder in die alten Gewohnheiten zurückfallen würde. Statt dessen würde nach den Vorstellungen des weißen Mannes ein neuer Indianer hervorgebracht werden.

In seinem ersten Jahresbericht an den Kommissar für Indianerfragen zog McGillycuddy den Schluß: »Die Aussichten der Oglala sind unter dem von der Verwaltung eingeführten System äußerst vielversprechend. Auch ist es nicht übertrieben zu sagen, daß sich dieses Volk im

Laufe des letzten Jahres rascher weiterentwickelt hat als innerhalb irgendeines Jahrzehnts seiner Vergangenheit.«[16]

Die Familie George Dull Knifes, die Leute aus dem Yellow-Bear-Lager und viele andere Lakota, die in den achtziger Jahren über das dünne Grasland Dakotas verstreut lebten, teilten die Ansicht des Regierungsagenten über das Leben in Pine Ridge allerdings nicht. Als die traditionsbewußten Oglala ihr neues Zuhause durchstreiften, wurde ihnen klar, daß ihre althergebrachte Lebensweise von allen Seiten her unterbunden wurde. Seit vielen Generationen zählten sie zu den eigenständigsten Völkern auf dieser Erde. Alles, was sie zum Leben benötigten, hatten ihnen das Land, durch das sie ungehindert ziehen konnten, und das Wild, das in diesem Land lebte, geliefert. »Ich möchte nicht in einem Pferch eingesperrt leben«, sagte Sitting Bull. »Es tut jungen Männern nicht gut, ihr Essen von der Regierung zu erhalten. Das macht sie faul, und sie verfallen dem Alkohol. Sämtliche in von Agenturen kontrollierten Reservaten lebende Indianer, die ich zu Gesicht bekommen habe, taugen nichts. Sie sind weder rote Krieger noch weiße Bauern.«[17]

Innerhalb weniger Jahre – die Häuptlinge hatten inzwischen eine Reihe komplizierter Verträge unterzeichnet, deren Tragweite ihnen meist sehr viel später bewußt wurde – sahen sich die Lakota in völliger Abhängigkeit von den Zuteilungen der Regierung, Zuteilungen, die nötig waren, eine neue Form der Lebensführung aufrechtzuerhalten, die sie weder verstanden noch voll akzeptiert hatten. In den Verträgen wurde ihnen zwar Frieden zugesichert, dafür gerieten sie aber in die Abhängigkeit des weißen Mannes. Während die Verträge einerseits den Weißen den Westen für die Besiedlung öffneten, schufen sie andererseits eine ganze Kette von Indianerreservaten, die sich zu den ersten Wohlfahrtsstaaten Amerikas entwickeln sollten.

Die während der achtziger Jahre in diesen Wohlfahrtsstaaten lebenden Lakota wurden von einem überwältigenden Gefühl der Hoffnungslosigkeit heimgesucht. Mit jedem Jahr wuchsen ihr Kummer und das Gefühl der Sinnlosigkeit, und die Hoffnung sank.

Im Jahre 1881 mußten sie mit ansehen, wie ihre Kinder in sechs in

der Prärie Dakotas verstreut liegenden Agenturschulen verschwanden. In diesen Schulen wurde den Jungen zuerst das lange Haar abgeschnitten, das bei den Sioux ein traditionelles Symbol für Männlichkeit war. Als die entsetzten Eltern daraufhin ihre verstörten Kinder aus den Schulen herauszerrten, ließ man sie hungern, um sie gefügig zu machen. In den Verträgen war festgelegt worden, daß alle Kinder der Lakota im Alter zwischen sechs und vierzehn Jahren regelmäßig die Schule besuchen mußten. Denen, die sich nicht danach richteten, wurden die Essenszuteilungen gesperrt. Die ersten Schulen im Pine-Ridge-Reservat waren nicht der Regierung, sondern der Kirche unterstellt. Schon Jahre zuvor hatte Präsident Ulysses Grant die Kirchen Amerikas angewiesen, die Indianer zu schulen. Jedes Reservat wurde einer anderen Kirche zugeteilt. Anfänglich war die Episkopalkirche für die meisten Lakota zuständig, später auch die katholische und dann die presbyterianische Kirche.
1882 hatten die verheerenden Auswirkungen illegal gebrannten Whiskeys, der von den umliegenden Farmen in das Reservat geschmuggelt wurde, ein alarmierendes Ausmaß erreicht. Da es den Weißen untersagt war, Alkohol ins Reservat einzuführen, bauten sie direkt neben der Grenze zu Nebraska und ungefähr drei Kilometer vom Reservat entfernt einen für alle zugänglichen Tanzsaal und eine Farm, auf der sie Whiskey brannten. Die Lakota, die beobachtet hatten, daß Priester während der Messe Wein tranken, nannten den starken Alkohol *mini wakan*, ›heiliges Wasser‹. Um zu unterbinden, daß weiterhin Whiskey ins Reservat einfloß, wurde per Erlaß vom 24. Januar 1882 angeordnet, daß entlang der Grenze zu Nebraska eine Pufferzone von 8 mal 16 Kilometer eingerichtet werden sollte.
Am 10. April 1883 setzte die Regierung ein Bundesgesetz in Kraft, das die Sprache, die Kultur und die Religion der Lakota verbot. In jenem Sommer nahmen etwa 15 000 Lakota an der letzten öffentlichen in Pine Ridge abgehaltenen Sonnentanz-Zeremonie teil. Danach war sie fast ein Jahrhundert lang verboten, und ihre Anhänger waren gezwungen, ihre heiligste religiöse Zeremonie im verborgenen abzuhalten. Sie praktizierten sie fortan in abgelegenen Hügeln und Tälern des ausgedehnten Reservatsgeländes. McGillycuddy vermerkte das Verschwinden dieser Zeremonie in seinem Jahresbericht: »Außerdem haben sie große Fortschritte gemacht und ihre alten Bräuche, bemer-

kenswerterweise auch den Sonnentanz, abgeschafft. In diesem Jahr wurde er zum ersten Mal in der Geschichte der Oglala Sioux und der Nordcheyenne nicht abgehalten. Die Abschaffung dieser barbarischen und demoralisierenden Zeremonie, die bewiesenermaßen jedem Zivilisationsprozeß und Fortschritt entgegenarbeitet, ist ein gutes und vielversprechendes Zeichen für die Weiterentwicklung der Indianer, so wie wir sie uns vorstellen …«[18]
Im Jahr 1884 half McGillycuddy mit, einen ›Gerichtshof für Verstöße der Indianer‹ einzurichten. Damit wollte er die Ausrottung des Sonnentanzes und aller anderen dem Fortschritt hinderlichen Bräuche sicherstellen. Das Gericht bestand aus drei indianischen Richtern, »die von einwandfreiem Charakter, integer und intelligent« waren und die der Indianeragent des Reservats selbst ausgesucht hatte. Das dreiköpfige indianische Tribunal saß über andere Lakota zu Gericht, die der Verletzung verschiedener Regeln, die ›Verstöße der Indianer‹ genannt wurden, angeklagt wurden. Zu den Regeln, von denen viele bis ins 20. Jahrhundert hinein in den Gesetzbüchern festgeschrieben waren, gehörten auch die folgenden:

Regel 4: Der Sonnentanz, alle ähnlichen Tänze und die sogenannten religiösen Zeremonien werden als ›Verstöße der Indianer‹ gewertet. Jeder Indianer, der sich der Ausübung einer oder mehrerer solcher Zeremonien schuldig macht, soll für das erste begangene Vergehen bestraft werden, indem er bis zu zehn Tage lang keine Essenszuteilung erhält. Für jedes weitere Vergehen soll seine Essensration für nicht weniger als fünfzehn bis höchstens dreißig Tage ausgesetzt werden, oder er soll für eine Zeitspanne von höchstens dreißig Tagen im Gefängnis der Agentur festgehalten werden.

Regel 6: Die Praktiken der sogenannten ›Medizinmänner‹ sollen ebenfalls als ›Verstöße der Indianer‹ gewertet werden. Wann immer dem Gericht genügend Beweise dafür vorliegen, daß der Einfluß eines sogenannten ›Medizinmannes‹ sich auf den Prozeß der Zivilisierung eines Stammes hinderlich auswirkt oder daß besagter ›Medizinmann‹ sich durch irgendeine List entzieht … oder daß er irgendeine Zauberkunst anwendet, die die Indianer davon abbringt, von ihren heidnischen Riten und Gebräuchen abzulassen, dann soll er eines ›Verstoßes der Indianer‹ schuldig gesprochen werden. Wenn er einer oder mehrerer solcher oder an-

derer Verstöße, die das Gericht als ähnlich hinderlich für den Fortschritt erachtet, überführt wird, soll er im Gefängnis der Agentur für eine Zeitspanne von nicht weniger als zehn Tagen in Verwahrung genommen werden …[19]

Eine Zeitlang waren nicht genügend finanzielle Mittel vorhanden, um Richter anstellen zu können. Daher fiel drei älteren Mitgliedern der unterbezahlten Indianerpolizei die Aufgabe zu, die neuen Regeln der Agentur durchzusetzen. Leutnant Standing Soldier erklärte dem Reservatsagenten McGillycuddy, welches Dilemma sich daraus ergab: »Vater, wir haben der Regierung und unserem Volk fünf Jahre lang treu gedient. Indem wir Leben und Eigentum schützten und die Lebensweise der Weißen annahmen, haben wir unser Leben riskiert und uns die Feindschaft vieler unserer Stammesbrüder zugezogen. Für diesen Dienst erhalten wir als bevollmächtigte Offiziere der Polizei nicht mehr als acht Dollar im Monat und stellen zudem unser eigenes Pferd zur Verfügung. Ein weißer Soldat hingegen verdient als Angestellter fünfzehn Dollar im Monat und bekommt zusätzlich ein Pferd gestellt. Wenn wir nun über unsere eigenen Leute zu Gericht sitzen und sie, falls nötig, bestrafen, so setzen wir unser Leben noch stärker aufs Spiel als zuvor und werden in zunehmendem Maße Feindseligkeiten ausgesetzt sein, ohne dafür zusätzlich entschädigt zu werden. Außerdem glauben wir, daß es nicht guttut, wenn dieselbe Person, die als Richter fungiert, auch als Polizist eingesetzt wird und die Bestrafungen ausführt. Man hat mir gesagt, daß die Weißen ihre Rechtsprechung anders handhaben. Wir sind immer noch bereit, als Polizisten zu arbeiten, und hoffen inständig, der Große Vater möge uns irgendwann für unsere Dienste besser entlohnen.«[20]

Ausgelöst durch eine Reihe lähmender Rückschläge, die die folgenden fünf Jahre für die Lakota noch schlimmer werden ließen als die vorangegangenen, schwanden Mitte der achtziger Jahre selbst McGillycuddys gewohnte Energie und unverwüstlicher Optimismus dahin.

Jahrelang hatten sich Zirkusdirektoren, Veranstalter von Wild West Shows und unseriöse Schausteller in Pine Ridge nach Indianern umgesehen, die sie dann als besondere Attraktion in ihren Veranstaltungen vorführten. Bis zum Jahr 1889 waren schließlich mehr als zwei-

hundert junge Männer verschwunden. Einige von ihnen hatten die Erlaubnis erhalten, das Reservat zu verlassen, andere aber wurden gewissermaßen von Kopfgeldjägern weggelockt oder von Mittelsmännern gekidnappt, die sie dann meist zum Bahnhof von Rushville in Nebraska brachten, von wo aus sie in den Osten deportiert und für eine Kopfprämie an Zirkusunternehmen verkauft wurden. Diese Praktiken erreichten gegen Ende der achtziger Jahre ihren Höhepunkt und hatten zur Folge, daß sich unter den Lakota großer Unmut und schlimmes Elend ausbreiteten. Familien, denen man die wohlgestalteten Söhne geraubt hatte, kamen nur schwer über die Runden. Und auch die Männer selbst kehrten häufig entmutigt und erschöpft nach Hause zurück. Wenn die Indianer für die Shows nicht mehr benötigt wurden, setzte man sie einfach vor die Tür. Von da an mußten sie sich allein nach Hause durchschlagen. Im Frühling 1889 gingen zweiundsiebzig junge Männer mit Buffalo Bill Codys Wild West Show nach Europa. »Fünf von ihnen starben unter Fremden in einem fremden Land, sieben wurden nach Hause geschickt, da sie aufgrund ihres schlechten Gesundheitszustandes nicht mehr für tauglich befunden wurden«, berichtete der Agent in Pine Ridge damals.
»Vor ein paar Monaten hat man einen dieser jungen Männer in Rushville in Nebraska sterbenskrank vom Wagen heruntergeholt«, schrieb der Beauftragte. »Die Stadtverwaltung fragte, was mit ihm geschehen solle, da er kein Geld bei sich hätte und man ihn nicht zum Reservat transportieren könne, bevor sich sein Zustand nicht gebessert hätte. Ich bat sie, ihm die bestmögliche Pflege angedeihen zu lassen. Ich würde finanzielle Mittel auftreiben und ihnen all ihre Auslagen ersetzen. Einige Tage später bat der junge Mann, man möge ihn nach Hause bringen, damit er dort sterben könne. Also machten sie sich mit ihm auf den Weg. Er aber starb, noch bevor sie die Hälfte der vierzig Kilometer zurückgelegt hatten. Die Auslagen für die Pflege in Rushville, etwa fünfzehn Dollar, übernahmen seine Freunde. Das ist beileibe kein Einzelfall. Würde man über die Zeitdauer eines Jahres hinweg das Leid, die Enttäuschungen und die Todesfälle all der jungen Indianer, die mit Shows umherziehen, aufzählen, so könnte man ein ganzes Buch damit füllen.«[21]
Für diejenigen, die zu Hause zurückblieben, war das Leben meist nicht weniger hart. Viel zu rasch mußten sie sich den ihnen aufge-

zwungenen Veränderungen anpassen. Viel zu zahlreich und überwältigend brachen diese Veränderungen über sie herein. Da die Lakota von Kindesbeinen an nur das Fleisch wilder Tiere verzehrt hatten, konnten sie sich nicht an den Geschmack von Rindfleisch gewöhnen. Sie ekelten sich vor dem Fleisch des ›gefleckten Büffels‹, empfanden seine Konsistenz und seinen Geruch als widerlich. Außerdem gab es zu selten Fleisch, als daß sie sich allmählich damit hätten anfreunden können. Auch wußten die Frauen der Lakota zunächst nicht, was Mehl war und was man damit anfangen konnte. Das Mehl, das in Säcken zu je fünfzig Kilo pro sechs Leute ausgeliefert wurde, schütteten sie manchmal einfach auf den Boden, um aus den Säcken Kleider für die Kinder zu nähen. Kaffee kam in Form von Bohnen an, aber es gab keine Kaffeemühlen. Schließlich zerstießen die Frauen die Bohnen mit Steinen und kochten eine starke Brühe, die sie *pejuta sapa*, ›schwarze Medizin‹, nannten. Die Versorgung mit Nahrungsmitteln bereitete ständig Probleme. Von Anfang an hatte die Regierung gehofft, man könne aus den Lakota Selbstversorger machen, indem man ihnen vor allem die Landwirtschaft näherbrachte, indem man ihnen zeigte, wie sie den Boden pflügen und auf ihrem eigenen Land Feldfrüchte anbauen könnten. Geraume Zeit lang versuchten sich auch einige der Lakota-Männer darin. Ihre Bemühungen aber schlugen fehl, da sie gegen Dürren anzukämpfen hatten, gegen brüllend heiße Sommerwinde, wüstenhaft trockenen Boden und Land, dem selbst der fähigste Bauer nur einen geringen Ertrag abringen konnte.
Ein all seiner Illusionen beraubter McGillycuddy schrieb an seine Vorgesetzten: »Erfahrene weiße Bauern haben versucht, den Boden in Nordnebraska zu bestellen. Sie alle verloren, was sie investiert hatten und ernteten letztendlich nicht genug, um davon neues Saatgut kaufen zu können. Ich wage zu behaupten, daß, würde man 7000 weiße Bauern in dieses Land bringen, ihnen Saatgut und landwirtschaftliches Gerät zur Verfügung stellen und ihnen ein Jahr lang Unterhalt zahlen, sie am Ende dieses Jahres Hungers sterben müßten, wenn sie gezwungen wären, sich von ihrer Ernte zu ernähren.«[22]
Das Land war zwar nicht fruchtbar, dafür aber in anderer Hinsicht von Wert. Daraus ergaben sich für die Lakota weitreichende Konsequenzen. Die Eisenbahn, die Farmen und die Ölindustrie trachteten nach dem Land der Indianer und übten in der zweiten Hälfte der acht-

ziger Jahre gemeinsam Druck auf den Kongreß aus, das ausgedehnte, in Dakota gelegene Reservat der Sioux drastisch zu verkleinern. Den Indianern sollten immer kleinere Gebiete zugeteilt und das übrigbleibende Land an weiße Farmer und Unternehmen verkauft werden. Derart von Bodenspekulanten und Industriemagnaten unter Druck gesetzt, bediente sich der Kongreß jenes Verfahrens, das er schon jahrelang erfolgreich angewandt hatte, und erstellte eine wahre Flut neuer Verträge, Gesetze, Vollmachten und Regierungserlässe.

Seit 1851 waren die Lakota mit der Regierung eine Reihe von Verträgen eingegangen, und jedesmal hatten sie dadurch noch mehr von ihrem Heimatland eingebüßt. Der Vertrag, den man 1868 in Fort Laramie geschlossen hatte und der von Häuptling Red Cloud und anderen Häuptlingen unterzeichnet worden war, hatte das große Reservat der Sioux ins Leben gerufen. Dieses riesige Gebiet mit einer Fläche von 111 370 Quadratkilometern sollte laut Gesetz ausschließlich den Indianern vorbehalten bleiben. Das Reservat umfaßte sämtliches Land westlich des Missouri, was ungefähr der Hälfte des heutigen Süddakota entspricht, und schloß das gesamte Gebiet der Black Hills ein. Der Vertrag verbot Weißen, das Reservat ohne Erlaubnis der Indianer zu betreten. Auch war der Verkauf von Land untersagt, sofern nicht drei Viertel aller erwachsenen männlichen Indianer diesem zustimmten.

Im Jahr 1874 drang ein von Custer geführter Armeetrupp unerlaubterweise in die Black Hills ein und bestätigte Berichte, denen zufolge sich auf dem Landbesitz der Indianer große Goldvorkommen befinden sollten. Bald setzten Minengesellschaften den Kongreß unter Druck und forderten, daß die heiligen Hügel der Lakota den Goldsuchern zugänglich gemacht werden sollten. Nachdem ein paar Versuche, die erforderlichen Unterschriften zusammenzubekommen, kläglich gescheitert waren, gab die Regierung bekannt, daß man alle Indianer, die sich dem Verkauf der Black Hills widersetzen sollten, zu Feinden der Regierung der Vereinigten Staaten erklären würde. Wer sich den Plänen der Regierung bis zum 31. Januar 1876 nicht unterworfen hätte, sollte von der Armee festgenommen werden. Nach der Schlacht am Little Bighorn, nach unbarmherzigen politischen und militärischen Kampagnen und Drohungen, die Zuteilungen von Nahrung, Kleidung und Material für Schutzhütten einzustellen, zwang das Militär Red Cloud und eine Anzahl anderer Häuptlinge im September 1876 schließlich dazu, die nötigen Papiere zu unterzeichnen. Am 28. Februar 1877 eignete sich die Regierung offiziell die Black Hills und 93 076 Quadratkilometer des umliegenden Landes an. Die Lakota hatten somit ihren heiligsten Ort verloren, sie hatten verloren, was ihr Volk ›den Mittelpunkt der Welt‹ nannte. Der Verlust der Black Hills hinterließ in ihrer physischen, kulturellen und geistigen Landschaft einen riesigen Krater. Diese bittere Erfahrung blieb auch die folgenden acht Generationen hindurch lebendig.

Zehn Jahre später, also im Jahr 1887, wollte die Regierung das, was vom großen Reservat der Sioux noch übriggeblieben war, in sechs kleinere Reservate aufteilen und im Zuge des Verfahrens den Landbesitz der Lakota von 87 383 Quadratkilometer auf 51 983 Quadratkilometer zusammenstreichen. Die verbleibenden 35 207 Quadratkilometer sollten auf dem freien Markt zum Preis von anderthalb Dollar pro Acre* veräußert werden und der Erlös in einen Fonds fließen, der für die Ausbildung der Lakota verwendet werden sollte. Diesem Plan zufolge würden jeder Lakota-Familie fünfundsechzig Hektar Land zugesprochen werden. Ein Lakota und seine Familie sollten dann für ihr Stück Land ganz allein verantwortlich sein. Beeinflußt durch den Senator von Massachusetts, Henry Dawes, glaubte die Regierung, daß das letzte Hindernis auf dem Weg der Lakota in die Zivilisation beseitigt wäre, wenn die Lakota ihren Widerstand gegenüber privatem Landbesitz aufgäben. Dawes schrieb: »Indianer sind frei von Eigennutz, der die wahre Ursache für die Zivilisation ist.«[23]

Aber die Lakota gingen auf keines der Angebote ein. Zwischen 1778 und 1871 hatte die US-Regierung 371 Verträge mit den Indianern unterzeichnet und ratifiziert, die alle entweder gebrochen oder annulliert worden waren. Im Jahre 1887 hatten die Häuptlinge Red Cloud, Little Wound, Young Man Afraid of his Horses und andere Häuptlinge der Lakota jedes Vertrauen in die Verhandlungen mit der Regierung verloren. Sie weigerten sich standhaft, irgendeinen Teil des ihnen noch verbliebenen Landes zu verkaufen, und wiesen ihre Leute an, es ihnen gleichzutun. Was die 65 Hektar Land betraf, die jeder Familie zugeteilt werden sollten, so war ihnen unverständlich, weshalb

* Ein Quadratkilometer entspricht 247 Acres. Anm. d. Übers.

ein einzelner Land für sich allein haben sollte. Das widersprach all ihren Vorstellungen. Besitz und Eigentum waren bislang immer eine Angelegenheit des Stammes gewesen und nicht des einzelnen.
Um den Widerstand der Lakota zu umgehen, hatten Regierungsbeauftragte anfänglich versucht, die Unterschriften von sechs- bis vierzehnjährigen Jungen zusammenzutragen. Mit diesem Winkelzug kamen sie vor dem Kongreß jedoch nicht durch. Nachdem sie mehrere Jahre lang vergeblich versucht hatten, die Lakota zu überreden, und zahlreiche erbitterte Debatten geführt worden waren, wandte sich die Regierung schließlich an George Crook. Nun überließ man es dem alternden General, die Lakota davon zu überzeugen, daß es zu ihrem Besten wäre, ihr Land zu verkaufen und dafür die Sicherheit langfristiger Zahlungen sowie Nahrungsmittellieferungen und einen großzügigen Anteil aus dem Erlös des Landverkaufs zu erhalten. Während der gesamten sich hinziehenden, hitzigen Diskussionen zwischen Crook und den Sioux tauchte immer wieder die Versorgung mit Nahrungsmitteln als strittiger Kernpunkt auf. Die Lakota, die miterlebt hatten, wie ein Vertrag nach dem anderen auf die unterschiedlichste Art und Weise verletzt worden war, glaubten fest daran, daß die Nahrungsmittelrationen erneut drastisch gekürzt werden würden, sobald sie den Vertrag unterzeichnet hätten. Crook mußte all sein diplomatisches Können, all sein Verhandlungsgeschick und sein Wissen über die Indianer anwenden, um sie vom Gegenteil zu überzeugen.
Nach wochenlangen Feierlichkeiten und harten Verhandlungen voller verwirrender juristischer Formulierungen – Wochen, in denen die Lakota von ihren Häuptlingen getrennt waren und sich in kleinen Gruppen beraten hatten – und nachdem der Stamm sich infolge erbitterter Auseinandersetzungen in ein fortschrittliches und ein konservatives Lager aufgespalten hatte, setzte sich schließlich der militärische Gegner der Lakota durch und erhielt so viele Unterschriften, wie nötig waren, damit der Kongreß den Verkauf des Landes für rechtmäßig erklären konnte.
Zwei Wochen nachdem Crook mit den Unterschriften in der Tasche abgereist war, wurden die Rindfleischlieferungen um etwa fünfhundert Tonnen gekürzt. Am 10. Februar 1890 gab Präsident Benjamin Harrison offiziell bekannt, daß die Lakota der Neuaufteilung des

Landes zugestimmt hätten und daß das überschüssige Land nun für weiße Siedler zugänglich sei. Der alternde Häuptling der Oglala, nun fast siebzig Jahre alt, halb blind und von schlechter, gesundheitlicher Verfassung, sprach in Pine Ridge aus, was viele seiner Stammesbrüder dachten. »Sie haben uns viele Versprechen gegeben. Ja die Zahl ihrer Versprechen ist so groß, daß ich mich nicht mehr an alle erinnere«, sagte Red Cloud. »Keines davon haben sie je eingehalten. Aber das Versprechen, uns unser Land wegzunehmen, das haben sie erfüllt.«[24]

Die achtziger Jahre waren vorüber, und für die Lakota hatte das erste Jahrzehnt im Reservat nur fortwährenden Kummer und schwelenden Groll gebracht, Gefühle, die ihren Vorfahren unbekannt waren. In jedem neuen Jahr kamen zu den Problemen des vergangenen weitere hinzu, an jedem Jahreswechsel keimte schwache Hoffnung. Manche glaubten, ihr Volk sei verflucht, und nannten als Beweis dafür die Abfolge von Unglück und Verderben, die während der ersten zehn Jahre im Pine-Ridge-Reservat über sie hereingebrochen war.

Als feststand, daß auf dem Land, das man ihnen in Dakota zugewiesen hatte, nichts angebaut werden konnte, versuchten sie es mit Viehzucht. Das neue Land bot gute Weidegründe, und eine Zeitlang waren einige Lakota als Viehzüchter auch erfolgreich. Dann aber fegte im Frühling 1888 eine Seuche, die man ›Schwarzes Bein‹ nannte, über die Herden hinweg und tötete das meiste Vieh. Nachdem sie sich wieder dem Anbau von Feldfrüchten zugewandt hatten, vernichteten zwei aufeinanderfolgende Dürreperioden seltenen Ausmaßes in den Jahren 1888 und 1889 die gesamte Maisernte und einen Großteil der Kartoffelernte. In den Wintern nach den beiden Dürreperioden wurden die meisten in Pine Ridge von schweren Epidemien wie Grippe, Masern und Keuchhusten heimgesucht. Für die Kranken, die über ein Gebiet von 180 mal 100 Kilometern verstreut lebten, gab es nur einen einzigen Arzt. Daher waren Krankheit und Tod in den neuen Blockhütten und den heruntergekommenen Tipis vieler Lakota-Familien zu Gast. Am Ende des Winters, im März 1890, mußten viele von ihnen hungern, da ihr Überleben völlig von den Nahrungszuteilungen der Regierung abhing. Und nun waren auch noch die Nahrungsra-

tionen gekürzt und ihnen ein großer Teil ihres Landes genommen worden.
Ungefähr zu dieser Zeit kehrte der heilige Mann der Lakota, Black Elk, nach Pine Ridge zurück. Er war drei Jahre lang fort gewesen, war zusammen mit Codys Wild West Show entlang der Ostküste und in Europa unterwegs gewesen. »Meine Stammesbrüder sahen erbärmlich aus«, sagte er viele Jahre später. »Es hatte eine schlimme Dürre gegeben, und die Flüsse und Bachläufe schienen ausgetrocknet. Nichts, was mein Volk angebaut hatte, gedieh. Darüber hinaus hatten die Wasichus noch weniger Rinder und andere Nahrung geschickt als zuvor ... Es hatte den Anschein, als sollten wir alle verhungern. Von Lügen konnten wir uns nicht ernähren. Und es gab nichts, was wir hätten unternehmen können.«[25]
Mittlerweile war die Schwermut, die über ganz Pine Ridge lag, auch für die Regierung ersichtlich.
In einem ausführlichen Bericht an den Sekretär des Innenministeriums schilderte der Kommissar für Indianerfragen, T. J. Morgan, die Situation der Lakota aus deren Sicht:
»Man kann das Ausmaß des Elends, das ihnen widerfuhr, kaum übertreiben. Was mit diesem Volk geschah, als plötzlich der Büffel verschwand und Hirsch und anderes Wild stark zurückgingen, ist unbeschreiblich. Ganz unerwartet und fast ohne Vorwarnung sollten sie, von einer Minute auf die andere und ohne es vorher erlernt zu haben, in einem Land seßhaft werden und Ackerbau betreiben, das für diese Zwecke größtenteils ungeeignet war. Die Freiheit der Jagd mußten sie gegen die Langeweile des Lagerlebens eintauschen. Ihr grenzenloses Land mußten sie für ein Reservat aufgeben, in dem sie durch Grenzen eingeengt wurden. Eine Fülle an Nahrungsmitteln mußten sie eintauschen gegen die limitierten und ständig abnehmenden Unterstützungen und Lieferungen der Regierung. Unter diesen Umständen ist es nur allzu menschlich, wenn sie unzufrieden und ruhelos, ja sogar aufrührerisch und gewalttätig werden.«[26]
Als sich das Jahrzehnt dem Ende zuneigte, ließen sowohl der Regierungsbeauftragte als auch der heilige Mann der Lakota ihren Blick über das Pine-Ridge-Reservat schweifen. Beide kamen zu demselben Schluß. Innerhalb weniger Jahre war aus den starken, unabhängigen, sich selbst versorgenden Lakota ein schwaches, in viele Gruppen zer-

splittertes, vollkommen in Abhängigkeit geratenes Volk geworden. Die Lakota hatten ihre Sonnentanz-Zeremonie verloren, viele andere Bräuche und fast ihre gesamte traditionelle Kleidung. Schulen und Kirchen hatten sie ihrer Kinder beraubt, deren Haar abgeschnitten, und nun waren die Weißen im Begriff, ihnen eine neue Sprache und einen neuen Lebensstil aufzudrängen. Trotz strenger Gesetze und einer Pufferzone gelangte schwarz gebrannter Whiskey ins Reservat. Ihre Stammesbrüder trugen die Polizeiuniform der Regierung und saßen zu Gericht über diejenigen, die ihre alte Lebensweise aufrechterhielten.

Mehr als ein Jahrhundert danach, an einem Nachmittag im Frühwinter, erzählte der alte Mann im hellen Licht des Pflegeheims in Colorado von dem Leben, das sein Vater in den ersten Tagen des Pine-Ridge-Reservates geführt hatte. George Dull Knife war damals noch ein kleiner Junge gewesen, der eng mit seiner Familie und anderen traditionsbewußten Lakota in der schroffen Hügellandschaft des abgeschiedenen Yellow-Bear-Lagers zusammengelebt hatte.

»Er hatte eine ganz besondere Art zu erzählen, wie es damals war. Er erzählte mir und meinen Geschwistern stets dieselbe Geschichte von den alten Zeiten, als er dachte, daß wir alt genug seien, um alles zu verstehen«, sagte der alte Mann. »Mein Vater erzählte uns, daß es so gewesen wäre, als sei unser Volk am Abend schlafen gegangen, und daß es, als es dann am Morgen erwachte, alles verändert vorgefunden hätte. Es erkannte nichts wieder und verstand nicht, wo es sich befand oder was man von ihm erwartete. Manche versuchten sich in der neuen Lebensweise, gaben aber schließlich auf. Andere wiederum machten keine solchen Anstrengungen. Alle waren verwirrt, und schließlich fürchteten sie sich. Woran er sich am deutlichsten erinnern könne, sagte er immer, sei, daß fast alle Hunger gelitten hatten und daß jeder Angst hatte.

Nachdem sie einige Zeit lang auf diese Weise gelebt hatten, nahmen sie ihre Tänze wieder auf. Sie fürchteten sich und glaubten, durch den Tanz könnten sie den Großen Geist dazu bewegen, das Elend von ihnen zu nehmen und ihrem Volk wieder ein besseres Leben zu bescheren.«

AUF DEM HÜGEL ÜBER DEM WOUNDED KNEE CREEK

Man schrieb den Frühling des Jahres 1890. In den Sommermonaten hatten sie wiederholt mit Dürren zu kämpfen gehabt, und in den Wintern waren sie von Krankheiten heimgesucht worden. Mittlerweile hatte man den Verkauf ihres Landbesitzes für rechtsgültig erklärt und die Fleischlieferungen erneut drastisch gekürzt. In jenem Frühling kehrte eine kleine Gruppe Oglala Sioux von einer Reise in das Pine-Ridge-Reservat zurück, die sie quer durch die Berge und Wüstengebiete im Westen der Vereinigten Staaten geführt hatte.

Von dieser Reise brachten die Oglala Sioux eine wundersame Geschichte mit. Sie erzählte von einem indianischen Messias, der ihnen eine vielversprechende neue Welt prophezeite, eine Welt, in der es schon bald keine Weißen mehr geben sollte und in die der Büffel wieder Einzug halten würde. In dieser neuen Welt würden sich all ihre Vorfahren, auch wenn sie schon lange im Totenreich weilten, wieder mit ihnen vereinen, und gemeinsam würden sie zu ihrer ursprünglichen Lebensweise zurückfinden. Vor allem würden sie die alten Traditionen wiederaufleben lassen, die sie in dem vergangenen Jahrzehnt voller erdrückender Schwermut und Hoffnungslosigkeit verloren hatten. Diese Geschichte verbreitete sich rasch, drang zu George Dull Knife und den Leuten im Yellow-Bear-Lager vor, zu Red Cloud und seiner Oglala-Band im Westen, zu den Häuptlingen Sitting Bull und Big Foot im Norden, zu Crow Dog und Two Strike im Osten.

Schnell fand sie ihren Weg zu all den Lakota, die jetzt auf sechs Reservate verteilt in dem neuen Bundesstaat Süddakota lebten.
Überbracht wurde den Oglala die wunderbare Geschichte von einer neuen Weltordnung durch den Messias selbst, einen Hirten, einen Vollblut-Pajuten namens Wovoka. Als Sohn eines Medizinmannes war er bei christlichen, weißen Viehzüchtern aufgewachsen und lebte im Gebiet des Walker-Sees in Westnevada. Am 1. Januar 1889 hatte Wovoka während einer totalen Sonnenfinsternis einen Traum gehabt, eine Vision, in der er starb und zum Himmel auffuhr. Dort begegnete er Gott und sprach mit vielen, die schon lange Zeit tot waren. Er sah eine neue Welt, die nur den Indianern vorbehalten war. Überall gab es riesige Büffelherden, Elche und Hirsche. Die Toten waren wieder lebendig und von ewiger Glückseligkeit erfüllt. Niemand mußte leiden oder hungern. Es gab keine Krankheiten, keine Streitigkeiten oder materielle Not. Gott sprach mit ihm und teilte ihm eine Reihe von Geboten mit. Wenn die Oglala diese befolgten, würden sie gerettet werden. Nach dieser Offenbarung kehrte Wovoka als Messias der Indianer auf die Erde zurück.
Die Nachricht von dem indianischen Messias hatte sich rasch unter den im Westen lebenden Stämmen verbreitet. Das Pine-Ridge-Reservat erreichte sie im Sommer 1889, also ungefähr zur selben Zeit, zu der General Crook die Lakota davon überzeugen wollte, noch mehr von ihrem Landbesitz aufzugeben. Da sich die Gerüchte über Wovoka lange Zeit hielten, beriefen die Lakota eine Ratsversammlung ein. Die Häuptlinge Red Cloud, Little Wound, American Horse und Young Man Afraid of His Horses bestimmten acht Männer aus den Reihen der Oglala Sioux aus Pine Ridge, die sich nach Westen begeben sollten, um den Gerüchten über den Messias auf den Grund zu gehen. Drei weitere Männer – Kicking Bear, Short Bull und Mash the Kettle – wurden auserwählt, die nahegelegenen Reservate an den Flüssen Rosebud und Cheyenne zu vertreten. Also machte sich in jenem Herbst eine Delegation von elf Lakota nach Nevada auf, um die Wahrheit zu erkunden.
Sie fanden Wovoka und sprachen ausführlich mit ihm. Als einige von ihnen im März 1890 wieder in Pine Ridge eintrafen, berichteten sie ihren Häuptlingen, daß die Geschichten wahr seien, daß der Messias in Nevada lebte, daß sie nun wieder Hoffnung schöpfen dürften und

daß es für ihr Volk, das ja alle Hoffnung aufgegeben habe, bald ein neues Leben gäbe. Wovoka hatte ihnen einen Brief mitgegeben, in dem im einzelnen ausgeführt war, wie sie sich zu verhalten hätten, um die neue Welt herbeizuführen. Die Lehren des Messias waren verbrämt mit den Ausschmückungen der christlichen Glaubenslehre und hoben Werte hervor wie Pazifismus, Ehrlichkeit und Gutwilligkeit gegenüber den Weißen, die er aber bald von der Erde wegfegen wollte. Wovoka schrieb:

»Wenn Ihr wieder in Euren Dörfern seid, sollt Ihr einen Tanz aufführen, der fünf Tage dauern soll. Tanzt vier Nächte lang. In der letzten Nacht tanzt bis zum Morgen des fünften Tages, nehmt dann alle ein Bad im Fluß und kehrt danach wieder nach Hause zurück. Ihr müßt es alle auf dieselbe Weise tun. Ich, Wovoka, liebe Euch von ganzem Herzen und bin voller Freude über die Gaben, die Ihr mir dargebracht habt. Wenn Ihr zu Hause angelangt seid, werde ich euch eine angenehme Wolke schicken, und Ihr werdet Euch wohl fühlen. Ich gebe euch seelisch-geistige Kraft und alles Gute. Ich will, daß Ihr in drei Monaten wieder zu mir kommt, ein paar von jedem Stamm. Es wird dieses Jahr viel Schnee geben und auch Regen. Im Herbst werdet Ihr soviel Regen bekommen, wie ich Euch nie zuvor geschickt habe. Wenn Freunde von Euch sterben, so dürft Ihr nicht weinen. Ihr dürft niemanden verletzen und niemandem etwas zuleide tun. Ihr dürft nicht kämpfen. Tut immer das Rechte. Das wird Euch Zufriedenheit verleihen. Erzählt den Weißen nichts von alledem. Jesus ist nun auf Erden. Er erscheint wie eine Wolke. Die Toten werden auferstehen. Ich weiß nicht, wann sie bei uns eintreffen werden, vielleicht im Herbst oder im Frühling. Aber wenn die Zeit gekommen ist, wird es keine Krankheiten mehr geben, und jeder wird wieder jung sein. Weigert Euch nicht, für die Weißen zu arbeiten, und macht ihnen keinen Ärger, bis Ihr sie verlassen werdet. Wenn die Erde beim Anbeginn der neuen Welt beben wird, so habt keine Angst. Euch wird nichts geschehen. Ich will, daß Ihr alle sechs Wochen tanzt. Feiert und tanzt und stellt Essen bereit, von dem sich jeder nehmen darf. Danach badet im Wasser. Irgendwann später werde ich gute Nachrichten für Euch haben. Erzählt keine Lügen.«[1]

Der Tanz, der die neue Welt herbeiführen sollte, ging als Geistertanz in die Geschichte ein. Die ihn tanzten, bemalten ihre Gesichter meist zu Ehren von *Wi*, der Sonne, mit roter Farbe. Die Frauen trugen Kleider, die Männer Hemden aus weißem Tuch oder Musselin über Leggings aus Wildleder. Die Halsausschnitte waren in V-Form angelegt und dunkelblau gefärbt. Die Hemden wurden durch den Rauch von schwelendem heiligem Zedernholz und Beifuß gezogen. Sie waren mit Symbolen für Sonne, Mond und Gestirne geschmückt, manchmal mit Adlerfedern verziert, und sie wurden als Geistertanzhemden bekannt. Wie die meisten westlichen Stämme gaben auch die Lakota dem Geistertanz eine Form, die mit ihren traditionellen Glaubensvorstellungen und Sitten übereinstimmte. Es dauerte nicht lange, und der Geistertanz hatte die Form des verbotenen Sonnentanzes angenommen.

Nach dem Bürgerkrieg fiel der Armee auf, daß viele Stämme, die aus den Gebieten westlich des Mississippi stammten, sich von den östlichen Stämmen deutlich unterschieden. Die Stämme aus dem Westen kämpften oft mit größtem Einsatz um ihre traditionelle Lebensweise, widersetzten sich dem Eindringen der Weißen in ihr Land und dem Versuch, sie in Reservaten zusammenzupferchen. Kämpfen war schon lange zu einem festen Bestandteil des Lebens der Lakota geworden. Sie liebten das Kriegerische. Schon seit Generationen hatten sie das Kriegführen im Blut, was sich auch in ihrer Kultur widerspiegelte. Die Lakota setzten durch, daß die Forts entlang des Bozeman Trail geschlossen wurden und der Vertrag von 1868 in Kraft trat. Sie wurden damit zum einzigen Stamm unter den Indianern Nordamerikas, der die Armee je zur Kapitulation gezwungen hatte.

Im Sommer und Herbst 1890 fügten die Lakota – im Gegensatz zu den anderen Stämmen – ihrer Version des Geistertanzes ein weiteres Merkmal hinzu: Sie verliehen ihm einen militärischen Anstrich. Short Bull und Kicking Bear, die eloquentesten Vertreter der neuen Bewegung, versprachen ihren Anhängern, daß die Geistertanzhemden sie unverwundbar machen und die Kugeln aus den Gewehren der Soldaten abprallen lassen würden.

Die Lakota waren seit jeher ein tief religiöses Volk gewesen. Ihr Glaube wurzelte in dem Land, das sie bevölkerten und in dem ihre Vorfahren begraben lagen. Tief und unerschütterlich glaubten sie an *Wakan Tanka*, den Großen Geist. Dieser Glaube hatte ihre Vorstellungen von der Welt, in der sie lebten, geprägt und bestimmte ihren Alltag, der Morgengebete ebenso einschloß wie Reinigungsriten, Tanz- und Heilungsrituale, Kriegsvisionen und Begräbniszeremonien. Im Verlauf des vergangenen Jahrzehnts waren ihre eigenen religiösen Bedürfnisse unter einer Lawine verwirrender Veränderungen begraben worden. Nach und nach war an ihre Stelle die düstere Ahnung getreten, daß *Wakan Tanka* sie verlassen hätte. In ihrer langen Geschichte waren die Lakota nie empfänglicher für eine neue Religion gewesen als im Frühling 1890. Wenn sie sich mit buntgekleideten Tänzern zusammenfanden, verblaßten bei vielen die bitteren Erfahrungen, die sie im letzten Jahrzehnt gemacht hatten, die Vertragsbrüche, der Landraub, der Hunger, die Verweichlichung, die Krankheiten, das Elend und die Hoffnungslosigkeit.

Als die Geistertanzbewegung ihren Höhepunkt erreicht hatte, bereiste James Mooney, ein Ethnologe des Smithsonian Institute, den Westen der Vereinigten Staaten. Er untersuchte, welche Lehren der Religion zugrunde lagen und sprach mit Wovoka und vielen seiner Anhänger. »Hoffnung wird zu einem Glauben«, stellte Mooney später fest, »und dieser Glaube wird durch Priester und Propheten zum Glaubensbekenntnis. Schließlich wird der Held zum Gott und der Traum zur Religion, die Ihren Höhepunkt und ihre Vollendung erlangt, wenn ein großartiges Naturschauspiel eintritt. Die Lehren des Avatar der Hindus, des Messias der Juden, des Paradieses der Christen und des Hesunnin der indianischen Geistertanzbewegung gleichen sich im Grunde genommen. Sie alle verdanken ihren Ursprung einer Hoffnung und einer Sehnsucht, die der gesamten Menschheit eigen sind.«[2]

Im August 1890 hatte der Sommer wieder einmal trockene und sengend heiße Winde gebracht, die die Ernte der Indianer in allen Reservaten des westlichen Süddakota zum großen Teil vernichteten. Der Landverkauf war inzwischen rechtskräftig, und so kamen weiße Siedler ins Land und ließen sich an den besten Plätzen nieder. Auch schien die Regierung nicht zu beabsichtigen, die Kürzung der Fleischlieferungen aufzuheben. Short Bull und Kicking Bear hatten ihrem Volk verkündet, daß der Messias im Frühjahr 1891 eintreffen würde. Da die Lakota wußten, daß ihnen ein weiterer Winter bevorstand, in dem sie Hunger leiden und Krankheiten überstehen müßten, wandten sich viele von ihnen dem einzigen zu, aus dem sie noch Hoffnung schöpfen

Sitting Bull
(D. F. Barry, mit freundlicher Genehmigung der Nebraska State Historical Society)

konnten. In den Reservaten Pine Ridge, Rosebud, Standing Rock und Cheyenne reinigten sich im Spätsommer die Anhänger der Geistertanzbewegung, hielten sich bei den Händen, gingen langsam im Kreis um den Cottonwood-Baum, sangen, tanzten und beteten zum Messias, daß er sie erlösen und ihnen ihre alte Lebensweise zurückgeben möge. Als die Bewegung immer mehr an Boden gewann, verließen die Familien ihre Blockhäuser und nahmen ihre Kinder von den Schulen. Entlang der Flußufer wuchsen Dörfer aus tuchbespannten Tipis. Den ganzen Tag über widmeten sich die Indianer fieberhaft dem Tanzen. Immer wieder brachen Tänzer im heiligen Kreis zusammen und fielen in Ohnmacht. Hinterher berichteten sie, daß ihnen ihre toten Verwandten erschienen seien und sie einen flüchtigen Blick auf die neue Welt geworfen hätten, eine Welt, in der es für die Indianer kein Leiden mehr geben würde.
Anfänglich hielten die Regierungsagenten den Geistertanz für harmlos. Da sie mit dem eigenartigen Phänomen nichts anzufangen wußten, beschlossen manche, es einfach zu ignorieren. Sie meinten,

die derzeitige Verrücktheit würde sich bald totgelaufen haben, und wenn sie nicht aufgrund anderer Ursachen zum Erliegen käme, so würden ihr die bevorstehenden Winterwinde, der tiefe Schnee und die frostigen Temperaturen ein Ende bereiten. Diese Passivität wandelte sich jedoch sehr rasch in Besorgnis, die Besorgnis in Furcht und die Furcht in nackte Angst. Und schon bald gerieten sie in Panik.

Mitte August hatten sich Hunderte von Lakota-Geistertänzer am Ufer des White Clay Creek versammelt, knapp dreißig Kilometer nördlich vom Hauptquartier der Reservatsagentur im Dorf Pine Ridge. Am 22. August befahl Agent H. D. Gallagher, den das Ausmaß der Ansammlung beunruhigte, der Indianerpolizei, sich dorthin zu begeben und die Versammlung aufzulösen. Am folgenden Morgen kam seine Polizeitruppe zurück und teilte ihm mit, daß man ihr keine Beachtung geschenkt hätte. Am 24. August machte sich Gallagher zusammen mit einem Dolmetscher und der Polizeitruppe erneut auf den Weg zum Indianerlager. Als sie eintrafen, fanden sie den Tanzplatz verlassen vor. Die Tänzer hatten sich in einem nahegelegenen Gehölz versteckt. Als Gallagher in den Tanzkreis trat, verließen einige Lakota die Deckung und richteten ihre geladenen Winchester-Gewehre auf ihn. Gallagher befahl seinen Polizisten voller Zorn, die bewaffneten Tänzer festzunehmen. Als diese sich dazu anschickten, tauchten weitere Lakota aus den Büschen auf, richteten ihre geladenen Gewehre auf die Polizisten und befahlen ihnen, die Waffen zu strecken.

Häuptling Young Man Afraid of His Horses galoppierte in den Kreis hinein und beschwichtigte schließlich beide Parteien, so daß sie ihre Waffen niederlegten und sich zu einer Unterredung bereit erklärten. Die Anführer der Geistertanzbewegung waren verärgert. Es sei Sonntag, sagten sie, und sie würden gerne erfahren, warum überall in den Reservaten, ja im ganzen Land ungestört Gottesdienste stattfinden konnten. Wenn sie aber ihre religiöse Feier halten wollten, würde ihre eigene Indianerpolizei versuchen, sie mit vorgehaltenen Gewehren daran zu hindern. Der Geistertanz sei weder böse, noch würde irgend jemand dabei verletzt, sagten sie. Schließlich luden sie Gallagher ein, Platz zu nehmen und ihnen beim Tanzen zuzusehen, damit er sich selbst ein Bild machen könne. Er stimmte dem Vorschlag zu. Bald dar-

auf kamen die Leute aus ihrer Deckung unter den Bäumen hervor und begannen zu tanzen.
Gallagher, wohl der erste Weiße, der je einem Geistertanz beiwohnte, war von dem Spektakel entsetzt. Er beschwor seine Vorgesetzten, diesem Treiben ein Ende zu setzen, und warnte davor, daß sie die Katastrophe nahezu heraufbeschwören würden, wenn sie das Treiben tolerierten. Bald äußerten sich auch andere Agenturleiter in ähnlicher Weise. Als sich gegen Ende des Sommers Berichte dieser Art in Washington häuften, gelangten die Urheber des Reservatwesens nach und nach zu einem Konsens. Was den Indianern die Möglichkeit bot, ihr Elend und ihre Verzweiflung zu mildern, das stellte sich denjenigen, die sich eigentlich der Belange der Indianer annehmen sollten, ganz anders dar: als Rückschritt, als schlimmer Rückfall, der den nun schon zehn Jahre währenden Einfluß der Zivilisation mit einem Mal zunichte machte. Während die Indianer im Geistertanz noch den Vorboten einer hoffnungsvollen Zukunft sahen, hatte ihn die Regierung im Herbst 1890 bereits als Rückkehr in die barbarische Vergangenheit abgestempelt.
Ebenso rasch wie Wovokas Worte unter den Indianern Verbreitung gefunden hatten, fanden die Berichte über den Geistertanz ihren Weg durch die Ansiedlungen der Weißen, die rings um die Reservate entstanden waren. Das fremdartige Treiben in Pine Ridge und anderswo versetzte die in der Nähe der Reservate lebenden Siedler in Angst und Schrecken. Sie glaubten, daß die Indianer einen großen Aufstand planen und sie am Beginn neuer blutiger Auseinandersetzungen mit den Sioux stehen würden. In der Folge bestürmten die Siedler und Bewohner der Städte die Gouverneure von Süddakota und Nebraska mit dringlichen Appellen, man möge ihre Gehöfte und Farmen, ihre Familien und Ansiedlungen unter Schutz stellen. Auch die Zeitungen leisteten ihren Beitrag. Sie schürten die anwachsende Hysterie mit Hetzgeschichten: Übergriffe der Indianer seien nicht auszuschließen, wenn nicht unverzüglich Truppen zu den Reservatsgrenzen beordert würden, um die Indianer zur Vernunft zu bringen.
Am 9. Oktober schied Indianeragent Gallagher von Pine Ridge, ein Demokrat, aus dem Amt. Sein Nachfolger kam aus den Reihen der Republikaner. Er hieß Daniel F. Royer, war von Haus aus Arzt, hatte sich aber auch bereits als Bankier, Apotheker und Journalist betätigt

und nebenbei noch Zeit gefunden, für die Dauer von zwei Amtsperioden in der Gesetzgebung des Staates Dakota mitzuwirken. Es gab kaum jemanden, der schlechter geeignet gewesen wäre als Dan Royer, in jenem turbulenten Herbst 1890 den Posten des Reservatsagenten von Pine Ridge zu übernehmen. Er wußte nichts über Indianer im allgemeinen, noch über die Lakota im besonderen, nichts über ihre Geschichte, ihre Gewohnheiten, ihr Temperament, ihre Sitten und Gebräuche. Royers Bestallung war eine politische Entscheidung. Was er in den Prärien Westdakotas in jenem Herbst vorfand, überforderte ihn vollkommen. Es dauerte nicht lange, und die Lakota nannten ihn ›Young Man Afraid of the Sioux‹.

Am Abend seines dritten Tages im Amt telegrafierte Royer seinen Vorgesetzten, daß gut die Hälfte der im Reservat lebenden Lakota sich der Geistertanzbewegung verschrieben hätten, sich weigerten, davon abzulassen, und außerdem zum Kampf bereit wären, wenn man ihnen entgegentreten würde. Seine Polizeitruppen hätten die Kontrolle über die Situation verloren. Sollte es ihm nicht gelingen, die Häuptlinge zu überreden, der Geistertanzbewegung Einhalt zu gebieten, warnte er, so würde militärisches Einschreiten nötig werden.

Einmal holte Royer einen seiner Neffen, der begeisterter Baseballanhänger war, nach Pine Ridge. Er bat den halbwüchsigen Bauernjungen Lewis McIlvaine, einen Werfer aus dem nahegelegenen Ort Huron in Süddakota, den Sioux beizubringen, wie man Baseball spielt.[3] Royer glaubte, daß das amerikanische Nationalspiel die Sioux vom Geistertanz ablenken und ihre kriegerische Natur mildern könnte. Sein Onkel, so erinnerte sich später McIlvaine, verstand den Tanz oder die Sioux nicht im geringsten. Er wollte gerne wieder als Arzt arbeiten, und ihm behagte das Leben als Agent des Pine-Ridge-Reservates überhaupt nicht. In jenem Herbst fuhr McIlvaine an manchen Abenden mit seinem Onkel in einem Einspänner durch das Reservat; ein geladenes Gewehr hatten sie stets dabei. Eines Abends richtete Royer sein Gewehr auf eine tanzende Gruppe und befahl den Leuten aufzuhören. Ein Lakota näherte sich dem Wagen und öffnete sein Hemd, so daß die zahlreichen, beim Sonnentanz davongetragenen Wunden auf seiner Brust zu erkennen waren. Wenn sie ihre abendlichen Runden machten, kam es nicht selten vor, daß Royer auf ein Gestrüpp feuerte, das vom Wind auf ihren dunklen Weg geweht wurde. Schließlich scheiterte das Baseballexperiment, McIlvaine kehrte auf die Farm zurück, Royer brach in Panik aus und wandte sich erneut flehentlich an den Kommissar für Indianerfragen mit der Bitte, Truppen zu senden, um die Unruhestifter endlich zur Räson zu bringen.

Als der November nahte, war Royer nicht der einzige, dem die Oglala Sioux Probleme bereiteten. Im Rosebud-Reservat im Osten frönten die Brule Sioux unter Short Bull dem Geistertanz. Im Cheyenne-Reservat im Norden hatten sich viele der Miniconjou Sioux unter Häuptling Big Foot dem Geistertanz verschrieben. Und auch einige der Hunkpapa Sioux von Häuptling Sitting Bull im Standing-Rock-Reservat nahmen an der Bewegung teil. Eine Flut von Berichten aus den verschiedenen Regionen machte Anfang November deutlich, daß sich die Situation in den Reservaten, vor allem in Pine-Ridge-Reservat, gewaltig zuspitzte. Am 18. November telegrafierte Agenturleiter Royer wieder an den Kommissar für Indianerfragen:

»Die Indianer tanzen, obwohl es schneit. Sie sind außer Rand und Band. Ich habe Sie ausführlich darüber in Kenntnis gesetzt, daß sowohl die Angestellten der Regierung als auch das Regierungseigentum in diesem Reservat völlig ungeschützt dastehen und auf die Gnade der Geistertänzer angewiesen sind. Warum wollen Sie ein Eingreifen durch weitere Untersuchungen verzögern? Wir brauchen Schutz, und wir brauchen ihn unverzüglich. Ich schlage vor, die Anführer gefangenzunehmen und in einem Militärstützpunkt festzuhalten, bis sich die Wogen geglättet haben. Man sollte unverzüglich einschreiten.«[4]

Ein paar Monate zuvor war Elaine Goodale, die Beauftragte für Erziehungsfragen des Staates Dakota, auf einer Reise, die der Inspektion der Indianerschulen diente, durch die Gegend gekommen. Dabei fiel ihr auf, unter welchen Bedingungen die Indianer im Sommer 1890 in den Reservaten lebten. »In den ärmlichen, kleinen Gärten verdorrten die Pflanzen aufgrund der andauernden heißen Winde«, schrieb sie. »Sogar bei den jungen Männern standen die Rippen hervor, und ihr Gesichtsausdruck wirkte leer. Die alten Leute verloren jeden Lebenssinn. Mütter beklagten den Verlust vieler Babys.«[5] Drei Monate später konnte man im *Demokrat* von Chadron, einer Zeitung in einer der Ansiedlungen, in der sich die Furcht vor feindlichen Übergriffen der Indianer breitgemacht hatte, einen Artikel lesen, der die Lage in Pine Ridge zusammenfaßte. »Nach Informationen aus den besten, uns zur Verfügung stehenden Quellen zu urteilen, scheint religiöser Fanatismus nicht die einzige Ursache für die Unruhen zu sein«, war da zu lesen. »Eine Fehleinschätzung der Situation seitens der Regierung und eine schlechte Versorgungslage waren die hauptsächlichen Gründe … Es zeigt sich, daß die Indianer einen Messias oder ein anderes übermenschliches Wesen bitter nötig haben, um mit ihrer elendiglichen Lage fertig zu werden, die allein durch die menschenverachtende Haltung und die Versäumnisse der republikanischen Verwaltung herbeigeführt worden ist.«[6]

Während der Monate, in denen sich die Spannungen und Unruhen mehrten, kam es der Regierung nicht in den Sinn, daß sie, indem sie die Vertragsbrüche rückgängig machte und wieder eine bessere Versorgung mit Lebensmitteln und Medikamenten gewährleistete, erreichen könnte, was Appelle, Drohungen und der Einsatz bewaffneter Polizeitruppen bislang nicht zustande gebracht hatten. Auch als sich in den letzten Novembertagen, also innerhalb weniger Wochen, die Situation in den Reservaten derart zuspitzte, daß sie außer Kontrolle zu geraten drohte, dachte die Regierung nicht an Wiedergutmachungen. Mit Hilfe militärischer Gewalt war der Westen besiedelt worden, war ein Netz von Gehöften und Farmen, von Ansiedlungen und Kirchen entstanden, waren Eisenbahn- und Schiffahrtslinien eingerichtet und Telegrafenleitungen verlegt worden, war Zivilisation überhaupt erst zustande gekommen. Und nun sollte militärische Gewalt auch das Problem der Geistertanzbewegung lösen.

Am Morgen des 20. November, zwei Tage nachdem sich Reservatsagent Royer erneut eindringlich an den Kommissar für Indianerfragen gewandt hatte, sahen die Lakota, die in der Nähe des Lagers von Red Cloud kampierten, fünf Kompanien Infanterie und drei Kavallerietruppen ins Pine-Ridge-Reservat einmarschieren. Die Truppen standen unter dem Befehl von Brigadegeneral John Brooke. Das 370 Mann starke Aufgebot, das an jenem Morgen in der Agentur einrückte, führte die neue Hotchkiss-Kanone der Armee und ein Gatling-

Geschütz mit sich. Die drei Truppen Kavallerie gehörten zu einer Einheit, die nur aus Schwarzen bestand und aus Fort Robinson eingetroffen war. Es handelte sich um Söhne von Sklaven, die sich verpflichtet hatten. Man hatte sie in den Westen abkommandiert, um dort die Indianer zu bekämpfen. Sie waren in derselben Baracke untergebracht, aus der Häuptling Dull Knife und seine Leute elf Jahre zuvor ausgebrochen waren. Man sagt, daß die Lakota dachten, das Haar der schwarzen Soldaten wäre wie das der Büffelfelle, und daß die Männer, die an jenem Morgen in Pine Ridge eintrafen, in dicke Mäntel aus Büffelfell gehüllt waren. Bald schon nannten die Lakota die schwarzen Soldaten *akicita tatanka*, die ›Büffelsoldaten‹.

Am Morgen des 20. November trafen auch im Rosebud-Reservat sechs Kompanien Infanterie und zwei Truppen Kavallerie ein. Sechs Tage darauf ritten die Soldaten des Siebten Kavallerieregiments, die mit der Eisenbahn aus Fort Riley in Kansas gekommen waren, unter dem Befehl von Colonel James Forsyth in das Pine-Ridge-Reservat ein. Vierzehn Jahre zuvor hatten die Lakota und ihre Verbündeten in der Schlacht am Little Bighorn das halbe Regiment samt ihrem Befehlshaber ausgelöscht.

Über mehrere Wochen hinweg wurde das Militär weiter verstärkt, indem Truppen aus dem ganzen Westen zusammengezogen wurden, die den Anführern der Geistertanzbewegung und ihren Anhängern die Kontrolle über ihr Land entreißen sollten. Die Truppen kamen aus Süddakota, Nebraska, Kansas, Colorado, Montana und sogar aus Neumexiko. Am Ende des Monats befand sich die Hälfte der US-Armee im westlichen Süddakota, darunter eine Gruppe führender Männer, die genug Kraft, Ehrgeiz und die entsprechende Einstellung besaßen, um dieses kleine, karge Präriegebiet Dakotas zu überrollen.

In jenem Winter lebten in den Reservaten die letzten beiden großen Führer der Lakota, der halbblinde Red Cloud, ein Kriegshäuptling, der sich zum Diplomaten gewandelt hatte und noch immer bedeutenden Einfluß genoß, und der alternde Sitting Bull, ein Medizinmann von unvergleichlicher Statur, der sich weiterhin hartnäckig weigerte, die traditionelle Lebensweise aufzugeben. »Mit Leuten, die uns zu Wasserträgern degradieren und uns Dünger schleppen lassen, möchte ich nichts zu tun haben«, hatte er einmal gesagt. »Irgendwann werden mich die Weißen zu fassen kriegen. Aber bis dahin will ich eine gute Zeit verleben. Ihr seid Narren, wenn man euch mit einem Stück fetten Speck, etwas Schiffszwieback, ein bißchen Zucker und Kaffee ködern kann.«[7]

In Chicago hatte General Nelson Miles mit Buffalo Bill Cody* einen Handel abgeschlossen. Miles war der neue Chef der Abteilung für Indianerfragen, und man sagte ihm nach, daß er sich um das Amt des Präsidenten der Vereinigten Staaten bewerben wollte. Der General traute dem Indianeragenten des Reservats nicht zu, die Anführer der Indianer unter Kontrolle zu bringen, und meinte, Cody sei bestens dafür geeignet, Sitting Bull gefangenzunehmen. Wenn alles nach Plan liefe, würde sich der halsstarrige Medizinmann schon bald im Exil befinden und 3200 Kilometer von jedem Geistertanz entfernt in einem Gefängnis in Florida schmachten. Ende November bestieg Cody den Zug, um sich unverzüglich zum Reservat zu begeben, wo er plante, seinen alten Freund und ehemaligen Star seiner Wild West Show dingfest zu machen. Ungefähr zur selben Zeit ritt Valentine McGillycuddy – der extravagante, ehemalige Militärarzt und frühere Indianeragent des Pine-Ridge-Reservats – als Sonderbeauftragter des Gouverneurs von Süddakota in sein altes Reservat ein. Nicht lange danach wurde Kompanie A des Sechsten Kavallerieregimentes von ihrem Hauptquartier in Albuquerque, Neumexiko, in das Gebiet beordert, das südlich an die Reservate in Dakota grenzte. Kurz darauf wurde einer der Offiziere der Einheit, Leutnant John J. Pershing, mit der Führung einer Scout-Truppe beauftragt, die sich aus freundlich gesinnten Sioux zusammensetzte. Im Westen verließ ein Scout-Trupp, alle Nordcheyenne, unter dem Kommando von Leutnant E. W. Casey Fort Keogh in Montana. Sie wurden nach Pine Ridge abkommandiert, um sich an der Unterwerfung der Lakota, die einmal ihre Freunde und Verbündeten gewesen waren, zu beteiligen. Schließlich trafen auch noch Frederick Remington, der im Auftrag

* Bekanntester Pfadfinder des Wilden Westens, berüchtigter Büffeljäger und Pony-Express-Reiter. Seit 1868 arbeitete er für die US-Armee und begleitete militärische Expeditionen gegen die Indianer. Zu Beginn der 80er Jahre führte er in den USA und später dann in Europa die sogenannten Wild West Shows ein. Anm. d. Übers.

von *Harper's Weekly* unterwegs war, und der Baron von Luittwitz – ein junger Privatier im Dienste des Roten Kreuzes, der später zum General und zum Verteidigungsminister Deutschlands ernannt werden sollte – in Pine Ridge ein. Jahre später einmal würden der deutsche General und seine Truppen im Zweiten Weltkrieg den alliierten Truppen unter dem Kommando des amerikanischen Generals John ›Blackjack‹ Pershing unterliegen. In Pine Ridge mischten sich unterdessen die Abkömmlinge von Sklaven und die Nachfolger von Custers Siebtem Kavallerieregiment unter die Lakota Red Clouds und Sitting Bulls, also unter jene Leute, die vierzehn Jahre zuvor in der großen Schlacht in Montana gegen sie gekämpft hatten.

Am 1. Dezember 1890 stellte der Kommissar für Indianerfragen alle Indianeragenten in den Reservaten unter militärisches Oberkommando. Unter den Lakota konnte, bedingt durch die Gegenwart Hunderter bewaffneter Soldaten, die mit den neuesten Feldgeschützen ausgerüstet waren, schon bei einer Kleinigkeit Angst und Panik ausbrechen. Das Anwachsen der Truppen spaltete die Lakota in zwei Lager auf: Die einen glaubten daran, daß der Messias bald kommen würde, die anderen nicht. Die Ungläubigen zogen nach Westen und errichteten ihr Lager im westlichen Randgebiet des Pine-Ridge-Reservats, unweit des Lagers von Red Cloud und seinen Leuten. Wütend, verwirrt und verängstigt verstreuten sich viele der Gläubigen ziellos in alle Richtungen. Ungefähr 1800 Brule Sioux marschierten durch tiefen Schnee von Pine Ridge zum Rosebud-Reservat. Sie wußten nicht, was vor sich ging und was noch geschehen würde. Manche von ihnen befürchteten, abgeschlachtet zu werden, andere glaubten, ihre Waffen könnten eingefordert werden. Viele klammerten sich an die Versprechen des Messias, glaubten daran, daß er im Frühling kommen würde, und versuchten daher verzweifelt, die Tänze bis zu diesem Zeitpunkt fortzusetzen. Immer mehr von ihnen rotteten sich tief in den Badlands von Dakota, dem nordwestlichen Randgebiet des Pine-Ridge-Reservats, in einer nahezu uneinnehmbaren natürlichen Festung zusammen, die Stronghold genannt wurde. Innerhalb dieser von Felswänden umgebenen Festung waren Short Bull und Kicking Bear die Anführer. Hier setzten die verängstigten Gläubigen ihre Geistertänze ungehindert und fieberhaft fort.

Seit Wochen schon waren Berichterstatter in der Gegend eingetroffen. Als der Aufmarsch der Truppen begann, hatten Zeitungsverleger aus dem gesamten Land Reporter dorthin geschickt, in der Hoffnung, ihre Leser mit dramatischen Berichten vom Schlachtfeld auf dem laufenden halten zu können. Als aber wochenlang kein einziger Schuß fiel, forderten die Verleger, die den Verkauf ihrer Zeitungen ankurbeln wollten und denen daher der Sinn nach einer richtigen Schlacht stand, über die sie berichten konnten, daß die Regierungstruppen endlich etwas unternehmen sollten. Viele Reporter kamen dem Wunsch ihrer Verleger eifrig nach, schürten die wachsende Hysterie mit verkaufsträchtigen Artikeln, grausamen Geschichten, erfundenen Berichten über Massaker, Aufstände und Greueltaten und mit sensationellen Berichten, die meldeten, daß die Wilden bereits von ihrem Weg in die Zivilisation abgewichen wären und sich auf den Kriegspfad begeben hätten.

Doch nichts im Leben der Lakota wies darauf hin, daß sie sich anschickten, auf den Kriegspfad zu gehen. Es war schon Schnee gefallen, die frostigen Winde hatten Einzug gehalten, und bald würde tiefster Winter sein. Viele Lakota hungerten oder waren krank. Sie besaßen kaum noch etwas, hatten nur noch wenige Tipis und wußten nicht, wohin sie gehen sollten. Nur ihre Frauen, Kinder und Alten waren ihnen geblieben. Und dann stand Anfang Dezember auch noch die halbe US-Armee an der Grenze ihres Reservates in Alarmbereitschaft.

Mitte Dezember lud General Brooke Häuptling Little Wound in sein Büro im Hauptquartier der Pine-Ridge-Agentur ein. Er bat den Häuptling, der zu den ersten Anhängern der Geistertanzbewegung zählte, ihm die Bedeutung des Tanzes zu erklären und ihm darzulegen, weshalb die Lakota sich der Bewegung verschrieben hätten.

»Eure weißen Missionare haben uns von dem Messias der Weißen erzählt, der vor langer Zeit auf die Erde kam, um euch zu erretten«, erklärte Little Wound. »Sie haben uns auch erzählt, daß sich die Weißen damals weigerten, an ihn zu glauben, und daß er sich, um zu beweisen, daß er der lange erwartete Messias sei, ans Kreuz nageln und zu Tode foltern ließ. Aber bevor er starb, versprach er wiederzukommen. Vor mehr als einem Monat kam Porcupine [ein Indianer, der nach Nevada gegangen war] aus dem Norden zurück. Er erzählte uns, daß er von einem Stamm, der viele Monde entfernt im Norden leben würde, hergekommen sei, um uns mitzuteilen, daß der Messias, von dem die Weißen uns berichtet hatten, auf die Erde gekommen sei und daß er ein Indianer sei. Er sagte, der Messias hätte seinem Volk befohlen, daß sie einen besonderen Tanz erlernen und dann ausziehen sollten, um den Tanz anderen Stämmen beizubringen. Denn sobald das Gras wieder sprießen würde, käme er bis weit hinunter in den Süden des Landes und würde alle Stämme besuchen. Und dann würde er ihnen ihre Freiheit und ihre Jagdgründe wiedergeben, und sie hätten reichlich zu essen.

Wenn er käme, teilte uns Porcupine mit, würde er aber nur bei den Stämmen haltmachen, die den Messiastanz tanzten und bereit seien, ihn zu empfangen. Wenn sie ihn aber nicht tanzten, würde er an ihnen vorübergehen und andere Stämme aufsuchen, die an seine Lehren glauben und sie befolgen würden. Ich befragte mein Volk, und einer meiner Häuptlinge sagte, daß wir für den Fall, daß sich die Weissagung erfüllen sollte, solange den Messiastanz tanzen müßten, bis das Gras wieder sprießen würde. Sollte die Weissagung nicht eintreffen, so würden wir das im Frühling feststellen und wieder zu unserem gewohnten Leben zurückkehren. Also fingen wir an zu tanzen. Aber wir befinden uns jetzt nicht auf dem Kriegspfad. Ein Indianer geht nicht im Winter auf den Kriegspfad. Und dann, General, schickten die Weißen ihre Soldaten, und darüber waren unsere jungen Männer sehr verärgert, da sie glaubten, die Weißen hätten die Soldaten geschickt, um den Messias daran zu hindern, zu uns zu kommen. Seit vielen Monden haben wir nicht genug zu essen, und das läßt unsere jungen Männer auf die Ankunft des Messias hoffen und an ihn glauben.«[8]

Am Morgen des 15. Dezember – eben kündigte sich der neue Tag durch das erste Morgengrau an – erreichte ein Trupp der Indianerpolizei, angeführt von Leutnant Henry Bull Head, ein bescheidenes, am Ufer des Grand im Standing-Rock-Reservat gelegenes Blockhaus. Die Polizisten waren traurig und fühlten sich innerlich leer. Sie hatten es oft schwer, ihre Arbeit auszuführen. Vor ihrer heutigen Mission hatten sie sich schon seit langem gefürchtet. Nun aber war der Augenblick gekommen. Bull Head klopfte an die Tür, und eine gedämpfte Stimme gestattete ihm einzutreten. Im Blockhaus teilte er dem noch schläfrigen Sitting Bull mit, daß er verhaftet sei.

Red Cloud
(Nebraska State
Historical Society)

Drei Wochen zuvor hatte der inständige Appell des Agenturleiters von Standing Rock, James McLaughlin, Präsident Harrison davon überzeugt, Buffalo Bill Cody von dem Auftrag zu entbinden, den Medizinmann der Lakota festzunehmen. Der Indianeragent war der Meinung, daß es ihm obliegen würde zu entscheiden, wann und wo die Gefangennahme stattfinden solle. Sie zum damaligen Zeitpunkt und durch Cody vornehmen zu lassen, könne Folgen haben, argumentierte er. Dies könnte noch weitere Lakota in Sitting Bulls Lager treiben und die Krise unnötig verschlimmern.
Mittlerweile hatte der Plan der Regierung feste Formen angenommen. Die Regierung beabsichtigte, die Geistertanzbewegung niederzuschlagen, indem sie ihre bekanntesten Anführer aufspüren und gefangennehmen und dann weit weg von ihren Anhängern schaffen ließ. Man hatte eine Liste der Anführer zusammengestellt, und die Armee war beauftragt worden, die Gefangennahmen durchzuführen. Niemand, und schon gar nicht McLaughlin, bestritt, daß Sitting Bulls Name ganz oben auf die Liste der Anführer gehörte. Er sah im Gei-

stertanz ein barbarisches Ritual und in Sitting Bull einen unbeugsamen, rückständigen Störenfried.

»Sitting Bull ist der Hohepriester und der geistige Führer dieses neuesten Wahnsinns der Indianer. Kurz, er ist der hauptsächliche Unruhestifter in diesem Reservat. Wenn er nicht hier wäre, hätte dieser Wahnsinn, der sich überall bei den Sioux findet, in diesem Reservat nie und nimmer Fuß fassen können«, hatte McLaughlin Mitte Oktober an seine Vorgesetzten geschrieben. Er beschrieb den Anführer der Lakota als »Mann von geringer Intelligenz, der nicht eine einzige männliche Tugend besitzt ... Er ist ein Feigling, dem jegliche Moral fehlt.« Der Geistertanz, schloß McLaughlin, »ist demoralisierend, anstößig und widerlich«.[9] Als in jenem Herbst Sitting Bull Kicking Bear einlud, ihm und seinen Leuten den Geistertanz beizubringen, wies der verärgerte McLaughlin Kicking Bear kurzerhand aus dem Reservat. Aber Kicking Bears Nachricht vom Messias überlebte, und die zum Geistertanzglauben Übergetretenen tanzten seitdem mit Sitting Bull an ihrer Spitze in seinem Lager am Ufer des Grand River. Als gegen Mitte Dezember die Truppen zusammengezogen und die Geschütze in Stellung gebracht wurden, forderten Kicking Bear und Short Bull den Medizinmann Sitting Bull auf, sich mit ihnen in Stronghold zusammenzuschließen. McLaughlin bekam Wind von dem Aufruf. Allein bei dem Gedanken, daß der mächtigste Vertreter des Glaubens der Lakota mit mehreren tausend religiösen Fanatikern in einer nahezu uneinnehmbaren Festung vereint wäre, trat kalter Schweiß auf McLaughlins Stirn. Nun mußte sofort gehandelt werden.

Als Leutnant Bull Head mit seinem Gefangenen ins Freie trat, erwartete ihn eine wütende Menge. Die Tatsache, daß die Indianerpolizei auf Geheiß eines weißen Reservatsagenten, der ihre religiösen Bräuche nicht billigte, ihren Häuptling festnahm, versetzte die Leute in Raserei. Innerhalb weniger Augenblicke löste sich ein Schuß, und Bull Head taumelte zurück. Die Kugel einer Winchester hatte seine rechte Seite durchschlagen. Im Fallen zog Bull Head seine Dienstwaffe und schoß Sitting Bull in die Brust. Sofort griff auch Sergeant Red Tomahawk zu seinem Revolver und feuerte einen Schuß auf den Hinterkopf Sitting Bulls ab. Daraufhin brach der heilige Mann der Lakota neben der Tür seines Hauses zusammen. Dieser Schußwechsel hatte ein mörderisches Handgemenge zur Folge, nach dessen Beendigung vierzehn Lakota tot oder sterbend am Boden lagen: Sitting Bull, sieben seiner Gefolgsleute und sechs Indianerpolizisten, einschließlich Bull Head.

Genau südlich von Sitting Bulls Lager lebten im Cheyenne-Reservat die Miniconjou Sioux. Häuptling einer ihrer Bands war ein Mann namens Spotted Elk. Vor vielen Jahren hatte Spotted Elk ein Paar übergroßer Mokassins geschenkt bekommen, und seit dieser Zeit war er vor allem unter dem Namen *Si Tanka*, Big Foot, bekannt. Da sein Vater ein Häuptling gewesen war, übernahm Big Foot nach dessen Tod im Jahr 1874 die Führung der Band. Die Sioux-Kriege von 1876 dezimierten seine Band, und so unterwarf sich Big Foot im Jahr 1877 und führte die Überlebenden in das neue Reservat. Er war einer der ersten Sioux-Häuptlinge, die an den Ufern des Cheyenne River erfolgreich Mais anbauten. Er beteiligte sich am Bau neuer Schulen und reiste als Abgesandter seines Stammes nach Washington. Er war ein aufrichtiger Mann mit einer sanften Stimme und mit seinen fünfundsechzig Jahren nun in einem fortgeschrittenen Alter. Er war ein Häuptling, der seine Reputation eher durch diplomatisches Geschick als durch kriegerisches Können erworben hatte. Die Lakota kannten Big Foot lange Zeit als kompromißbereiten und äußerst gewandten Verhandlungsführer, den sie oft dazu auserwählten, bei Fehden innerhalb des eigenen Stammes zu vermitteln und auch um Auseinandersetzungen zwischen den verschiedenen Gruppierungen der Großen Nation der Sioux zu schlichten. Bei den Miniconjou war er außerdem als gutherzig bekannt, als der Häuptling, der sich der Witwen und Waisen, der Heimatlosen, Kranken, Verwundeten und Hungernden annahm. Deshalb liebte ihn sein Volk.

Im Herbst 1890 gehörte Big Foot zu den Anführern der Indianer, die sich von Anfang an der Geistertanzbewegung verschrieben hatten. Daher stand sein Name auf der Liste der Aufrührer, die die Armee festnehmen sollte. Zu seiner Band zählten insgesamt 350 Indianer, 230 Frauen und Kinder und 120 Männer. Viele Frauen waren Witwen, die ihre Männer in Schlachten verloren hatten. Sie schlossen sich der Geistertanzbewegung in der Hoffnung an, bald wieder mit ihren Männern in der bevorstehenden neuen Welt vereint zu sein. In den ersten Dezembertagen hatte sich Big Foot selbst vom Geistertanz losgesagt, viele seiner Leute hingegen nicht. Sie tanzten weiter, und so blieb der Name ihres Häuptlings auf der Liste der Unruhestifter stehen. Eine nahe stationierte Militäreinheit, die den strikten Befehl hatte, plündernde Lakota-Bands davon abzuhalten, das Gebiet des Reservates zu verlassen, observierte das Dorf der Miniconjou nun ganz genau. Der Kommandeur der Einheit, Lt. Colonel Edwin Sumner, war häufig mit dem Häuptling zusammengetroffen. Er war davon überzeugt, »daß Big Foot sich außerordentlich darum bemühen würde, seine Leute zu besänftigen«.[10]

Ungefähr zu dieser Zeit erreichten mehrere Boten das Lager von Big Foot. Sie überbrachten ihm Nachricht von Red Cloud, daß ihn die Häuptlinge der Oglala bitten würden, sich nach Süden zu begeben. Wenn er einige Auseinandersetzungen in Pine Ridge erfolgreich beilegen könne, würden sie ihm dafür hundert Ponys geben.[11] Am 16. Dezember erhielt Lt. Colonel Sumner den Befehl, Big Foot festzunehmen. Er sollte in das im Norden gelegene Fort Meade geschafft und dort als Kriegsgefangener inhaftiert werden. Zwei Tage später taumelten mehrere erschöpfte Krieger, von denen einer eine Kugel im Bein hatte, in das Lager der Miniconjou. Sie gehörten zu einer Gruppe von vierhundert Hunkpapa Sioux, die nach dem Schußwechsel am Grand River von Standing Rock hermarschiert waren. Nun überbrachten sie die Nachricht von Sitting Bulls Tod. In den folgenden Tagen suchten immer mehr verängstigte Anhänger des toten Häuptlings Zuflucht in Big Foots Lager. Er gab ihnen zu essen und bot ihnen Schutz. Schließlich brachten seine Kundschafter wieder schlechte Nachrichten: Soldaten würden von Osten her anrücken. Der alte Häuptling wußte keinen Rat. Seine Leute froren und hungerten und waren in Panik. Auch er fürchtete sich, und noch bevor irgendwelche Entscheidungen getroffen werden konnten, waren Lt. Colonel Sumner und seine Truppen bereits in das behelfsmäßige Dorf eingedrungen.

Sofort gab Sumner den Befehl, daß alle in ihre festen Hüttendörfer am Ufer des Cheyenne River zurückkehren sollten. Big Foot stimmte zu. Eskortiert von Militär trafen sie ein paar Tage darauf bei ihren

Blockhütten ein. Bevor Sumner aufbrach, befahl er dem Häuptling, am nächsten Tag in seinem Militärlager, das ein paar Meilen entfernt lag, vorzusprechen. In jener Nacht kam der weiße Farmer John Dunn in Big Foots Dorf. Dunn kam gerade aus dem nahegelegenen Militärlager und erzählte dem geschwächten Häuptling, daß er und seine Leute am folgenden Tag nach Fort Bennett geschafft werden sollten. Wenn sie sich nicht freiwillig dorthin begäben, sagte Dunn, würden die Soldaten unter Umständen auf sie schießen. Viele könnten dann sterben, sagte er.

Wieder einmal befand sich Big Foot in einer schwierigen Lage. Es hatte sich alles so rasch ereignet, und nun wußte er nicht, wem er noch trauen konnte und wohin er sich wenden sollte. Ihm blieben folgende Möglichkeiten: Nichts unternehmen, auf Glück hoffen und abwarten, was passieren würde. Er konnte aber auch seine Verabredung mit Sumner am nächsten Morgen einhalten. Oder er brach noch in der Nacht auf und hielt in südlicher Richtung auf Pine Ridge zu, worum ihn Red Cloud gebeten hatte. In letzter Zeit hatte er sich nicht besonders wohl gefühlt, daher war er sich nicht sicher, ob er den langen Ritt überstehen würde. Seine Leute ängstigten sich, soviel wenigstens wußte er. Nachdem er sich mit seinen Häuptlingen beraten hatte, fiel die Entscheidung. So schnell sie konnten, packten sie ihre wenigen Habseligkeiten zusammen, holten die Ponys und Wagen herbei, brachen das Lager ab und zogen nach Süden in Richtung Oglala Sioux und Pine Ridge, das 240 Kilometer entfernt lag. Als sie noch etwa ein Tagesritt von ihrem Ziel trennte und sie sich in der Nähe ihres heiligen Berges Porcupine befanden, holte sie das Siebte Kavallerieregiment ein. Das war am 28. Dezember 1890.

In jenem Dezember war George Dull Knife fünfzehn Jahre alt. Er war ein kräftiger, hochgewachsener Junge mit breiten Schultern und mächtigem Brustkorb. Der Winter im Yellow Bear Camp war hart gewesen. Oft hatte George Dull Knife Pfeil und Bogen genommen, war in den schroffen, kiefernbestandenen Hügeln verschwunden und hatte nach Hirsch und wildem Truthahn Ausschau gehalten, um seiner Familie etwas zu essen zu besorgen. Die Häuptlinge Little Wound

und Yellow Bear, die ihre Oglala-Bands anführten, hatten ihre Leute dazu angehalten, den Geistertanz zu tanzen. Als sich der Herbst seinem Ende zuneigte und der Winter vor der Tür stand, hatte man im Lager viel Zeit damit zugebracht.
Eines Morgens spät im Dezember vernahmen George Dull Knife und die Leute im Yellow-Bear-Lager das gedämpfte Grollen von Gewehrfeuer, das weit von Westen zu ihnen herdrang. Bald darauf hörten sie das ferne Donnern schwerer Geschütze. Diese Art Waffen fürchteten die Lakota am meisten, und so zog eine Woge von Angst und Aufregung durch das Lager. Einige junge Männer holten ihre Pferde und ritten nach Westen davon. George Dull Knife besaß ein schnelles Pferd und konnte sich von einem Freund eine 12kalibrige Schrotflinte leihen. Als er neben seinem Pferd gerade zu dem Haus seines Freundes hinüberging, holte ihn seine Mutter ein. Sie packte ihn, hielt ihn fest und ließ ihn nicht gehen. Immer wieder bedrängte er seine Mutter, ihn hinterherreiten zu lassen, aber sie gab nicht nach. Schließlich versteckte sie sein Pferd an einem Ort, an dem er es nicht finden konnte. Viele Jahre später, in der Mitte des nächsten Jahrhunderts, erzählte George Dull Knife seinem kleinen Enkel von dem Tag, an dem sie im Yellow-Bear-Lager die Kanonen hörten, und was seine Mutter alles getan hatte, um ihn zu Hause zu halten.

Guy Dull Knife jun., der Künstler und Bildhauer, erinnert sich noch sehr gut an den Tag, an dem er die Geschichte gehört hatte. Man schrieb das Jahr 1954, und er war sieben Jahre alt. General Dwight D. Eisenhower, leidenschaftlicher Golfer und Held des Zweiten Weltkriegs, beendete gerade sein zweites Amtsjahr als Präsident. In Asien hatten die Kommunisten Nordkorea verlassen, und in den Staaten bemühte sich Senator McCarthy um Sympathisanten. In New York hatten die Yankees einen muskulösen, jungen Mann ausfindig gemacht, der DiMaggio ersetzen konnte, und unten in Tupelo löste ein mageres weißes Kind ein Musikfieber aus, als es Lieder der Schwarzen sang. Vorstädte und bezahlter Urlaub, Kombiwagen, Doppelgaragen, all das gab es jetzt. Überfluß, Zuversicht und Wohlstand schienen überall eingekehrt zu sein. Es war eine gute Zeit.

Guy Dull Knife und sein Großvater stapften im Pine-Ridge-Reservat durch weites Büffelgrasland. Sie suchten nach wildwachsenden Pflanzen und Kräutern, die, für den Winter gesammelt, bei Erkältung und Grippe Linderung schaffen sollen. In jenem Herbst war George Dull Knife neunundsiebzig Jahre alt, und er liebte es, mit seinen Enkeln über die herbstlichen Felder zu wandern. Als sie an jenem Morgen an einer Anhöhe über dem Medicine Rock Creek angelangt waren, hielt er kurz inne. Er zeigte nach Westen hinüber und begann, eine Geschichte zu erzählen, die der kleine Junge noch nie zuvor gehört hatte.
»Immer wenn Großvater an diesen Tag zurückdachte, kam ihm vor allem in den Sinn, wie warm und sonnig dieser Tag gewesen war. Er sagte, man hatte beinahe das Gefühl, es sei Frühling, obwohl es Ende Dezember war«, erinnerte sich sein Enkel. »Das Dröhnen der Geschütze dauerte geraume Zeit an. Er war fürchterlich wütend auf seine Mutter. Die Leute im Lager befanden sich in großer Aufregung. Viele waren losgeritten, um nachzusehen, was passiert war, und er konnte sein Pferd nirgendwo finden. Am späten Nachmittag kehrte einer der jungen Männer ins Yellow-Bear-Lager zurück, und alle rannten auf ihn zu. Aus dem zu schließen, was Großvater sagte, muß er völlig erschöpft und voller Angst gewesen sein. Er berichtete den Leuten, daß an einem Ort, den die Lakota *Cankpe Opi Wakpala* nennen, etwas Schreckliches passiert sei.«

Major Samuel M. Whitside vom Siebten Kavallerieregiment schickte seine Scouts aus, um Häuptling Big Foot ausfindig zu machen.
Die Truppen waren in Panik geraten. Die Vorstellung, welche Katastrophen ihnen bevorstehen könnten, machte den Soldaten gewaltig zu schaffen. Schon waren die Brule Sioux aus ihrem Reservat am Rosebud River nach Pine Ridge geflohen. Viele Hunkpapa Sioux hatten es ihnen gleichgetan und waren in Panik von Standing Rock ins Cheyenne-Reservat geflohen. Innerhalb der Festung Stronghold tanzte – angeführt von Short Bull und Kicking Bear – eine große Menschenmenge mit leidenschaftlicher Hingabe. Viele von ihnen glaubten, nun unverwundbar zu sein. Die Armee befürchtete, daß umherziehende Banden feindlicher Lakota bald schon die Ansiedlun-

gen der Weißen überfallen würden, daß Sitting Bulls rasende Anhängerschaft unschuldige Farmer abschlachten würde, daß Big Foot sich auf seiner letzten, verzweifelten Flucht in die Badlands befände, daß er bald bei Short Bull und Kicking Bear eintreffen und sich mit ihnen für eine letzte Schlacht zusammentun würde. General Miles wünschte sich nichts mehr als Big Foots Gefangennahme. Seine Gefolgsleute sollten entwaffnet, gefangengenommen und mit der Eisenbahn weit, weit weg von den Reservaten in Dakota gebracht werden. In Pine Ridge hatten Offiziere der Armee eine Belohnung von fünfundzwanzig Dollar für denjenigen ausgesetzt, der den Häuptling der Miniconjou als erster aufspüren würde. Die gelangweilte Truppe der Reporter legte noch den gleichen Betrag drauf, so daß es schließlich fünfzig Dollar waren. Ende Dezember erhielten sämtliche Befehlshaber draußen in der Prärie folgenden Befehl: »Wenn er kämpfen will, dann tötet ihn.«[12]

Big Foot lag unterdessen eingehüllt in Decken auf einem hölzernen Karren und hustete Blut. Er war an Lungenentzündung erkrankt. Er und seine Leute kämpften sich durch die winterliche Prärie und wußten nichts von all den Belohnungen und Mitteilungen, von all der Hysterie und Panik. Sie hatten nie vorgehabt, sich zu der Festung zu begeben. Jetzt, etwa siebenunddreißig Kilometer vom Lager Red Clouds entfernt, schleppte sich der Troß nur noch mühsam voran. Kälte und Hunger setzten ihnen zu. Sie besaßen nur wenig wärmende Kleidung und hatten während der letzten Tage bereits einige ihrer Pferde schlachten müssen. Nach althergebrachtem Brauch hatten einige Frauen als Zeichen ihrer Trauer um Sitting Bulls Tod ihr Haar abgeschnitten und sich die Arme aufgeritzt. Viele von Big Foots Leuten waren krank und erschöpft, fürchteten sich und sehnten sich nach dem Lager Red Clouds, wo sie sich dann unter der Obhut des letzten großen Führers, der ihrem Volk geblieben war, befänden. Dort würden sie in Sicherheit sein, bekämen zu essen, eine Unterkunft und wärmere Kleidung. Wie es sich für einen Häuptling gehört, befand sich Big Foot am Anfang des Zuges, allerdings lag er eingehüllt in Decken auf einem Wagen.

Bat Garnier, ein Halbblut, der sich als Scout verdingt hatte, traf als erster auf den Troß. Er erzählte Big Foot, daß es von in Panik geratenen Soldaten nur so wimmele und daß das Siebte Kavallerieregiment sein Lager gerade ein paar Kilometer von ihnen entfernt aufgeschlagen habe. Big Foot, der völlig erschöpft und dem Tod nahe war, antwortete, daß er keinen Ärger wolle. Die Späher könnten also die Nachricht überbringen, daß er, Big Foot, sich direkt in das Lager der Truppen begeben wolle. Nachdem die Scouts losgeritten waren, machten sich Big Foot, über dessen Wagen eine weiße Fahne wehte, und seine Leute noch einmal auf den Weg durch die Prärie. Bald schon erblickten sie Major Whitside und seine Kavallerie am fernen Horizont. Nachdem er seine Angst überwunden hatte, näherte sich der Offizier dem Wagen des Häuptlings. Er teilte Big Foot mit, daß sie sich alle in das Lager der Truppen begeben müßten. Der Häuptling stimmte zu und sagte, daß er dies sowieso vorgehabt hätte. Whitside winkte die Ambulanz nach vorne, und die Soldaten hoben den Häuptling vorsichtig von seinem Wagen herunter. Er blutete stark aus der Nase, und so hoben sie ihn vorsichtig mitsamt der Decken hoch und machten es ihm im Wagen der Ambulanz bequem. Es war bereits spät am Nachmittag, als das Siebte Kavallerieregiment und die Miniconjou Sioux im Militärlager am *Cankpa Opi Wakpala*, am Wounded Knee Creek, eintrafen.

Die Soldaten wiesen den Indianern einen Platz zu, an dem sie ihre Tipis aufstellen konnten. Der Platz lag in einem trockenen Flußbett nahe der Straße, die zur knapp dreißig Kilometer entfernten Hauptagentur des Pine-Ridge-Reservates führte. Major Whitside ordnete an, für Big Foot ein Armeezelt mit einem Ofen aufzustellen, und bald kam auch ein Arzt, der sich um Big Foot kümmerte. Whitside befahl aber auch, auf dem Kamm eines langgestreckten, niedrigen Hügels, der das Lager der Indianer überragte, zwei Hotchkiss-Kanonen in Stellung zu bringen. Es handelte sich dabei um fast vierzig Zentner schwere Hinterlader, die in der Minute fünfzig Granaten abfeuern konnten. Beim Aufschlag explodierten die fast anderthalb Kilo schweren Geschosse und rissen innerhalb eines weiten Radius alles in Stücke. Den ganzen Spätnachmittag und Abend über trafen weiter Truppen unter dem Kommando von Colonel James Forsyth aus Pine Ridge ein. Die Offiziere hatten vor ihrem Aufbruch ein Fäßchen Whiskey geschenkt bekommen, und so hörten Big Foots Leute in ihrem Dorf im Flußbett bis spät in die Nacht hinein die Geräusche von Wagen und Pferden, Marschgeräusche, Gelächter und das Klicken

von einrastendem Metall. Die ganze Zeit über hatten sie angenommen, sie würden am nächsten Morgen zunächst frühstücken und sich dann auf den Weg nach Pine Ridge machen und am nächsten Abend im Schutz des Dorfes von Red Cloud ihr Lager aufschlagen.
Als die 230 Frauen und Kinder und 120 Männer der Miniconjou am 29. Dezember, einem für die Jahreszeit ungewöhnlich warmen und sonnigen Tag, aufwachten, fanden sie sich von mehr als fünfhundert Soldaten umstellt. Die Mündungen von vier Hotchkiss-Kanonen waren vom Hügel nun auf ihr Lager gerichtet. Diese überwältigende Darbietung von Gewalt versetzte die Miniconjou augenblicklich in Angst und Schrecken. Sie wußten nicht, was sie tun sollten und was all die Waffen und Soldaten bedeuteten. Was die Indianer nicht wissen konnten, war, daß die Truppen eindeutige Befehle erhalten hatten. Die Miniconjou sollten nicht nach Westen zu Red Cloud gehen. Man wollte sie fünfundvierzig Kilometer nach Süden zu einer Bahnstation in Gordon in Nebraska bringen und dann mit dem Zug nach Omaha schaffen, das mehr als 450 Kilometer östlich lag. Vor dem Aufbruch sollten sie entwaffnet werden.
Einen Indianer zu entwaffnen war schon immer ein kniffliges Unterfangen gewesen. Waffen zählten schon lange zu den begehrtesten Besitztümern der Lakota. Sie zu erwerben, war manchmal mit großen Kosten verbunden. Oft wurden sie gegen zahlreiche Güter und Dienste eingetauscht. Die Indianer benötigten ihre Waffen für die Jagd, um sich zu verteidigen und um in Schlachten Ruhm zu erwerben. Erst kürzlich hatten die neuen Winchester- und Springfield-Gewehre eine weitere Funktion erhalten: Mit ihrer Hilfe konnte das Fortbestehen der Geistertanzbewegung gesichert werden. Am Morgen des 29. Dezember waren die Truppen davon überzeugt, daß es nach einer derartigen Machtdemonstration ein Kinderspiel sein würde, Big Foots Leute zu entwaffnen. Einige der Lakota nahmen jedoch an, daß sich ihre Situation noch verschlimmern würde, wenn sie nicht nur von Waffen umstellt, sondern auch noch selbst entwaffnet wären.
Gegen acht Uhr morgens berief Colonel Forsyth, der Kommandeur des Siebten Kavallerieregimentes, nach dem Frühstück eine Versammlung ein, die vor Big Foots Zelt stattfinden sollte. Der greise Häuptling wurde hinausgetragen. In Decken gehüllt, den Kopf mit einem Tuch bedeckt, setzte er sich auf den Boden. Forsyth ließ den

Miniconjou durch einen Dolmetscher mitteilen, daß sie all ihre Waffen übergeben und neben ihrem Häuptling auf einen Haufen legen müßten. Danach würden sie sich auf den Weg zu ihrem neuen Lager machen. Der Platz, an dem die Unterredung stattfand, war von Soldaten umgeben. Oben auf dem Hügel hatten sich Kanoniere neben den schweren Geschützen postiert. Außer Hörweite bauten im nahegelegenen Lager der Indianer einige Frauen gerade die Tipis ab und beluden die Wagen für den Marsch nach Pine Ridge. Hunde jagten hinter Kindern her, und die Kinder jagten einander. Am Versammlungsort liefen die Männer der Miniconjou nervös, abgespannt und verwirrt umher. Nach einiger Zeit kamen sie mit ein paar defekten Gewehren zurück. Da es Colonel Forsyth irritierte, daß sie nur so wenige Waffen abzugeben hatten, ordnete er eine Durchsuchung der Tipis an. Seine Leute durchstöberten die Unterkünfte und Wagen und kamen bald darauf mit wesentlich mehr Gewehren, Bogen, Messern, Äxten und Kriegsbeilen zurück. Als nächstes wies Forsyth die Soldaten an, jeden der Männer zu durchsuchen, ihre Kleidung und Decken nach versteckten Waffen abzuklopfen. Die älteren Männer ließen dies auch geschehen, aber viele der jüngeren Männer ließen es nicht zu. Sie wichen aus, liefen hin und her und gerieten in Panik, weil sie nicht wußten, wie sie sich verhalten sollten.

Mehrere Minuten lang hatte ein Medizinmann der Miniconjou den Platz umrundet. Er hieß Yellow Bird und war in phantastischen Farben bemalt. Er trug ein Geistertanzhemd und eine Schleppe aus Adlerfedern, sang Lieder und einen eintönigen Sprechgesang, warf Staub vom Boden in die Luft und beschwor die Krieger, daß sie nichts zu befürchten hätten, daß die Kugeln der Soldaten an ihnen abprallen und zu Boden fallen würden. Als er weiterhin so sang und tanzte, wurden die unerfahrenen Soldaten und die jungen Krieger immer unruhiger. Daraufhin befahl Colonel Forsyth dem Medizinmann, er solle aufhören, sich hinsetzen und sich ruhig verhalten. Einige Zeit lang tat Yellow Bird auch, wie ihm gesagt wurde. Als die Soldaten dann aber die Indianer nach Waffen durchsuchten, nahm er wieder die Gesänge des Geistertanzes auf, umkreiste den Platz und forderte die jungen Krieger auf, Mut zu fassen, an die Prophezeiungen des Messias und die bevorstehende neue Welt zu glauben. Schon bald hob ein junger Krieger sein Gewehr in die Höhe. Black Coyote, der taub war, rief laut, daß er sich sein Gewehr hart erarbeitet hätte, daß es ihm gehöre und daß er es, ohne Entschädigung zu erhalten, nicht hergeben würde. Zwei Soldaten näherten sich ihm von hinten und ergriffen ihn. Während des Handgemenges löste sich ein Schuß, der durch das gesamte Lager hallte.

Daraufhin eröffneten die Soldaten das Feuer, und ein vernichtendes Kanonensperrfeuer prasselte auf das Lager nieder. Hunderte von Salven wirbelten Erde, dicke Staub- und Pulverwolken hoch, so daß man nur wenige Meter weit sehen konnte. Die Miniconjou-Krieger machten sich sofort über die auf einem Haufen liegenden abgelieferten Waffen her, und die Soldaten stürzten sich auf die Krieger. Zehn Minuten lang kämpften sie mit Gewehren, Messern, Keulen, Äxten und Kriegsbeilen Mann gegen Mann. Der Dolmetscher Philip Wells verlor durch einen Messerhieb den größten Teil seiner Nase. Captain George Wallace fiel zu Boden. Eine Kugel hatte den oberen Teil seines Schädels weggerissen. Auf einer Seite lagen acht bis zehn in graue Schuluniformen gekleidete Indianerjungen ineinanderverkeilt auf einem Haufen. Häuptling Big Foot, der stark aus mehreren Kopfverletzungen blutete und dessen Körper von Kugeln durchsiebt war, brach neben seinem Zelt, über dessen Eingang immer noch die weiße Fahne im Wind wehte, zusammen und starb. Oben auf dem Hügel richteten die Kanoniere die Hotchkiss-Kanonen nun auf das Dorf im Tal. Ganze Blöcke wurden aus dem Erdreich herausgerissen und explodierten in der Luft, Tipis gingen in Flammen auf, und die zerfetzten Körper von Frauen und Kindern regneten auf das Dorf herab. Verwandte schrien hysterisch auf und weinten, schlossen sich den überlebenden Männern an und rannten die Schlucht hinunter zum Wounded Knee Creek. Berittene Truppen verfolgten sie bis zu der schützenden Uferböschung. Auch mit den Hotchkiss-Kanonen setzte man ihnen bis dorthin nach. Das Schießen dauerte den ganzen Nachmittag lang.

Am Neujahrstag 1891 gelang es George Dull Knife doch noch, seine Mutter am frühen Morgen davon zu überzeugen, daß er vorsichtig sein und beim ersten Anzeichen von Gefahr umkehren würde. Also erlaubte sie ihm schließlich, mit seinem Pferd loszureiten, um nachzusehen, was passiert war. Zwei Tage lang waren die Leute im Lager vor Angst wie gelähmt gewesen. Als der Reiter mit den schlimmen Nachrichten zurückgekehrt war, hatten die Leute eilig ihre Besitztümer zusammengepackt und sich zur Flucht bereit gemacht. Im Lager war das Gerücht umgegangen, daß schon bald Soldaten von Haus zu Haus ziehen und so viele Lakota in Pine Ridge töten würden, wie sie finden könnten – die Rache des Siebten Kavallerieregimentes für die Niederschlagung General Custers und seiner Leute. Wie viele andere auch, war George Dull Knife die Nacht über aufgeblieben und hatte gepackt, um bei Tagesanbruch aufbrechen zu können. Nun hatte auch noch einige Tage lang ein schlimmer Blizzard über die Prärie gefegt und Schnee und eisige Kälte gebracht. Einige von ihnen hatten sich bereits auf den Weg gemacht, doch viele aus dem Yellow-Bear-Lager wußten nicht, wohin sie sich wenden sollten. Sie wußten sich keinen Rat mehr. George Dull Knife schwang sich auf sein Pferd, holte einen Freund ab und ritt aus dem Lager hinaus nach Westen.

Am späten Nachmittag zügelten sie ihre Pferde auf einem Hügel, von dem aus sie die Wounded-Knee-Schlucht überblicken konnten. Es war kalt, und der scharfe Winterwind trieb ihnen Tränen in die Augen, als sie haltmachten, um nach unten zu schauen. In der Niederung unter ihnen flatterte an den wenigen Tipistangen, die noch stehengeblieben waren, zerrissenes Tuch. Unter geschwärzten Stangen Fetzen von Kleidern und Decken, zerrissene Gewänder und Umhängetücher, vom Wind über den verwüsteten Boden weggetrieben. An der Straße nach Pine Ridge sahen sie die Trümmerhaufen der zersplitterten Wagen. Tote Hunde und Pferde lagen verstreut dazwischen. Gegenüber dem Dorf sahen sie auf einem Schneefeld die Leichen von Häuptling Big Foot und seinen Gefolgsleuten. Einige lagen übereinander, andere einzeln, viele waren in grotesken Haltungen erstarrt. Die beiden Jungen sprachen kein Wort, und als sie aus der Ferne einige Soldaten und Wagen herankommen sahen, wendeten sie ihre Pferde und ritten ins Yellow-Bear-Lager zurück.

»Diesen Anblick vergaß mein Großvater sein ganzes Leben lang nicht«, sagte Guy Dull Knife jun. Als er noch ein kleiner Junge war, erzählten sein Großvater, sein Vater und auch sein Nachbar ihm von dem Wounded-Knee-Massaker.

Fast ein halbes Jahrhundert lang lebte Dewey Beard in einer Höhle, etwa anderthalb Kilometer entfernt vom Haus der Familie Dull Knife in der Nähe von Kyle, einer Gemeinde inmitten des Pine-Ridge-Reservates. Auf ihrem Küchenherd stand immer eine Kanne mit dampfendem Kaffee bereit, und Dewey kam oft auf eine Tasse vorbei. An einem bitterkalten Wintertag waren die Dull Knifes allesamt in ihrer winzigen Küche versammelt. In Decken oder Mäntel gehüllt saßen sie um den Holzofen herum. Plötzlich klopfte es an die Tür. Ein paar Augenblicke lang rührte sich keiner von ihnen, weil sich niemand vom wärmenden Ofen wegbewegen wollte. Endlich stand Rose Bull Bear auf und ging zur Tür. »An jenem Tag war die Temperatur unter minus vierzig Grad gesunken«, sagte Guy jun., »und als meine Mutter die Tür öffnete, stand Dewey vor ihr, nur mit einer dünnen Jacke und einem Overall bekleidet, mit einem Tuch um den Kopf und Mokassins an den Füßen. Er trug weder Socken, noch Handschuhe. Er war damals so um die neunzehn Jahre alt und war zu unserem Haus herübergeritten. Dewey war auf traditionelle Weise aufgezogen worden, und so schien ihm die Kälte nicht so sehr zuzusetzen wie uns.«

Mit achtzehn Jahren hatte Dewey zusammen mit ein paar Kriegern in den letzten Augenblicken der Schlacht den Little Bighorn River überquert. Als er dreiunddreißig war, lebten er und seine Familie im Dorf von Big Foot. Er war der einzige überlebende Lakota beider Schlachten – der gegen Custer und der am Wounded Knee. Viele Jahre später sprach er über den Kampf auf dem Versammlungsplatz und über die Flucht aus dem Dorf der Miniconjou ausführlich mit einem Dolmetscher, der alles gleich zusammenfassend wiedergab:

»Der Kampf um das Gewehr dauerte nicht lange. Seine Mündung wies hinauf nach Osten, als sich der Schuß löste. Kurz darauf folgte eine Salve, und die Leute fielen einer nach dem anderen zu Boden. Sie krümmten sich und zuckten vor Schmerz. Dewey richtete seinen Blick nach Südosten. Noch wußte er nicht, was er unternehmen konnte. Er besaß nur ein Messer. Als er nach Osten hinübersah, hatten die Soldaten dort inzwischen seine Leute unter Beschuß genommen. Er faßte den Plan, zu den Soldaten hinüberzulaufen und einem von ihnen das Gewehr zu entreißen. Also rannte er auf die Soldaten zu, die sich westlich von ihm befanden. Der Rauch war so dicht, daß Dewey nichts erkennen konnte. Nur wo sich die Schwaden lichteten, sah

Die Leiche von Häuptling Big Foot
(Nebraska State Historical Society)

er die Messingknöpfe der Uniformen blinken. Einer der Soldaten zielte auf Deweys Schulter und drückte ab, als sich die Mündung schon dicht neben seinem Ohr befand, so daß Dewey eine Weile taub war. Er entriß dem Soldaten das Gewehr und stach ihm mit seinem Messer in die Brust ... Während sich Dewey mit dem Soldaten zu schaffen machte, schossen andere auf ihn, verfehlten ihn aber und töteten statt dessen die Soldaten um ihn herum. Er stand auf und rannte mitten durch die feindlichen Linien hindurch auf das Flußbett zu. Er war der letzte Indianer, der es noch erreichen sollte. Die Soldaten feuerten aus nahezu allen Richtungen auf ihn und trafen ihn ... Dewey versuchte dennoch, zum Fluß zu gelangen, und kam auch wieder auf die Beine ... Vorne am Eingang der Schlucht auf südlicher Seite schossen Soldaten auf Indianer, die sich dorthin flüchten wollten. Die Schüsse der Soldaten klangen wie Feuerwerkskörper und wie Hagel, der während eines Sturmes niederprasselt. Dort unten wurden viele seines Volkes getötet oder verwundet ...
Als er in die Schlucht hinunterging, sah er dort die Leichen vieler kleiner Kinder liegen. Seine Verletzungen schwächten ihn nun sehr. Als

er aber all die kleinen Kinder in ihrem Blut liegen sah, stieg eine furchtbare Wut in ihm auf. Er fühlte, daß er sich selbst dann nicht beruhigen könnte, wenn er das Fleisch eines Soldaten essen würde ... Obwohl Deweys Stammesbrüder wußten, daß er verwundet war, baten ihn diejenigen, die sich unten in der Schlucht befanden, dennoch um Hilfe. Also setzte er erneut sein Leben aufs Spiel, um seine Stammesbrüder zu verteidigen. Er nahm all seinen Mut zusammen. – ›Ich war sehr schwach und fiel schließlich hin.‹ Ein Mann, der einen Unterkieferdurchschuß erlitten hatte, hielt Beard seinen Patronengürtel entgegen und bat ihn, sich weiter für seine Leute einzusetzen.
›Er gab mir die Patronen, aber ich erklärte ihm, daß ich schwer verwundet und schon sehr schwach sei. Während ich auf dem Rücken lag, blickte ich hinunter in die Schlucht und sah, daß viele Frauen weinend den Abhang hochkamen. Ich sah all diese Frauen, jungen Mädchen und Kinder, die versuchten, sich aus der Schlucht zu retten. Von beiden Seiten schossen die Soldaten so lange auf sie ein, bis sie alle niedergestreckt hatten.‹
Eine junge Frau näherte sich ihm und rief ›Mutter! Mutter!‹ Sie war unter dem Kinn, dicht über dem Kehlkopf, verwundet. Die Kugel hatte eine Strähne ihres Haares erfaßt und in der Wunde zurückgelassen. Dann hatte die Kugel ihre Schulter von vorne durchschlagen und ihre Mutter, die hinter ihr ging, getroffen. Dewey setzte sich auf und rief ihr zu, sie solle zu ihm herkommen. Als sie dicht vor ihm war, brach sie zusammen. Er packte sie an ihrem Kleid und zog sie über seine Beine zu sich hin. Als die Gruppe der Frauen, auf die die Soldaten schossen, an ihm vorübergezogen war, sagte er der jungen Frau, sie solle ihnen folgen, und so ging auch sie weiter die Schlucht hinauf. Er richtete sich auf und folgte ihnen. Er sah viele tote Männer, Frauen und Kinder in der Schlucht liegen. Als er eine kurze Strecke zurückgelegt hatte, hörte er jemanden singen. Er ging weiter und erkannte seine Mutter, die sich nur langsam fortbewegte. Sie hatte schlimme Wunden davongetragen. Sie hielt den Revolver eines Soldaten in der Hand und schwang ihn beim Gehen hin und her. Dewey konnte sich nicht erklären, wie sie zu dem Revolver gekommen war. Als er sie eingeholt hatte, sagte sie zu ihm: ›Geh nur weiter, mein Sohn. Ich werde es nicht mehr lange machen.‹ Kurz darauf eröffneten die Soldaten das Feuer und erschossen sie. ›Um meine Mutter zu ver-

teidigen, erwiderte ich das Feuer. Während ich auf die Soldaten schoß, die sich nördlich von mir befanden, wandte ich mich um und sah, daß meine Mutter bereits zu Boden gesunken war. Also lief ich weiter und traf bald auf einen am Knie verwundeten Mann, der auf dem Weg in die Schlucht war …‹

Aufgrund seiner Verwundung konnte Dewey den rechten Arm nicht benutzen. Er hielt den Daumen der rechten Hand zwischen den Zähnen und trug seine Winchester auf der linken Schulter. Er hatte gehört, daß [sein Bruder] White Lance erschossen worden sei. Während er zu der Stelle lief, an der es passiert sein sollte, sah er wieder viele Frauen und Kinder am Boden liegen. Manche von ihnen lebten noch, andere waren bereits tot. Unmittelbar vor sich bemerkte er einige junge Männer. An diese wandte er sich und forderte sie auf, Mut zu fassen und alles zu tun, um die Frauen zu verteidigen. Er sagte: ›Ich selbst bin verwundet und kann sie nicht mehr verteidigen. Ich kann nicht mehr zielen.‹ Während er noch zu den jungen Männern sprach, kam aus der Schlucht ein Geräusch, das sich anhörte wie ein Präriefeuer, das große Büsche und hohes Gras erfaßt … Es war, als ob Hagel niederschlagen würde. Man hatte sie nun gnadenlos unter Beschuß genommen, und vor lauter Rauch war nichts mehr zu erkennen. Im Grund der Schlucht wirbelte der Kugelhagel mehr Staub auf, als Rauch in der Luft war, so daß sie einander nicht mehr sehen konnten. Als Dewey einen oberhalb der Schlucht gelegenen Graben erreicht hatte, sah er, wie sich White Lance vom oberen Rand der Böschung hinunterrollen ließ, um in die Schlucht zu gelangen. Er war so schwer verwundet, daß es zunächst sehr schlimm um ihn stand. Später aber erholte er sich von seinen Wunden. Als Dewey bei dem Graben ankam, fand er dort seinen Bruder William Horn Cloud, der gegen die Böschung lehnte. Er war in der Brust getroffen. Noch lebte er, erlag aber in derselben Nacht seinen Verletzungen. ›In dem Augenblick, in dem ich meinen verwundeten Bruder erblickte, sah ich auch White Lance weiter die Böschung herunterschlittern und bei William ankommen. William sagte zu White Lance: ›Wir wollen uns die Hände geben. Mir schwinden schon die Sinne.‹ Daraufhin sagte Dewey zu beiden: ›Meine lieben Brüder, zeigt euch als Männer und faßt Mut! Vor ein paar Minuten noch hat so unser Vater zu uns gesprochen. Ihr habt es ebenso gehört wie ich. Unser Vater sagte uns, daß die Menschen, die denselben Vater und dieselbe Mutter haben, im Augenblick der großen Katastrophe zusammenstehen und auch zusammen sterben sollen. Das ist besser, als nacheinander allein zu sterben …‹

White Lance und William reichten sich die Hände. Dann hoben Dewey und White Lance ihren Bruder hoch, stellten ihn auf die Beine, und White Lance lud ihn auf seine Schultern. White Lance hatte selbst mehrere Wunden und war durch den Blutverlust geschwächt. Dennoch schaffte er es, William zum Grund der Schlucht zu tragen … Und dann feuerten Hotchkiss- oder Gatling-Geschütze auf sie, worauf die Sterbenden ihre Totenlieder anstimmten … Jeder singt ein Totenlied seiner Wahl. Das Totenlied gibt zum einen dem Wunsch zu sterben Ausdruck, ist zum anderen aber auch als Requiem für die Toten gedacht … ›Zu diesem Zeitpunkt war ich unfähig, irgend etwas zu tun. Also ruhte ich mich aus und sprach meinen Brüdern Mut zu.‹ Die Kanonen feuerten ihre Salven in die Schlucht und zerstörten die Böschung, die den kämpfenden Indianern bis dahin Schutz gewährt hatte … Die Hotchkiss-Kanonen feuerten in rascher Folge und töteten einen Indianer. Er befand sich im Graben, als er von einer Granate getroffen wurde. Sie durchschlug seinen Magen und hinterließ in der Mitte seines Körpers ein Loch von fünfzehn Zentimeter Durchmesser. Der Mann war bewußtlos, atmete aber noch eine Stunde lang, bevor er starb …

An demselben Ort befand sich auch eine junge Frau, die eine Stange trug, über der eine schwarze Decke hing. Als sie sie hochhob, begannen die Soldaten zu pfeifen und zu schreien und darauf zu schießen. Eine der Frauen wandte sich an Beard und bat ihn, herzukommen und ihnen beizustehen. Er aber antwortete, er bleibe, wo er sei und würde sie von seinem Platz aus verteidigen. Es sei ihm egal, ob er getötet würde, da nun alle Kinder tot seien und er gerne zusammen mit den Kindern sterben wolle. Während er dies sagte, schossen die Soldaten wild drauf los …

Dewey ließ sich wieder in den Graben zurücksinken und lud sein Gewehr. Die Soldaten auf der gegenüberliegenden Seite schossen auf ihn. Nun hörte er einen Reiter am Rande der Schlucht entlangkommen. Er hörte den Hufschlag des Pferdes. Dieser Mann gab den Soldaten Befehl, auf die Frauen im Graben zu schießen, wenigstens nahm Dewey das an, denn die Soldaten eröffneten das Feuer auf sie …

Dewey Beard (rechts) und seine Brüder White Lane und
Joseph Horn Cloud im Jahr 1907
(Nebraska State Historical Society)

Die Sonne sank immer tiefer, es war bereits kurz vor Sonnenuntergang … Er erblickte fünf berittene Oglala Sioux. Er rief ihnen zu, aber sie fürchteten sich und machten sich davon. Dewey aber gab nicht auf. Er rief weiter hinter ihnen her und lief ihnen nach, bis sie endlich stehenblieben und er sie einholen konnte. Er ging ein Stück des Weges mit ihnen. Bald darauf stieß auch sein Bruder Joseph mit seinem Pferd auf die Gruppe. Dewey fragte ihn: ›Wohin gehst Du?‹ und Joe antwortete: ›Alle meine Brüder und meine Eltern sind tot. Ich gehe zurück in die Schlucht, damit sie auch mich erschießen. Deshalb kehre ich um.‹ Dewey sagte zu ihm: ›Komm lieber mit uns. Geh nicht dorthin zurück. Die anderen sind alle tot.‹ Die fünf Oglala waren derselben Meinung und versuchten, Joe umzustimmen. Dann verließen sie die beiden Brüder. Joe stieg ab und sagte Dewey, er solle aufsitzen. Dewey war blutüberströmt. Er stieg auf, und Joe ging langsam neben dem Pferd her. Etwas später holte sie noch ein Verwandter mit seinem Pferd ein, und die drei durchquerten den White Clay Creek …

Deweys Baby, Wet Feet, starb im darauffolgenden März. Es lag säugend an der Brust seiner toten Mutter, die einen Schuß ins Herz bekommen hatte. Es schluckte Blut, übergab sich daraufhin und erholte sich nie wieder davon, bis es schließlich starb.«[13]

Am 21. Oktober 1913 erhielt Dewey Beard von der Regierung der Vereinigten Staaten ein Empfehlungsschreiben. Das offizielle Schreiben lautete: »Hiermit bestätige ich, daß ich Dewey Beard vor zweiundzwanzig Jahren einen einwandfreien Charakter bescheinigt habe, und daß ich mit größter Zufriedenheit feststelle, daß er sich diesen Charakter all die Jahre bewahrt hat. Er ist einer der Überlebenden des Wounded-Knee-Massakers, in dessen Verlauf er zweimal ernsthaft verwundet wurde. Er verlor seinen Vater, seine Mutter, zwei Brüder, eine Schwester, seine Frau und sein Kind. Gezeichnet Nelson A. Miles, Generalleutnant der US-Armee.«[14]

Pfarrer Charles Cook schaffte eilig alles Gestühl aus der episkopalen Heiligkreuzkirche und bedeckte den Boden mit Stroh und warmen Steppdecken. Es war Weihnachtszeit. Girlanden und Gebinde zierten die Wände, und ein selbstgemachtes Spruchband – »Friede auf Erden und den Menschen ein Wohlgefallen« – hing noch über dem Altar.

Am Abend trafen kurz nach halb zehn die ersten Wagen mit den Überlebenden des Dorfes der Miniconjou ein. Als Dr. Charles Eastman, ein Santee Sioux, der sich um die Verwundeten kümmern sollte, Pfarrer Cook und dessen Helfer die Männer, Frauen und Kinder, die auf den Wagen hergebracht wurden, erblickten, brachen sie in Zornestränen aus. »Dies war eine schwere Prüfung für jemanden, der erst vor kurzem gelernt hatte, an die christliche Nächstenliebe und die erhabenen Ideale der Weißen zu glauben«[15], bekannte Eastman später. Unter den achtunddreißig Überlebenden, die an diesem Abend in Reihen auf den Boden der Kirche niedergelegt wurden, befand sich auch der fünfjährige Steals a Running Horse. Er war schwer am Kehlkopf verwundet, und als die Ärzte versuchten, ihm Nahrung einzuflößen, rannen Essen und Wasser seitlich am Hals wieder heraus. Blue Whirlwind hatte vierzehn Verletzungen erlitten. Ihre beiden kleinen Söhne waren ebenfalls angeschossen worden, lebten aber noch. Ihr Ehemann, Spotted Thunder, war tot. Louise Weasel Bear war eine der ersten gewesen, die aus dem Dorf in die Schlucht fliehen konnten. »Wir liefen so schnell wir konnten, aber sie schossen auf uns, als wären wir Büffel. Ich weiß, daß es auch gute Weiße gibt, aber die Soldaten müssen böse Menschen sein, wenn sie es fertigbringen, auf Kinder und Frauen zu schießen. Unsere Krieger würden nie auf die Kinder der Weißen schießen.«[16] Bertha Kills Close to Lodge, siebzehn Jahre alt, lief mit ihren Verwandten durch die Schlucht. Als sie das Krachen einer Gewehrsalve hinter sich hörte, hielt sie inne. »Ich lief dorthin, wo die Salve eingeschlagen war und fand meine Schwester und unsere Mutter, die schwanger war. Sie war tot. Obwohl ich verwundet war, konnte ich zu ihnen hingehen. Meine Schwester lag im Sterben, und so blieb ich bei ihr. Als auch sie tot war, bemühte ich mich, sie in geziemender Weise auf dem Boden zu betten.«[17] Alice Dog Arm sah, wie ein Soldat auf einem Braunen auf ihre Familie zuritt. »Ich rannte und versteckte mich mit meiner Mutter und meinen beiden Brüdern in einem Graben. Mein Vater kam zu uns und zog meinen älteren Bruder mit sich fort, um ihn zu schützen. Kurz darauf kam er zurück und sagte, daß sie meinen Bruder getötet hätten. Meine Mutter brach in Tränen aus. Und da sie wollte, daß wir alle zusammenbleiben und gemeinsam sterben sollten, brachte uns mein Vater zu einem sicheren Versteck und verließ uns dann. Bald darauf kam ein Mann namens Air Pipe herbei und teilte uns mit, daß auch mein Vater tot sein.«[18] Afraid of Enemy, sechsunddreißig Jahre alt, erzählte, daß sie einen Soldaten bemerkt hatte, der auf einem Fuchs im linken Flügel des Lagers umherritt. »Ich hörte, wie er einen Befehl gab, und gleich darauf war es, als ob der Blitz einschlüge. Das ist alles, was ich noch weiß. Als ich wieder das Bewußtsein erlangte, lag ich am Boden. Ich erhob mich und wollte loslaufen, fiel aber wieder in Ohnmacht. Deshalb kann ich mich an fast nichts mehr erinnern. Mein alter Mantel ist jedenfalls von neun Kugeln durchlöchert worden.«[19] Nachdem die erste Salve aus den Kanonen abgefeuert worden war, flohen Rough Feather und ihre Familie unter heftigem Beschuß auf die Schlucht zu. »Mein Vater, meine Mutter, meine Großmutter, mein großer und mein kleiner Bruder wurden alle getötet. Meinem kleinen Sohn, der erst zwei Jahre alt war, schossen sie in den Mund. Er starb an dieser Verletzung.«[20]

Am Neujahrstag 1891 verließ ein Bestattungskommando von dreißig Zivilisten unter Militärbegleitung die Reservatsagentur in Pine Ridge. Diese Leute erhielten für jede Leiche, die sie einsammelten, zwei Dollar. Zwei Tage lang suchten sie das Schlachtfeld ab, hievten die gefrorenen Körper auf die Ladefläche der Wagen, die von je vier Mulis gezogen wurden. Häuptling Big Foot fanden sie in eine dicke Decke gehüllt, den Kopf mit einem Tuch bedeckt, gegen die Überreste des zerstörten Armeezeltes gelehnt. Sein Körper war in halbsitzender Stellung festgefroren. Nicht weit entfernt, innerhalb des Bezirks, in dem die Unterredung stattgefunden hatte, lagen die verkohlten Überreste des Medizinmannes Yellow Bird. Entlang einer etwa fünf Kilometer langen Strecke fanden sie die Überreste von drei schwangeren Frauen, deren Körper von Kugeln durchsiebt waren. Einer anderen hatte man den Unterleib weggeschossen, und einem kleinen Jungen war der Oberkörper von einer Granate zerfetzt worden. Das Bestattungskommando fand auch ein kleines Mädchen. Das Baby war mit Schnee bedeckt und schmiegte sich an seine tote Mutter. Es war in ein Tuch gewickelt, an Kopf, Händen und Füßen hatte es schwere Erfrierungen erlitten, lebte aber noch. Auf dem Kopf trug das acht Monate alte Baby eine winzige Wildledermütze, auf die in kleinen Punkten die amerikanische Flagge gestickt war. Als sich die Nachricht vom Auffinden des Babys im Lager verbreitete, nannten die Lakota es *Zintka Laluni*, Lost Bird. Später adoptierte Brigadegeneral Leonhard Colby, Kommandeur der Nationalgarde von Nebraska, das Mädchen und zog es in seinem Haus in Beatrice in Nebraska auf. Das Bestattungskommando entdeckte insgesamt neun

Das Bestattungskommando bei Wounded Knee
(Nebraska State Historical Society)

Überlebende, sieben Erwachsene und zwei Kinder. Sie hatten vier Tage ohne Essen überstanden, zwei davon im Blizzard.
Auf dem Hügel, auf dem zuvor die Hotchkiss-Kanonen postiert waren, hob das Bestattungskommando eine zwei Meter tiefe und vierundzwanzig mal zwei Meter große Grube aus. Nachdem sie alle Leichen zusammengesucht und herbeigeschafft hatten, luden sie sie von den Wagen ab und stapelten sie wie Holzstämme neben dem offenen Grab. Insgesamt waren es 146 Tote: 102 Männer und Frauen, 31 alte Leute, 6 Jungen im Alter von fünf bis acht Jahren und 7 Babys. Ohne Bestattungsformalitäten, ohne religiöse Zeremonie oder Totenritual wurden die gefrorenen Leichen in das Massengrab hineingeworfen, nachdem man ihnen die Geistertanzhemden, andere Kleidung und verschiedene Andenken weggenommen hatte. »Selbst einen Men-

schen mit einem Herzen aus Stein hätte es gerührt, mitanzusehen, wie die in Stücke geschossenen Körper kleiner Kinder nackt in das Grab geworfen wurden«[21], erzählte einer der Beobachter. Bevor sie das Massengrab zuschütteten, posierten die Helfer des Bestattungskommandos vor der Grube für die Fotografen. Dann fuhren sie zurück nach Pine Ridge. Gleich nach der Schlacht, noch vor dem Eintreffen des Bestattungskommandos, hatten überlebende Freunde und Verwandte bereits viele Leichen vom Schlachtfeld geborgen. Der offizielle Armeebericht gab 290 Tote an, 90 Krieger und 200 Frauen und Kinder. Unter den Soldaten selbst waren 32 Tote zu beklagen. Die meisten von ihnen waren den Kugeln der eigenen Leute zum Opfer gefallen.

In den Wochen vor dem Wounded-Knee-Massaker hatten die den Weißen freundlich gesinnten Häuptlinge in Pine Ridge den Anhängern der Geistertanzbewegung unter Kicking Bear und Short Bull geraten, den Kampf aufzugeben, in die Reservatsagentur zu gehen und Frieden zu schließen. Nachdem sie von dem Massaker erfahren hatten, startete der harte Kern der Geistertanz-Anhänger für kurze Zeit eine Offensive, beschoß das Hauptquartier der Pine-Ridge-Agentur, griff einen Versorgungszug der Armee an und attackierte die Truppen in der Nähe der katholischen Mission der Agentur. Schon bald aber wurden Friedensverhandlungen eingeleitet, und am 7. Januar führte Häuptling Big Road seine Leute nach Pine Ridge. Die Konflikte, die im Spätsommer begonnen, im Herbst ihren Höhepunkt erreicht und im Winter zum Massaker am Wounded Knee geführt hatten, waren am 16. Januar beigelegt, als Kicking Bear seine Waffen streckte und sich General Miles unterwarf. Zum Schluß wurden Kicking Bear, Short Bull und die anderen, die das Militär für Aufrührer hielt, in das Militärlager von Fort Sheridan in Illinois deportiert.

In einem vertraulichen Brief an einen Freund übte Miles später scharfe Kritik am militärischen Vorgehen in Big Foots Lager und beklagte die Opfer.

»Das Vorgehen der Armee am Wounded Knee war nichts als ein Massaker, ein Massaker von unvergleichlicher Brutalität und Kaltblütigkeit«, schrieb Miles. »Etwa zweihundert Frauen und Kinder wurden ermordet oder verwundet; Frauen mit kleinen Kindern auf dem Rücken; kleine Kinder, verbrannt vom Schießpulver der Männer, die

Die Anhänger der Geistertanzbewegung, die das Massaker überlebten: Kicking Bear trägt die Nummer 4, Short Bull die Nummer 5, Lone Bull die Nummer 12 (George Spencer, Nebraska State Historical Society)

sie aus nächster Nähe töteten, so daß das Pulver Haut und Kleidung versengte; Säuglinge, durchlöchert von fünf Schüssen ... Colonel Forsyth ist verantwortlich dafür, daß die Truppen an Ort und Stelle blieben, nachdem er das Kommando übernommen hatte. Er ist ebenso verantwortlich dafür, daß seine Truppen derart in Stellung waren, daß sie ihre eigenen Kameraden oder ihr eigenes Lager in direkter Schußlinie hatten.«[22]

Auf Geheiß des Kongresses wurde später eine offizielle militärische Untersuchung der Geschehnisse am Wounded Knee durchgeführt. General E. D. Scotts Abschlußbericht endete wie folgt: »In bezug auf die Schlacht am Wounded Knee gibt es nichts, was wir verschleiern oder wofür wir uns entschuldigen müßten – außer vielleicht für den Tod einer verwundeten Rothaut durch einen in Hysterie geratenen Soldaten. Das Feuer wurde von den Indianern eröffnet, und es hielt an, bis sie es wieder einstellten – mit der einen oben genannten Ausnahme.

Daß sich Frauen und Kinder unter den Opfern befanden, ist bedauerlich, war aber unvermeidbar. Die meisten von ihnen müssen durch die Kugeln der Indianer umgekommen sein ... Die Indianer am Wounded Knee haben ihre Zerstörung selbst herbeigeführt. Daran besteht kein Zweifel. Ihr Angriff auf die Truppen erfolgte mit der gleichen Heimtücke wie alle Angriffe in der Geschichte der indianischen Kriegsführung. Daß sie einem befremdlichen religiösen Wahn verfallen waren, kann man allenfalls als Erklärung, nicht aber als Entschuldigung für ihre Taten heranziehen.«[23]

In der Folge verlieh die US-Regierung achtundzwanzig Ehrenmedaillen an Soldaten des Siebten Kavallerieregimentes. Einer der Ausgezeichneten war Corporal Paul H. Weinert. Er gehörte dem Artilleriekommando an, das die Hotchkiss-Kanonen auf dem Hügel bedient hatte. Als die Miniconjou aus ihrem zerstörten Dorf flohen und versuchten, sich in die Schlucht zu retten, folgte Weinert ihnen mit der Kanone den Abhang hinunter. »Ich schaffte sie weiter nach unten, und schon bald war es auf der anderen Seite still geworden«[24], erinnerte sich Weinert.

Das Schweigen über dem Schlachtfeld am Wounded Knee kennzeichnete das Ende einer Epoche. Der Widerstand der Lakota gegen das Leben im Reservat war nun gebrochen, die verzweifelte Hoffnung auf eine Rückkehr zu ihrer traditionellen Lebensweise für immer zerschlagen. Nach dem 29. Dezember 1890 war der Westen nicht mehr ›wild‹. Den Wilden Westen gab es nur noch als romantische Illusion, die den Unterhaltungskünstlern und Showleuten vorbehalten blieb.

Am 14. März 1890 tauchte ein kurzer, in Chicago verfaßter Artikel im *Chadron Democrat* auf. Dort war zu lesen: »Buffalo Bill hat die Genehmigung der Regierung erhalten und wird in ein paar Tagen mit seiner Wild West Show auf Europatournee gehen. Mit von der Partie werden die feindlichen Sioux sein, die momentan noch in Fort Sheridan inhaftiert sind.«

VON PINE RIDGE NACH PARIS

Wasser schießt in Kaskaden durch tiefe Schluchten, deren Flußläufe von Cottonwood-Bäumen, Ulmen, Eschen und Eichen gesäumt sind. Pflaumen- und Würgkirschenbüsche breiten sich von den Ufern her aus und bilden ein undurchdringliches Dickicht, das bis an die ausgefahrene, unbefestigte Straße heranreicht. Hoch oben geht der dichte, grüne Wald in steile Felswände über, an deren Fluß Ponderosa-Kiefern wachsen. Oberhalb der Schlucht taucht zwischen wogendem hohem Gras und Kiefern eine Reihe sanft ansteigender Hügel auf, die Spuren längst vergangener Zeiten aufweisen – Blockhäuser, Windmühlen, rostige Pumpen, eingefallene Pferche. Auf dem Weg nach oben kommt man dann und wann an einem Tipi oder einer Schwitzhütte vorbei. Auf dem unermeßlich weiten Hochplateau erstreckt sich die offene Prärie. Etwa auf halbem Weg über die Hochebene trifft man auf Wagenspuren, die durch das kniehohe Gras schneiden. Sie führen ostwärts zu einer Holzkirche und dann weiter eine sanfte Erhebung hinauf zu einem kleinen Friedhof.

Fern von allem und abgeschieden in rauher Umgebung, war das Yellow-Bear-Lager die Zuflucht der traditionell gesinnten Lakota, die nicht imstande waren, ihre althergebrachte Lebensweise aufzugeben. In diesem Gebiet hatte das Volk Häuptling Dull Knife nach seiner Flucht aus Fort Robinson im Jahr 1879 versteckt, und von hier aus hatte George Dull Knife elf Jahre später den Donner der schweren Geschütze gehört, die die Schlucht am Wounded Knee unter Beschuß nahmen. Gegen 1890 war das Pine-Ridge-Reservat in vielerlei Hinsicht zur Wüste verkommen. Das betraf sowohl die Kultur als auch

Buffalo Bill Cody (Nebraska State Historical Society)

die Gefühlswelt und die psychische Stabilität seiner Bewohner. Die toten Anhänger der Geistertanzbewegung symbolisierten das Ende einer Kultur. Im Yellow-Bear-Lager fanden sich schließlich all jene traditionsverhafteten Familien der Lakota ein, die bis jetzt überlebt hatten, die die Jahre des Kampfes, der Flucht, der gewaltsamen Umsiedlung und der planlosen Reservatswechsel überstanden hatten. Während anderswo das Wild schon längst durch Mehlsäcke und Rin-

derhälften verdrängt worden war, jagten die Lakota im Yellow-Bear-Lager noch immer den Hirsch, den Hasen und den wilden Truthahn und fischten in den Flüssen nach Forellen. In dieser rauhen Gegend hielt sich das Tipi länger und setzten sich Schulen langsamer durch als an anderen Orten. Bei Familientreffen sprachen noch immer alle, egal ob groß oder klein, die Sprache der Lakota. Pferde waren den Lakota mehr wert als Rinder, und man zog die Medizinmänner den Priestern vor. Im Sommer konnte man von den Hügeln her noch immer die Pfeifen aus Adlerknochen hören, die die verbotene Zeremonie des Sonnentanzes begleiteten.
Die Familien, die hier lebten und in den zahlreichen Hügeln ihre Tipis errichtet hatten, fühlten sich dieser gewaltigen Landschaft ein Leben lang verbunden. Und sie bewahrten die Erinnerungen daran, wie das Leben in der Zeit des Umbruchs gewesen war. Viele der Familien waren miteinander verwandt und hatten im althergebrachten Gefüge ihrer sozialen Gemeinschaften, den eng verflochtenen, weitläufigen Familien des Stammes, gelebt. Auf dem kleinen Friedhof auf dem Hügel liegt Häuptling Yellow Bear begraben. Und Joshua Wolf Soldier, der der Armee als Scout gedient hatte. Ebenso Albert Has No Horse und Albert Trouble in Front, William Plenty Arrows und Abraham Conquering Bear, George und Mary Dull Knife.
Zwischen dem Winter 1879 und dem Sommer 1973 kamen vier Generationen der Familie Dull Knife nach Yellow Bear. Der alte Häuptling hatte nach einem Versteck gesucht und wollte sich von der Flucht aus Fort Robinson erholen. Sein Sohn, George Dull Knife, lebte hier in den Monaten zwischen seinen Engagements bei der Wild West Show. Guy Dull Knife sen. war hier geboren und aufgewachsen und kehrte aus dem Ersten Weltkrieg wieder ins Yellow-Bear-Lager zurück. Und Guy Dull Knife jun. versuchte in der Abgeschiedenheit der Kiefernwälder die Schrecken des Vietnamkrieges zu vergessen.

Auf den Fotografien, die in den Jahren nach dem Wounded-Knee-Massaker aufgenommen wurden, erscheint George Dull Knife als Mann von außergewöhnlichem Äußeren. Er ist groß, hat breite Schultern und einen mächtigen Brustkorb. Kohlschwarzes Haar umrahmt sein fein geschnittenes Gesicht: hohe, breite Wangenknochen, tiefschwarze Augen und ein kräftiges Kinn. Auf einer der Fotografien trägt er sein langes Haar sauber gescheitelt und mit einer Adlerfeder verziert und ist unter anderem mit Tuch und Mokassins bekleidet. Auf einem anderen ist sein Haar kurz geschnitten, und er trägt einen Mantel aus Büffelfell, Hose und Lederschuhe.

»Mein Großvater starb 1955«, erzählt Guy Dull Knife jun. »Er wurde ein Jahr vor der Schlacht gegen Custer geboren und starb, nachdem der Koreakrieg vorüber war. Er hat in seinem achtzig Jahre währenden Leben vieles erlebt. Als das Massaker am Wounded Knee passierte, war er fünfzehn Jahre alt. Er sagte, daß es noch lange Zeit danach vielen Indianern in Pine Ridge gleichgültig war, was mit ihnen passierte. Viele von ihnen gaben auf. Sie hatten zu nichts mehr Lust. Vor allem die Männer. Sie interessierten sich weder für Ackerbau und Viehzucht noch für irgendeine andere Arbeit. Meistens saßen sie nur herum und tranken Whiskey.«

»Mein Großvater sagte immer, damals hätten die Frauen dafür gesorgt, daß es weiterging. Sie hätten die Familien zusammengehalten und das Ruder an sich genommen. Im Gegensatz zu vielen Männern, die schwach gewesen seien und sich gehen ließen, hätten die Frauen Stärke bewiesen. Die Männer konnten in nichts mehr einen Sinn erkennen, also gaben sie auf. Für viele Leute waren die Jahre nach dem Wounded-Knee-Massaker die schlimmsten ihres Lebens. Ich glaube, daß mein Großvater froh war, als er die Gelegenheit bekam, sich der Wild West Show anzuschließen. Das Leben war damals in vielerlei Hinsicht nicht einfach. Als nach seiner Heirat dann die Kinder kamen, hatten er und seine Familie es sehr schwer. Aber wenigstens hatte er Arbeit. Viele Möglichkeiten boten sich nämlich nicht. Durch seine Beschäftigung verdiente er etwas Geld, mit dem er seine Familie so lange unterstützen konnte, bis sich die Zeiten wieder besserten.«

Im Jahr 1892 kam Georg Dull Knife zum ersten Mal über Freunde mit den Männern in Kontakt, die Indianer für Buffalo Bill Codys Wild West Show anwarben. Während der nächsten zehn Jahre gehörte er immer wieder zur großen Truppe derer, die für das Publikum im gesamten Osten der Vereinigten Staaten und in Europa in der Arena die Büffeljagd, dramatische Schlachten oder heldenhafte Taten wiederaufleben ließen. Viele der Lakota, die mit den Wild West Shows zogen, taten sich schwer. Sie ängstigten sich, bekamen Heimweh oder waren krank. Einige überlebten die lange Überfahrt über den Atlantik nicht, andere wieder starben während der Tourneen und wurden weit entfernt von ihrer Heimat in fremder Erde begraben. Manch einer verfiel dem Alkohol und mußte zurückgeschickt werden. Als George Dull Knife siebzehn Jahre als war, ging er das erste Mal von zu Hause fort. Er war groß, kräftig, gesund, und das Glück blieb ihm treu. Über all die Jahre hinweg bewahrte er seine gesunde Konstitution und verdiente etwas Geld, mit dem er seine Familie im Yellow-Bear-Lager unterstützen konnte. Schließlich wurde er sogar Codys Dolmetscher. Sein Leben lang ließ George Dull Knife – wie viele andere Lakota übrigens auch – nichts auf diesen ungewöhnlichen Mann kommen, der immer in einem komplizierten Verhältnis zu den Indianern gestanden hatte.

Als William F. Cody 1917 starb, hatte er wie kein anderer das Bild des amerikanischen Westens geprägt. Cody wurde in Iowa geboren, wuchs in Kansas auf, diente in Oklahoma und Montana der Armee als Scout, ging in Süd- und Norddakota auf die Jagd, züchtete in Nebraska Vieh, verbrachte seinen Ruhestand in Wyoming und seine letzten Tage in Colorado. Durch seine zahlreichen Betätigungen und sein schillerndes Leben wurde Cody zur Symbolfigur all der romantischen Mythen und Legenden, die sich um seine Epoche rankten. Als Junge hatte er am Pike's Peak nach Gold geschürft, hatte als Kurier einer Frachtgesellschaft Nachrichten nach Fort Leavenworth überbracht und war für den Pony Express* geritten. Als junger Mann wurde er noch in den Bürgerkrieg verwickelt, als dieser bereits dem Ende zusteuerte. Außerdem arbeitete er als Büffeljäger für die Gesellschaft der Union-Pacific-Eisenbahn und diente der Armee in den Feldzügen

* Vor dem Bau der Eisenbahn die schnellste Postverbindung in Nordamerika zwischen den Städten im Osten und Orten an der Westküste. Der Pony Express wurde am 3.4.1860 in Betrieb genommen und nach gut einem Jahr – nach Fertigstellung der transkontinentalen Telegrafenleitung – wieder eingestellt. Anm. d. Übers.

General Miles und Buffalo Bill Cody beobachten am 16. Januar 1891 ein nahe Pine Ridge gelegenes Lager feindlich gesinnter Indianer (Nebraska State Historical Society)

gegen die Stämme der Plainsindianer als Anführer der Scoutgruppe. Als er wenige Wochen vor seinem einundsiebzigsten Geburtstag starb, durfte Cody zu seinen Freunden und Bekannten Leute zählen wie Custer, Sitting Bull, Red Cloud, Wild Bill Hickcock, Calamity Jane, Annie Oakley, Frederic Remington, Charles Russel, die Generäle Sherman, Sheridan, Crook und Miles sowie Gouverneure, Präsidenten, Grafen und Gräfinnen, den Prinzen von Wales und Königin Victoria von England.

Schon viele Jahre zuvor hatte er sich vom Kämpfer zum Showman gewandelt. Als er im Jahre 1869 als Anführer der Scouts im Dienste des Fünften Kavallerieregiments von General Philip Sheridan stand, traf der dreiundzwanzigjährige Cody den jungen Schriftsteller Edward Zane Carroll Judson, den der umherstreifende Jäger und Kundschafter im Dienste der US-Armee faszinierte. Unter dem Pseudonym Ned Buntline brachte Judson eine Folge von Groschenromanen heraus, in denen Cody die Hauptfigur darstellte. Er beschrieb ihn als mu-

tigen, furchtlosen, extravaganten Mann, der sowohl den Büffeln als auch den Indianern erfolgreich nachstellte. Cody wurde zum Inbegriff des rauhbeinigen, neuen Helden des amerikanischen Westens. Bei den Lesern der Ostküste, die sich nach Wildwestabenteuern sehnten, wurden die Groschenromane äußerst beliebt. Buntlines Leserschaft verband schon Codys Namen mit ihrer romantischen Vorstellung von dem großartigen, wilden Land westlich des Mississippi.
Im Jahre 1872 begann Cody mit seinem neu erworbenen Ruhm Geld zu machen. Er trat mit Wild Bill Hickcok in einem Bühnenstück Buntlines auf – *The Scouts of the Plains*. Es wurde in Chicago uraufgeführt und bekam gute Kritiken. In den folgenden elf Jahren ging er immer wieder durch sämtliche Oststaaten mit dem Stück auf Tournee, kehrte zwischen den Engagements aber häufig in den Westen zurück.
1882 kaufte sich Cody in North Platte, Nebraska, eine Ranch mit mehr als 1600 Hektar Land. In jenem Jahr veranstaltete er auf Bitten der Städtebewohner am Vierten Juli* ein großes Fest. Dieses Fest wurde zu einem riesigen Erfolg – manche führen sogar die Anfänge des modernen amerikanischen Rodeos darauf zurück – und brachte Cody auf eine Idee.
Am 17. Mai 1883 hatte in Oklahoma eine später als *Buffalo Bill Cody's Wild West Show* bekannte Veranstaltung Premiere. Mehr als achttausend Zuschauer sahen Cody zu, als er, in einen mit Stickereien verzierten Anzug aus Wildleder und schwarzglänzende Stiefel gekleidet, an diesem Nachmittag auf einem Schimmelhengst in die Arena einritt. Ihm folgte eine Gruppe Indianerhäuptlinge in Kriegsbemalung, dann berittene Krieger, eine Büffelherde, Pferde, Cowboys, Kunstschützen und eine blankpolierte Kutsche der alten Deadwood-Linie. All das zog, begleitet von einer zwanzigköpfigen Musikkapelle, in die Arena ein und zeigte vor ausverkauftem Haus eine Reihe gut einstudierter Vorführungen: einen Ritt für den Pony Express, einen Angriff auf die Kutsche der Deadwood Line, einen Angriff der Indianer auf eine Siedlerhütte und als Finale eine turbulente Büffeljagd. Die Zuschauer waren begeistert. Am nächsten Tag wurde die Vorstellung von der Presse mit glänzenden Kritiken gefeiert. Für die nächsten dreißig

* Nationalfeiertag der Amerikaner: Jahrestag der Unabhängigkeitserklärung. Anm. d. Übers.

Jahre war diese Show das Vorbild für eine ganze Reihe von Wild West Shows in Amerika und Europa.

Um dem Versprechen nachzukommen, daß seine Show eine authentische Darbietung sei, benötigte Cody waschechte Indianer. Dreißig Jahre lang holte er sie aus Pine Ridge und den umliegenden Reservaten. In den ersten sieben Jahren wurden in der Show Indianer vom Stamm der Pawnee, der Arapahoe, der Cheyenne, der Crow und der Sioux vorgeführt. Da aber uralte Fehden zwischen den Stämmen allzu viele Probleme heraufbeschworen, entschloß sich Cody 1891 dazu, nur noch Sioux, vor allem Oglala Sioux, anzuheuern. In jenem Jahr befanden sich unter seinen Leuten sowohl Short Bull und Kicking Bear, die Anführer der Geistertanzbewegung, als auch Corporal Paul Weinert, der Kanonier des Siebten Kavallerieregimentes, der die Hotchkiss-Kanone am Wounded Knee bedient hatte. Jeder Indianer, der bei der Show auftrat, erhielt einen Vertrag, der ihm zusicherte, daß er gut behandelt, während seiner Teilnahme am Unternehmen voll versorgt und auch wieder bei guter Gesundheit nach Hause zurückgebracht werden würde. Die Verträge legten außerdem fest, daß ein Teil des monatlichen Verdienstes jedes Indianers – gewöhnlich waren das fünfundzwanzig Dollar – ins Reservat geschickt wurde.

Die Sioux waren sowohl in den Staaten als auch in Europa die Publikumslieblinge der Wild West Show. Cody mit seinem fransenverzierten Wildlederanzug, seinen schwarzen Stiefeln, seinem weißen Hengst, seinem wohlbekannten Ziegenbart und seinen wehenden Locken war schon seit langem zum Symbol des amerikanischen Westens geworden, und nun wurden es auch seine indianischen Darsteller. Sie galten als die klassischen Plainsindianer. In den Städten der Vereinigten Staaten und Europas war auf Tausenden farbenprächtigen Plakaten, Flugblättern und Handzetteln, die *Buffalo Bill Cody's Wild West Show* ankündigten, ihre Kultur dargestellt. Sie zeigten mit Federn geschmückte, nomadische, in Tipis lebende Krieger, die auf Büffeljagd gehen und die Siedler und die Kavallerie angreifen. Schließlich prangte das Konterfei der Indianer auf Briefmarken, Kalendern, Kaffeetassen und Tellern, und sogar Indianerpuppen wurden hergestellt. Dieses Bild des Indianers pflegten die Schriftsteller und Filmemacher des 20. Jahrhunderts in unzähligen Büchern und Filmen. Bald waren die Sioux zum Inbegriff der Indianer schlechthin ge-

worden. Cody hatte mit seiner Wild West Show eine phantastische Vorstellung vom Leben im amerikanischen Westen geschaffen und für deren Bekanntmachung und Verbreitung gesorgt. Diese Phantasiewelt war voller romantischer Stereotypen und sagenhafter Helden. Was in Omaha begann, breitete sich rasch nach Osten hin aus, fand dann seinen Weg über den Atlantik und war nicht mehr aufzuhalten. In jungen Jahren hatte Cody sich einen Namen als professioneller Büffeljäger gemacht. Er schlachtete das Tier ab, von dem das Überleben der Indianer abhing. Er behauptete von sich, daß er als bezahlter Jäger für die Union-Pacific-Eisenbahn in weniger als neun Monaten über viertausend Büffel und einmal sogar neunundsechzig Tiere in einer achtstündigen Jagd abgeschossen hätte. Später war er als Armee-Scout an dem Feldzug beteiligt, der die Vertreibung der Indianer aus den Plains zum Ziel hatte. Am 17. Juli 1876, also drei Wochen nach der Schlacht am Little Bighorn, traf sein Kavallerietrupp in der War-Bonnet-Schlucht in Nebraska auf eine Cheyenne-Bande. Cody soll in dieser Auseinandersetzung Häuptling Yellow Hand getötet haben. Diese Tat inszenierte er in seiner Show immer wieder. Als die Geistertanzbewegung Unruhen auslöste, beauftragte General Miles Cody mit der Verhaftung von Sitting Bull. Ein paar Wochen später, in den unruhigen Tagen nach dem Massaker am Wounded Knee, gehörte Cody wieder der Armee an.
George Dull Knife mochte Buffalo Bill Cody. Cody ließ seine indianischen Darsteller, die in dem Land jenseits des Atlantiks fremd waren, häufig Heimweh hatten und sich nicht zurechtfanden, nie allein. Er kümmerte sich rührend um sie und verließ oft sein komfortables Hotel, um bei ihnen im Lager zu nächtigen. Er sorgte dafür, daß sie genug zu essen bekamen, zeigte ihnen die Gegend und die Sehenswürdigkeiten und überreichte ihnen zum Abschied Geschenke. An diese kleinen Gaben, die die anderen bald vergessen hatten, erinnerte sich George Dull Knife sein Leben lang. Mit der Zeit wurden der junge Lakota und der etwas ältere Showman Freunde. Diese Freundschaft dauerte bis zu Codys Tod im Jahr 1917. Es war das Jahr, in dem Georges ältester Sohn mit der Armee des weißen Mannes in den Krieg zog.
In der großen schwarzen Truhe, die im Haus der Familie in Loveland in Colorado steht, befinden sich einige Erinnerungsstücke an die Tage

der Wild West Show. Gleich obenauf liegt eine schwarze Brille, deren Gestell ausgeblichen, verkratzt und verbogen ist und die Inschrift *La Dauphine – Paris* trägt – ein Geschenk Codys an George Dull Knife.

Als kleiner Junge bekam Guy Dull Knife jun. in den fünfziger Jahren in Pine Ridge eine Menge Geschichten zu hören. Diejenigen, die sein Großvater über seine Jahre bei der Wild West Show zu berichten wußte, zählten zu den besten. Den Jungen faszinierte die große, schwarze Truhe. Stundenlang stöberte er in ihr herum und betrachtete die Andenken, die seit Generationen in der Familie waren. Er fand die Brille und die alte, völlig verstaubte Pistole. Sie war vernickelt, hatte einen mit Perlmutt verzierten Griff und steckte in einem Lederhalfter. Sein Großvater hatte sie am Ende einer Spielzeit von Cody bekommen. Oft nahm der Junge einen öligen Lappen und polierte und putzte sie so lange, bis er sich in der Revolvertrommel spiegeln konnte. Ganz unten in der Truhe fand er ein Bündel Fotografien, die sein Großvater mit einem Rohlederriemen zusammengebunden hatte. Er entdeckte ein paar sehr alte darunter, die seinen Großvater und den Showman zeigten. Auf einem trug Cody seinen mit Fransen verzierten Anzug aus Wildleder, und im Haar seines Großvaters steckte eine Adlerfeder. Ein anderes war vor dem Eiffelturm in Paris aufgenommen worden. Scin Vater und die anderen waren in Decken gehüllt, standen dicht beieinander und blickten ausdruckslos in die Kamera.

Viele Jahre danach – George Dull Knife war schon lange tot – erinnerte sich sein Enkel noch immer an die Fotos und an die Geschichten, die er gehört hatte, egal ob er gerade in Vietnam war, im Pflegeheim am Bett seines Vaters saß oder allein am Steuer seines Autos durch die Badlands von Dakota fuhr. Er stellte sich dann vor, wie es wohl gewesen sein mochte, zur Jahrhundertwende als junger Lakota aus dem Yellow-Bear-Lager durch die Straßen von Paris oder London zu wandeln. Während der Jahre, in denen sein Großvater oft von zu Hause weg war, durften die Lakota in Pine Ridge nicht mehr ihre Sprache sprechen, ihre Tänze aufführen und ihren religiösen Gebräuchen nachgehen. Aber in einem Land, das achttausend Kilometer

vom Yellow-Bear-Lager entfernt lag, zahlten sowohl die gekrönten Häupter als auch die einfachen Leute Europas viel Geld, um die Ureinwohner Amerikas, ihre Tänze, ihren Kriegsschmuck und ihre schnellen Ponys zu Gesicht zu bekommen, um ihnen beim Singen, beim Sprechgesang und bei ihren Schlachtrufen zuzuhören.
Von all den Dingen, die er in der Truhe entdeckte, gefielen Guy Dull Knife jun. die Fotos am besten, sie faszinierten ihn geradezu. Also stellte er seinem Großvater eine Menge Fragen darüber. Anfang der fünfziger Jahre fuhr er mit seinen Eltern gelegentlich ins Yellow-Bear-Lager, um seine Großeltern in ihrem alten Blockhaus zu besuchen. Während der Wintermonate zog George Dull Knife manchmal seinen schweren Mantel an, hüllte sich in eine Decke und nahm in der Küche am Holzofen Platz, seinen Enkel auf den Knien. Und dann erzählte er Geschichten, die den Jungen zum Lachen brachten.
»Als sie einmal in England waren, nahm Cody einige der Indianer an ihrem freien Tag zu einer Art Jahrmarkt oder Zirkusveranstaltung mit. Diese Veranstaltung fand in der gleichen Gegend statt, in der auch die Wild West Show aufgeführt wurde. Die Indianer waren in ihrer traditionellen Kleidung und gingen auf dem Rummel umher. Bald kamen sie zu einem Platz, auf dem ein paar Karusselle standen. Da das neu für sie war, fragte Cody, ob sie nicht eins ausprobieren wollten. Sie stimmten zu, und so kaufte er ihnen die Billets, und sie stiegen einer nach dem anderen ein.
Das Karussell war innen ganz mit Spiegeln getäfelt – überall gab es Spiegel, an der Decke, auf dem Boden, an den Wänden. Mein Großvater sagte, daß sie nie zuvor so etwas gesehen hätten. Es dauerte nicht lange, und sie tanzten alle ihre Kriegstänze, betrachteten sich dabei in den Spiegeln und machten sich über das komische Ding lustig, in dem sie sich befanden. Da begann sich der Raum auf einmal zu drehen. Zuerst drehte er sich nur langsam, dann aber wurde er immer schneller und schneller, bis sie sich nicht mehr sicher waren, was mit ihnen geschah und was sie dagegen unternehmen könnten. Einer der Männer kroch in dem Raum umher und suchte nach dem Ausgang, keiner von ihnen konnte sich auf den Beinen halten. Bald drehte sich der Raum rasend schnell um die eigene Achse, und alle gerieten in Panik. Manchen wurde schlecht, und einige begannen ihre Totenlieder zu singen. Schließlich wurde das Karussell abgebremst und an-

gehalten. Als sie nach draußen gingen, war ihnen allesamt übel. Großvater sagte, das sei das letzte Mal gewesen, daß einer der Sioux in ein Karussell eingestiegen sei.
Ein andermal waren sie auf einem Rummel und gingen an einem Zelt vorbei, als plötzlich ein Mann auf sie zurannte, sehr hastig auf sie einsprach und immer auf das Zelt hinter ihnen deutete. Vor dem Zelt war auf einer Tafel das Bild eines riesigen Affen zu sehen. Einer der Indianer fragte Cody, was der Mann wolle. Cody sagte es dem Dolmetscher, und der übersetzte den Indianern, daß der Mann jedem zwanzig Dollar geben würde, der seinen Affen besiegen könne. Die Indianer beratschlagten sich, und einer von ihnen sagte zu Cody, daß er es versuchen wolle. Großvater erzählte, daß Buffalo Bill sich fürchterlich aufgeregt hätte. Er sagte dem Dolmetscher, er solle dem Indianer zu verstehen geben, daß es sich bei dem Affen um einen Orang-Utan handele, der ungeheuer stark sei, und daß der Indianer Gefahr laufen würde, bei dem Kampf verletzt zu werden. Aber der ließ sich nicht von seinem Vorhaben abbringen. Also gab Buffalo Bill auf, und alle gingen in das Zelt hinein.
Der Mann forderte den Indianer auf, in eine Art Boxring zu steigen, in dem der Affe saß. Alle anderen Indianer bildeten einen Kreis um den Affen herum. Bevor der Indianer im Ring auf den Affen zuging, tanzte er kurz einen Kriegstanz und sang sein Schlachtlied. Als er in das Zentrum des Ringes trat, war der Affe plötzlich auf den Beinen, sprang ihn an und warf ihn zu Boden, als wäre er ein Spielzeug. Nun bekam der Indianer es mit der Angst zu tun. Als der Affe sich anschickte, ihm die Hosen vom Leib zu reißen, kletterte der Mann in den Ring und brach den Kampf ab. Die anderen Sioux amüsierten sich inzwischen köstlich über ihren Freund. Noch die ganze Reise lang hänselten sie ihn wegen dieser Geschichte. Wenn sie wieder im Yellow-Bear-Lager wären, drohten sie ihm, würden sie die Geschichte von dem Affen, der einen großen Krieger der Sioux überwältigt hatte, jedem in Pine Ridge erzählen.«
Viele der Lakota zogen lange mit der Wild West Show umher. Die kürzeste Tour dauerte zwölf bis achtzehn Monate, die längste zwei bis drei Jahre. Bei der Abreise wußten viele von ihnen nicht, daß sie auf ihrer Reise in ferne, ihnen völlig unbekannte Länder einen Ozean überqueren mußten. Für gewöhnlich erhielten sie ihr Gehalt monat-

lich. Wieviel man ihnen zahlte, hing von ihrem sozialen Rang im Stamm, ihrer Aufgabe in der Show und davon ab, ob sie bereits Showerfahrung gesammelt hatten. Vor der Abreise unterschrieben sie die Verträge, in denen die Höhe des monatlichen Gehalts ausgewiesen war. In einem der Jahre hatten sich insgesamt 125 Indianer, darunter auch zweiundsiebzig Lakota aus Pine Ridge, der Show angeschlossen. Rocky Bear, der von Beginn an dabei war und den Cody sehr schätzte, verdiente 75 Dollar im Monat, der Dolmetscher John Shangreau 60 Dollar, Bear Foot und Sam Last Horse 35 Dollar, Thomas Kills in Winter und William Feather on Head 25 Dollar und Her Holy Blanket, Good Dog und Looks Back 10 Dollar. Das Yellow-Bear-Lager verließen George Dull Knife und die anderen Lakota meist zu Pferd oder auf angespannten Wagen. Zunächst ging es zur Bahnstation in Gordon in Nebraska. Dort nahmen sie den Zug ostwärts nach New York, wo sie dann das Schiff bestiegen, das sie über den Atlantik brachte. Für die meisten Indianer war die zweiwöchige Schiffspassage ein unvergeßliches Erlebnis.

»Großvater sagte immer, daß die Schiffspassagen das schlimmste an der ganzen Wild West Show gewesen seien«, erinnerte sich Guy Dull Knife jun. »Die Indianer hatten ihr ganzes Leben auf den Ebenen zugebracht. So etwas wie den Ozean hatten sie nie zuvor gesehen, und er jagte ihnen schreckliche Angst ein. Manche Indianer an Bord überlebten die Seereise nicht. Einige von ihnen waren schon in schlechter Verfassung gewesen, als sie New York verließen. Sie waren deprimiert und fühlten sich einsam. Daher war der Schock, den die Überquerung des Atlantischen Ozeans bei ihnen auslöste, mehr als sie vertragen konnten. Ihre Nerven waren stark angegriffen. Manche waren bereits krank, wurden dann auch noch seekrank und mußten sich andauernd übergeben. Sie hatten stets an Land gelebt und konnten sich nicht an das Leben auf dem Wasser gewöhnen. Einige starben und wurden auf See bestattet. Andere erkrankten und starben in Europa, wo sie an den verschiedensten Orten in England, Frankreich, den Niederlanden und Belgien begraben wurden.«[1]

Am 31. März 1887 verließ die erste Wild-West-Show-Truppe, die auf Tournee durch Europa gehen sollte, New York in Richtung London. An Bord der *State of Nebraska* befanden sich an diesem Tag 138 Soldaten und Cowboys, 97 Indianer, 180 Pferde, 18 Büffel, 10 Elche, 10

Mulis, 5 Texasstiere, 4 Esel und 2 Hirsche. Annie Oakley gehörte zu den Hauptattraktionen des Programms. Red Shirt, ein Unterhäuptling der Oglala Sioux aus Pine Ridge, führte die Gruppe der Lakota, Cheyenne, Kiowa und Pawnee an. Nachdem sie eine Woche auf See waren, tobte achtundvierzig Stunden lang ein heftiger Sturm, der das Schiff in den riesigen Wellen hin und her warf. Viele gerieten in Angst und Schrecken und wurden sehr krank, so daß einige Indianer ihre Totenlieder anstimmten. Obwohl es ihm selbst sehr schlecht ging, besuchte Cody jeden in seiner Kabine, sprach mit den Indianern, beschwor sie, Ruhe zu bewahren, und versprach ihnen, daß der Sturm bald ein Ende haben würde. Schließlich legte sich der Sturm, und das Schiff erreichte am 14. April sicher den Hafen von London.

Es sei nicht ungewöhnlich für Cody gewesen, hatte der Großvater erzählt, ihnen in ihrer Einsamkeit und Angst beizustehen, wann immer es ihm möglich war. Das vergaßen ihm die Indianer nicht, erzählten es zu Hause ihren Freunden und ihrer Familie. So kam es, daß sie allmählich begannen, ihm zu vertrauen. Eines Frühlings, nach einer langen Europatournee, begab sich die Truppe in Hull in England auf das Segelschiff nach New York. Am Tag zuvor hatten sich Black Elk, der Medizinmann der Oglala, und drei mit ihm befreundete Lakota – alle gehörten zur Show – verlaufen, so daß sie das Schiff verpaßten. Verlassen und voller Heimweh, heuerten sie schließlich bei einem kleineren Wild-West-Show-Unternehmen an und reisten mit ihm durch England, Deutschland, Italien und Frankreich. Die ganze Zeit über sparten sie Geld für die Rückreise nach Pine Ridge. Black Elk erkrankte in Frankreich und wurde in Paris von einer französischen Familie aufgenommen und gepflegt. Im Jahr darauf war Cody wieder in Frankreich, und Black Elk schloß sich seiner Show an. Als Cody ihn fragte, ob er bleiben oder lieber nach Hause zurückkehren wollte, antwortete Black Elk, daß er schon mehr als zwei Jahre lang von zu Hause fort sei, seine Familie schrecklich vermisse und lieber heimfahren würde. Ein paar Tage später gab Cody zu Ehren von Black Elk ein großes Fest, schenkte ihm neunzig Dollar und die Fahrkarte für ein Segelschiff, das schon am nächsten Morgen nach New York auslaufen sollte.

In einem anderen Jahr reiste Sitting Bull während des Sommers vier Monate lang mit der Show, und er wurde auf den Plakaten zusammen mit Annie Oakley an oberster Stelle aufgeführt. Cody mutete ihm nicht zu, bei den Scheingefechten zwischen Cowboys und Indianern mitzuwirken. Statt dessen bekam der Medizinmann der Hunkpapa seinen eigenen Auftritt, bei dem er von Scheinwerferlicht in die Arena geleitet wurde. In jenem Jahr spielten sie in mehr als vierzig Städten in den Vereinigten Staaten und Kanada vor ausverkauften Häusern. Das amerikanische Publikum buhte Sitting Bull häufig aus, in Kanada aber jubelten ihm die Zuschauer zu. Sitting Bull war erstaunt über die Unmengen von Weißen, die im Osten lebten, und auch über die Armut, der er dort begegnete. Oft verteilte er sein Geld unter einer Horde verwahrloster Kinder, die ihm hinterherliefen, wenn er durch die Straßen ging. »Die Weißen haben zwar gelernt, wie man Geld verdient, aber nicht, wie man es verteilt«, sagte er einmal zu Oakley. Sitting Bull und Cody wurden Freunde. Als die Tournee beendet war, überreichte Cody dem Lakota zwei Geschenke, einen weißen Sombrero und einen Grauschimmel, der gelernt hatte, zum Geräusch von Gewehrschüssen zu tanzen. An dem Morgen, an dem Sitting Bull starb, setzte sich das Pferd bei der ersten Salve, die außerhalb der Hütte Sitting Bulls am Grand River zu hören war, nieder und scharrte mit dem Huf auf dem Boden. Man erzählt sich, daß einige vom Tod ihres Häuptlings erschütterte Gefolgsleute glaubten, sein Pferd würde den Geistertanz tanzen.

Als die Lakota zum ersten Mal in England waren, konnten sich viele von Ihnen nicht an die britische Küche gewöhnen, erzählte George Dull Knife seinem Enkel. Ihr ganzes Leben lang waren sie passionierte Fleischesser, und so kamen sie mit Tellern voller Gemüse und wenig Fleisch, noch dazu von einer ihnen völlig unbekannten Sorte, nicht zurecht. Einmal waren sie gerade in einem teuren Londoner Hotel angekommen, und eine große Gruppe Lakota, die allesamt sehr hungrig waren, wurde in den Speisesaal gebeten. Viele der jüngeren Männer erschienen in traditioneller Kleidung, mit bemalten Gesichtern und mit Federn im Haar bei Tisch. Bald schon brachten Kellner mit weißen Handschuhen für ihre amerikanisch-indianischen Gäste Platten voller Schafsfleisch und Gemüse herbei. »Das Fleisch war in kleine Stücke geschnitten und wurde mit Kartoffeln, anderem Gemüse und Grünzeug serviert«, erinnerte sich Luther Standing Bear, ein Oglala Sioux aus Pine Ridge, später an das Ereignis. »Das Grünzeug ließen wir stehen. Wir hatten nur Appetit auf viel, viel Fleisch. Also nahmen wir das Fleisch von den Platten und ließen die Kartoffeln und das andere Gemüse zurückgehen.«[2]

Einmal versuchte Cody, die kulturelle Kluft zwischen Gastgeber und Gast zu überbrücken. »Buffalo Bill nahm eine Gruppe von Indianern in London zu einem Unterricht in gutem Benehmen mit. Mein Großvater erzählte, daß es dort einen Lehrer gab, der versuchte, den Indianern beizubringen, welcher Gabel sie sich wann zu bedienen hätten und wie man den Stuhl an der Tafel zurückzieht, damit eine Dame Platz nehmen kann. Manche Indianer konnten damals nicht einmal mit Messer und Gabel essen und hatten bei der ganzen Angelegenheit großen Spaß. Noch geraume Zeit, nachdem sie wieder nach Pine Ridge zurückgekehrt waren, zogen sie sich gegenseitig auf. So sagten sie etwa, sie hätten beobachtet, daß Herr Soundso mit seiner Fleischgabel gegessen habe, wo er doch eigentlich seine Salatgabel hätte nehmen sollen.

»Ich weiß zwar nicht mehr, wie es dazu kam, aber ein andermal gingen sie zu einer Papstaudienz. Der Papst weigerte sich jedoch, sie zu empfangen. Großvater sagte, der Papst hätte den Sioux ausrichten lassen, daß sie erst wieder bei ihm vorsprechen dürften, wenn sie eine andere Art gefunden hätten, mit dem Großen Geist zu reden.«

Von den zahlreichen Aufführungen der Wild West Show in Europa waren diejenigen vor königlichem Publikum immer die Höhepunkte jeder Spielzeit. Am 9. Mai 1887 kamen mehr als 28 000 Zuschauer zum Londoner Earl's Court, um der Europapremiere von Codys Show beizuwohnen. Fasziniert von dem, was sich in ihren ehemaligen Kolonien zugetragen hatte, kündigten die Londoner Zeitungen das Ereignis schon wochenlang vorher an. Am 25. April – englische und amerikanische Arbeiter trafen gerade die letzten Vorbereitungen für die große Arena, in der die Aufführung stattfinden sollte – besuchte William Gladstone, damals der einflußreichste Politiker des Landes, den Lagerplatz der Wild West Show und begegnete dort Cody, der ihm Häuptling Red Shirt vorstellte. Kurz darauf kamen an diesem kalten und verregneten Tag der Prinz von Wales, seine Gemahlin, ihre drei Kinder und eine kleine Gruppe französischer und deutscher Adliger in das Lager. Der Prinz fragte Red Shirt, ob ihm denn die andauernde Kälte nichts ausmache. Red Shirt versicherte ihm, daß diese Kälte harmlos sei im Vergleich zu der in seiner Heimat Dakota. Bevor der Prinz sich verabschiedete, schenkte er dem Häuptling eine Kiste seiner Lieblingszigarren. Ein paar Tage später lud der Schauspieler Sir Henry Irving eine Gruppe Lakota ein, sich seine Vorstellung von Goethes Faust im Lyceum Theater anzusehen. Von ihren Logenplätzen aus schauten die Indianer zu, wie Irving den Mephistopheles spielte. Eine Zeitung berichtete, daß die Lakota sich dabei »entsetzlich zu ängstigen schienen«. Red Shirt sagte danach, es sei wie ein großer Traum gewesen.

Am 20. Juni, einen Tag vor dem goldenen Jubiläum von Königin Viktoria, an dem der fünfzigste Jahrestag ihrer Thronbesteigung gefeiert werden sollte, gab die Wild West Show eine ganz besondere Vorstellung. Vor der Show hatte Cody noch einige Veränderungen an der Szene vorgenommen, in der die Kutsche der Deadwood-Linie gerettet wurde: In der Kutsche befanden sich nunmehr die Könige von Belgien, Dänemark, Griechenland, Sachsen und der Prinz von Wales. Unter den Augen Königin Viktorias und der gekrönten Häupter Europas überlebten die Insassen der von Cody gelenkten Kutsche einen Angriff der Indianer und fanden sich schließlich in der Sicherheit ihrer Logenplätze wieder.

Oft erzählte George Dull Knife seinem Enkel von einer Begebenheit, die sich während einer anderen Vorstellung vor gekrönten Häuptern Europas zutrug. Diese Geschichte war die beste von allen, und Guy Dull Knife jun. bat seinen Großvater immer wieder, sie ihm zu erzählen. Nachdem sie von ihrer ersten Tournee durch Europa zurückgekommen waren, wußte Cody, daß die Lakota das Fleisch von Rind, Schwein und Schaf nicht mochten. Seitdem sorgte er dafür, daß auf die Reisen nach Übersee immer ein paar Büffel mitgenommen wurden, die nur zum Schlachten vorgesehen waren. So hatten die Indianer immer einen frischen Vorrat der Fleischsorte, die ihnen am besten schmeckte. Die anderen Büffel wurden in der Jagdszene gezeigt, die sich zur Lieblingsattraktion vieler Europäer entwickelte.

»Als sie sich gerade auf eine Vorstellung in Spanien vorbereiteten, besuchte sie ein Mitglied der spanischen Königsfamilie in ihrem Lager, um sich die Büffel anzusehen. Der hohe Adlige hatte schon von den Büffeln gehört, aber noch nie zuvor einen gesehen. Er kam häufig ins Lager und warf jedesmal einen Blick auf die Tiere. Nach etwa einer Woche wandte er sich schließlich an Cody und forderte ihn auf, einen der Büffel gegen seinen Preisstier antreten zu lassen. Er sagte zu Cody, daß diese seltsamen, dichtbehaarten Kreaturen, die er aus Amerika mitgebracht hätte, es nicht mit seinem spanischen Stier aufnehmen könnten. Cody antwortete, daß er sicher sei, der Prinz besäße einen Stier von außerordentlicher Qualität, aber dennoch handele es sich bei ihm um ein domestiziertes Tier. Die Büffel dagegen seien Wildfänge und würden seinen Stier in Stücke reißen. Der spanische Prinz aber wollte nicht auf ihn hören und sprach ihn immer wieder auf die Sache an, bis Cody schließlich zu den Indianern ging und sie um Rat fragte. Die Indianer jubelten und rieten ihm, auf die Herausforderung einzugehen. Und so wurde ein Kampf zwischen dem Stier und einem Büffel vorbereitet.

»Am Tag des Kampfes fanden sich viele Leute in der Arena ein. Der spanische Stier, ein weißer Bulle, war über und über mit farbenfrohen Flaggen und Wimpeln dekoriert. Cody hatte mehrere mächtige Büffelbullen mit nach Europa gebracht, nun aber wählten er und die Indianer einen der kleineren und jüngeren, die schneller waren als die großen Bullen. Gleich zu Beginn des Kampfes ging der Stier zum Angriff über, rammte den Büffel in die Flanken und schob ihn über den Boden der Arena vor sich her. Kurz darauf erhob sich der Bulle und war nun völlig außer Rand und Band. Er war viel schneller als der spanische Stier und griff ihn immer wieder mit solcher Wucht an, daß er den erschöpften Stier schließlich zu Boden zwang und ihn mit seinen Hörnern in Stücke riß.

Der Stier starb kurz darauf. Nachdem alles vorbei war, eilte der spanische Prinz von der Tribüne herunter. Er tobte vor lauter Wut, sagte zu Cody, daß der Stier ein sehr wertvolles Tier gewesen sei, daß er viel Zeit und Geld in Futter und Aufzucht des Tieres investiert hätte und daß der Stier von edelster Abstammung gewesen sei. Zunächst ließ Cody ihn ausreden. Dann antwortete er ihm, daß er versucht hätte, ihn, den Prinzen, zu warnen, daß er aber nicht hätte auf ihn hören wollen. Also sei es seine eigene Schuld. Zu guter Letzt schenkte der spanische Prinz Cody den Stier, und Cody gab ihn den Indianern.

Noch am selben Abend schlachteten sie das Tier im Lager und hielten ein großes Gelage ab.«

Während der Tourneen durch Europa lebten alle Indianer zusammen. Schon kurz nachdem sie in England, Frankreich und Deutschland, Italien oder Spanien angekommen waren, glich ihr Lager jedesmal den Camps, in denen sie gelebt hatten, als sie noch in den Ebenen zu Hause waren. In der Nähe der Arenen entstand immer ein traditionelles Dorf aus Tipis. Ihre traditionellen Gewänder bewahrten sie in Falttaschen aus Rohleder auf, den sogenannten Parfleches, und viele von ihnen besaßen mit Perlen verzierte Beutel aus Hirschleder für ihre Pfeifen aus rotem Catlinit. Manchmal durften die Männer ihre Familien mit auf die Reise nehmen, und dann rannten Kinder durch die Dörfer in Übersee, wie man es von zu Hause gewohnt war. In der Regel brannten einige Lagerfeuer, und wenn der Duft von frischem, am Spieß gebratenem Büffel durch das Dorf zog, fanden sich alle zum gemeinsamen Mahl ein. Während die Frauen sich um das Feuer kümmerten und sich in den Tipis der Perlenstickerei widmeten, saßen die Männer in kleinen Gruppen zusammen, rauchten und unterhielten sich und verbrachten so ihre Freizeit zwischen den Aufführungen. Auf ihren Reisen durch Europa hatten die Indianer das Dominospiel kennengelernt. Viele von ihnen fanden großen Gefallen daran. Oft saßen sie stundenlang auf dem Boden und spielten, wobei sie durcheinanderriefen und umherbrüllten und manchmal sogar Wetten auf das Ergebnis abschlossen.

Trotz der Besuche von Mitgliedern des Königshauses, trotz zahlreicher Einladungen zu Essen und trotz sonstiger Möglichkeiten, am Gesellschaftsleben in Europas Städten teilzunehmen, zog Cody häufig das Leben im Indianerlager vor. Er genoß das Nachtleben, das Trinken und die Feste. Aber nach eine Weile, sagte George Dull Knife immer, zog es Cody zu seinesgleichen hin, also zu den Leuten, die aus dem amerikanischen Westen stammten. »Eines Nachmittags, erzählte Großvater, gingen sie alle in Paris in eine schicke Bar. Bis zum Abend war Cody stockbetrunken. Er hatte seinen sechsschüssigen Revolver umgeschnallt, und irgendwann war der Punkt erreicht, wo er ihn aus dem Halfter zog und alle sechs Schuß auf die Decke abfeuerte. Die Franzosen, die sich in der Bar befanden, stürzten sich unter die Tische, und jeder geriet in Panik. Nachdem Cody seinen Revolver leergeschossen hatte, steckte er ihn wieder ins Halfter zurück, trank aus, und dann verließen alle die Bar. In jener Nacht schlief Cody mit den Indianern in einem Zelt auf dem Lagerplatz und nicht in dem komfortablen Hotel, in dem einige von ihnen einquartiert waren. Mein Großvater sagte, daß er das oft tat. Ein oder zwei Nächte verbrachte er im Hotel, und dann tauchte er mit seinem zusammengerollten Bettzeug im Lager der Sioux auf.

Das eine Mal, als mein Großvater mit der Show unterwegs war, blieben sie sehr lange, ungefähr anderthalb Jahre lang, von zu Hause fort, und alle Indianer hatten großes Heimweh. Als sie in New York ankamen, stiegen sie in den Zug, und nach drei, vier Tagen kamen sie in Gordon an. Einige ihrer Verwandten erwarteten sie schon am Bahnhof. Es gab eine herzliche Begrüßung. Man weinte und fiel sich in die Arme. Statt sie nun ihres Weges ziehen und gleich nach Hause gehen zu lassen, bestand Cody darauf, für alle Sioux ein großes Fest zu geben. Er wollte ihnen für ihre Mitarbeit danken. Also ließ er seine Leute acht bis zehn Rinder schlachten und spendierte noch ein paar Fässer Cognac, und ich denke, sie feierten eine zünftige Abschiedsparty. Meine Grußmutter war mit einigen anderen aus dem Yellow-Bear-Lager zur Bahnstation gekommen. Nie zuvor hatte sie etwas von Cognac gehört. Ich glaube, sie war in jener Nacht ziemlich betrunken. Soviel ich weiß, hat sie das Zeug nie wieder angerührt.

Die Indianer waren immer sehr froh, wenn die Tourneen zu Ende gingen. Sie vermißten ihr Land, ihre Familie und ihre Bekannten und konnten es kaum erwarten, ihre Heimat wiederzusehen. Cody aber, sagte Großvater, schien in solchen Augenblicken immer ein wenig traurig zu sein. Er sprach davon, daß man doch noch etwas zusammenbleiben könne und daß er sie im nächsten Frühling wiedersehen würde, oder auch im nächsten Herbst, oder wann immer sie wieder aus Pine Ridge abreisen würden, um eine neue Spielzeit zu beginnen.«

Jahrelang hatten die Beamten in Washington, die mit der Reservatspolitik beauftragt waren, den Wild West Shows völlig ablehnend gegenübergestanden. Ihnen sagte die Idee, die hinter den Shows steckte,

nicht zu. Deshalb hatten sie mit allen Mitteln gekämpft, um dem Auftritt von Indianern in den Shows ein Ende zu setzen. Im Jahr 1889 faßte John Oberley, der Kommissar für Indianerfragen, die Haltung, die die Regierung gegenüber den Shows einnahm, zusammen:
»Durch das ganze Land zu reisen und mit all jenen Leuten in Kontakt zu kommen, die für gewöhnlich bei solchen Shows, Zirkusveranstaltungen und Vorführungen mit von der Partie sind, wirkt sich auf die Indianer höchst unvorteilhaft aus. Hinzu kommen all die unmoralischen und unchristlichen Begleiterscheinungen, die notwendigerweise mit einem solchen Leben verbunden sind. Das untergräbt nicht nur das gegenwärtige und künftige Wohl der Indianer, sondern es schafft auch Rahmenbedingungen, die einem unsteten Lebenswandel Vorschub leisten. Damit stehen diese Shows vollkommen dem entgegen, was die Regierung als Ziel ihrer Politik bezüglich der Indianer festgelegt hat.«[3]
Zwischen 1890 und der Jahrhundertwende war George Dull Knife häufig mit der Wild West Show unterwegs. Er gehörte zu den wenigen, die von zu Hause weggingen, und war häufig lange Zeit unterwegs. Diejenigen, die zurückblieben, mußten mit veränderten und schwierigen Lebensbedingungen zurechtkommen. So schätzte George Dull Knife sich glücklich, daß er Arbeit hatte und Geld verdiente. Das machte das Leben ein wenig einfacher. Zwischen den Tourneen kehrte er ins Pine-Ridge-Reservat zurück und bemerkte natürlich die zahlreichen Veränderungen und auch den Zustand, in dem sich sein Volk befand. Später einmal würde er seinem Sohn und seinem Enkel von dem Leben erzählen, das die Oglala Sioux im letzten Jahrzehnt des vergangenen Jahrhunderts geführt hatten.
Nach dem Wounded-Knee-Massaker hatten die Lakota in den Neunziger Jahren allen Halt verloren. In einem letzten verzweifelten Versuch, die traditionelle Lebensweise wiederaufleben zu lassen, hatten sich viele von ihnen mit ihrem ganzen Glauben an eine Bewegung geklammert, die ihnen Erlösung prophezeite und sie an bevorstehende bessere Zeiten glauben ließ. Als einziger stummer Zeuge des Scheiterns der Geistertanzbewegung blieb ein einfaches Massengrab zurück, gefüllt mit den Leichen von 146 Lakota, die man niedergemetzelt hatte. Für viele symbolisierte es außerdem etwas, was sie mittlerweile als harte und unumstößliche Wahrheit akzeptierten: Die

Kluft zwischen der Kultur der Weißen und der der Indianer würde nie überbrückt werden können. Zu weit waren beide Kulturen voneinander entfernt, zu groß waren die gegenseitigen Vorurteile.
Die Leere und Hoffnungslosigkeit äußerte sich bei den Lakota darin, daß sie sich von jeglichem Glauben, von dem indianischen wie dem christlichen, zurückzogen. Die Zahl der Mitglieder in christlichen Glaubensgemeinschaften ging rasch von mehr als 2500 vor dem Wounded-Knee-Massaker auf unter fünfhundert in den Jahren danach zurück. Am 13. September 1892 schrieb John P. Williamson, der Geistliche der presbyterianischen Glaubensgemeinschaft in Pine Ridge, in seinem Jahresbericht: »Die Geistertanzbewegung hat sich in den vergangen Jahren verheerend auf die Verbreitung des Christentums ausgewirkt, und ihr Einfluß auf die Oglala ist noch immer zu spüren. Die Begeisterung für diese falsche Religion hat eine gewisse Abgestumpftheit und Gleichgültigkeit gegenüber Religionen im allgemeinen hinterlassen. Wir hoffen auf Veränderung und darauf, daß sich die Zeiten demnächst bessern.«[4]
Während des gesamten Jahrzehnts setzten die Indianeragenten und die Missionare der Kirchen ihre Bemühungen fort, die im Pine-Ridge-Reservat lebenden Indianer nach den Vorstellungen der Weißen umzuerziehen. Schon wehte das amerikanische Banner von allen staatlichen Verwaltungsgebäuden, von Schulen, Büchereien, und zwei neu errichteten Heimen für alte Frauen. Dieses Symbol, so hofften Reservatsagenten, würde »einen lebendigen, immerwährenden und dem Prozeß der Zivilisierung förderlichen Einfluß auf die Indianer in Pine Ridge« ausüben.
Um die Eingliederung in die dominante Kultur der Weißen voranzutreiben, begannen die Agenten damit, einzelne Teile des Gesellschaftssystems der Lakota voneinander zu separieren. Sie beauftragten Spezialisten damit, die altgewohnten Strukturen zu zerschlagen und dann unter Berücksichtigung fortschrittlicher Richtlinien wieder aufzubauen.
Die Regierung kam zu der Einsicht, daß man sich zwar bemüht hatte, die indianischen Männer zu Bauern zu erziehen, die Frauen aber lange Zeit vernachlässigt worden waren. Um dieses Versäumnis zu korrigieren, wurden Erzieherinnen in die weit entfernten Lager entsandt. Man nannte sie »Hauswirtschaftslehrerinnen«. Ihre Aufgabe

bestand darin, den Lakota-Frauen die zivilisierte Lebensweise näherzubringen, sie zu lehren, bessere Ehefrauen, Mütter und Hausfrauen zu werden. Die Erzieherinnen zogen christliche Frauen als Vorbild heran und legten größten Wert auf Gepflegtheit und Sauberkeit, denen sie gegenüber »öliger Farbe und barbarischen Bemalungen« den Vorzug gaben.

Von der Regierung angestellte Bauern vermittelten den Männern unterdessen die neuesten Erkenntnisse und Regeln der modernen Viehzucht. Eine Zeitlang waren einige Oglala als Viehzüchter sehr erfolgreich. Sie fanden Gefallen an dem Zusammentreiben der Tiere im Frühling und an ihrer Markierung durch Brandzeichen. Bis zum Jahr 1898 waren ihre Herden auf die Rekordzahl von fast 40 000 Stück Vieh, darunter 8000 Kälber, angewachsen. In jenem Jahr verkauften die Lakota über 1000 Tonnen Rindfleisch, das auf ihrem Land gezüchtet und auf den Markt gebracht worden war. Benachbarte weiße Viehzüchter hatten einige Jahre lang das Land der Lakota als ihre eigenen Weidegründe betrachtet. Nun gab es Gespräche darüber, ob man nicht einen Teil des Reservats durch Zäune sichern und die Grenze regelmäßig kontrollieren sollte.

Für die Kinder der Lakota wurden neue Schulen gebaut, so daß deren Zahl von fünfzehn auf fünfunddreißig anstieg. Die Reservatsagenten waren bestrebt, die Schulen näher an den weit entfernt gelegenen Lagern, das heißt in unmittelbarer Nähe der traditionell lebenden Familien, zu errichten. Auf diese Weise würde sich die Zeit, die die Kinder für den Schulweg aufwenden mußten, verkürzen, und man würde frühzeitig Einfluß auf die Kinder nehmen, deren angeborenem Mißtrauen gegen Weiße entgegenwirken und so den Lakota den Weg in die Zivilisation erleichtern. Einige Schulen verzeichneten bescheidene Erfolge, andere wiederum nicht. Als Schulen dienten meist halb baufällige Baracken mit nur einem Raum und festgestampftem Boden. Im Sommer war es darin unerträglich heiß, im Winter eiskalt. Für gewöhnlich tobte immer ein Rudel wartender Hunde um eine Schule herum. Das Mittagessen bestand häufig nur aus Bohnensuppe mit Brot. Neben den Tagesschulen wurden in Pine Ridge auch zwei Internate eröffnet, das Oglala-Internat und die Holy Rosary Mission. Während die Kinder, die die gewöhnlichen Schulen besuchten, jeden Tag von ihren Dörfern herkamen, zogen die Internatsschüler im In-

ternat ein und blieben ein Schuljahr lang dort. Sie wohnten in separaten Zimmern, in denen Alkohol und Tabak strikt untersagt waren. Viele von ihnen ertrugen es nicht, so lange von ihren Familien getrennt zu sein. Das Schuleschwänzen war daher ein wohlbekanntes und weitverbreitetes Problem. In den Internaten verbrachten die Kinder eine Hälfte des Tages mit theoretischem Unterricht und die andere mit Berufsausbildung und Feldarbeit. Die Jungen wurden in Landwirtschaft, Viehzucht, Klempnern, Schlachten, Schreinern, Anstreichen und Schustern unterrichtet. Sie holten Wasser, hackten Holz, pflanzten und hegten Gärten mit Zwiebeln, Kartoffeln und Kürbissen und lernten Kühe melken. Den Mädchen brachte man Nähen, Kochen, Waschen und Reinemachen bei und alles, was aus ihnen eine gute und nützliche Hausfrau machen konnte.
Im Jahr 1895 gab die Regierung 51 701 Dollar für die Erziehung von 773 Lakota-Kindern – für etwa ein Zehntel der Bevölkerung von Pine Ridge – aus. Sowohl in den Tagesschulen als auch in den Internaten erachtete man weiße Lehrer als besonders geeignet, den Schülern ein Vorbild zu sein. Man glaubte, daß ein Indianer oder ein Halbblut sich nicht gleichermaßen Respekt verschaffen könne, daß diese Leute weder sparsam genug seien, noch über die Ethik und Arbeitsmoral echter Christen verfügten. Darüber hinaus war die Sprache der Lakota in den Schulen ausdrücklich verboten.

In den Jahren nach dem Wounded-Knee-Massaker machten sich die verschiedenen staatlichen Institutionen nicht nur daran, die Indianer in Pine Ridge umzuerziehen, sondern sie führten auch einen aggressiven Feldzug gegen die Gesellschaftsstruktur der Lakota. Abgesehen hatte man es in dieser Kampagne auf das althergebrachte soziale Gefüge und die heiligen Bande der Lakota zu ihrem Heimatland. Wenn George Dull Knife sich zwischen den Tourneen in Pine Ridge aufhielt, bemerkte er natürlich, daß sich vieles verändert hatte. Am stärksten fiel ihm auf, daß die Regierung fortwährend Druck auf die Lakota ausübte, um endlich das Reservatsland der Kontrolle des Stammes entziehen und es statt dessen einzelnen Familien übertragen zu können.

Seit vielen Generationen baute die Gesellschaft der Lakota auf dem auf, was sie *tiospayes* – ›die, die zusammen leben‹ – nannten. Unter *tiospayes* verstand man eine Großfamilie, eine zusammengeschweißte Gruppe von Ehemännern und -frauen, Söhnen und Töchtern, Großeltern, Schwagern und Schwägerinnen, Vettern und Basen, Tanten und Onkeln und engen Freuden. In dieser Form hatten die Dull Knife gelebt, hatten viele der Plainsstämme schon seit Generationen überlebt. Die *tiospayes* verdanken ihren Ursprung dem Umstand, daß die Stämme früher auf Jagdgemeinschaften angewiesen waren, um für alle Stammesmitglieder genügend zu essen herbeischaffen und allen ausreichend Schutz bieten zu können. Als die Lakota in der zweiten Hälfte des 18. Jahrhunderts zum ersten Mal die Wälder Minnesotas verließen und in die Great Plains zogen, konnte das Jagen in einem begrenzten Gebiet nur noch eine geringe Anzahl von Leuten ernähren. Um zu überleben, mußte der Stamm durch weite Gebiete hinter dem Wild herziehen. Damit für alle gesorgt werden konnte, schlossen sich die einzelnen Familien zu größeren Jagdgemeinschaften zusammen. Im Laufe der Zeit entwickelten sich diese Jagdgemeinschaften, die *tiospayes*, zur grundlegenden sozialen Einheit der Lakota-Gesellschaft. Durch die Anbindung an eine *tiospaye* gewann eine Familie an Stärke. Auch dem Stamm verliehen die *tiospayes* größere Sicherheit und Schlagkraft, da nun die Jäger und Krieger zu größeren Gruppen zusammengefaßt waren, auf die der Stamm im Notfall zurückgreifen konnte.
Die nomadische Lebensweise der sieben Stämme der Lakota Nation, der einzelnen Familien und der *tiospayes* rief eine tiefe Bindung zu dem Land hervor, durch das die Lakota zogen. Nachdem sie unzählige Male durch die Ebenen gestreift waren, begannen sie allmählich, Flüsse, Berge und Täler, besondere Hügel- oder Gesteinsformationen, bizarre Felsen, eigenartig gewachsene Bäume und die große Vielfalt der Tiere um sie herum zu Prophezeiungen heranzuziehen. Sie entwickelten eine Religion. Die Lakota glaubten, daß jedes Lebewesen, sie eingeschlossen, einen eigenen Geist besitze. Sie glaubten, daß die Bäume und die anderen Pflanzen, die Fische, Vögel und alle vierbeinigen Tiere dasselbe Recht auf Leben hätten wie sie. Dieses Wissen teilten sie miteinander und gaben es an die nachfolgenden Generationen weiter.

Um einer Beleidigung dieser Geister vorzubeugen, entwickelten die Lakota ein komplexes Gefüge kultureller und religiöser Richtlinien, die – in zeremoniellen Liedern, Tänzen und Ritualen dargestellt und von geheiligten Gegenständen verkörpert – dazu dienten, den Kräften des Lebens, denen sie tagtäglich begegneten und ausgesetzt waren, zu huldigen. Die Lakota glaubten, daß der Büffel vom Mittelpunkt der Erde, wo eine unerschöpfliche Menge Bisonherden lebte, zu ihnen gekommen sei. Später dann verschwand der Büffel wieder aus den Ebenen und kehrte in seine Heimat zurück, nicht etwa, weil man ihn nahezu ausgerottet hatte, sondern, so glaubten die Lakota, weil die Schlächter den Geist, der dem Büffel innewohnte, entehrt hatten. In den Jahren der Geistertanzbewegung bemühten sie sich, den Büffel wieder herbeizulocken. Wenn sie die heiligen Rituale erneuerten, wenn sie dem Geist des Büffels in angemessener Weise huldigten, dann würden die riesigen Herden wieder von ihrer Heimat im Inneren der Erde aufbrechen und in den Ebenen Einzug halten.

Dem Weltbild der Lakota zufolge flog der Adler, *wanbli*, in unmittelbarer Nähe des Großen Geistes. Also hielt man ihn für einen Götterboten. Adlerfedern galten als heilig, und der Geist des Adlers war bei Beratungen, Jagden, Kriegszügen und Schlachten stets zugegen. Der Geist von *capa*, dem Biber, wurde zum Schutzpatron der Arbeit, der Vorratshaltung und Genauigkeit. *Mato*, der Bär, wurde verehrt, weil er in Sachen der Liebe, der Tapferkeit, bei Wunden und bei dem Gebrauch verschiedener Heilmittel half. Außerdem wurde er zum Schutzpatron von Unheil und Freude. Aufgrund seiner Ausdauer und Langlebigkeit wurde der Geist von *keya*, der Schildkröte, als Beschützer des Lebens verehrt. Um ihren Kindern zu Gesundheit und einem langen Leben zu verhelfen, legten Mütter die Nabelschnur ihrer Neugeborenen in Amulette, die in Form einer Schildkröte geschnitzt waren.

Wie die meisten Naturvölker Amerikas, so verehrten auch die Lakota ihre Kinder. Man plante Geburten meist so, daß sie im Abstand von mehreren Jahren erfolgten. Auf diese Weise konnten sich die Eltern der Pflege und Erziehung jedes einzelnen Kindes möglichst intensiv widmen. Kinder wurden selten sich selbst überlassen. Für gewöhnlich befanden sie sich in der Obhut zahlreicher Freunde und Verwandter, der *tiospaye*, die allesamt sehr kinderlieb waren. Körperliche Züchtigung gab es nicht. Die Lakota waren zutiefst entsetzt, als sie bei ihren ersten Kontakten mit den Familien der Soldaten und Siedler, die in der Nähe der Forts lebten, beobachten mußten, daß die Weißen ihre kleinen Kinder schlugen.

Viele Generationen lang hatte sich das spirituelle und physische Zentrum ihrer Welt im westlichen Teil von Süddakota befunden, nämlich in den unzähligen kiefernbestandenen Schluchten, den steilen Gipfeln und zerklüfteten Bergen der *Paha Sapa*. Aus den Black Hills, so glaubten sie, waren einst ihre Ahnen herabgestiegen. Dort stand die Wiege des gesamten Volkes der Lakota. In die Black Hills zog sich im Winter der für sie lebenswichtige Büffel zurück, um sich vor den Stürmen zu schützen. Dorthin zog es auch die Lakota, wenn sie Visionen suchten oder den Sonnentanz zelebrierten. Dort, in den heiligen bewaldeten Hügeln, die der Welt der Geister näher waren als jeder andere Ort, beteten sie und bestatteten sie ihre Toten. Im Jahr 1875 unterbreitete die Regierung den Lakota das Angebot, die Black Hills aufzukaufen. Ihre geheiligten Berge zu veräußern, überstieg jedoch die Vorstellungskraft vieler Lakota.

»Vor sehr langer Zeit – mein Großvater war damals noch ein kleiner Junge«, sagte Guy Dull Knife jun., »begleiteten er und ein anderer, etwa gleichaltriger Junge eine kleine Gruppe von Männern, die in der näheren Umgebung der Black Hills zur Jagd gingen. Insgesamt waren also drei Männer und zwei Jungen unterwegs. Als sie an einem Flußufer entlangritten, trafen sie einen Minenarbeiter mit einem langen, buschigen Bart. Als der die Indianer sah, holte er sein Gewehr hervor und schoß den Jungen ins Bein, der außer meinem Großvater noch mit von der Partie war. Daraufhin erschossen die Männer den Minenarbeiter, gingen zu seinem Pferd hinüber und öffneten die Satteltaschen. Sie fanden mehrere Lederbeutel und wußten sogleich, was sich darin befand. Sie nahmen die Beutel und schütteten das ganze Gold wieder in den Fluß. Dann ritten sie weg. Diese Geschichte hat mir mein Großvater viele Male erzählt.«

Nachdem in den Black Hills Goldvorkommen entdeckt worden waren, übten die Bergbaugesellschaften im Jahr 1874 enormen Druck auf die Regierung aus, die sich bald bereit erklärte, die Black Hills zu kaufen. Als einige Lakota tatsächlich eine Abordnung der Regierung anhören wollten, wurde eine Ratsversammlung einberufen, in der über den Verkauf gesprochen werden sollte. Crazy Horse weigerte sich, an dem Treffen teilzunehmen. Statt dessen beauftragte er einen seiner Unterhäuptlinge, Little Big Man, seine Meinung vorzutragen. Am Tag des Treffens ritt Little Big Man bis vor das Zelt, in dem die Beratung stattfand, ergriff sein Gewehr und trat in die Runde. Er sagte, er würde den Sioux erschießen, der als erster für den Verkauf der Black Hills stimmte. Auch Sitting Bull weigerte sich, an den Beratungen teilzunehmen. »Besitz und Gier«, sagte er, »ist die Krankheit des weißen Mannes.«

In den neunziger Jahren mußten die Oglala Sioux mit ansehen, wie sie ein weiteres Mal – wie schon in den vier Jahrzehnten zuvor – eines großen Teils ihrer Heimat beraubt wurden. Mit jedem Vertrag, den sie schlossen, verloren sie nicht nur mehr Land, sondern es ging auch immer mehr von ihrer traditionellen Lebensweise verloren.

Noch Mitte des Jahrhunderts waren sie ungehindert durch das riesige, fünf Staaten angehörende Gebiet der Great Plains gezogen. Der 1868 geschlossene Vertrag von Fort Laramie hatte ihr Land auf 116 820 Quadratkilometer zusammenschrumpfen lassen. Der größte Teil des Gebietes lag in der westlichen Hälfte Süddakotas und wurde in dem Vertrag als ›Großes Reservat der Sioux‹ bezeichnet. Im Frühling 1879 hatten die Oglala die Black Hills verloren und waren in ein Reservat gedrängt worden, das nur noch einen Bruchteil der Fläche des früheren ›Großen Reservates der Sioux‹ ausmachte. Zehn Jahre später hatten der Dawes Act* von 1887 und der Sioux Act von 1889 das große Reservat um etwa die Hälfte seiner Fläche beschnitten, es in sechs kleinere Reservate aufgeteilt und das verbliebene Land an weiße Siedler vergeben. Den Oglala waren in ihrer neuen Heimat, dem Pine-Ridge-Reservat, nur noch 13 600 Quadratkilometer Land geblieben. Und, in den Jahren ab 1890, setzte der letzte Angriff auf ihr Land ein. Die Regierung bestand darauf, daß jeder Oglala-Familie ein Gebiet von etwa fünfundsechzig Hektar als Privatbesitz zugeteilt wurde. Das war das eigentliche Ziel des Dawes Act gewesen.

Wie in dem Gesetz ausgeführt, sollte also das Oberhaupt jeder Fami-

* US-Gesetz, von Senator H. L. Dawes ausgearbeitet und vom amerikanischen Kongreß am 8.2.1887 verabschiedet; auch General Allotment Act (das Allgemeine Aufteilungsgesetz) genannt. Anm. d. Übers.

lie fünfundsechzig Hektar Land zugesprochen bekommen. Dieses würde in den Privatbesitz der Familie übergehen und von der Regierung fünfundzwanzig Jahre lang treuhänderisch verwaltet werden. Während dieser Phase sollten die Familien den Wert privaten Grundbesitzes schätzen lernen und die Fähigkeit erwerben, das Land sinnvoll und behutsam zu nutzen und ihm Ertrag abzugewinnen. Im Endeffekt würden die Oglala durch diese Maßnahme gezwungen, unabhängige Ackerbauern und Viehzüchter zu werden und nach den Gesetzen des freien Marktes zu wirtschaften. Schließlich würden auch sie Geschmack an Geld und Besitz finden und allmählich denselben sozialen Status erlangen wie die weißen Siedler, die jetzt in ihr Land drängten.

Trotz ihres hohen Alters stellten sich Red Cloud, Little Wound und andere konservative Häuptlinge der Oglala dem Versuch hartnäckig entgegen, das Gebiet des Reservates in lauter kleine Parzellen von fünfundsechzig Hektar aufzuteilen. Sie sagten ihrem Volk, daß dieses Vorhaben sich gegen sämtliche Werte und Prinzipien wenden würde, an denen ihr Stamm sich bislang orientiert hatte. Letztendlich würde dieses Vorhaben die jahrhundertealte Kultur der Lakota zerstören, sie würden das Wohl aller gegen den Wohlstand einiger weniger eintauschen. Aber die schlimmste Konsequenz sei, so meinte Red Cloud, daß hungernde und verzweifelte Lakota-Familien ihr Land zunächst an weiße Siedler verpachten und dann am Ende der fünfundzwanzig Jahre treuhänderischer Verwaltung durch die Regierung an diese verkaufen würden. Auf diese Weise würden das Land, das Volk und seine Tradition ausgelöscht. Nichts bliebe mehr übrig. Charles Penney, Armee-Captain, der zeitweilig als Indianeragent im Pine-Ridge-Reservat tätig war, teilte die Befürchtungen der Häuptlinge. In seinem Jahresbericht von 1894 schrieb er: »Die Aufteilung des Landes in kleine Parzellen, die einzelnen Familien gehören sollten, wird dazu führen, daß der soziale Status der Lakota sinkt und dieses Volk rasch zugrunde geht.«[5]

Während des gesamten Jahrzehnts widerstanden die Oglala jedem Versuch, ihr Land weiter beschneiden zu lassen. Im Jahr 1898 hatte sich keine einzige Familie dazu bereit erklärt, eine 65-Hektar-Parzelle anzunehmen. In keinem anderen Reservat, vermerkten eine ganze Reihe entmutigter Regierungsagenten, sei das Konzept privaten

Landbesitzes schwieriger an den Mann zu bringen als bei den Oglala in Pine Ridge. Der gerade amtierende Agent Major W. H. Clapp erkannte die Befürchtungen der Indianer, »daß, sollte es zur Aufteilung kommen, weiße Siedler Zugang zum Gebiet des Reservats erlangen und die Weiderechte für sich in Anspruch nehmen würden«.[6]
Pine Ridge war inzwischen in acht Verwaltungsbezirke aufgeteilt worden. Man hoffte, daß sich in den Bezirken entlang der fruchtbaren Flußniederungen die traditionellen Dörfer auflösen und sich Ackerbau und Viehzucht auf privaten Landparzellen rasch durchsetzen würden. Nach Überzeugung der Regierung würden die Oglala-Familien lernen, ihren Unterhalt selbst zu bestreiten, statt sich auf den Stamm zu verlassen. Am Ende des Jahrzehnts war jedoch klar, daß sich die große Hoffnung, aus den Oglala würde ein Volk der Selbstversorger werden, nicht erfüllt hatte.
Der Sommer 1893 war – selbst für Dakota – außerordentlich trocken ausgefallen. Anhaltende Dürren hatten zur Vernichtung der Ernten geführt. In jenem Sommer ging das ausgedörrte Präriegras in Flammen auf. Das Feuer fegte über vier Fünftel der Reservatsfläche und brannte die gesamte Heuernte des Jahres nieder, so daß nur wenig Futter übrigblieb, mit dem das Vieh über den Winter kommen mußte. »Die Aussichten auf den Winter sind allgemein nicht sehr rosig«, berichtete Reservatsagent Penney, »aber wenn der Frühling zurückkehrt und das Gras zu sprießen beginnt, dann wird sich die Lage wieder bessern. Ein einziges gutes Jahr kann hohe Ernteerträge bringen. Es ist zu hoffen, daß die Lakota aus dem strafenden Vorfall der Mißernte eine Lehre ziehen und sich ihre Moral bessern wird.«[7]
Die Dürren aber, mit denen sie im Frühjahr und Sommer 1894 fertig werden mußten, übertrafen die des Vorjahres noch bei weitem und vernichteten wiederum die Heuernte. Nach zwei aufeinanderfolgenden Mißernten blieb den Oglala und ihren Herden nur noch wenig zum Leben. Überall im Reservat war der Hunger eingekehrt. Während der achtziger Jahre, ihrem ersten Jahrzehnt im Reservat, hatten die Oglala durchaus Erfolge erzielt und teilweise selbst für sich sorgen können. Im Jahr 1882 erzeugten oder beschafften sie etwa die Hälfte ihrer Nahrungsmittel selbst. Diese stammten zu je fünfundzwanzig Prozent aus eigener Ernte und aus Jagdbeute. Zwischen 1886 und 1890 konnten sie noch ein Drittel der Nahrungsmittel durch Acker-

bau und Jagen aufbringen. Zwischen 1891 und 1894 gingen die Erträge aus beiden Bereichen drastisch zurück. 1895 waren die Oglala völlig von den Lieferungen der Regierung abhängig, da sie den ausgedörrten Boden nicht bestellen konnten, das Wild ausgerottet war und ihr Vieh nach den Dürren in bedauernswertem Zustand dahinvegetierte. In jenem Jahr stellten staatliche Organisationen die Nahrungsmittel für das Reservat zu hundert Prozent. Dieser Zustand blieb für die restlichen Jahre des Jahrhunderts bestehen.

Der Möglichkeiten beraubt, auf die Jagd zu gehen und ihre Ehre in Schlachten unter Beweis zu stellen, ihre Kultur, Religion und Sprache verboten, verbrachten viele Lakota das Jahrzehnt in einem Zustand fortwährender Depression, waren unfähig, ihrer neuen Lebensweise irgendeinen Sinn abzugewinnen. In Pine Ridge saßen jetzt vier hauptamtliche Richter im Gerichtshof für Verstöße der Indianer und sprachen über jene Rechte, die noch immer an der traditionellen Lebensweise festhielten. Die schlimmsten im Reservat begangenen Straftaten waren mittlerweile der Gerichtsbarkeit der Vereinigten Staaten unterstellt worden. Ein staatliches Gericht im nahegelegenen Deadwood in Süddakota war befugt, einen Oglala, den man eines Schwerverbrechens überführt hatte, zu hängen. Einer der Agenten notierte, daß die Indianer sich sehr davor fürchteten, »nach Deadwood geschickt zu werden«.

Ehemals waren die Oglala ein starkes und widerstandsfähiges Volk gewesen. Nun aber wurden sie unter den zahlreichen Einflüssen immer mehr geschwächt. Durch die Änderung ihrer Ernährungsweise, ihrer Freiräume und ihres Lebensstils änderte sich auch ihr Gesundheitszustand. Im Jahr 1894 starben 285 von 8000 im Reservat lebenden Oglala, viele davon an Tuberkulose. Ihre Kinder, die man in Internate im Osten gesteckt hatte, kränkelten ebenfalls. Das veränderte Klima rief eine Vielzahl von Krankheiten hervor, die sie zuvor nie gekannt hatten. In Pine Ridge gab es zwei Ärzte, deren Aufgabe es war, eine Bevölkerung zu betreuen, die über 13 600 Quadratkilometer verstreut lebte. Aufgrund der riesigen Entfernungen blieben viele Kranke ohne Behandlung. So mancher war gezwungen, wieder die Hilfe des Medizinmannes in Anspruch zu nehmen.

Reservatsagenten, die im Land der Oglala umherreisten, sahen sich einem unglücklichen und aller Hoffnung beraubten Volk gegenüber.

»Die unausrottbare Sünde der Indianer ist ihre Faulheit«, urteilte Captain Penney. »Ich habe in meiner Amtszeit keine Mittel gescheut, sie an Arbeit heranzuführen. Wie zu erwarten, taugen sie nicht zu ausdauernder Arbeit. Sie sind unbeholfen, faul und einfach zu nichts nutze.«[8]

Als sich das alte Jahrhundert dem Ende zuneigte, war es vielen traditionsbewußten Indianern nicht gelungen, sich den Weißen anzupassen. Enttäuscht darüber, daß sich die Lakota weder dem Christentum zuwandten, noch als eigenständige Bauern erfolgreich waren, noch sich mit der Idee privaten Grundbesitzes anfreunden konnten, glaubten die Regierungsagenten allmählich, daß die einzige Hoffnung der Lakota an anderer Stelle zu suchen sei. Sie schien bei ihren Kindern und der stetig anwachsenden Zahl von Mestizen zu liegen. Diese Halbblutindianer waren die Kinder weißer Väter und indianischer Mütter, die sich in der Dorfgemeinde Pine Ridge mehrten. Captain Penney hielt fest: »Im Massaker am Wounded Knee hatte man die Mestizen verschont, weil sie intelligenter waren.«

Man sprach davon, daß man das Schulsystem ausweiten wolle und alle Kinder der Lakota zwischen sechs und achtzehn Jahren die Tagesschulen im Reservat besuchen sollten. Der Ausbau des Schulsystems, so glaubte die Regierung, würde sich entsprechend bezahlt machen. So würden bei der heranwachsenden Generation der Lakota Disziplin, Selbstwertgefühl, Zuversicht und – das war das wichtigste – die Anerkennung neuer Werte gefördert. »Der junge Lakota wird Dinge kennenlernen, die ihm mehr wert sein werden als der Kriegspfad, und er wird den Silberdollar des weißen Mannes mehr zu schätzen wissen als die Skalps seiner Feinde«, schrieb W. B. Dew, der Schulinspektor in Pine Ridge.

Gegen Ende des 19. Jahrhunderts war George Dull Knife ein junger Mann so um die zwanzig herum. Die meiste Zeit des letzten Jahrzehnts verbrachte er weit entfernt von den Problemen, die auf seinem Volk lasteten. Wenn er zwischen den Engagements nach Hause zurückkehrte, bemerkte er, daß sich Armut und Lethargie breitgemacht hatten, daß sein Volk jede Zuversicht verloren hatte und in seinem

Dasein keinen Sinn mehr erkennen konnte. Später würde George Dull Knife seinem Sohn von seinem Leben im Reservat und seinen Reisen erzählen. Es ging ihm wesentlich besser als den meisten anderen, denn von den Ersparnissen, die er während seiner Engagements zurücklegte, konnte er sich so manches anschaffen: ein Pferd, einen Sattel, einen neuen Wagen, etwas zu essen und Kleidung für die Familie und Freunde im Yellow-Bear-Lager.
Anfänglich verpaßte er einen Großteil der Schulausbildung, da er oft für lange Zeit verreist war. Er konnte weder lesen noch schreiben und kannte nur ein paar Worte in der neuen Sprache. Aber auf den langen Schiffspassagen setzte sich Cody des öfteren mit ihm in eine stille Ecke und las ihm laut aus Zeitungen, Magazinen und Groschenromanen vor, die er zusammengetragen hatte. Cody begann mit einfachen Wörtern und Sätzen und ließ den Lakota das Ganze immer wieder lesen. Auf der endlos langen Heimreise und der Bahnfahrt nach Gordon setzten sie diese Übungen fort. Nach einer Weile – inzwischen besuchte er wieder eine der Schulen im Reservat – konnte George Dull Knife so gut Englisch, daß Cody ihn zu seinem Dolmetscher machte.
Wenn er nicht gerade mit der Wild West Show unterwegs war, warf er von Zeit zu Zeit seinen Sattel hinten auf den Wagen und begab sich vom Yellow-Bear-Lager aus zur Bahnstation in Gordon. Dort nahm er seinen Sattel und bestieg den Zug. Zunächst fuhr er im Westen Nebraskas nach Süden hinunter und dann in östlicher Richtung nach North Platte, wo Cody eine große Ranch besaß. »Mein Großvater vergötterte Pferde, und er sagte immer, daß Cody die besten weit und breit besessen hätte«, erzählte Guy jun. »Also ging er ihn besuchen, und am Ende schenkte ihm Cody einige seiner Pferde.«
George Dull Knife sattelte das Leitpferd und machte sich allein mit seinen Pferden auf den Weg zurück durch die Sandhills von Nebraska. Entlang des Wegs schlug er sein Lager auf.
Eine Generation zuvor war schon Häuptling Dull Knife durch dieselbe Gegend gekommen. Er hatte damals nach einer neuen Heimat für die Oglala Ausschau gehalten, als die Kavallerie ihn und seine Leute schließlich gefangennahm und in die Baracke nach Fort Robinson brachte. Dann, im Sommer 1883, kam George Dull Knife in nördlicher Richtung durch die Sandhills. Er fuhr mit einem Wagen vom In-

dianerterritorium im Süden zu den Verwandten nach Pine Ridge zum Yellow-Bear-Lager.

Jedesmal wenn er heimkam, bereitete es George Dull Knife große Freude, seine neuen Pferde vorzuführen. Die Leute im Lager wollten alle Einzelheiten über den Mann erfahren, der ihm die Pferde geschenkt hatte, auch alles über die lange Zeit, die er weit entfernt in Übersee verbracht hatte. Also schürten die Dull Knifes, wenn die kalte Jahreszeit hereinbrach, im Ofen ihres Blockhauses ein großes Feuer, und George Dull Knife erzählte den ganzen Abend lang die Geschichten von dem lustigen Karussell mit den Spiegeln und dem Büffel, der den Stier tötete.

1898 heiratete George Dull Knife Mary Red Rabbit, eine traditionsbewußte, reinrassige Lakota aus dem Yellow-Bear-Lager. Er war damals dreiundzwanzig und sie achtzehn Jahre alt. Noch im letzten Jahr des alten Jahrhunderts bekamen sie einen Sohn. Der Junge wurde am 17. Februar 1899 geboren und war kräftig und gesund. Während ihrer achtundfünfzigjährigen Ehe erinnerten sie sich oft daran, daß das Kind immer einen Riesenappetit hatte. Sie gaben ihm den Namen Guy Dull Knife.

GUY DULL KNIFES KINDHEIT

Kurz nach zwölf Uhr mittags wird im Speisesaal des Pflegeheims auf meist sechs Tischen Essen angerichtet. An einer Seite des Speisesaals führt eine große Glasschiebetür auf einen kleinen Hof mit gepflegtem Rasen und Bäumen. Heute peitscht der starke Bergwind Schnee unten gegen die Tür, deren Glas anläuft, weil es draußen noch kalt ist und von innen Küchendunst dagegenschlägt. Auf dem Speiseplan stehen Kartoffelbrei und Bratensoße, grüne Bohnen, Brombeermarmelade und ein kleines Schälchen mit Birnen. Wie jeden Tag hat sich der alte Mann bereits in seinen Rollstuhl gesetzt und ist von Zimmer 103 durch den mit kurzflorigem, grauem Teppich ausgelegten Gang und über den gelben Linoleumboden des Speisesaals gefahren, um als einer der ersten am Rundtisch in der Nähe der Glasschiebetür einzutreffen. Er trägt ein dunkelblaues Arbeitshemd, das er sich in seine ausgebeulte graue Trainingshose gestopft hat. Unter dem alten Cowboyhut kommt sein langes, silbergraues, säuberlich zu einem Pferdeschwanz zurückgebundenes Haar zum Vorschein. Wenn er zum Tisch fährt, kreuzt er seine Beine. Dabei rutscht der Saum seiner Hosenbeine hoch, daß man auf den weißen Socken seinen in Blockbuchstaben mit schwarzem Marker geschriebenen Nachnamen lesen kann: DULL KNIFE.

Bevor das Personal den anderen aus den Betten geholfen und Adams, Harris, Baker, Roberts, Patterson, Ross und Brown ihre Serviette umgebunden hat, hat Guy Dull Knife sen. schon seinen Teller leer gegessen. Tief über den Teller gebeugt, schiebt er das Essen nach Art eines akkuraten Schaufelbaggers in sich hinein. Obwohl seine Hand oft zittert, verfehlt sie nie ihr Ziel. Das Personal ist von dem gesunden Appetit, den er mit seinen vierundneunzig Jahren immer noch zeigt, begeistert. Dianne, eine Rehabilitationshelferin, kommentiert es geradeheraus: »Er frißt wie ein Pferd. Meist verschlingt er die doppelte

Portion. Nudeln mag er zwar nicht, dafür aber fast alles andere. Eines unserer größten Probleme hier im Heim ist, die alten Leute überhaupt zum Essen zu bewegen. Der Doktor meint, wenn wir Guys Appetit in Flaschen abfüllen und den anderen verabreichen könnten, bräuchten wir uns um deren Gesundheitszustand keine Sorgen mehr zu machen. Ich denke, daß Guy in seiner Jugend so oft und so lange hungern mußte, daß er noch immer fürchtet, es wäre nicht genug da. Essen ist sein allergrößtes Vergnügen. Und außerdem mag er es, wenn man ihm seine Füße massiert. Ja, diese beiden Dinge genießt er am meisten.«

Mit zweiundneunzig Jahren brach er sich den Knöchel. Seitdem geht alles etwas langsamer. Dreimal die Woche führt Dianne mit ihm ein Programm von Bewegungsübungen durch und läßt ihn dreißig Meter gehen, um seine Muskeln beweglich zu halten. Bevor seine Sehkraft nachließ, erzählt Audrey, eine Schwesternhelferin aus dem Ostflügel des Heimes, hatte er jeden Abend in einer in Lakota verfaßten Bibel gelesen. »Er ist noch immer äußerst selbständig und versorgt sich so gut es geht selbst. Wir machen ihn nur sein Bett. Andere Hilfe braucht er nicht. Aber im Heim können einem die Tage lang werden, und dann fühlt er sich einsam.«

Es dauert nicht lange, und das reichliche Mahl zeigt seine Wirkung. Kurz nach dem Essen wendet Guy Dull Knife seinen Rollstuhl und fährt über das Linoleum und dann über den Korridorteppich zurück in sein Zimmer. Er fährt dicht neben sein Bett, lockert die Schnürsenkel seiner schwarzweißen Tennisschuhe, setzt sich auf die olivfarbene Armeedecke und rollt sich dann für seinen Nachmittagsschlaf auf die Seite. Zwischen Mittagsschlaf und Abendessen unterhält er sich gern und erzählt Geschichten. Er weiß über die frühen Jahre im Yellow-Bear-Lager, über die seltsame kleine Schule, über Pferde, den Medizinmann oder seine Familie zu berichten und spricht in einfachen und klaren Worten. »Jedesmal, wenn mein Vater aufbrach, um mit Buffalo Bill Cody auf Tournee zu gehen und über das große Wasser zu fahren, bekam ich Angst. Ich war damals noch sehr jung, aber als ältestes Kind meiner Eltern mußte ich meinen Beitrag zum Unterhalt der Familie leisten. Meine Schwester Sara und ich gingen für gewöhnlich zusammen zur Schule. Später lernte sie Stenographie und konnte das auch sehr gut. Sie starb 1966. Insgesamt waren wir sechs

Jungen und sechs Mädchen. Die anderen sind alle schon tot. Ich bin der einzige, der noch am Leben ist.«

Sonny trifft heute ein, bevor der alte Mann wieder aufwacht. Fast den ganzen Tag lang hat er in der Gießerei in Loveland an den Statuen gearbeitet, die den Adler, den Masken- und den Kriegstanz darstellen, und nun kommt er vorbei, um nach seinem Vater zu sehen. Er hat ihm acht Päckchen ›Big Red‹-Kaugummis, die Lieblingsmarke des alten Mannes, mitgebracht. Als er ins Zimmer tritt, schläft sein Vater, auf der Seite eingerollt, noch tief und fest und tippt mit einem Fuß unwillkürlich gegen die Armeedecke. Guy Dull Knife jun. legt den Beutel mit dem Kaugummi auf den Nachttisch und rückt sich leise einen Sessel neben das Bett. Draußen ist der Wind wieder stärker geworden, treibt Wolken von frisch gefallenem Schnee durch die Straßen und rüttelt gelegentlich an einer der Fensterscheiben am anderen Ende des Zimmers.

»Mein Vater mußte schon in jungen Jahren eine Menge Verantwortung übernehmen«, beginnt der Sohn nach einer Weile zu erzählen. »Damals gab es in seiner Familie viele hungrige Mäuler zu stopfen. Er war die ganze Zeit unterwegs und versuchte, etwas zu essen aufzutreiben. Außerdem waren damals im Yellow-Bear-Lager viele Krankheiten im Umlauf. Zwei seiner Brüder starben, bevor sie fünf wurden. Sie liegen zusammen mit seinem Vater und seiner Mutter begraben. Vor ungefähr vier Jahren, bevor sich Guy Dull Knife das Bein brach und er noch gut laufen konnte, nahmen wir ihn nach langer Zeit wieder einmal mit nach Yellow Bear. Beim Anblick der Gräber begann er zu weinen. Wir sind seitdem nicht mehr hingefahren.

Er hat in seinem Leben viel gesehen und viel durchgestanden. Aber wie hart die Zeiten auch waren, niemals verlor er seinen Sinn für Humor. Ich glaube, das ist einer der Gründe dafür, daß er so alt geworden ist. Selbst in schlimmen Zeiten konnte er den Dingen eine lustige Seite abgewinnen, fand etwas, worüber er lachen konnte. Er ließ sich einfach nicht unterkriegen. Ich glaube, darin bin ich ihm sehr ähnlich. Als ich aus Vietnam zurückkam, hatte ich harte Zeiten durchzustehen. Er aber neckte mich die ganze Zeit damit, wie einfach ich es doch gehabt hätte. Er sagte, wenn ich in Vietnam verletzt worden wäre, dann hätten sie mich mit dem Helikopter in ein Krankenhaus mit guten Ärzten und Krankenschwestern geflogen. Aber als die Soldaten zu sei-

Guy mit Pfeil und Bogen und sein Vater George Dull Knife, um 1905

ner Zeit in den Schützengräben festsaßen, hätte es zwei oder drei Tage gedauert, ihre Verwundeten in irgendein halbzerfallenes Feldlazarett zu bringen, das mit Schlamm und Krankheitskeimen gleichermaßen verunreinigt war. Etwa die Hälfte der Verwundeten wäre gestorben, bevor der Arzt sie auch nur zu Gesicht bekommen hätte.«

Guy Dull Knife jun. hält einen Moment lang inne und fängt an zu kichern. »Von all den Leuten, die ich kenne, ist Vater der einzige, der mir immer gesagt hat, Vietnam wäre ein Spaziergang gewesen. Wenn er in der richtigen Laune ist, dann gibt er eine Geschichte nach der anderen über das Leben damals zum besten. An seine Kindheit im Yellow-Bear-Lager erinnert er sich noch sehr gern.«

Das alte Blockhaus gibt es immer noch. Am Fuße eines mit Kiefern bestandenen Hügels, beschienen vom Sonnenlicht, das auf die schmale Lichtung fällt, steht sein altes Zuhause inmitten von kniehohem Gras. Das Dach ist schon lange verschwunden, aber das Fundament

Mary Dull Knife (rechts) mit Freunden

ist erhalten geblieben. Die Wände sind zum Teil eingefallen. Ganz zu Anfang gab es in dem Haus, dessen Fußboden aus gestampfter Erde bestand, zwei Zimmer. In einem wurde gekocht und gegessen, und man konnte sich am Holzofen wärmen. In dem anderen Zimmer schliefen sie. Kerosinlampen sorgten für Licht, und das Wasser zum Kochen, Trinken und Waschen holten sie aus dem Yellow Bear Creek. Als Bad und Toilette diente ihnen die freie Natur. Ihr Blockhaus war einfach gebaut, dunkel und feucht. Es bestand aus den Stämmen von Kiefern, die sein Vater auf den umgebenden Hügeln gefällt hatte. Der alte Mann war auf dem Fußboden des Hauses zur Welt gekommen und damit der erste seiner Familie, der das Licht der Welt nicht in einem Tipi, sondern zwischen vier Wänden erblickte. Es steht außer Frage, daß ihm das alte Haus und die Gegend im Pine-Ridge-Reservat, in der er aufwuchs, sehr am Herzen liegen.

»Damals, als ich noch ein Junge war, erschien jedem von uns im Yellow-Bear-Lager der Frühling wie ein kleines Wunder«, erinnerte sich der alte Mann eines Nachmittags. »Die Winter waren sehr hart. Es gab jede Menge Schnee, es war bitterkalt, und in der Regel hungerten wir. Viele waren krank. Manchmal wußten die Leute nicht, ob sie bis zum nächsten Frühling durchhalten würden. Es schien völlig unmöglich, daß unter all dem Schnee und bei all der Kälte noch irgend etwas überleben könnte. Aber jedes Jahr schmolz der Schnee wieder, und wenn man dann über die Hügel ging, konnte man feststellen, daß die Tiere zurückgekehrt waren und daß es wieder wilde Blumen und Büsche mit Beeren gab. Dann schöpfte mein Volk erneut Hoffnung.«

Als kleines Kind reiste Guy Dull Knife sen. häufig zwischen dem Pine-Ridge-Reservat und Montana hin und her. In Montana lebten seine Familie und er manchmal mit seinen Verwandten vom Stamm der Nordcheyenne für einige Zeit zusammen. Als er acht Jahre alt war und sein Vater nun nicht mehr mit der Wild West Show umherreiste, wurde das Yellow-Bear-Lager zu ihrem ständigen Zuhause. George Dull Knife plagte oft ein schlechtes Gewissen, wenn er für viele Monate mit der Show unterwegs sein mußte und seine Familie zurückließ, vor allem, wenn sie den Winter allein zu überstehen hatten. George Dull Knife liebte seinen Ältesten. Er brachte ihm bei, wie er seine Familie unterstützen konnte, wenn der Vater abwesend war. Er zeigte ihm, wie man Pfeil und Bogen handhabte, wie er sich am besten durch den tiefen Schnee des Lagers fortbewegte und wie er die verschiedenen Wildarten auseinanderhalten und dem Wild auf der Spur bleiben konnte. Manchmal waren sie in den frühen Morgenstunden zusammen unterwegs. Dann zeigte ihm sein Vater, wo das Wild wahrscheinlich vor den Winterstürmen Schutz suchen würde. Er brachte ihm bei, wie man sich gegen den Wind heranschleicht und wie man sich lautlos durch Kiefernwälder bewegt. Der alte Mann erinnert sich noch sehr gut an die Zeit, in der er zur Jagd ging, und erzählt immer noch gern davon.

»Als ich etwa fünf oder sechs Jahre alt war, nahm mein Vater seinen Bogen und zehn Pfeile, und wir gingen zu einem Platz im Wald, wo er in die Rinde eines Baumes ein Zielkreuz ritzte. Dann zeigte er mir, wie man einen Pfeil mit der Kerbe anlegt, wie man zielt und den Pfeil abschießt. Er machte mir klar, wie wichtig es sei, daß aus mir ein guter Jäger würde, und ließ mich den ganzen Tag üben. Am Ende hatte ich zwar die meisten Pfeile verloren, hatte aber auch große Fortschritte gemacht. Von diesem Tag an wollte ich am liebsten nur noch hinausgehen und mit Pfeil und Bogen schießen.«

Später war der Junge dann geschickt genug, Kaninchen, Erdhörnchen, wilden Truthahn und manchmal sogar einen Hirsch zu der ständig wachsenden Familie mit nach Hause zu bringen. In einem Winter allerdings fiel einfach zu viel Schnee, und außerdem war es bitter kalt. Seine Erinnerung an diesen Winter ist noch sehr lebendig.
»Diesen Winter vergaß niemand jemals wieder, der ihn erlebt hatte. Ich hatte damals drei jüngere Geschwister, und es war meine Aufgabe, ihnen etwas zu essen zu besorgen. Aber ich konnte nicht auf die Jagd gehen. Der Schnee lag so hoch, daß mein Kopf nicht mehr herausragte. Tagtäglich blies ein kräftiger Wind, und die Temperaturen waren unter minus achtzehn Grad gesunken. Irgendwann wußte meine Mutter nicht mehr ein noch aus. Sie machte sich Sorgen, weil wir nichts mehr zu essen hatten, und befürchtete, daß meine jüngeren Geschwister sterben müßten. Nachdem wir eine Zeitlang gehungert hatten, sammelte sie alle Parfleches im Haus zusammen. In diesen Tierhauttaschen bewahrten die Indianer Nahrungsmittel und Kleidung auf. Meine Mutter leerte sie aus und kochte die Taschen in einem Kessel auf dem Ofen. Nachdem die Beutel ausgekocht waren, ließ sie uns das Kochwasser trinken. Es schmeckte wie eine Art Suppe oder Brühe, und wir zehrten lange davon. Wir überlebten nur, weil wir die Brühe tranken, bis der Blizzard aufhörte und ich wieder auf die Jagd gehen konnte.
Als endlich der Frühling zurückkehrte, mußten wir immer noch hungern. Also machte ich mich in die Hügel auf, stieg die Felsen über der Schlucht hinauf und suchte in den Höhlen nach den Welpen der Kojoten. Wenn ich welche fand, mußte ich sie töten. Also brachte ich es hinter mich und nahm sie mit nach Hause, wo meine Mutter aus den kleinen Kojoten Suppe und Braten zubereitete. Es war die schlimmste Zeit, die ich je erlebt habe, und wir waren alle sehr froh, als mein Vater in jenem Jahr endlich wieder heimkam.«
Im Yellow-Bear-Lager, wie überall im Reservat, wurden die Frauen immer mehr zur treibenden Kraft. Sie arbeiteten hart, damit etwas zu essen auf den Tisch kam, nähten aus allem Möglichen Kleidung, sorgten dafür, daß ihre Kinder zur Schule gingen, und hielten die Familien zusammen.
Mary Dull Knife war eine große Frau und – ebenso wie ihr Sohn – von dunkler Hautfarbe. Sie wurde im Jahr 1880 geboren, und ihre Eltern

hatten ihr noch die traditionelle Lebensweise vermittelt. Sie lebten in dem großen Dorf am Little Bighorn. Während der Schlacht versteckte sich meine Großmutter zusammen mit anderen Frauen und den Kindern in einer Höhle in der Nähe des Dorfes. Als ein Krieger zu ihnen hinüberritt und ihnen mitteilte, daß der Kampf vorüber sei, liefen die Frauen über das Schlachtfeld und suchten die Leichen nach brauchbaren Dingen ab. Ihre Mutter erzählte ihr, daß sie damals zuerst Waffen und Munition einsammelten. Dann holten sie Sättel und Reitstiefel. Aus einem Paar guter Lederstiefel konnte man Sohlen für mehrere Paar Mokassins schneiden. Ihre Eltern erbeuteten an jenem Tag auch das Hemd eines Soldaten und ein Gewehr. Beide Dinge bewahrte die Familie noch viele Jahre lang auf.

Zwischen 1899 und 1921 brachte Guy Dull Knifes Mutter zwölf Kinder zur Welt. Sie war besonnen und einfallsreich und ließ ihr Heim und ihre Kinder selten lange allein. In der Sprache der Lakota wurde sie ›Her Pipe Is Holy‹ genannt. Erst im fortgeschrittenen Alter – sie hatte ihre erste Lebenshälfte schon weit überschritten – erlaubte sie, daß man sie fotografierte. Wie viele ältere, traditionsverbundene Lakota glaubte auch sie, daß der Fotoapparat ihren Schatten rauben, ihre Seele und ihren Geist wegnehmen würde. Jahre zuvor hatte Dr. Valentine McGillycuddy Crazy Horse, nachdem dieser sich in Fort Robinson unterworfen hatte, wiederholt gebeten, sich fotografieren zu lassen. Aber jedesmal wies der Kriegshäuptling der Oglala die Bitte zurück. »Mein Freund«, antwortete er dem Arzt des Militärpostens, als dieser ihn wieder einmal darum bat, »warum willst du denn mein Leben verkürzen, indem du mir meinen Schatten raubst?«[1] Die Mutter des alten Mannes dachte ebenso.

Als junger Mutter erging es Mary Dull Knife besser als den meisten Frauen im Yellow-Bear-Lager. Wenn ihr Mann in Europa oder an der Ostküste unterwegs war, traf manchmal ein Briefumschlag im Pine-Ridge-Reservat ein. George Dull Knife konnte nicht schreiben, und so bat er Cody, den Umschlag zu adressieren und nach Allen zu schicken, einer kleinen Gemeinde in Süddakota, die etwa fünfzehn Kilometer südöstlich vom Yellow-Bear-Lager lag. Wenn einer der Freunde oder Nachbarn von Mary Dull Knife mit der Nachricht aus der Stadt zurückkam, daß Post für sie angekommen sei, dann spannte ihr Ältester die Pferde vor den kleinen Wagen und Mary Dull Knife fuhr mit den Kindern los. Ihr Weg führte sie auf einem steilen, gewundenen Pfad durch die mit Kiefern bestandenen Hügel, entlang des Yellow Bear Creek und dann auf der holprigen Straße nach Allen. Von dem Geld, das George Dull Knife schickte, kaufte sie Essen, Kleidung und Kerosin.

»Meine Mutter starb 1961«, sagte Guy Dull Knife sen. »Sie wurde einundachtzig Jahre alt. Ihr ganzes Leben lang sprach sie nur zwei Worte Englisch: ja und nein. Für gewöhnlich trug sie ein kleines Stempelkissen mit sich, und wann immer sie etwas unterzeichnen mußte, setzte sie ihren Daumenabdruck darunter. Dabei blieb sie ihr Leben lang.«

Seine Mutter liebte die Perlenstickerei und verzierte fast jeden Tag Gewänder und Decken mit den traditionellen Mustern der Lakota. Im Winter brachte sie ihrem ältesten Sohn die Perlenstickerei bei, und dieser gab sie wiederum an seinen Sohn weiter. Zu Beginn des 20. Jahrhunderts kümmerten sich Mary Dull Knife und ihr ältester Sohn um ihr Blockhaus im Yellow-Bear-Lager, wenn der Vater von zu Hause weg war. So verbrachten beide viel Zeit miteinander und waren ein richtiges Team, das dafür Sorge trug, daß die jüngeren Geschwister stets genug zu essen hatten.

»Einmal erhielten wir die Nachricht«, erzählte der alte Mann, »daß im Osten, in Pennsylvania oder New Jersey, ich weiß nicht mehr genau wo, ein großer Zug entgleist war und daß dabei viele Indianer ums Leben gekommen waren. Man sagte uns, daß sie alle Toten mit dem Zug nach Gordon bringen würden. Noch war nicht bekannt, wer umgekommen war und wer das Unglück überlebt hatte. Man sagte uns, wir müßten nach Gordon fahren, um herauszufinden, ob mein Vater noch lebte. Obwohl ich damals erst in die dritte oder vierte Klasse ging, war ich schon in der Lage, den Wagen zu holen und anzuspannen. Meine Mutter und ich fuhren die ganze Nacht hindurch nach Gordon. Als wir dort eintrafen, war der Zug bereits angekommen, und wir gingen die Reihen der Toten ab, um zu sehen, ob mein Vater unter ihnen war.

Meine Mutter und ich sahen uns alle Toten genau an. Als wir meinen Vater nicht unter ihnen fanden, waren wir sehr erleichtert. Einer der Verletzten, der ebenfalls mit dem Zug gekommen war, berichtete meiner Mutter, daß er Vater getroffen hätte, daß es ihm gut ginge und daß er nach New York weitergefahren sei. Diese Nachricht machte uns zunächst sehr glücklich. Als wir dann aber auf dem Nachhauseweg waren, mußten wir an all die Toten denken und auch daran, daß wir diese Leute gekannt hatten und daß sie mit uns gelebt hatten, und das machte uns sehr traurig.«

Eines Tages im späten Frühling – der alte Mann war noch ein kleiner Junge – hackte Guy Dull Knife gerade im Hof vor dem Haus Holz, als er Hufgetrappel den Hügel hinaufkommen hörte. Er legte seine Axt beiseite und wartete ab, um zu sehen, wer da näher kam. Zunächst konnte er die Person nicht erkennen, die durch den Wald ritt, dann aber rannte er so schnell er konnte, bis er vor dem Reiter stand und dieser sein Pferd zügelte. Es war sein Vater. Er saß ab und hielt seinen Jungen lange im Arm. Anschließend gingen sie gemeinsam zu den anderen hinüber, die ebenfalls angehalten hatten. George Dull Knife stellte Buffalo Bill Cody seinen Sohn vor, dem er erzählte, daß Cody und einige seiner Freunde von der Wild West Show ein paar Tage im Yellow-Bear-Lager verbringen würden. Am späten Nachmittag schlug Cody sein Zelt vor dem Blockhaus auf, und es gab eine große Willkommensfeier für ihn und alle, die nach langer Abwesenheit wieder nach Hause zurückgekehrt waren.

»In jener Nacht schichteten wir ein großes Lagerfeuer vor dem Haus auf. Nachdem jeder gegessen hatte, begannen mein Vater, meine Geschwister, ich und die anderen Kinder von Yellow Bear für Buffalo Bill Cody zu tanzen. Wir tanzten sehr lange, und als wir aufhörten, ging Cody im Kreis herum und schenkte jedem Kind eine Münze. Nie zuvor hatten sie jemanden gesehen, der so aussah wie er, und daher fürchteten sich manche der Kinder vor ihm. Aber am nächsten Morgen kamen sie alle wieder zu uns herüber, und Buffalo Bill Cody führte sein Pferd vor, dem er ein besonderes Kunststück beigebracht hatte. Wann immer ein lautes Geräusch zu hören war, ließ sich das Pferd fallen und tat so, als wäre es tot. Bald stellten sich alle Kinder dicht an das Pferd und klatschten so laut sie konnten in die Hände. Daraufhin fiel das Pferd zu Boden, und alle mußten lachen. Das spielten wir eine geraume Zeit lang. Es war eines meiner schönsten Erlebnisse.«

Einmal kehrte sein Vater mit seiner Tasche voller Silberdollars von einer Show zurück. Da den Jungen die fremdartigen Münzen faszinierten, schenkte seine Mutter ihm eine davon. Er steckte sie in seine Tasche und ritt hinüber zu seinem besten Freund, Good Voice Elk. Beide waren damals etwa zehn Jahre alt. Die Jungen schwangen sich auf ihre ungesattelten Pferde und ritten den ganzen langen Weg zu dem großen Laden in Martin, einer etwa vierzig Kilometer entfernten Ansiedlung. Als sie dort eintrafen, waren sie durstig. Also holte Guy Dull Knife seinen Silberdollar hervor. Die beiden Jungen konnten etwas Englisch und fanden heraus, daß auf einigen der Flaschen das Wort *beer* stand. Sie kauften für jeden drei Flaschen und tranken sie auf dem Nachhauseweg.

»Als wir zu Hause ankamen, bildeten wir uns ein, wir seien ziemlich betrunken. Good Voice Elk fiel sogar vom Pferd, für so betrunken hielt er sich. Nachdem ein paar der Erwachsenen sich die Flaschen etwas näher betrachtet hatten, sagten sie uns, daß wir nur *root beer** getrunken hätten. Das enttäuschte uns sehr. Meine Mutter eröffnete mir später, daß ich mich glücklich schätzen könne, keinen Alkohol getrunken zu haben. Sie sagte, daß ich die Tracht Prügel, die sie mir verabreicht hätte, wenn es richtiges Bier gewesen wäre, wahrscheinlich nicht so schnell vergessen hätte.«

Während des Sommers streiften Guy Dull Knife sen. und Good Voice Elk mit ihren Pferden im Pine-Ridge-Reservat umher und kamen bis Manderson, Porcupine und Martin. Oft ritten sie mit Köcher und Bogen bewaffnet hinunter zum Ufer des Yellow Beer Creek. Dort befestigten sie an den Enden der Pfeile dünne Schnüre und suchten so lange, bis sie auf Forellen stießen. Dann legten sie den Pfeil an, schossen auf die Fische und zogen sie an der Leine heraus. Manchmal flochten sie aus Hühnerdraht ein Netz und spannten es im Fluß aus. Sie ergriffen ein paar Stöcke und wateten durch das Wasser. Dabei machten sie viel Lärm und schlugen auf das Wasser, so daß sie die Forellen ins Netz trieben. Dann holten sie das Netz ein, luden die Forellen in Leinwandtaschen und trugen sie heim. Im Spätsommer waren die Büsche der Würgkirschen und die Pflaumenbäume mit Früchten beladen. Diese pflückten die beiden Jungen, füllten sie in Holzkörbe und brachten ihren Müttern das reife Obst, die daraus Pudding, *wojapi* genannt, kochten und den Beerensaft zum Süßen von vielerlei Speisen

* Aus den Wurzeln verschiedener Kräuter bereitetes Getränk. Anm. d. Übers.

verwandten. Mehr als siebzig Jahre lang waren der alte Mann und Good Voice Elk befreundet.

Noch immer schläft er, zur Seite gerollt, tief und fest auf seiner verschlissenen Armeedecke. An der Wand über seinem Bett hängen Farbfotos, auf denen seine Enkel, Urenkel und gute alte Freunde zu sehen sind. Auf dem Nachttisch liegt unter ein paar Medizinfläschchen und dem Beutel mit den ›Big Red‹-Kaugummis seine Bibel. Der Sohn stöbert ein wenig in der oberen Schublade herum, um sich zu vergewissern, daß sein Vater noch immer seine Armbanduhr besitzt und auch ein paar Batterien für sein neues Hörgerät hat, damit er, wann immer er möchte, Nachrichten hören kann, ohne den Fernsehapparat zu laut aufdrehen zu müssen. Guy Dull Knife jun. will noch ein paar Minuten bleiben und sich dann wieder auf den Weg nach Hause zu Cora Yellow Elk und den Kindern machen.

»Im Jahre 1907 zog sich mein Großvater von der Wild West Show zurück. Die nachfolgenden fünfundzwanzig bis dreißig Jahre arbeitete er als Indianerpolizist und Viehzüchter. Er entschloß sich letztendlich, die fünfundsechzig Hektar große Landparzelle von der Regierung anzunehmen, züchtete darauf Vieh und betrieb Ackerbau. Aber so richtig lag ihm beides nicht. Statt dessen liebte er Pferde über alles. Ich glaube, wenn die Regierung den Indianern erlaubt hätte, Pferde statt Rinder zu züchten, wäre das für alle Beteiligten von Vorteil gewesen.

Die Lakota hatten jahrelang Pferde gehalten. Sie konnten ohne sie nicht auskommen. Wir benutzten sie für alles mögliche. Wir brauchten sie für die Büffeljagd, wenn das Lager verlegt werden mußte, auf dem Kriegspfad, um sie gegen Essen, Kleidung und Gewehre einzutauschen; sogar als Brautgabe dienten sie. Wenn ein Mann um eine Frau warb, schenkte er dem Vater der Braut zuallererst einige gute Ponys. Man erzählt sich, daß Crazy Horse ein Kriegspony besaß, das er all seinen anderen Pferden vorzog, das niemand außer ihm reiten durfte und an das sich auch niemand heranwagte.

Pferde wurden von den Lakota so sehr geschätzt, daß sie ihnen sogar einen eigenen Tanz, den Pferdetanz, widmeten. Rinder dagegen waren für mein Volk wertlos. Deren einziger Lebenszweck bestand darin, gemästet und geschlachtet zu werden. Und das reizte meinen Großvater und viele andere Lakota nicht besonders. Selbst heute noch trifft man in den Bezirken, in denen Vollblutindianer leben, die Jungen oft zu Pferd an. Sie reiten ohne Sattel, und manche von ihnen sind wirklich begnadete Reiter. Sie sind große Pferdenarren geblieben.«

Guy Dull Knife jun. kramt unter einem Stapel von Briefen die Armbanduhr hervor. Auch die Batterien kommen dabei zum Vorschein. Sie sind noch immer in der Schachtel aus Hartplastik verpackt. Er zieht den rückwärtigen Pappdeckel ab, drückt die Batterien aus der Hülle und baut sie in das Hörgerät ein. »Sobald mein Vater laufen konnte, setzte mein Großvater ihn auf ein Pferd und brachte ihm das Reiten bei. Es dauerte nicht lange, und aus meinem Vater war ein kleiner Jockey geworden, der die schnellsten Pferde meines Großvaters reiten konnte. Gewöhnlich fanden in Pine Ridge und in den um das Reservat liegenden Städten wie Chadron und Gordon jeden Sommer eine ganze Reihe von Volksfesten und Rodeos statt. Meist wurden dann auch Pferderennen abgehalten, zu denen die Leute von überall angereist kamen, um Wetten abzuschließen.

Das beste Pferd meines Großvaters hieß Red Wing. Großvater besaß keine Papiere für das Pferd, es war ein mageres Reservatspferd, aber es konnte unglaublich schnell laufen. Großvater liebte dieses Pferd so sehr, daß er sogar einen seiner Söhne nach im benannte. Damals mußte jeder einen christlichen Vornamen tragen. Daher wurde sein Sohn in der Schule Jeffrey Dull Knife gerufen. Im Yellow-Bear-Lager aber rief man ihn bei seinem Lakota-Namen *Hupahu Luta*, Red Wing.

Eine Zeitlang ritt mein Vater Red Wing auf allen Sommerrennen. Aber bald schon war er zu groß dafür, so daß seine jüngeren Brüder an seine Stelle traten und die Jockeys der Familie wurden. Red Wing muß meinem Großvater im Laufe der Jahre eine Menge Geld eingebracht haben.

Großvater besaß ein großes Feld mit Luzerne, die er an seine Pferde verfütterte. Als mein Vater zu groß war, um weiter als Jockey zu reiten, übernahm er die Aufgabe, die Pferde zu versorgen. Er mußte sie jeden Tag füttern, tränken und ihr Fell striegeln. Er hat immer gesagt, eine der nachhaltigsten Erinnerungen an seine Kindheit sei der Duft von frisch gemähter Luzerne. Wenn ihm auf Spazierfahrten mit uns dieser Duft in die Nase stieg, dann bestand er noch bis vor ein paar Jahren darauf, daß wir zu dem Feld hinüberfuhren, von dem der Duft herkam, und dort für eine Weile Rast machten.«

Im Jahre 1831 beschrieb der vorsitzende Richter John Marshall die Beziehung zwischen den amerikanischen Indianern und der US-Regierung ganz im Sinne des Paternalismus*: »Sie [die Indianer] wenden sich an unsere Regierung, wenn sie Schutz benötigen. Sie verlassen sich auf die Gutmütigkeit und die Macht der Regierung. Sie bitten um die Erfüllung ihrer Wünsche und reden den Präsidenten mit ›Großer Vater‹ an.«[2]

Diese Philosophie hatte fast das ganze 19. Jahrhundert hindurch vorgeherrscht. Ein Stamm nach dem anderen war unterworfen worden, und man hatte die Indianer in Reservate gepfercht. Schon bald waren sie zu Mündeln der Regierung geworden, die sich an den Großen Vater wandten, wann immer sie Schutz, Zuwendung und Unterstützung brauchten, wenn sie Essen und Kleidung oder Hilfestellung für ihre Zukunft benötigten. Die ständige Bevormundung aber rief bald ein neuartiges Problem hervor. Die Indianer gerieten in völlige Abhängigkeit der Regierung.

Eine Zeitlang glaubte man, daß die Anpassung der Indianer – ihre Umerziehung zu christlichen Bauern und die Umwandlung ihres Stammesgebietes in private Landstücke von je 65 Hektar – dieses Problem lösen würde. »[Der Indianer] muß von dem starken Egoismus, durch den sich das zivilisierte, amerikanische Volk auszeichnet, durchdrungen werden«, schrieb der Kommissar für Indianerfragen im Jahr 1886, »damit er in Zukunft ›ich‹ statt ›wir‹ sagt und ›das gehört mir‹ statt ›das gehört uns‹.« Wenn sich die Indianer erst vollends in die dominante weiße Kultur integriert hätten, so würde das auch das Ende der Bevormundungspolitik und damit das Ende aller Probleme bedeuten.

Während der ganzen neunziger Jahre war es jedoch nicht zu einer erfolgreichen Integration gekommen, und die Probleme bestanden nach wie vor. Mit der Jahrhundertwende – inzwischen waren zwei

* Bevormundung durch den Staat. Anm. d. Übers.

Jahrzehnte andauernder Bemühungen ins Land gegangen – waren die Oglala Sioux und viele andere Stämme in größere Abhängigkeit vom Großen Vater geraten als je zuvor.

Zu Beginn des 20. Jahrhunderts wehten andere politische Winde in Washington. Noch immer war Assimilation das Ziel. Aber nun versuchten einige der Kommissare das Problem auf andere Weise zu lösen. Die Indianer sollten unabhängig werden. Sie sollten lernen, sich und ihre Familien aus eigenen Kräften zu versorgen und sich selbst von ihrer Abhängigkeit von der Regierung zu befreien.

Im Jahr 1901 verfügte der Kommissar für Indianerfragen, William A. Jones, daß alle leistungsfähigen Männer, die sich und ihre Familien selbst unterhalten könnten, von den Rationslisten der Fürsorge gestrichen wurden. In Pine Ridge nahm Reservatsagent J. R. Brennan nicht weniger als 857 Indianer aus den Listen der Berechtigten für Lebensmittelzuteilungen und bot ihnen statt dessen Arbeit an. Er stellte ihnen einen Tageslohn von einem Dollar und fünfundzwanzig Cent in Aussicht, wenn sie bei der Errichtung von Dämmen, beim Straßenbau, dem Bau neuer Brücken und dem Einzäunen von Teilen des Reservats mitarbeiteten. Der politische Umschwung erzeugte Chaos. In Pine Ridge hatten sich viele Lakota daran gewöhnt, als Viehzüchter und Bauern zu leben. Die staatlichen Lebensmittelrationen vervollständigten sie durch Gemüse aus dem eigenen Garten. Der neue Erlaß zwang sie, sich von ihrem Zuhause und ihren Familien zu trennen, zu weit entfernten Arbeitsplätzen zu pilgern und dort mehrere Wochen lang in Lagern zu wohnen. Fern von der Heimat war es ihnen nicht möglich, sich um ihr Vieh und ihre Feldfrüchte zu kümmern. Viele benötigten den Lohn, den sie nun verdienten, um während ihrer Abwesenheit von daheim ihren Lebensunterhalt zu bestreiten. Wenn sie zu Beginn der kalten Jahreszeit nach Hause zurückkehrten, fanden sie ihr Vieh versprengt und ihre Gemüsegärten verwüstet. Mit Einbruch des Winters besaßen viele von ihnen weniger Vieh als zuvor, hatten keine Gemüsevorräte, kein Geld und keine Lebensmittelrationen mehr.

Anfang 1902 erließ Kommissar Jones eine weitere Order an die Reservatsagenten. Jones bewunderte die Indianer in vielerlei Hinsicht. Er achtete, mit welcher Hingabe sie sich ihren Kindern widmeten, er respektierte ihre Freiheitsliebe und ihre intensive Verehrung der Vorfahren. »Eine solche Rasse«, sagte er, »ist all die Zeit, all das Geld und all die Arbeit wert, die ihnen Kongreß und Volk großzügigerweise zuteil werden lassen.« Aber der Kommissar war ebenso fest davon überzeugt, daß die Indianer viel von ihrer Vergangenheit aufgeben müßten, wenn sie sich der zivilisierten weißen Bevölkerung angleichen sollten. Ihre traditionellen Feste und Tänze, das Bemalen ihres Gesichts wurden »als Möglichkeit erachtet, schändliche Taten und unmoralisches Handeln zu vertuschen«. Die lange Haartracht der männlichen Indianer stellte aus Jones' Sicht ein ganz besonderes Problem dar. Im Januar 1992 ordnete er an, daß alle indianischen Männer, die für den Staat arbeiteten oder Lebensmittelrationen bezogen, ihr Haar abschneiden müßten. Wer sich weigerte, würde seine Arbeit verlieren oder keine Lebensmittelzuteilungen mehr erhalten. Wenn sich ein Mann gegen diese Anordnung handgreiflich zur Wehr setzen würde, »sollte ein kurzer Aufenthalt im Gefängnis, den man gleich dazu nutzen könne, ihm auch die Haare zu scheren, ihn eines Besseren belehren«[3], empfahl Jones. Am 22. Februar ordnete dann Brennan, der Agent in Pine Ridge, an, daß alle arbeitstauglichen Lakota-Männer, die im Dienste der Regierung stünden, ihr Haar abschneiden müßten. Sollten sie sich widersetzen, würden sie sowohl ihr Anrecht auf Lebensmittelzuteilungen als auch ihre Arbeit verlieren. Brennan benachrichtigte auch die Schulen und wies die Lehrer an, dafür Sorge zu tragen, daß die Indianerjungen diesem Erlaß ebenfalls nachkämen. Wie schon andere vor ihnen, glaubten der Reservatsagent und der Kommissar, daß durch Schulbildung eine neue Generation von Indianern geschaffen werden könne, eine Generation, die schon bald die Traditionen vergessen haben und die neue Lebensweise bejahen würde.

Auf der anderen Seite der Straße, die vom Yellow Bear Creek hinaufführt, liegt eine kleine Lichtung. Tief ausgewaschene Pfade schlängeln sich von den Hügeln herunter auf sie zu. Nicht mehr viel erinnert dort an die alte Schule. Durch den rissigen Beton, der den ehemals gestampften Boden bedeckt, treiben Gräser. Die Wände aus Baumstämmen und auch das Dach sind schon lange eingefallen. An der Vorder- und Rückseite des kleinen Gebäudes ragen steile Felswände empor. Die Kinder der Indianer kamen jeden Tag von den im Gebiet des Yellow-Bear-Lagers weit verstreut liegenden Blockhäusern ihrer Familien her. Es war die erste Generation der Lakota, die in Häusern geboren und im Reservat aufgewachsen war und die in der Art der sie beherrschenden Kultur erzogen wurden.

Als kleiner Junge ging der alte Mann an den Wochentagen morgens von zu Hause los, nahm den Pfad durch den Kiefernwald und folgte dann der unbefestigten Straße, bis er nach etwa zweieinhalb Kilometern gegen 9.30 Uhr in der kleinen Schule eintraf. Für ihn und die meisten anderen Kinder war es der erste Kontakt mit einer fremdartigen Kultur.

»Einen Tag vor unserem ersten Schultag wusch meine Mutter all unsere Kleider. Sie brauchte dafür den ganzen Tag. Auch holte sie am Vorabend Wasser aus dem Fluß und badete jeden von uns, der am nächsten Tag zur Schule gehen mußte. Meine Schwester Sara zog ihr Nachthemd an, und dann gingen wir zu Bett. Als wir am nächsten Morgen aufwachten, hatten wir alle fürchterliche Angst. Wir wollten nicht zur Schule gehen. Aber meine Mutter sagte, uns bliebe keine andere Wahl. Also machte sie uns das Frühstück und brachte uns dann zu dem Pfad. Sara ging zuerst ein Stück, fing dann aber an zu weinen und lief zu meiner Mutter zurück. Meine Mutter sagte mir, ich solle sie bei der Hand nehmen und sie führen. Als wir in der Schule ankamen, gab es dort einen Arzt, der alle Indianerkinder nach Krankheiten untersuchte. Gegen Ende des Tages ließ uns der Lehrer durch einen Dolmetscher mitteilen, daß wir in der Schule von nun an nicht mehr in unserer eigenen Sprache reden dürften, sondern Englisch lernen müßten. Außerdem sagte der Lehrer zu allen Jungen, daß sie nicht mehr mit langem Haar in die Schule kommen dürften. Als ich wieder daheim war, erzählte ich meinen Eltern, was man uns in der Schule mitgeteilt hatte, und dann weinte ich immerzu.«

George Dull Knife wartete eine Woche lang, bevor er sein Jagdmesser nahm und seinem Sohn das Haar abschnitt. So weit die Lakota zurückdenken konnten, war langes Haar ein Symbol für Mannhaftigkeit gewesen, ein Zeichen, das geistige Verwandtschaft ausdrückte und mit zu einem langen Leben beitrug. Der alte Mann hat die Schmach und Erniedrigung, die ihm an jenem weit zurückliegenden Sonntag zugefügt wurde, nie vergessen. Nachdem er geheiratet hatte und Mitglied des Bezirksrates von Pine Ridge geworden war, ließ er sich sein Haar endlich wieder wachsen. Seit über dreißig Jahren trägt er es nun lang und zu einem Pferdeschwanz gebunden.

In der kleinen Yellow-Bear-Schule erhielt Guy Dull Knife sen. Unterricht in englischer Sprache und auch in amerikanischer Geschichte. Er meint, daß er es besser gehabt hätte als die anderen Kinder. Von dem Geld, das sein Vater bei den Wild West Shows verdiente, konnte seine Mutter ihm in dem Laden in Allen Lederschuhe und einen guten Mantel kaufen. Die meisten anderen Kinder trugen Mokassins oder liefen barfuß, hatten nicht genug warme Kleidung. Die größeren Kinder kamen zu Pferd zur Schule, die kleineren wurden mit Wagen gebracht oder mußten laufen. Oft wurden sie von ihren Hunden begleitet. In der kleinen Schule erzählte der Lehrer ihnen zum ersten Mal vom Gott der Weißen.

Zu Beginn des 20. Jahrhunderts war das Pine-Ridge-Reservat schon lange in Bezirke aufgeteilt, in denen die verschiedenen Glaubensgemeinschaften und die Regierung Hand in Hand arbeiteten. Der Süden des Reservates unterstand damals der Episkopalkirche und der Norden der katholischen Kirche. Die Lehrer der staatlichen Schulen wurden von Kirchen und Missionaren ausgewählt. Diese Art Schulen durften die Kinder nur besuchen, wenn sie ihr Haar kurz trugen, Englisch lernten und im christlichen Glauben getauft waren. Sie erhielten auch neue Namen.

»Die Kirchenleute kamen in die Lager und fragten die Indianer, wie sie gerne heißen würden«, erzählte Guy jun. »Sie gaben ihnen ein paar Namen zur Auswahl. Die meisten Lakota hatten keine Ahnung, um was es ging. Sie sagten, sie wüßten es nicht, und so suchte der Dolmetscher einen Namen für sie aus. Er sagte: ›Okay, du heißt jetzt George und du heißt Guy und du heißt Soundso.‹ Und unter diesem Namen wurden die einzelnen dann in die offiziellen Listen eingetragen. Auf diese Weise erhielt auch mein Vater seinen Namen.

Einmal erzählte mir mein Vater eine Geschichte über einen alten Mann aus dem Yellow-Bear-Lager. Als der Dolmetscher ihn fragte, welchen Namen er annehmen wolle, antwortete dieser ›Jesus‹. Der Dolmetscher fragte ihn, warum er so genannt werden wolle, und der Mann erwiderte, weil er den Namen schon oft gehört habe und weil es der einzige englische Name sei, den er kenne. Daraufhin regte sich der Dolmetscher fürchterlich auf und sagte dem alten Mann, daß er diesen Namen nicht tragen dürfe. Falls er keinen anderen wüßte, würde er, der Dolmetscher, einen für ihn aussuchen. Und so erhielt der alte Mann den Namen Elmer.

Die Probleme, die die Regierung nach dem Massaker am Wounded Knee heraufbeschworen hatte und die viele Jahre anhielten, stellten sich einerseits zwar recht kompliziert dar, waren aber andererseits auch wieder höchst einfach. Was die Weißen damals nicht verstanden – und wahrscheinlich haben sie es bis heute nicht begriffen –, war die Tatsache, daß die Indianer keine Religion im Sinne der Weißen hatten. Sie dachten, sie könnten uns einfach christianisieren, uns einen neuen Namen und eine neue Religion geben, und damit wären alle Probleme gelöst. Wir aber vermißten unsere Art zu leben. Unsere Lebensweise schloß unsere Religion ein. Dieses Lebensgefühl war eher tief in meinem Volk verankert und konnte nicht durch den katholischen oder episkopalischen Glauben oder einen neuen Namen ersetzt werden.«

Nach Abschluß der dritten Klasse gingen Guy Dull Knife sen. und die anderen Lakota-Kinder auf die neue Tagesschule Nummer 20, die in Allen gebaut worden war und vierzehn Kilometer von ihrem Zuhause entfernt war. In der Nähe der Schule befand sich ein Schlachthof, zu dem die Viehzüchter der Gegend, die bei der Regierung unter Vertrag standen, ihre Herden hintrieben. Wenn der Tag nahte, an dem die Lebensmittelrationen verteilt werden sollten, trafen viele Sioux-Familien dort ein, kampierten außerhalb des Schlachthofes und warteten auf die Fleischzuteilungen. Danach gab es jedesmal Feste und Gelage. Nicht weit vom Schlachthaus entfernt lagen das Büro des Obmanns der im Bezirk ansässigen Bauern, ein Laden und eine kleine Polizeistation mit nur einer Gefängniszelle. Gleich hinter der Polizeistation stand die kleine, aus Holz gebaute Ein-Zimmer-Schule.

Anfänglich fuhren Guy Dull Knife sen. und die anderen Kinder auf dem Wagen zur Schule. Im Winter polsterten ihre Eltern den Wagen mit Heu aus, und die Kinder kuschelten sich aneinander, um während der langen Fahrt nicht zu frieren. An manchen Tagen aber war es zu kalt, um in die Schule zu gehen. Einige Kinder gingen den Winter über gar nicht hin. Als Guy Dull Knife sen. schon größer war, ritt er zur Schule. In seinem ersten Jahr auf der neuen Schule teilten die Lehrer unter den Jungen Schuluniformen aus, die aus kurzen Hosen, die bis knapp über die Knie reichten, und dunkelblauen Baumwollhemden bestanden. Jeden Tag brachten sie ein paar Stunden damit zu, Geschichten aus der Bibel zu hören und Englisch zu lernen.

Der Kommissar für Indianerfragen hatte 1887 den Gebrauch der Stammessprachen in allen Indianerschulen untersagt. Selbst zwanzig Jahre später – der alte Mann war damals etwa zehn Jahre alt – war es noch immer verboten, in der Tagesschule in Allen und dem umgebenden Gelände ihre Muttersprache zu sprechen. Kinder, die man dabei ertappte, mußten zur Strafe entweder still in einer Ecke sitzen, oder sie bekamen kein Mittagessen. Manche von ihnen wurden sogar verprügelt.

Weit weg von der Schule, in seinem Zuhause in den Hügeln des Yellow-Bear-Lagers, hatte Guy Dull Knife sen. immer nur Lakota gehört. Es war die Sprache seiner Eltern und die einzige Sprache, die seine Mutter kannte. Sein Vater hatte inzwischen das Haus vergrößert, um den Platzansprüchen seiner wachsenden Familie gerecht zu werden. Je mehr Kinder kamen, desto mehr streckte sich das Haus in die Länge, bis es schließlich *Ti Hanska*, das lange Haus, genannt wurde. Außerdem baute sein Vater eine Scheune und mehrere Koppeln für seine preisgekrönten Pferde. Sein ältester Sohn führte die Pferde jeden Tag zum Fluß, um sie zu tränken. Auch gehörte es zu seinen Aufgaben, Wasser für die Familie herbeizuholen und Holz zu sammeln. Dazu lud der Junge leere Holzfässer und eine Axt auf den Wagen und fuhr zum Flußbett hinunter. Später kam er mit dem Wasser zum Kochen und Säubern und dem Brennholz zurück.

Solange sich der Junge erinnern konnte, stand vor dem Haus der Dull Knifes eine Schwitzhütte. Sein Vater hatte ein Gerüst aus Baumschößlingen gebaut, die Kuppel mit Zeltleinwand und Decken abgedeckt und in der Mitte eine Mulde für die erhitzten Steine ausgehoben. Fast jeden Abend ging er in die Schwitzhütte. Oft beobachtete der Junge, wie sein Vater und die anderen Männer des Lagers den heiligen Beifuß bündelten und ihre Pfeifen rauchten. Er war bei vielen traditionellen Zeremonien der Lakota anwesend, hatte ihre Tänze gesehen und ihre Lieder gehört. Einige wurden bei ihnen zu Hause abgehalten. Lange Zeit genoß er die Abende, an denen sie alte Leute besuchen kamen und er zuhören durfte, wenn sie sich über vergangene Zeiten unterhielten.

»Es war eine schöne Zeit damals«, erinnert sich der alte Mann. »Ich hörte sehr gern zu, wenn Geschichten erzählt wurden. Vor allem mein Vater war ein hervorragender Erzähler und kannte die besten Geschichten. Es gab vieles, was er mir mitteilen wollte. Obwohl ich selbst nie so gelebt hatte, begann ich unsere traditionelle Lebensweise, über die mir mein Vater berichtete, zu vermissen. Sie erschien mir als das bessere Leben.«

George Dull Knife wollte, daß sein ältestes Kind die Geschichte und die Traditionen seines Volkes kennenlernte. Also erzählte er ihm die Geschichten, nahm ihn mit in die Schwitzhütte und brachte ihm die traditionellen Lieder bei, die die Lakota während der Reinigungszeremonie sangen. Nach einer Weile bekam der Junge an der Tagesschule in Allen Probleme. Er war nun zehn Jahre alt, und es wurde für ihn immer schwieriger, die beiden Welten, in denen er lebte, miteinander in Einklang zu bringen. Tagsüber lehrte man ihn die eine Art, die Welt zu betrachten. Um erfolgreich zu sein und eine Zukunft zu haben, mußte er sein Haar kurz tragen, sich wie die Weißen kleiden, deren Sprachen lernen, ihre Gebräuche annehmen und an Jesus glauben. Abends, wenn er wieder zu Hause in den Hügeln war, sah er das geflochtene Süßgras und ging in die Schwitzhütte. Er lernte die Lehren des *Wakan Tanka* und hörte die Geschichten seines Volkes in einer Sprache, die tagsüber unter Androhung von Isolierung, Hunger oder Schlimmerem verboten war. Mit diesem Konflikt, der in den ersten Jahren des Jahrhunderts begonnen hat, lebt er letztlich immer noch. Während Guy Dull Knife sen. seine Geschichten zum besten gibt, liegt auf dem Nachttisch noch immer das Buch, in dem Jesus zu ihm in der Sprache seines Volkes spricht.

Eines Tages – der alte Mann war gerade zwölf Jahre alt – betrat ein Fremder ihr Haus im Yellow-Bear-Lager. Er hatte langes, graues Haar und trug einen bodenlangen Überwurf. An seinem Hüftgürtel steckten zwei Pistolen. Der alte Mann erinnert sich: »Es war die furchterregendste Gestalt, die mir je begegnet ist.« Er hieß George Poor Thunder und war einer der mächtigsten Medizinmänner der Lakota. George Poor Thunder wurde damals von den traditionellen Lakota sehr verehrt. Er kam mit einem leichten Gespann an, auf dem auch seine Frau und seine Kinder saßen. Dem Wagen folgte eine Herde von zweihundert Pferden, die George Poor Thunder aus dem nahegelegenen Rosebud-Reservat mitbrachte. George Dull Knife bewunderte seine rassigen Pferde, und nachdem George Poor Thunder sich im Yellow-Bear-Lager niedergelassen hatte, wurden sie Freunde. Bald schon kümmerte sich Poor Thunder um die religiösen Zeremonien im Lager. Irgendwann einmal fragte er Georges ältesten Sohn, ob er ihm helfen wolle, einige der traditionellen Lieder zu singen. »Ich erklärte ihm, daß ich nicht alle Lieder kennen würde und daß ich nie zuvor bei Zeremonien gesungen hätte«, erzählt der alte Mann. »Er aber meinte, er würde es mir beibringen.« Und so lehrte ihn der Medizinmann die alten Lieder. In jenem Sommer des Jahres 1911 sang der elfjährige Junge auf seiner ersten Sonnentanzzeremonie in den Hügeln des Yellow-Bear-Lager und behielt das viele Jahre lang bei. In den Sommermonaten der folgenden siebzig Jahre nahm er stets an den Zeremonien im gesamten Pine-Ridge-Reservat teil. Schließlich brachte Guy Dull Knife sen. die Lieder, die er von dem Medizinmann gehört hatte, seinem Sohn Guy jun. bei, und der wiederum gab sie an Guy Dull Knife III weiter.

Die letzte öffentliche Sonnentanzzeremonie hatte 1883 stattgefunden. Als Guy Dull Knife sen. die Lieder zum ersten Mal sang, war die Zeremonie schon dreißig Jahre lang verboten gewesen. Auch sein Vater sang bei den Sonnentanzzeremonien, und so kam es, daß sie sich während der Sommermonate zu Beginn des Jahrhunderts gemeinsam in dem heiligen Kreis einfanden, zu dem sich die Lakota tief in die Hügel des Yellow-Bear-Lagers zurückzogen, um sich um die Trommeln unter dem Cottonwood-Baum zu versammeln. Beide sangen sie, wie es alter Brauch war, und verliehen so den Tänzern Mut, sich zum Wohle ihres Volkes zu kasteien. Der Vater geriet dadurch in etwa in den gleichen Konflikt, in den sein Sohn durch die Tagesschule Nummer 20 in Allen geraten war.

Nachdem George Dull Knife der Wild West Show den Rücken gekehrt hatte, arbeitete er für die US-Regierung. Über fünfundzwanzig Jahre lang, von 1910 bis zur Zeit der Weltwirtschaftskrise, verdiente er als Indianerpolizist sein Brot. Die Behörde stellte ihm ein Gewehr, eine Uniform, eine Dienstmarke und zahlte achtundvierzig Dollar im Monat. Er patrouillierte zu Pferd zwischen Kyle und Allen und hielt

Indianerpolizist George Dull Knife mit Guy (links) und seinem Bruder Gordon

nach jenen Ausschau, die die Gesetze des Reservats brachen. Diese Aufgabe war schwierig. Das Gebiet, das er kontrollierte, war riesig und schwer zugänglich, und oft kam es zu Auseinandersetzungen. In den abgeschiedenen Hügeln taten die Viehzüchter, was sie wollten, und sie drehten den Indianern allen möglichen Unsinn an. So mußte er häufig gleichzeitig als Polizist, Richter und Geschworener fungieren. Gefangene in die Stadt zu bringen bedeutete meist einen Zweitageritt, einen Tag hin und einen zurück. Daher war George Dull Knife selten zu Hause.

Die Arbeit gefiel ihm zwar nicht, aber es war einer der wenigen bezahlten Jobs, die man kriegen konnte, und seine große Familie mußte schließlich versorgt werden.

Im Sommer fiel ihm seine Arbeit am schwersten. Er wußte von den Sonnentanzzeremonien und ging manchmal sogar selbst in die Hügel, um daran teilzunehmen. Oft leitete George Poor Thunder die Zeremonien, und viele seiner Freunde und nun auch sein Sohn waren dort zugegen. Er war stolz auf den Jungen, stolz, daß er die Lieder erlernt hatte und sie nun sang, um den anderen beizustehen. George Dull Knife sah sich außerstande, jemanden festzunehmen, obwohl er damit selbst gegen das Gesetz verstieß. »Er beschwor meinen Vater und später auch mich, daß wir den Sonnentanz niemals aufgeben dürften«, erzählt Guy Dull Knife jun. »Wenn wir den Sonnentanz verlieren würden, so glaubte er, dann würden wir aufhören, ein Volk zu sein. Wir wären irgend etwas, aber keine Lakota mehr.«

In späteren Jahren behauptete George Dull Knife immer, daß die Jahre zwischen 1905 und 1920 die härtesten überhaupt waren. »Mein Großvater und die meisten anderen verstanden den Prozeß der Landzuteilung nicht«, sagte Guy Dull Knife jun. »Sie verstanden Zeit ihres Lebens nicht, daß das Land, über das sie gingen, irgend jemandem gehören konnte. Sie waren stets der Ansicht gewesen, jeder dürfe das Land nutzen.«

Nahezu zwanzig Jahre lang hatten die Lakota auf ihre alten Häuptlinge gehört und jedem Versuch widerstanden, das Land ihres Stammes in Privatbesitz aufteilen zu lassen. Aber nach der Jahrhundertwende begannen Armut und der Druck von außen an diesem Widerstand zu nagen. Zudem waren die meisten der alten Häuptlinge bereits tot oder würden bald sterben. Am 4. Juli 1903 – damals war

Guy Dull Knife sen. gerade vier Jahre alt – sagte der letzte große Häuptling der Oglala den Lakota in Pine Ridge Lebewohl.

»Meine Sonne versinkt am Horizont. Mein Tag geht zur Neige«, verkündete Red Cloud. »Dunkelheit kommt über mich. Bevor ich mich zum letzten Mal niederlege, will ich zu meinem Volk sprechen.

Hört mich an, meine Freunde, denn nun ist nicht die Stunde, euch zu belügen. Der Große Geist hat uns, die Indianer, erschaffen und gab uns unser Heimatland. Er sandte uns den Büffel, die Antilope und den Hirsch, damit wir zu essen haben und uns aus den Tierhäuten Kleider nähen können. Wir zogen durch unsere Jagdgründe vom Minnesota bis zum Platte und vom Mississippi bis zu den großen Bergen. Niemand setzte uns Schranken. Wir waren so frei wie der Wind und der Adler und hörten auf keines Mannes Befehl ... Wir wohnten dort, wo unsere Tipis standen, kein Haus hielt uns gefangen. Niemand sagte uns: ›Bis zu dieser Grenzlinie geht mein Land, bis zu jener dein Besitz ...!‹

Ich wurde als Lakota geboren und werde als Lakota sterben. Bevor der weiße Mann in unser Land eindrang, waren die Lakota ein freies Volk. Sie schufen ihre eigenen Gesetze und regierten sich selbst, so wie es gut für sie war ...

Unsere Kinder können ihr Volk nicht vergessen, und wenn die Alten ihnen von Zeiten erzählten, in denen die Lakota frei wie der Wind über die Prärie zogen und niemand ihnen sagen konnte: ›Gehe hierhin oder bleibe dort‹; von Zeiten, in denen man nicht arbeiten und schwitzen mußte, nur um an einem Platz zu bleiben; von Zeiten, in denen wir uns einzig um die Büffeljagd kümmern mußten und darum, unsere Tipis instand zu halten; von Zeiten, in denen tapfere Männer auf dem Kriegspfad Respekt und Ruhm erlangen konnten – dann werden unsere jungen Leute die indianischen Lieder singen und wieder so sein, wie die Lakota früher waren ...

Und nun wollen uns die Priester und Minister erzählen, daß wir in der Zeit, bevor die Weißen kamen, gottlos gelebt hätten. Luden wir damit Schuld auf uns? Wir lebten so, wie wir es für richtig hielten. Sollen wir dafür etwa bestraft werden? ...

Dies hatten mir die Weisen und die Schamanen mitgeteilt: Sie sagten mir, daß ich ihre Gunst erlangen könnte, wenn ich gut zu meinem Volk wäre und mich mutig meinen Feinden stellen würde, wenn ich

die Wahrheit sprechen und als aufrechter Mann leben würde, wenn ich für mein Volk und seine Jagdgründe kämpfen würde …
Solange die Lakota diese Dinge glaubten, lebten sie glücklich und starben zufrieden. Vermögen die Versprechungen des weißen Mannes etwa mehr …?
Die Schatten vor mir sind dunkel und lang. Bald werde ich mich niederlegen, um nie wieder aufzustehen. Während mein Geist noch in meinem Körper weilt, wird mein Atem wie Rauch zur Sonne emporsteigen, denn sie weiß alles, auch daß ich ihr noch immer die Treue bewahre.«[4]
Ein Jahr später – im Jahr 1904 – gingen die ersten Teile des Pine-Ridge-Reservates in Privatbesitz über. In den nächsten fünf Jahren erhielten 2604 Lakota Landparzellen von 32, 65 und 260 Hektar zugeteilt. 1916 verblieben von über einer Million Hektar nur noch etwa 60 000 Hektar im Besitz des Stammes. Der Rest war entweder einzelnen Indianern und ihren Familien zugesprochen oder an Weiße verkauft worden.
In dieser Zeit bewirtschafteten Weiße und Indianer aneinandergrenzendes Land, und Viehdiebstahl wurde zum Problem. Manchmal schlichen sich die Indianer auf das Gebiet der Weißen und stahlen eine Kuh, die sie schlachteten, um ihre hungrigen Familien zu versorgen. Wenn man sie dabei erwischte, wurden sie nach Deadwood gebracht, wo man sie verurteilte und hängte. George Dull Knife kannte die Viehdiebe. Einer von ihnen war ein Verwandter, der zugab, Vieh zu stehlen, um seine Familie satt zu bekommen. Wie die meisten Indianerpolizisten unternahm auch George Dull Knife nichts dagegen, und der Viehdiebstahl ging weiter. Nach einer Weile schritten Polizisten der Regierung ein und boten jedem, der ihnen einen Namen verriet, eine Belohnung. Manche Indianer taten ihnen auch den Gefallen. So wurden einige Viehdiebe nach Deadwood gebracht und gehängt. Das Problem schien damit vorerst gelöst.
George Dull Knife und sein Sohn kannten viele weiße Viehzüchter in der Gegend. Ein paar Jahre lang zogen Vater und Sohn gemeinsam im Sommer und an Wochenenden durch das Land, fällten Zedern und luden sie auf den Wagen. Zu Hause entrindeten sie die Stämme, schnitten sie zu Pflöcken, luden sie wieder auf ihren Wagen und fuhren damit zu den verschiedenen Gehöften, wo sie die Pflöcke zum

Guy (rechts) und sein
Cousin Enos Poor Bear

Preis von einem Penny das Stück verkauften. Einer ihrer besten Kunden war eine deutsche Farmerfamilie. Sie hatte auf Flugblättern, in Broschüren und Zeitungsanzeigen gelesen, daß es in Amerika billig Land gäbe. Sie hatten den Versprechungen Glauben geschenkt, die ein neues Leben im amerikanischen Westen anpriesen, und nicht weit vom Yellow-Bear-Lager entfernt Land gekauft und sich dort niedergelassen. Die Einwanderer waren arm und sprachen kein Englisch, und so entwickelte sich eine Art Zeichensprache zwischen den deutschen und den Lakota. »Sie brauchten unsere Zedernpflöcke, um Zäune zu bauen«, erzählte der alte Mann. »Aber sie hatten kein Geld. Also zahlten sie mit Nahrungsmitteln. Wir gaben ihnen die Pflöcke, und sie gaben uns dafür geräucherte Würste und ein großes Holzfaß voller Sauerkraut. Mein Vater und ich machten uns nichts aus dem Sauerkraut, aber die Würste hatten wir so manches Mal fast alle verdrückt, bevor wir zu Hause ankamen.«
Wenn Vater und Sohn im Herbst Glück bei der Jagd gehabt hatten, was meist der Fall war, hievten sie zwei Hirsche auf den Wagen und fuhren zu den Deutschen. Diese zogen den Tieren das Fell ab und hängten sie in den Rauch. Später gaben sie dann einen der Hirsche

an die Dull Knifes zurück und behielten den anderen als Geschenk ihrer Freunde.

Während seiner gesamten Kindheit hatte Guy Dull Knife sen. Wege gefunden, seine große Familie zu unterstützen. Er war mit Pfeil und Bogen auf die Jagd gegangen, hatte Luzerne gebündelt, Holz gemacht, Wasser geholt, hatte beim Fällen der Zedern und Zuschneiden der Pflöcke geholfen, hatte Zäune gezogen und die Pferde seines Vaters versorgt. Mit vierzehn Jahren ritt er Mustangs zu. Auf einem Hügel oberhalb der Tagesschule in Allen, ungefähr anderthalb Kilometer entfernt, gab es eine Rennbahn. Dort fand jeden Sommer ein Volksfest statt, auf dem er Mustangs ritt. Wenn er ein besonders eigensinniges Pferd geritten hatte, ließ er seinen Hut herumgehen und sammelte Geld dafür ein. Er erinnert sich, auf einem Rodeo in Gordon fünfundzwanzig Dollar eingenommen zu haben. In Chadron waren es einmal sogar dreißig Dollar.

Gelegentlich fragten ihn Leute aus der Gegend, ob er ihnen nicht beim Zureiten ihrer Pferde helfen könne. Einer von ihnen war ein Mann, der in der Nähe von Kyle, nicht weit entfernt vom Yellow-Bear-Lager, lebte. In den sechziger Jahren hatte die Mutter des Häuptlings Little Wound einen kleinen schwarzhäutigen Jungen schluchzend in einer Höhle in den Ebenen Nebraskas gefunden. Sie nahm ihn mit nach Hause, und der Häuptling adoptierte den Jungen. Er zog ihn wie einen Sohn in einem Dorf der Sioux auf. Nachdem die Oglala nach Pine Ridge übergesiedelt waren, schenkte Little Wound seinem Adoptivsohn ein paar Hektar Land, und so blieb dieser für den Rest seines Lebens in Pine Ridge. Er hieß Alec Baxter. Später erzählte er seiner indianischen Familie, daß er zu einer Gruppe ehemaliger Sklaven gehört hatte, die nach Westen gezogen waren, um ein neues Leben zu beginnen. Eines Tages war er während einer Rast umhergerannt, hatte sich verlaufen und wurde von den anderen zurückgelassen. Die Lakota nannten ihn *Ha Sapa*, Black Skin. Er sprach ihre Sprache perfekt und war in Pine Ridge dafür bekannt, den schönsten Gemüsegarten und einige der prächtigsten Pferde der Gegend zu besitzen.

Als Teenager ritt Guy Dull Knife Mustangs für *Ha Sapa* ein. »Für jeweils fünf zugerittene Pferde gab er mir eines als Lohn, das ich dann meinem Vater mitbrachte. Als er starb, begruben sie ihn auf demselben Friedhof wie Häuptling Little Wound. Auf diesem Friedhof liegt auch meine Frau Rose begraben.«

Im Jahr 1914 teilte George Dull Knife seinem Sohn zu Beginn des Sommers mit, daß er ab nächstem Herbst nicht mehr auf die Tagesschule in Allen gehen würde. Er war der Meinung, daß es für Guy besser sei, eines der staatlichen Internate zu besuchen, die außerhalb des Reservates lagen: Er benötigte die Ausbildung, um später für sich und seine Familie sorgen zu können, um einmal ein besseres Leben als sein Vater führen zu können. Der Junge hatte noch nie von der Schule gehört und wollte nicht hingehen. Nie zuvor war er von seiner Familie getrennt gewesen. Deshalb beschwor er seine Eltern in diesem Sommer immer wieder, ihn nicht nach Pennsylvania zu schicken.

DER SCHULJUNGE VON YELLOW BEAR ALS SOLDAT

»Als damals der Augenblick kam, an dem ich Abschied nehmen mußte, war meine Mutter sehr, sehr traurig. Wir packten meine Sachen in die Ledertasche, die mein Vater immer benutzt hatte, wenn er mit Buffalo Bill auf Reisen gegangen war. Dann luden wir die Tasche auf den kleinen Wagen, und mein Vater fuhr mich vom Yellow-Bear-Lager zum Dorf Pine Ridge. Meine Mutter blieb an der Straße zurück und weinte immerzu. Als später einige von uns wieder nach Hause zurückkamen, um die Sommermonate im Lager zu verbringen, wurden sie schon von ihren Müttern am Bahnsteig erwartet, und es gab wieder viele Tränen.«

Im Spätsommer 1914 trafen Guy Dull Knife und sein Vater im Büro der Reservatsagentur von Pine Ridge ein. Von dort fuhr ihn Agent John R. Brennan in einem Wagen die vierzig Kilometer bis zum Bahnhof nach Rushville in Nebraska. Die ganze Zeit über hatte der Junge angenommen, daß er auf dasselbe Internat in Pennsylvania gehen würde wie die Jahre zuvor schon ein Verwandter und ein anderer Lakota-Junge. Als er aber am Bahnhof angelangt war, stellte sich heraus, daß man ihn gar nicht nach Pennsylvania sondern zum Haskell Institute in Lawrence in Kansas schickte.

Selbst mehrere Wochen nach seiner Ankunft in Kansas hatte sich Guy Dull Knife noch immer nicht an die neuen Lebensumstände gewöhnt.

Während der langen Bahnfahrt durch die flache, offene Prärie hatte er jedes Gefühl dafür verloren, wer er war und wo er sich befand. In Haskell war er einsam, völlig verwirrt und eingeschüchtert. »Mein ganzes Leben lang war ich es gewohnt, die Sonne über ganz bestimmten Orten in den Hügeln des Yellow-Bear-Lagers auf- und untergehen zu sehen. Ohne diese Orientierungspunkte konnte ich mich nicht mehr zurechtfinden. Ich hatte keine Ahnung, in welcher Richtung mein Zuhause lag, und das ängstigte mich. Den anderen Jungs erging es ebenso.«

Während der zweiten Hälfte des 19. Jahrhunderts waren die Reformer aus dem Osten der Vereinigten Staaten fest von ihrem Bildungs- und Separationskonzept überzeugt. Sie wollten den Indianer in seiner Wesensart zerstören, um den Menschen zu retten. Mehr als sechsunddreißig Jahre bevor Guy Dull Knife in dem Internat in Kansas eintraf, war in einer leerstehenden Armeebaracke in Carlisle in Pennsylvania eine Schule eröffnet worden, die als erste diese Philosophie verfolgt hatte. Die 1879 von Captain Richard Pratt gegründete Carlisle-Indianerschule[1] war das erste staatlich finanzierte, nicht im Reservat gelegene Internat für Indianer. Direktor Pratt war davon überzeugt, daß das Leben im Reservat einen schädlichen Einfluß auf die Entwicklung der Schüler habe, da es sie an die traditionelle Lebensweise binden und dadurch ihre Anpassung an die Kultur der Weißen behindern würde. Er setzte sich mit aller Kraft dafür ein, daß die Schulen in einiger Entfernung von den Reservaten eingerichtet wurden.

In Carlisle praktizierte man das sogenannte ›offene‹ Erziehungswesen. Die Schüler wurden vom Internat aus zu weißen Familien geschickt, um mit ihnen zu leben und zu arbeiten, und die Familien erhielten dafür Geld vom Staat. Viele Schüler wurden von den Veränderungen ihrer Lebensbedingungen völlig überwältigt. Selten waren die Kinder von ihren richtigen Familien getrennt gewesen, und diese langwährende Trennung ließ heftiges Heimweh in ihnen aufkommen. Die meisten waren nie zuvor mit Weißen in Kontakt gekommen. Mit ihnen Leben zu müssen, verstärkte ihre Einsamkeit und Niedergeschlagenheit. Sie hatten nicht nur Heimweh, sie gewöhnten sich auch schwer an die fremden Eßgewohnheiten, an die andere Art sich zu kleiden und an das neue Klima. Viele Schüler bekamen Krankheiten, die sie früher gar nicht gekannt hatten. Manche von ihnen starben, andere mußten nach Hause zurückgeschickt werden. Aber dort bekamen die jungen Indianer ein neuartiges Problem zu spüren. Viele Jahre lang diente die Geschichte von Plenty Horses als Beispiel für das Dilemma junger Indianer, die zwischen zwei Welten geraten waren.

Plenty Horses stammte aus dem Rosebud-Reservat und war Absolvent des Internats in Carlisle. Als er ins Reservat zurückkehrte, akzeptierte ihn dort niemand mehr, weil er sich wie ein Weißer benahm. Im Osten hatten die Weißen wegen seiner indianischen Abstammung nichts mit ihm zu tun haben wollen. Am 7. Januar 1891 erschoß Plenty Horses in den Wirren nach dem Wounded-Knee-Massaker Leutnant Edward W. Casey, den Kommandeur eines Spähtrupps aus Nordcheyenne, der nach Pine Ridge abkommandiert worden war, um die Anhänger der Geistertanzbewegung zu bezwingen. Plenty Horses hoffte, daß ihm diese Tat wieder Achtung unter seinesgleichen verschaffen würde. Er wurde festgenommen und dem staatlichen Geschworenenausschuß in Deadwood vorgeführt.

»Ich bin Indianer«, bezeugte er während einer Anhörung im März 1891. »Fünf Jahre lang besuchte ich das Internat in Carlisle und lernte dort wie ein Weißer zu leben. Ich war einsam. Ich erschoß den Leutnant, um von meinem eigenen Volk wieder akzeptiert zu werden. Nun bin ich einer von ihnen. Ich werde gehängt, und meine Leute werden mich als Krieger begraben. Sie werden stolz auf mich sein. Damit habe ich erreicht, was ich wollte.«[2]

Im Juni befand der vorsitzende Richter des Verfahrens, daß man Plenty Horses nicht des Mordes schuldig sprechen könne, da er den Leutnant in Kriegszeiten erschossen hätte. Wenn man ihn vor Gericht stellen und verurteilen würde, so müßte man mit den Soldaten, die während des Massakers am Wounded Knee Indianer getötet hatten, ebenso verfahren. Nach dem Richterspruch befanden die Geschworenen Plenty Horses für nicht schuldig, und er kam frei.

Mit der Zeit erlangte die Carlisle Indian School Modellcharakter für andere staatliche Internate, die in Nebraska, Oklahoma, Neumexiko, Oregon, Arizona und in Lawrence, Kansas, eröffnet wurden.

Das Haskell Institute[3] öffnete am 1. September 1884 seine Pforten, obwohl der Beauftragte für Indianerschulen zu bedenken gab, daß Heizung und Frischwasserversorgung ungenügend waren und daß die Anzahl der Gebäude sowie die medizinische Versorgung nicht ausreichten, um eine problemlose Akklimatisierung der Schüler zu gewährleisten, die aus entfernten Reservaten mit unterschiedlichen klimatischen Verhältnissen anreisten und verschiedenartigen Kulturen entstammten. Fünf Jahre nach Öffnung des Instituts, also im Herbst 1889, lagen neunundvierzig Kinder in den schmucklosen Gräbern des Institutsfriedhofs, einem kleinem Grundstück an einem Berghang in der Nähe der Eisenbahnlinien, das man »Gottesacker« nannte. Einige der Kinder waren an Diphtherie gestorben, viele an Lungenentzündung und anderen Erkrankungen der Atemorgane. Im Jahr 1913 gab es dort 102 Gräber.

Nachdem die Regierung Nachforschungen angestellt hatte, wurden die Bedingungen verbessert. Die Gelder flossen, und so konnte ein Krankenhaus mit einem größeren Stab an Ärzten und Krankenschwestern gebaut werden. Geheizte Gebäude, fließendes Wasser und verbesserte sanitäre Einrichtungen trugen dazu bei, daß die Schule ihrer Aufgabe nachkommen konnte, Tausenden von Jungen und Mädchen indianischer Abstammung aus dem gesamten Land als Erziehungs- und Berufsausbildungszentrum zu dienen. Einige besuchten die Schule für ein paar Jahre, machten ihren Abschluß und kehrten dann nach Hause zurück. Waisen wurden schon als Kleinkinder dorthin gebracht und blieben acht bis zehn Jahre im Internat. Wie das Internat in Carlisle, so wurde auch das Haskell Institute nach strengen militärischen Regeln geführt. Mädchen und Jungen waren in getrennten Wohnhäusern untergebracht. Von ihnen allen erwartete man, daß sie sich an einer Reihe von Pflichtübungen und Arbeiten beteiligten.

Guy Dull Knife traf am Morgen des 3. September 1915 in Haskell ein.[4] Man geleitete ihn gleich nach dem Eintreffen zu einem der Jungenschlafräume im zweiten Stock des Hauses. Der Raum war frisch gestrichen, hatte Backsteinwände und einen Dielenfußboden. Darin gab es drei mit Decken versehene Armeebetten. Dieses Zimmer, das er mit zwei anderen Jungen teilte, sollte nun also für die folgenden drei Jahre sein Zuhause sein. Nachdem man ihnen ihre Schlafräume gezeigt hatte, schnitt man ihnen die Haare, stellte ihre Größe und ihr

Gewicht fest und händigte ihnen ihre Schuluniformen aus. Jeder bekam ein Paar schwarze Lederschuhe, blaue Arbeitshemden und -hosen und eine kleine runde Mütze. Auf Socken, Hemden, Hosen und Unterwäsche wurde die Nummer gedruckt, die jeder Schüler zugeteilt bekam.

Am darauffolgenden Tag fand eine medizinische Untersuchung statt. Der Schularzt vermerkte in seinem Bericht, daß Guy Dull Knife keine Tuberkulose hatte, anscheinend bei guter Gesundheit, aber »deutlich untergewichtig« war. Er war damals sechzehn Jahre alt, ein Meter achtzig groß und wog achtundfünfzig Kilo. Ein paar Tage später wurde er getestet und in die dritte Klasse von Mrs. Stanley eingestuft.

Seine Eltern im Yellow-Bear-Lager sorgten sich um ihn und waren hin und her gerissen zwischen dem Wunsch, ihm durch eine Schulbildung ein besseres Leben zu ermöglichen, und den Schuldgefühlen, ihn so weit von zu Hause fortgeschickt zu haben. Kurz nachdem der Junge im Haskell Institute eingetroffen war, schrieb sein Vater an den Schuldirektor. Er wollte im mitteilen, wie wichtig Bildung für seine Familie war. George Dull Knife konnte nicht sehr gut schreiben, so daß sein Brief an Direktor J. R. Wise eine Menge Rechtschreib- und Grammatikfehler aufwies. Der Brief war vom 15. September 1915 datiert und hatte folgenden Wortlaut:

Sehr geehrter Herr,

ich erlaube mir, Ihnen voller Achtung heute morgen ein paar Zeilen zu schreiben und Ihnen ein wenig über meinen Sohn Guy Dull Knife zu erzählen. Der Junge geht nie auf Schule außerhalb Reservat – nur geht auf Tagesschule. Aber er geht gern Schule in Haskel, also schicke ich ihn. Ich möchte Sie ihm helfen und machen gut lernen, lernen jeden Job. Ich arbeite als Indianerpolizist … und ich bin Corporal, ich helfe den Vereinigten Staaten wie ich kann … Wir möchten Sie uns helfen und dem jungen zeigen wie lernen alles. Das ist alles.

Hochachtungsvoll

Geo Dull Knife
Allen, S/Dak.

Monatelang hatte Guy so großes Heimweh, daß er weder arbeiten noch lernen, noch sich mit den Dingen beschäftigen konnte, die sein Vater für so wichtig für sein späteres Leben erachtete. Kurz nach Weihnachten 1915 kam er schon zum dritten Mal seit seiner Aufnahme im Institut ins Krankenhaus. Erst hatte er eine Mandelentzündung, dann einen Abszeß am Knie und nun Grippe. In einem Brief vom 7. Januar 1916 hielt der Schularzt Dr. Charles Ensign fest, »daß er seit seiner Ankunft in der Trachomliste* geführt wurde und das wahrscheinlich noch einige Zeit lang so bleiben wird, da seine Augen nur sehr langsam heilen, obwohl sie schon sehr viel besser geworden sind«. Der Arzt stellte mit Zufriedenheit fest, daß Guy Dull Knife zweieinhalb Kilo zugenommen hatte – statt achtundfünfzig wog er nun sechzigeinhalb. Gleichzeitig aber gab Ensign zu bedenken, »daß es Fälle von Tuberkulose in Guys Familie gab und man den Jungen daher sorgfältig beobachten sollte. Gegenwärtig gibt es jedoch keinen Grund, ihn nach Hause zu schicken. Sollte das nötig werden, werde ich es sofort veranlassen«.

Anfang Frühling hatten sich Guys Gesundheitszustand und seine psychische Verfassung gebessert, er gewöhnte sich an die tägliche Routine, zählte aber die Tage, bis er für die Dauer der Sommerferien nach Hause zurückkehren durfte.

An der neuen Schule verlief ein Tag wie der andere. Der alte Mann kann sich noch genau an den Tagesablauf erinnern. Um sechs Uhr wurden sie durch einen Fanfarenstoß geweckt. Sie wuschen sich, zogen die staatseigenen Schuluniformen an und versammelten sich kurz darauf in einer Halle im Parterre des Wohnhauses zum Morgenappell. Wenn das Wetter es zuließ, marschierten sie zum Exerzierplatz, wo sie eine Viertelstunde lang in Formation gedrillt wurden. Anschließend ging es zurück zum Wohnhaus, und es gab Frühstück. Danach machten sie ihre Betten und räumten ihre Zimmer auf, und um acht Uhr kündigte ein weiterer Fanfarenstoß den Beginn des Unterrichts an. Am Vormittag wurden sie in Englisch, amerikanischer Geschichte, Erdkunde und verschiedenen Handwerkszweigen unterrichtet. Um 11.30 Uhr beendete ein Fanfarenstoß den Unterricht,

* Trachom oder Körnerkrankheit; häufigste Ursache von Erblindung. Anm. d. Übers.

und die Schüler begaben sich zum Mittagessen in den Speisesaal. Die Mädchen saßen an einem und die Jungen am anderen Ende des Speisesaales. Nach dem Mittagessen begaben sich die Jungen in die verschiedenen Werkstätten oder auf die Felder, wo sie bis etwa 16.30 Uhr arbeiteten. Um 17 Uhr ertönte der Fanfarenstoß, und sie marschierten zum Exerzierplatz, ließen das amerikanische Sternenbanner herab und marschierten zum Abendessen zurück ins Wohnhaus. Anschließend hatten sie ein wenig Zeit für sich, zum Lernen, Entspannen und Reden. Um 21.00 Uhr wurde der Zapfenstreich geblasen, dann gingen die Lichter aus, und die Bettkontrollen begannen.

»An den Wochenenden durften die Jungen und Mädchen samstags in die Stadt gehen. Sonntags wurde in der Regel eine Parade abgehalten, zu der wir uns auf dem Exerzierplatz aufstellen und in Formation marschieren mußten, wie wir es gelernt hatten. Fort Riley lag etwa 160 Kilometer weiter im Westen, und manchmal fuhren Soldaten und Städter hierher, um uns Indianer marschieren zu sehen. Unter uns gab es Abkömmlinge der verschiedensten Stämme: Cherokee aus Oklahoma, einige Sioux und Kiowa, Cheyenne, Arapahoe, Apachen und ein paar Navajo. Wenn wir nach der Parade zurückkamen, duften wir uns manchmal für ein paar Stunden mit den Mädchen treffen. Das waren dann in der Regel die schönsten Stunden der Woche.«

Von den Schülern des Haskell Institute erwartete man, daß sie Englisch lernten, Disziplin übten und einen Beruf erlernten. Für Unterkunft, Verpflegung und Unterricht arbeiteten sie während ihrer Berufsausbildung als Schreiner, Schuster, Steinmetz, Mechaniker und Schmied. Darüber hinaus waren der Schule eine große Bäckerei und ein Molkerei angeschlossen, und verteilt über das weitläufige Schulgelände gab es Obst- und Gemüsegärten und Felder. Die Mädchen waren mit Kochen und Reinemachen betraut. Währen der Sommermonate wurden sie manchmal zu weißen Familien in der näheren Umgebung geschickt, um in deren Haushalten zu lernen, wie man kocht, den Tisch deckt, wie man eine gute Hausfrau und Wirtschafterin wird. Haskell bemühte sich, autark zu sein, und baute seinen Bedarf an Nahrungsmitteln selbst an. Daher arbeiteten die Jungen oft auf den Feldern.

»Einige Zeit lang arbeitete ich auf einem Maisfeld«, erzählte der alte Mann. »Jeder Junge war für eine kleine Parzelle zuständig. Da es an der Schule sehr streng zuging, mußte man höllisch darauf achten, daß sich auf dem Stückchen Land kein Unkraut breitmachte. Der Oberaufseher kontrollierte den Teil der Schule, in dem die Jungen unterrichtet wurden, wie ein Militärlager. Wenn er oder einer der anderen Aufseher Unkraut entdeckten, dann konnten sie einem sämtliche Vergünstigungen streichen oder Einschränkungen verordnen. Also krochen wir auf Knien über den Boden, um auch das letzte Hälmchen Unkraut auszurupfen.

Einmal erntete ich etwas Puffmais und nahm ihn mit ins Wohnhaus. Dort machte ich Popcorn daraus und verkauft es für einen Penny die Tüte an die anderen Jungen. Ich verdiente ganz gut damit, und beim nächsten Stadtbesuch gab ich all meinen Freunden aus Pine Ridge eine Limonade aus. Wenn man mich bei diesem Geschäft ertappt hätte, hätte ich tief in der Patsche gesessen. Wie ich schon sagte, ging es dort sehr streng zu. Man konnte sich nicht allzuviel Unsinn leisten. Es war eine gute Vorbereitung für meine Zeit in der Armee.«

Einige Zeit lang arbeitete Guy Dull Knife in der Molkerei. Die Arbeiter in der Molkerei standen um vier Uhr morgens auf und melkten bis sechs Uhr die Kühe. Nicht weit entfernt von der Molkerei befand sich die Bäckerei. Oft schnappten sie sich dort einen Laib frisches Brot und spülten ihn mit der frischen, gehaltvollen Milch hinunter. Guy Dull Knife erinnerte sich später, daß er während dieser Zeit viele Pfunde zugelegt hatte.

Er erlernte in Haskell das Schreinerhandwerk und das Boxen. Letzteres machte ihm viel Spaß, und er blieb sein ganzes Leben lang ein leidenschaftlicher Boxer. Einmal sahen er und seine Schulkameraden am Eingang des Bahnhofs von Topeka eine großen Menschenansammlung. Sie gingen hin, um herauszufinden, was los war, und erkannten inmitten der Menge Jess Willard. Guy Dull Knife wartete, bis er an die Reihe kam, und reichte dann dem Weltmeister im Schwergewicht die Hand. An diesen Nachmittag erinnert er sich nur zu gern. In Haskell ermunterte man die Schüler damals, an den zahlreichen Sportkursen teilzunehmen. Während seiner drei Jahre im Internat spielt Guy Dull Knife Basketball und trainierte Speerwerfen im Leichtathletik-Team. Er war größer und kräftiger als die meisten Jungen und brach sogar einmal den Schulrekord im Speerwurf. Von einem Teil des Geldes, das ihm sein Vater schickte, kaufte er sich einen

Pullover in den Schulfarben Rot und Gold. Ein Mädchen, daß er von der Schule her kannte, stickte ihm ein ›H‹, den Kennbuchstaben seiner Mannschaft, auf den Pullover, und er trug ihn so oft wie möglich in der Schule.

Von Anfang an hielt man die Jungen davon ab, sich ihrer traditionellen Religion zu widmen. An den Abenden fanden manchmal Bibelstunden statt, und der sonntägliche Kirchgang war Pflicht. Auch durften die Schüler sich nicht in ihrer Muttersprache unterhalten. »Sie machten uns gleich von Anfang an klar, daß wir auf die Schule gingen, um Englisch zu lernen, und daß wir das auch gefälligst tun sollten. Englisch wäre von nun an unsere Sprache.« Trotz des Verbots unterhielten sie sich manchmal in ihren Sprachen, wenn ein paar von ihnen zusammen in den Werkstätten oder draußen auf den Feldern arbeiteten oder sie in ihren Zimmern unter sich waren. Lakota, Cheyenne, Apache, Choctaw, Navajo. Was für ein Durcheinander! Schüler, die zu Stämmen aus dem Süden gehörten, verstanden die Sprache des alten Mannes nicht, und er wiederum konnte nicht verstehen, was sie sagten. Hin und wieder griffen sie auf die uralte Zeichensprache zurück. Auf diese Weise konnte sich ein Kiowa mit einem Lakota verständigen und ein Arapahoe mit einem Cheyenne scherzen. Wenn sie am Abend ungestört waren, schrieben diejenigen, die schreiben konnten, in ihrer Muttersprache Briefe an ihre Familien.

»Damals konnte ich zwar Englisch lesen und sprechen, aber weder in Lakota noch in Englisch schreiben. Also konnte ich nicht an meine Familie schreiben und sie nicht an mich. Nur wenn ab und zu ein Junge oder ein Mädchen aus Pine Ridge eintraf, erfuhr ich, was sich zu Hause zugetragen hatte. Ich unterhielt mich so lange mit ihnen, bis sie mir alles erzählt hatten, was sie wußten. Und damit mußte ich mich bis zu meiner Rückkehr im Sommer zufriedengeben.

Wenn einige der Jungen Briefe von daheim bekamen, dann waren wir anderen immer traurig. Jeder von uns fühlte sich einsam, und wir vermißten unsere Familien die ganze Zeit über.«

Im Januar 1917 traf für Guy Dull Knife ein Päckchen aus Allen, Süddakota, ein. Sein Vater schickte ihm ein Sioux-Wörterbuch. Er hoffte, das würde seinem Sohn helfen, gelegentlich einen Brief an seine Eltern zu schreiben, so daß er nicht mehr so traurig wäre, wenn die anderen Post von zu Hause bekamen.

Als der Sommer kam, konnte es Guy Dull Knife nicht mehr erwarten, nach Hause zu seiner Familie und in das Yellow-Bear-Lager zurückzukehren. Auch sein Vater erwartete den Sohn mit Ungeduld. Stets hatte es im Frühsommer viel zu tun gegeben, und daher brauchte George Dull Knife seinen Sohn, damit dieser ihm bei der Heu- und der Kartoffelernte und auch bei der Arbeit in der Sägemühle, die er auf ihrem Grund und Boden gebaut hatte, zur Hand ging.
Am 21. Juni 1917 schrieb George Dull Knife an den Direktor des Haskell Institute:

Mein Lieber Herr,

ich möchte mich heute nachmittag voller Respekt mit ein paar Worten an Sie wenden. Bitte schicken Sie meinen Jungen sofort nach Hause, denn ich brauche ihn wir haben eine Sägemühle und ich schneide Balken für Guy D Knife, damit ich ihm ein Haus bauen kann deshalb möchte ich daß er mir hilft. die Sägemühle ist jetzt in Betrieb. Ich kann diesen Sommer nicht arbeiten ... Ich habe nur den Jungen mich und Mr. Ducan. Wir haben uns ein Versprechen gegeben ... der Junge hat ein paar Pferde, also macht er auch Heu und ich arbeite lange Zeit als Indianerpolizist also Bitte helfen Sie uns und schicken Sie den Jungen sofort nach Hause, denn ich brauche ihn. Ich hoffe sofort von Ihnen zu hören.

Ihr ergebener

U.S. Indianerpolizist
Geo Dull Knife

Am 26. Juni 1917 antwortete der Direktor, daß Guy nicht vor Ablauf eines Monats nach Hause reisen könnte:
»Wir können ihn nicht früher fahren lassen, da wir dieses Jahr in Haskell sehr viel Arbeit haben, die vor dem 1. September erledigt sein muß. Dazu benötigen wir die Hilfe möglichst vieler Jungen«, erklärte H. B. Peairs. »Ich bedauere, daß es unmöglich ist, allen Jungen die gesamten Ferien zuzugestehen. Wir haben den Jungen die Situation klargelegt, und die meisten von ihnen reagieren darauf äußerst positiv. Ich bin davon überzeugt, daß Sie ihre Arbeit anderweitig bewältigen werden, bis wir Guy gestatten, nach Hause zu fahren.«

Im darauffolgenden Jahr, im Frühsommer 1918, schloß Guy Dull Knife seine dreijährige Schulausbildung ab. Er stieg in Lawrence in Kansas in den Zug und traf am nächsten Tag, dem 14. Juni, kurz vor 23 Uhr am Bahnhof von Gordon, Nebraska, ein. Seine Eltern holten ihn mit dem Pferdegespann ab, und zu dritt fuhren sie zum Pine-Ridge-Reservat zurück.

Er hatte gerade erst ein paar Wochen im Yellow-Bear-Lager verbracht, als Archie Good Voice Elk, sein Freund, einen Einzugsbefehl erhielt.

Sein Freund schlug ihm vor, daß sie zusammen nach Übersee gehen und im Krieg gegen die Deutschen kämpfen sollten. Ihr Volk würde stolz auf sie sein, und wenn sie dann als Soldaten aus dem Krieg zurückkehrten, würde es ihnen zu Ehren Feste und Zeremonien geben. In ihrer Kinderzeit hatte man ihnen die Geschichten von Lakota-Kriegern erzählt, die einst ihr außergewöhnliches kriegerisches Können im Kampf sowohl gegen Indianer als auch gegen Weiße unter Beweis gestellt hatten. Ihre Väter und Stammesältesten hatten oft von längst vergangenen Zeiten berichtet, in denen sie feindliche Stämme aus den Ebenen vertrieben und die besten Jagdgründe für ihren eigenen Stamm in Besitz genommen hatten, in denen sie in den Schlachten gegen Fetterman und Custer der Armee zwei ihrer vernichtendsten Niederlagen beschert hatten. Von Kindesbeinen an hatte man ihnen beigebracht, daß es zu den hervorragendsten Tugenden eines jungen Kriegers gehöre, in Schlachten mutig und ehrenvoll zu kämpfen.

Guy Dull Knife überlegte sich den Vorschlag seines Freundes eine Weile. In den letzten Monaten seiner Schulzeit hatten sich die Nachrichten über den Krieg in Europa auch in der Schule rasch verbreitet. Nachdem Präsident Woodrow Wilson Deutschland am 6. April 1917 den Krieg erklärt hatte, wurden die Soldaten in Fort Riley zunehmend von Begeisterung erfaßt. Die Stimmung steckte die Bewohner von Lawrence, die Schüler des Internats und schließlich auch die Indianer im Reservat an. Als Guy Dull Knife seinem Vater mitteilte, daß er vorhabe, zur Armee zu gehen, reagierte dieser zornig. »Er verstand nicht, um was es bei dem Krieg überhaupt ging«, erzählte Guy Dull Knife, »und natürlich sorgte er sich um mich. Er sagte, ich solle lieber im Reservat bleiben und ihm bei der Arbeit helfen.«

Good Voice Elk blieb bei seinem Entschluß, und dann traten auch andere junge Männer aus Guy Dull Knifes Bekanntenkreis in die Armee ein. Im Frühsommer 1918 entschied sich Guy Dull Knife, gegen den Willen seines Vaters in den Krieg zu ziehen. Der achtzehnjährige Lakota aus dem Yellow-Bear-Lager ritt nach Martin in Süddakota und trug sich in die Liste der Freiwilligen ein. Ein paar Wochen später entdeckten die Ärzte im Verlauf der medizinischen Untersuchungen, daß Good Voice Elk einen Schatten auf der Lunge hatte. Mit Tuberkulose war er untauglich und wurde nach Hause geschickt. Guy Dull Knife, den die Ärzte für tauglich befunden hatten, kehrte ebenfalls zurück und wartete im Lager auf seine Einberufung.

Seit der Gründung der Vereinigten Staaten hatte Amerika im Kriegsfall auf Indianer zurückgegriffen. Die Oneida und Tuscarora dienten während des Unabhängigkeitskrieges in der Armee General George Washingtons. Im Krieg von 1812 unterstützten die Choctaw General Andrew Jackson im Kampf gegen die Creek und die Briten. Während des Sezessionskrieges standen indianische Einheiten in Arkansas, Missouri, Texas und im Indianerterritorium im Dienste sowohl der Streitkräfte der Nordstaaten als auch der Konföderierten Staaten*. Als Amerika sich später das Land der Indianer aneignen wollte, um das Wachstum der Nation zu fördern, konnten die an der Front eingesetzten Kavallerieeinheiten in ihrem Kampf gegen die Lakota und andere Stämme auf verschiedene Gruppen von Indianerscouts zurückgreifen. Zwischen 1866 und 1891 wurden sechzehn indianische Scouts, die der Armee in den Feldzügen gegen die Stämme des Westens gedient hatten, mit Ehrenmedaillen ausgezeichnet. Nach dem Wounded-Knee-Massaker wurden die Indianer im Jahr 1891 erstmals dazu ermuntert, der Armee der Vereinigten Staaten als reguläre Soldaten beizutreten. Viele weiße Soldaten wehrten sich gegen diese Neuerung. Sie waren darüber verärgert, in nicht allzu ferner Zukunft

* Die elf an der Sklaverei festhaltenden Südstaaten der USA bildeten von 1861 bis 1865 einen Sonderbund, unterlagen jedoch im Sezessionskrieg den Nordstaaten und kehrten zur Union zurück. Anm. d. Übers.

eventuelle Befehle eines indianischen Vorgesetzten befolgen zu müssen, und setzten sich mit aller Macht dafür ein, das Vorhaben der Regierung zu vereiteln. Tatsächlich wurde der Plan, Indianer gleichberechtigt neben ihren weißen Kameraden in der Armee dienen zu lassen, 1897, also nach sechs Jahre währenden Bemühungen, die Indianer in die Armee zu integrieren, wieder verworfen. Im darauffolgenden Jahr waren indianische Soldaten erneut als Scouts und Hilfssoldaten im Einsatz, diesmal im spanisch-amerikanischen Krieg. Von Theodore Roosevelt aus dem Indianerterritorium angeworben, dienten einige von ihnen als sogenannte *Rough Riders** meist in der Kompanie L, andere wieder gingen nach China oder auf die Philippinen. In den ersten beiden Jahrzehnten nach Beendigung des Krieges im Jahr 1898 übersah oder vergaß man schlichtweg, daß Indianer lange Zeit in der Armee der Vereinigten Staaten gekämpft hatten.

Der Eintritt in den Ersten Weltkrieg enthüllte die mißliche Lage der Nation. Obwohl Amerika sich auf diesen Krieg eingelassen hatte, verfügte es über kein stehendes Heer. General John J. Pershing, dem Kommandeur der Expeditionsstreitkräfte, blieb nur wenig Zeit, eine zwei Millionen Mann starke Armee aus dem Boden zu stampfen. Als im Frühjahr und im Sommer 1917 die Mobilmachung verstärkt wurde, besann sich die Regierung wieder auf das kämpferische Potential, das die Indianer darstellten. Seitdem in den neunziger Jahren das Vorhaben gescheitert war, die Indianer als gleichberechtigte Rekruten in die Armee aufzunehmen, hatte man in aller Heftigkeit darüber diskutiert, ob überhaupt und, wenn ja, in welcher Form Indianer in der Armee dienen sollten. Der Erste Weltkrieg ließ diese Debatte eskalieren.

Cato Sells, der Kommissar für Indianerfragen, befürwortete die Idee, Indianer im Krieg als Soldaten einzusetzen, wandte sich jedoch entschieden dagegen, sie in eigenen Einheiten zusammenzufassen, wofür sich einige militärische und politischen Offizielle ausgesprochen hatten. Auch Captain Pratt, der Gründer der Indianerschule in Carlisle, hielt nichts von speziellen Einheiten für Indianer. Er gab zu beden-

* Angehörige eines von Theodore Roosevelt und Leonhard Hood im span.-amerikan. Bürgerkrieg 1898 aufgestellten Kavallerie-Freiwilligenregiments. Anm. d. Übers.

ken, daß dieses Konzept den Rassismus schüren und die klischeehaften Vorstellungen von den Indianern beleben würde. Außerdem würde es der Anpassung der Indianer an die Gesellschaft der Weißen entgegenarbeiten, meinte Pratt und forderte seine Schüler stets dazu auf, sich nur für gemischte Einheiten zu melden. Viele Indianer aber wollten nicht in solchen Einheiten dienen, sondern, wie sie es immer getan hatten, zusammen mit ihresgleichen leben und kämpfen. Mittlerweile wandten sich im Osten der Vereinigten Staaten indianische Interessenvertretungen gegen jeden Versuch, Indianer in den Krieg einzubeziehen. Sie argumentierten, daß man vielen Indianern die amerikanische Staatsbürgerschaft noch nicht zuerkannt hätte und es daher falsch sei, sie für ein Land kämpfen zu lassen, in dem sie nicht einmal zur Wahl gehen dürften. Andere Gruppierungen waren der Ansicht, daß aus Indianern nie und nimmer disziplinierte Soldaten der US-Armee werden könnten. Jeder Versuch sei umsonst.

Der Stabschef der Armee, General Hugh Scott, der die letzte aus Indianern bestehende Einheit in Fort Sill befehligt hatte, widersprach dem mit Nachdruck. Schon im Februar 1917 trieb Scott die Einberufung einer großen Anzahl von Indianern für den bevorstehenden Krieg voran. »Es ist absurd, anzunehmen, daß ein Amerikaner aus einem Indianer keinen guten Soldaten heranziehen könne«, bezog der General Stellung. »Aus den Ägyptern machten die Engländer brauchbare Soldaten, obwohl die Ägypter dreitausend Jahre lang in Sklaverei gelebt hatten. Die Indianer hingegen waren schon immer die besten berittenen Soldaten der Welt. Drei Jahrhunderte lang kämpften sie gegen uns, und oft genug waren sie besser als wir.«[5]

Scott und andere wiesen auf einen Vorfall hin, der sich ein Jahr zuvor ereignet hatte und der bewies, von welch unschätzbarem Wert indianische Soldaten in Kriegszeiten sein konnten. Nachdem Pancho Villa die Gemeinde Columbus in Neumexiko angegriffen hatte, führte General Pershing am 15. März 1916 eine Strafexpedition über die Grenze, die den mexikanischen Revolutionär aufspüren sollte. Pershing sah voraus, daß seine Männer sich in dem rauhen mexikanischen Terrain schwertun würden, und forderte deshalb einen aus Apachen und Sioux bestehenden Fährtensuchtrupp an. Daraufhin teilte das Kriegsministerium der 11 000 Mann starken Streitmacht fünfundsiebzig indianische Scouts zu. Am Morgen des 5. Mai entdeckte ein Scout-

Trupp von etwa zwanzig Apachen tief in den Bergen Mexikos eine reichlich mit Waffen bestückte Ranch der Villista. Nachdem die Kavallerie zur Verstärkung angerückt und das Gefecht eröffnet worden war, ließen die Apachenscouts rasch vom formalen Angriff ab. Sie gingen zu ihrer traditionellen Kriegsführung über und verhinderten durch Täuschungsmanöver, durch Angriffe aus dem Hinterhalt und kleine Gefechte, daß die Villista den Rückzug antreten konnten, und verhalfen so der Armee zum Sieg. Einige der siebzig Kriegsgefangenen bekannten später, daß sie sich lieber ergeben hätten, als sich mit dem lange gefürchteten Feind, den Apachen, in einen Kampf einzulassen. In der Folge berichtete General Pershing darüber, welche Rolle die Indianer auf dem Feldzug gegen Villa gespielt hatten, und lobte den Mut und das kriegerische Geschick der Scouts. Dieses Ereignis fand seinen Weg in die Zeitungen und Illustrierten und trug im folgenden Jahr dazu bei, die Debatte über die Aufnahme von Indianern in die Armee etwas zu entschärfen.

Im Sommer 1917 ermutigte die Regierung die Indianer, sich der Armee zur Verfügung zu stellen, um am Ersten Weltkrieg teilzunehmen. In den vorangegangenen amerikanischen Kriegen war sowohl die Anzahl der beteiligten Indianer als auch die der Stämme, aus denen sie sich rekrutierten, beschränkt gewesen. Nun wurden Indianer aus allen Stämmen des Landes eingezogen. Zu Beginn des Ersten Weltkrieges nahmen viel mehr Indianer daran teil, flossen weit mehr ihrer Hilfsmittel und Gelder in diesen ein, als man hinsichtlich ihres Anteils an der Bevölkerung Amerikas hätte erwarten dürfen.

Laut Schätzungen des Kriegsministeriums meldeten sich mehr als 17 000 Indianer, um für Amerika im Ersten Weltkrieg zu kämpfen. Von den 9000, die schließlich eingezogen wurden, waren über die Hälfte Freiwillige; etwa zwei Drittel besaßen nicht einmal die amerikanische Staatsbürgerschaft. Nach Beendigung des Krieges hatten zwanzig bis dreißig Prozent der erwachsenen indianischen Männer gedient. Die Weißen waren nur zu ungefähr fünfzehn Prozent beteiligt gewesen.

Sämtliche Verwaltungsleiter der Reservate hatten Order, die Indianer dafür zu gewinnen, Briefmarken und Kriegsanleihen zu kaufen. Im Februar 1918 hatten die Reservate einen Beitrag von neun Millionen Dollar geleistet. Am Ende des Ersten Weltkrieges waren die Kriegsanleihen der Indianer auf fünfundzwanzig Millionen Dollar, das bedeutete einhundert Dollar pro Kopf der indianischen Bevölkerung, angewachsen. Um die Spendenfreudigkeit im ganzen Land zu steigern, führte Sells, der Kommissar für Indianerfragen, den Leuten oft genug vor Augen, welch enormen finanziellen Beitrag selbst die größtenteils verarmten indianischen Gemeinden auf die Beine gestellt hatten. Auch erkannte er in der Spendenfreudigkeit der Indianer deren Willen, sich in die zivilisierte Gesellschaft zu integrieren. »Die großartige und spontan gezeigte Loyalität der Indianer gegenüber dem Staat bewundere ich ebenso wie ihre außergewöhnliche Bereitschaft, Spenden zu leisten«, sagte Sells. »Der Staat bedarf gegenwärtig finanzieller Mittel von gigantischem Ausmaß. Darauf reagierten die Indianer mit Wirtschaftlichkeit und Sparsamkeit. Das läßt hoffen. Ich denke, daß die Indianer auf dem besten Weg sind, sich zu unabhängigen Selbstversorgern zu entwickeln, was unabdingbare Voraussetzung ist für ihre Stabilität und ihre fortschreitende Entwicklung als Staatsbürger.«[6]

Während die Männer sich zum Kriegsdienst meldeten, kümmerten sich die Frauen daheim in den Reservaten um die Farmen und das Vieh. Viele schlossen sich Frauenclubs oder dem Roten Kreuz an, strickten Socken, Pullover und Mützen, wickelten Binden und packten Kleidungsstücke zusammen, die den Soldaten und Zivilisten an der Front geschickt werden sollten. Andere stellten Perlenstickereien, Korb- und Webwaren her, die sie verkauften. Den Erlös investierten sie in Kriegsanleihen.

Die staatlichen Internate waren nun wie leergefegt. Carlisle sandte 161 Schüler und Absolventen nach Übersee. Unter ihnen befand sich auch Joseph Oldshield, Soldat des Marinekorps und Enkel von Häuptling Red Cloud. Eine kleine Indianerschule in Phönix in Arizona stellte zweiundsechzig Freiwillige und sammelte 27 000 Dollar für Kriegsanleihen. Die Schüler des Haskell Institute sammelten für ein Banner mit 150 Sternen darauf. Indianerschüler der zweiten Klasse wurden in Detroit in einem der Ford-Autowerke eingesetzt, wo sie bei der Produktion von Militärfahrzeugen mithalfen. Im ganzen Land traten den verschiedenen Organisationen des Roten Kreuzes etwa 30 000 indianische Schüler und 5000 Erwachsene bei und leisteten auf diese Weise ihren Beitrag zum Krieg.

Während des Krieges waren die Motivationen der Indianer, Kriegsdienst zu leisten, unterschiedlicher Natur. Das Militär, der Kongreß und die Indianerbeauftragten, sie alle ermutigten sie zur Teilnahme. Aber auch auf indianischer Seite gab es mehrere Veröffentlichungen, die in dasselbe Horn bliesen. Das *American Indian Magazine*, das 1911 von indianischen Intellektuellen gegründet worden war, betonte die patriotische Natur vieler Indianer und ihre angeborenen Fähigkeiten als Krieger und Soldaten. Einige Monate bevor Amerika in den Krieg eintrat, brachte es nur einmal die kurze Notiz, daß ein paar Indianer über die Grenze nach Kanada gegangen seien, um von dort aus zu den Kämpfen in Übersee aufbrechen zu können. Nach dem Kriegseintritt Amerikas äußerten sich die Herausgeber des Blattes schon leidenschaftlicher: »Bleibt dem Banner treu, Ihr roten Krieger, denn es ist unser Banner. Unter diesem Banner liegt die einzige Hoffnung, die es für Euch und Eure Rasse je geben wird.«[7]

Als man Joseph Cloud, einen Lakota aus Sisseton in Süddakota, danach fragte, weshalb er in den Krieg zöge, antwortete er stellvertretend für viele jungen Lakota: »Wir Männer wollten gehen, und die Frauen forderten uns dazu auf. Kein Indianer wird sich jemals vor einem Kampf drücken. Wir wußten, daß das Überleben Amerikas von seinen Männern abhing, und wir sind Amerikaner.«[8] Anderen bot der Krieg eine Alternative zum Müßiggang ihres Lebens im Reservat. Viele arbeitslose junge Männer trugen sich in die Listen ein, um der alltäglichen Monotonie ihres Daseins zu entkommen. Wieder andere reizte die Aussicht, im Krieg ihre Geschicklichkeit und ihren Mut – beides Eigenschaften, die ihr Volk schon immer hoch geschätzt hatte – unter Beweis zu stellen.

Mit wenigen Ausnahmen wurden die zur Grundausbildung eingezogenen Indianer in bereits bestehende Einheiten der Weißen integriert. Letztendlich taten sie in jeder Abteilung der Armee ihren Dienst, ob in taktischen Luftgeschwadern, beim technischen und medizinischen Korps oder beim Nachrichtendienst. Manchmal wies die Armee die indianischen Rekruten Abteilungen zu, die aufgrund ihrer Tradition und ihrer Kultur wie geschaffen für sie waren. Bis zum Ende des Krieges hatte ein Drittel der einberufenen Indianer bei der Kavallerie gedient.

Guy Dull Knife erinnert sich noch gut daran, wie er und seine Eltern mit dem kleinen Wagen den Pfad durch den Kiefernwald des Yellow-Bear-Lagers nahmen und dann auf die Straße nach Allen gelangten. Sein Vater war ihm wegen seiner Entscheidung noch immer böse, und auch seine Mutter brachte vor Schmerz kein Wort über die Lippen. Als sie in Allen ankamen, war es später Nachmittag. Einige Jungen aus dem Osten des Reservates waren bereits eingetroffen, standen nun bei ihren Familien und warteten auf den Bus, der sie nach Fort Meade bringen sollte. Als sich der Bus näherte, umarmte ihn seine Mutter und begann zu schluchzen. George Dull Knife trug Guys Tasche und brachte seinen Sohn zum Bus. Dort langte er in seine Hosentasche und holte ein kleines Bündel hervor, das er dem Jungen reichte. Er erzählte ihm, Poor Thunder, der Medizinmann, hätte gesagt, er solle es bis zu seiner Rückkehr um den Hals tragen. Dann gaben sie sich die Hände, und George Dull Knife bat seinen Sohn, gut auf sich aufzupassen.
Als der Bus, voll besetzt mit jungen indianischen Soldaten, aus Allen hinausfuhr und sich auf seinen Weg quer durch das Reservat machte, fühlte Guy Dull Knife einen dicken Kloß in seiner Kehle. Eine Zeitlang fiel es ihm schwer, einen klaren Gedanken zu fassen. Er dachte an seine Mutter, die sich nun wieder auf dem Heimweg in die Hügel befand. Es quälte ihn, daß sie völlig aufgelöst gewesen war. Aber außer ihm hatte sie ja noch eine ganze Reihe weiterer Kinder, die ihrer Fürsorge bedurften, und das würde sie bald ablenken. Er fragte sich, wie es wohl Good Voice Elk ginge. Als man den Schatten auf seiner Lunge entdeckt hatte, regte er sich mehr über die Tatsache auf, daß er nun nicht in den Krieg ziehen konnte, als über die Krankheit selbst.
Sein Vater – soviel wußte er – verstand von alledem nichts, und er, Guy, war sich ebenfalls nicht sicher, ob er verstand, was da vor sich ging. Er hatte keine Ahnung von Deutschland oder den Deutschen. Die einzigen Deutschen, die er bislang kannte, hatten ihn mit geräucherten Würsten und Hirschschinken versorgt, und er konnte sie gut leiden. Jahrelang aber hatten die Leute vom Krieg gesprochen und davon, in die Schlacht zu ziehen, und das reizte ihn. Erst kürzlich hatte er in Gordon die Züge voller winkender und schreiender Soldaten vorbeifahren sehen. Was sie taten und wohin sie fahren würden, erschien ihm aufregend genug. Schließlich gelangte er zu der Überzeu-

gung, daß er die richtige Entscheidung getroffen hatte. »Es war mein Land. Und wenn sich dieses Land an einem Krieg beteiligte, dann war es meine Pflicht, es dabei zu unterstützen«, sagte er Jahre später.

Der Bus fuhr durch Kyle und auf Porcupine und Wounded Knee zu. Es war noch hell, als er sich das Medizinbündel um den Hals hängte und die Enden des Lederriemens sorgfältig verknüpfte. Es dauerte nicht lange, und die Jungen im Bus spielten irgendwelche Spiele, lachten und schrien in Lakota. Allmählich wich seine Schwermut. Am späten Abend des 18. Juli erreichten sie die Black Hills.

Fort Meade war 1878 gebaut worden und diente dem Schutz der Minenlager, die man in den heiligen *Paha Sapa* errichtet hatte. In jenem Herbst hatte General Crook vom Fort aus Truppen in südlicher Richtung zu den Sandhills in Nebraska geschickt, die Häuptling Dull Knife gefangennehmen sollten. Zwölf Jahre später waren Truppen aus Fort Meade an der Niederstreckung der Anhänger der Geistertanzbewegung beteiligt. Im Sommer 1917 wurden in diesem Militärposten die Truppen der Kavallerie auf ihren Einsatz in Deutschland vorbereitet.

»Am Morgen nach unserer Ankunft ging dieser fette Sergeant vor Tagesanbruch durch sämtliche Baracken und riß uns, während wir noch schliefen, die Bettdecken weg. Er befahl, daß wir uns anziehen sollten, und ließ uns zum Speisesaal marschieren, wo es Frühstück gab. Nach dem Frühstück mußten wir alle hinaustreten und Aufstellung nehmen. Als er sah, wie wir angezogen waren, brach er in Gelächter aus.«

Es war schon sehr heiß, als sie an ihrem ersten Tag als frisch gebackene Soldaten des Ersten Weltkriegs in Fort Meade Aufstellung nahmen. Während Guy Dull Knife darauf wartete, daß der Sergeant auch an ihm vorbeischritt, schwanden ihm auf einmal die Sinne. »An jenem Morgen hatte ich ziemliche Angst, und in der Aufregung, die in der Baracke herrschte, schnürte ich meinen Hosenbund zu fest zusammen, so daß die Blutzirkulation in meinen Beinen stark eingeschränkt wurde. Ich fürchtete mich so sehr, daß ich nicht wagte, mich zu rühren oder etwas zu sagen, und kämpfte lieber so lange wie möglich dagegen an. Die Sonne brannte auf uns herab, und so wurde mir nach einer Weile schwindelig, und schließlich fiel ich in Ohnmacht.«

In den folgenden Wochen gewöhnten sich die neuen Rekruten vom Stamm der Oglala an das Leben in der Armee. Während ihrer Grundausbildung brachte man ihnen bei, Pferde zu beschlagen, sie fachmännisch zu versorgen und zu pflegen. Guy Dull Knife lernte dies alles rasch. Sie kampierten jeweils drei, vier Tage lang in den Black Hills, schliefen in Sibley-Zelten*, bereiteten ihre Mahlzeiten über dem Lagerfeuer und lernten, als militärische Einheit diszipliniert und genau zu funktionieren. Zurück im Fort, übten sie das Schießen.

»Ich wünschte mir, meine Leute zu Hause könnten mich an meinem ersten Tag auf dem Schießgelände sehen. Ich trug meine neue Uniform und hielt ein nagelneues, glänzendes Gewehr in Händen. Und ich traf immer ins Schwarze. Als eine Kanone hinter uns explodierte, sprangen wir alle zur Seite und legten uns auf den Boden. Der Sergeant lachte uns aus und befahl uns aufzustehen. Er teilte Messer aus, und dann wurden Säcke voller Kartoffeln herbeigeschafft, und wir verbrachten den restlichen Tag damit, sie zu schälen.«

Nachdem er seine Grundausbildung beendet hatte, wurde Guy Dull Knife in das südlich gelegene Fort Riley gebracht, jenen Militärposten in Kansas, der als einer der ersten an der Grenze errichtet worden war. Truppen aus diesem Fort hatten seinen Großvater und Little Wolf auf ihrer Flucht aus dem Indianerterritorium verfolgt. Eine Zeitlang hatte es Custers Siebtem Kavallerieregiment als Hauptquartier gedient. Im Jahr 1890 war das Siebte Kavallerieregiment aus Fort Riley, also von Norden her, auf die Schlucht am Wounded Knee zumarschiert. Fort Riley lag etwa 240 Kilometer westlich vom Haskell Institute. Die Reise von Fort Meade nach Kansas war lang und anstrengend.

Damals fuhren ständig irgendwelche Truppenzüge quer durch das Land, so daß es manchmal auf dem Schienenweg zu Stockungen kam. Auch Guy Dull Knife saß zwei Tage lang mit dem Zug in Ostnebraska fest.

In Fort Riley erhielten sie ihre Kampfausrüstung, das heißt Kleidung, sonstige Ausstattung und Waffen. Guy Dull Knife teilte man einer Kavallerieeinheit zu, die man die ›Rainbow Division‹ nannte, eine der ersten Einheiten, in der schwarze Soldaten zugelassen waren. Schließlich wurde Guy Dull Knife zum Kommandeur einer Gruppe schwarzer Soldaten befördert. Für geraume Zeit gehörte es zu seinen

* Große glockenförmige Armeezelte. Anm. d. Übers.

Aufgaben, den Küchendienst zu überwachen, und so ließ er die schwarzen Soldaten Kartoffeln schälen. »Ich war inzwischen gut einen Meter neunzig groß und wog etwa 100 Kilo. Viele Schwarze hatten nie zuvor einen Indianer zu Gesicht bekommen und fürchteten sich vor mir. Nach einer Weile nannten sie mich Häuptling.«

Später wurde er dazu abkommandiert, Pferde zuzureiten. »Einige der Mustangs waren sehr wild und kaum zu bändigen. Viele Sättel besaßen kein Horn, an dem ich mich hätte festhalten können. An manchen Vormittagen wurde ich zehn- bis fünfzehnmal abgeworfen. Wenn ich dann endlich ein Pferd eingeritten hatte, kam der Kommandeur, legte ihm einen Sattel mit einem großen Horn auf und ritt von dannen. Am nächsten Morgen ging alles wieder von vorn los.

In Fort Riley wurde ich zwar als Kavallerist ausgebildet«, erzählte der alte Mann, »aber an der Front durfte ich nicht reiten. Nur die Offiziere hatten Pferde, alle anderen wurden in die Schützengräben abkommandiert.«

Sowohl in Amerika als auch in Europa war die Presse von der Vorstellung fasziniert, daß indianische Krieger eine fremde, tyrannische Nation bekämpften. Schon bald wurden Eigenschaften, die man zuvor als Unarten von Wilden abgetan hatte, zu wahren Tugenden erhoben. Korrespondentenberichte, Leitartikel und Fotos machten die Indianer zu heldenhaften Kämpfern, die aufgrund ihrer Rasse und ihrer Kultur geradezu für den Krieg geschaffen schienen. »Sie sind ein perfektes Vorbild für Mannhaftigkeit, und sollte ihr kriegerisches Können dem ihrer Vorfahren ebenbürtig sein, so bedauern wir, daß dort, wo nur einige hundert Indianer im Einsatz sind, sich nicht Tausende von ihnen befinden«, schrieb der *Baltimore Star*. Und die *New York Evening World* ließ verlauten, die Indianer seien, »obwohl sie ohne Kriegsbemalung und Federschmuck in den Krieg zogen, keinen Deut weniger couragiert vorgegangen«. Präsident Wilson schürte diese romantische Vorstellung, indem er häufig die Geschichte von dem jungen indianischen Soldaten zum besten gab, der sich bei seinem Vorgesetzten beklagte, daß für seinen Geschmack »zu oft salutiert und zu selten geschossen«[9] würde.

Während die Kämpfe auf den Schlachtfeldern Europas anhielten, bauten Regierung und Presse den Mythos des amerikanischen Wilden aus, der in zahlreichen Groschenromanen, in Wild West Shows und in ersten Filmen gepflegt wurde, und nutzten ihn, um Stimmung für den Krieg zu machen. Die *New York Evening World* schrieb: »Das Kriegshandwerk scheint für die Indianer etwas ganz Natürliches zu sein«, und es bleibe zu hoffen, »daß sie in Uniform ebenso viele Feinde zur Strecke brächten wie vordem ihre in Decken gehüllten und mit Kriegsbemalung geschmückten Väter.«[10] Wenn die Indianer auf Patrouille gingen, schlichen sie lautlos durch die Wälder. Sie konnten weit schlimmere Schmerzen ertragen als Weiße, hatten schärfere Augen und waren die besseren Schützen. Sie waren tapfer, mutig und besaßen einen unerschütterlichen Gleichmut.

Am 23. Juli 1918 veröffentlichte die *New York Mail* ein Foto der Apachen, die damals unter Pershing als Scouts dienten. Darunter war zu lesen: »Ja, von Hind, jetzt sind Dir die Indianer Nordamerikas auf den Versen. Und so sieht's aus: Waschechte Apachen dienen unter Pershing als Späher. Hurra! Vielleicht haben die Deutschen deshalb auf der Stelle kehrtgemacht und sind gerannt, als ob der Teufel hinter ihnen her wäre. Diese Rothäute (echte Vollblutindianer!) dienten schon in Mexiko unter Pershing, und er weiß, wozu sie in der Lage sind und daß sie es schaffen, sich an die barbarischen Deutschen heranzupirschen.«[11]

Einige Zeit lang hatte die Presse darüber spekuliert, wie sich die Indianer auf der disziplinierten, militärischen Bühne des Ersten Weltkrieges zurechtfinden würden. Man hatte angenommen, daß der technisch bestens ausgerüstete deutsche Feind den an Nahkampf und Geplänkel gewöhnten Kriegern Probleme bereiten würde. »Es stellte sich die große Frage, ob ein von Schützengräben aus geführter Krieg den Indianern zusagen würde«, berichtete der *Literary Digest*. »Aber sie scheinen diese Art Kriegsführung zu mögen.«[12]

»In der Regel rührten wir uns zwei oder drei Tage lang nicht von der Stelle«, erzählte der alte Mann, »und plötzlich befahl man uns, zum Angriff überzugehen, woraufhin wir aus unseren Gräben sprangen und ein paar Meter zurücklegten, nur um dann wieder für zwei bis drei Tage festzuliegen. Die ganze Zeit über hörten wir, wie die Granaten der Deutschen einschlugen. Dabei entstand eine zwei Meter hohe Rauchwolke, und man konnte sehen, wie sie über den Boden auf einen zuraste. Einmal habe ich einen kräftigen Rauchstoß abgekriegt. Danach war mein Körper völlig gefühllos, und ich zitterte am ganzen Leib.«

Der Krieg verlief anders, als Guy Dull Knife sich das vorgestellt hatte. Sieben Monate lang saß er in Frankreich in den Schützengräben. Er fror, war oft vollkommen durchnäßt, fühlte sich scheußlich, hungerte und wünschte sich nichts mehr, als daß dies alles bald ein Ende nehmen würde und er nach Hause zurückkehren könnte.

Guy Dull Knife gehörte der Ersten Infanteriedivision der US-Armee an. Man hatte ihm den Spitznamen ›Big Red One‹ gegeben. Ein paar Tage nach seinem neunzehnten Geburtstag verließ er Fort Riley und traf mit dem Truppenzug Ende Februar 1918 in New York ein. Wenige Tage später befand er sich auf einem Schiff, das die Truppen nach Europa bringen sollte. Die Atlantiküberquerung dauerte achtzehn Tage. Wie zuvor schon seinem Vater, so erschien auch ihm diese Schiffspassage als schlimme Zeit. »Die meisten Soldaten an Bord stammten aus dem mittleren Westen und hatten das Meer nie zuvor gesehen. In jeder Kabine gab es sechs Kojen. Wir befanden uns noch nicht lange auf See, als viele seekrank wurden. Fast jeder in der Kabine rauchte. Das hatte zur Folge, daß selbst diejenigen, die nicht seekrank waren, auf den Qualm und den Gestank von Erbrochenem mit Übelkeit reagierten. Da das Kühlsystem an Bord nicht sonderlich gut funktionierte, verdarb ein großer Teil des Proviants innerhalb weniger Tage, so daß wir nicht mehr ausreichend zu essen bekamen. Vielen war der Appetit ohnehin vergangen. Als wir endlich wieder Land unter den Füßen hatten, sprachen viele von uns ein Dankgebet.«

Auf ihrem Weg zur Westfront sah er die Gehöfte der Franzosen, und er erinnerte sich daran, daß er sich damals wunderte, wie klein sie im Vergleich zu denen in den Great Plains waren. Ende September 1918 saß er im Schützengraben. »Tag für Tag verbrachten wir dort. Manchmal konnten wir einen Blick riskieren, und dann sahen wir die Deutschen ebenfalls in den Schützengräben sitzen. Nur ein schmaler Strei-

fen, den man als Niemandsland bezeichnete, trennte uns von ihnen. Also blickten wir uns über den schmalen Streifen Land hinweg jeden Tag in die Augen, gingen schlafen und wachten auf, um wieder unserer täglichen Routine in den Gräben nachzugehen.
An vielen Tagen regnete es, und es war kalt. Solange wir in den Gräben saßen, mußten wir unsere Gasmasken ständig griffbereit haben. Wenn sie aber naß wurden, funktionierten sie nicht mehr richtig. Überhaupt brachten wir viel Zeit damit zu, unsere Ausrüstung trocken zu halten. Irgendwann ging uns das Waffenöl aus. Von da an benutzten wir statt dessen Wagenschmiere, mit der wir nicht nur unsere Waffen reinigten, sondern auch versuchten, unsere Stiefel wasserdicht zu bekommen. Ich glaube, es regnete jeden Tag, den ich dort verbrachte.«
Einmal erkrankte er an Lungenentzündung, und »sie schickten mich in dieses alte, zusammengeschossene Gebäude, das zu dem Krankenhaus gehörte, welches sich hinter der Frontlinie befand. Ich war damals sehr krank, aber ich wollte lieber wieder zurück an die Front, da der Gestank im Krankenhaus schlimmer zu ertragen war als das Ausharren im Schützengraben.« Später zog er es dann doch vor, sich in den hinteren Linien aufzuhalten. »Wenn in diesem Krieg jemand verwundet wurde, selbst wenn es nur ein unbedeutender Kratzer war, dann mußte er damit rechnen, an Wundbrand zu sterben. Eine ganze Reihe von Soldaten aus meiner Einheit verloren so ihr Leben. Einige Wochen lang war ich dem Verwundetentransport zugeteilt, was bedeutete, daß ich die Verwundeten von der Front holen mußte. Schließlich meldete ich mich als Freiwilliger zu diesem Kommando. So kam ich nämlich täglich zu den hinteren Linien, wo es Ärzte und Schwestern gab und die Verpflegung wesentlich besser war als an der Front. Da sie die Köche weit hinten stationiert hatten, war das Essen meist kalt, wenn es in den Schützengräben ankam, und das Fleisch war so manches Mal verdorben. Das einzige, was immer gleich schmeckte, war das brotähnliche Zeug, das sie Schiffszwieback nannten.«
In Frankreich traf er einen Soldaten, der in der Sprache redete, die er lange nicht mehr vernommen hatte. Er hieß Medicine Blanket und war ein Sioux aus dem Rosebud-Reservat. Also unterhielten sich die beiden Männer in Lakota, während sie im Schützengraben saßen. Sie stellten fest, daß sie beide an denselben Orten gewesen waren, zum

Beispiel in dem Laden in Martin und auf den Sommerrodeos in Gordon. Auch hatten sie gemeinsame Bekannte. Da saßen sie nun an der Westfront und unterhielten sich über ihr Zuhause und darüber, wie sehr sie ihre Familien vermißten. Oft vertrieben sie sich die Zeit damit, sich auszumalen, was sie alles unternehmen wollten, wenn sie erst wieder zu Hause wären. »Wir wurden Freunde«, erzählte der alte Mann, »und wir besuchten uns gegenseitig bis zum Tode von Medicine Blanket gegen Ende der sechziger Jahre.«

Am 11. November 1918 wurde der Waffenstillstand erklärt und damit der Erste Weltkrieg beendet. Bei den indianischen Soldaten lag die Verwundetenrate um das Fünffache höher als beim gesamten amerikanischen Expeditionskorps. Etwa fünf Prozent starben auf dem Schlachtfeld. Die in Oklahoma und Süddakota beheimateten Stämme hatten doppelt so hohe Verlustraten zu verzeichnen. Darüber hinaus forderten Grippeepidemien und andere Krankheiten noch mehr Leben. Meist hatte man den indianischen Soldaten die gefährlichsten Aufgaben übertragen. Da die Kommandeure die Indianer für die besseren Soldaten hielten, überließen sie ihnen gerne das gefährliche Auskundschaften der feindlichen Linien und die Manöver direkt an der Front.[13]

Sergeant Otis Leader vom Stamm der Choctaw aus Oklahoma bediente ein Maschinengewehr. Mit dem Sechsten Kavallerieregiment war er in Cantigny, Saint-Mihiel und Argonne gewesen und wegen seines Mutes in heftigen Gefechten ausgezeichnet worden. Leader wurde von der Regierung Frankreichs zum »Vorzeigemodell des amerikanischen Soldaten« auserwählt und war später auf einem Ölgemälde im Kriegsmuseum in Paris zu sehen.

Francis Lequier, ein Ojibwa, griff zusammen mit drei seiner Kameraden, die in diesem Kampf umkamen, eine Stellung deutscher Maschinengewehrschützen an. Elfmal wurde er von feindlichen Kugeln getroffen. Trotzdem schaffte er es, die Deutschen im Alleingang zu überwältigen, einige von ihnen zu töten und die übrigen gefangenzunehmen. Im November 1918 durchschwamm Unteroffizier Walter Sevalia, ebenfalls vom Stamm der Ojibwa, die Maas bei Brieulles in

Frankreich und führte dabei ein schweres Stahlkabel mit sich, das für eine Schiffsbrücke benötigt wurde. Dabei schossen die Deutschen ständig auf ihn ein. Während eines Patrouillenganges an der Front bei Soissons wurde Joe Young Hawk, Sohn eines der Arikara-Scouts, die Custer so sehr geschätzt hatte, von fünf Deutschen umzingelt und gefangengenommen. Kurz darauf ging er auf die Deutschen los, tötete drei mit bloßen Händen und nahm die zwei anderen gefangen. Obwohl er an beiden Beinen Schußverletzungen erlitten hatte, marschierte er mit seinen Gefangenen zum Lager der Alliierten und lieferte sie dort ab. Am 15. Juli 1923 starb er in Bismarck in Norddakota an den Spätfolgen seiner Kriegsverletzungen und einiger Giftgasattacken.

Von den zahlreichen Indianern, die für ihren Einsatz im Ersten Weltkrieg ausgezeichnet wurden, erhielt Soldat Joseph Oklahombi die höchste Ehrung. Oklahombi, ein Choctaw im Dienste der 141. Infanteriedivision, rannte unter heftigem Beschuß über ein etwa 190 Meter breites Stacheldrahtfeld, brachte eine Maschinengewehrstellung der Deutschen in seine Gewalt und machte mit Hilfe des feindlichen Maschinengewehres 171 Gefangene. Obwohl er in einem Sperrfeuer von Granatwerfern stand und auch mit Gasgranaten beschossen wurde, hielt er ganz allein vier Tage lang die Stellung. Später wurde er für diese Leistung von dem französischen Feldmarschall Henri-Philippe Pétain mit dem ›Croix de Guerre‹ ausgezeichnet.

Die Leistung, an die man sich wahrscheinlich am längsten erinnern wird, vollbrachten die ›Chiffrierer‹[14]. Im Oktober 1918 zapfte der deutsche Nachrichtendienst bei Saint Etienne die Telefonleitungen der 142. Infanteriedivision an. Der Kommandeur sandte daraufhin zwei Choctaws zu verschiedenen Posten und sagte ihnen, sie sollten über Funk in ihrer Muttersprache miteinander reden. Da das Experiment erfolgreich verlief, stellte die 142. Infanteriedivision eine eigene Einheit von Chiffrierern zusammen, die in insgesamt sechsundzwanzig verschiedenen Sprachen miteinander reden konnten. Bis zum Ende des Ersten Weltkrieges gelang es dem deutschen Nachrichtendienst nicht, die chiffrierten Mitteilungen zu entschlüsseln.

Nach Kriegsende kehrten die indianischen Soldaten in ein Heimatland zurück, in dem sie noch immer nicht zur Wahl gehen durften. Nachdem sich verschiedene Interessengruppen und die Medien dafür eingesetzt hatten, verabschiedete der Kongreß am 6. November 1919 ein Gesetz, wonach jedem indianischen Soldaten, der ehrenhaft aus der Armee entlassen worden war, die Staatsbürgerschaft zustand. Allerdings mußte sie in jedem einzelnen Fall auf dem Gerichtsweg eingefordert werden. Die Indianer in den Reservaten hatten nun wieder Grund, stolz zu sein, und sie organisierten feierliche Zeremonien, um die heimgekehrten Soldaten zu ehren. Diese waren oft dankbar, daß sie die Gelegenheit bekommen hatten, in den Krieg zu ziehen. Louis Atkins, ein Potawatomi aus Oklahoma, äußerte gegenüber der *New York Evening Sun*, daß der »Krieg eine scheußliche Angelegenheit war. Dennoch bin ich froh darüber, daß ich mit von der Partie war. Jetzt, nachdem ich gekämpft habe und zurückgekehrt bin, fühle ich, daß ich der ganzen Welt freien und stolzen Herzens ins Gesicht sehen kann«.[15]

Der Kriegsdienst habe einen großen Beitrag zur Integration der Indianer in die amerikanische Gesellschaft geleistet, bemerkten Regierungssprecher und Vertreter des Büros für Indianerfragen. Ihrer Einschätzung zufolge hatte sich letztlich die Art der Kriegsführung, die der Schützengräben, positiv auf den Prozeß ihrer Anpassung ausgewirkt. Wenn man den Erklärungen der Regierung und den Presseveröffentlichungen glauben darf, dann kamen die Indianer mit einem besseren Englisch von der Front zurück, hatten dort Respekt und Disziplin erlernt, Selbstvertrauen erworben und waren stolz auf ihre Rolle bei der Niederstreckung der deutschen Tyrannei. Sie würden nun als brauchbare Staatsbürger in die Reservate zurückkehren und ihrem Volk ein Beispiel sein. Kurz nach Kriegsende stellte der Agent eines Reservates in Oklahoma einen Bericht für den Kommissar für Indianerfragen zusammen. »Ein typischer, langhaariger, ganz gewöhnlicher Cheyenne aus dem Reservat ging nach Frankreich, wurde dort verwundet, mit Giftgas traktiert und mit Granaten beschossen. Ehrenhaft aus der Armee entlassen, kehrte er zurück und meldete sich im Agenturbüro des Reservates. Da stand er nun in strammer Haltung, mit klarem Blick, war höflich, selbstbewußt und redete mit Verstand daher. Was für eine wunderbare Veränderung ist hier durch den Kontakt mit der Außenwelt ausgelöst worden. Der Indianer befindet sich auf dem besten Weg.«[16]

Oft schrieb man diese Veränderungen dem langandauernden Um-

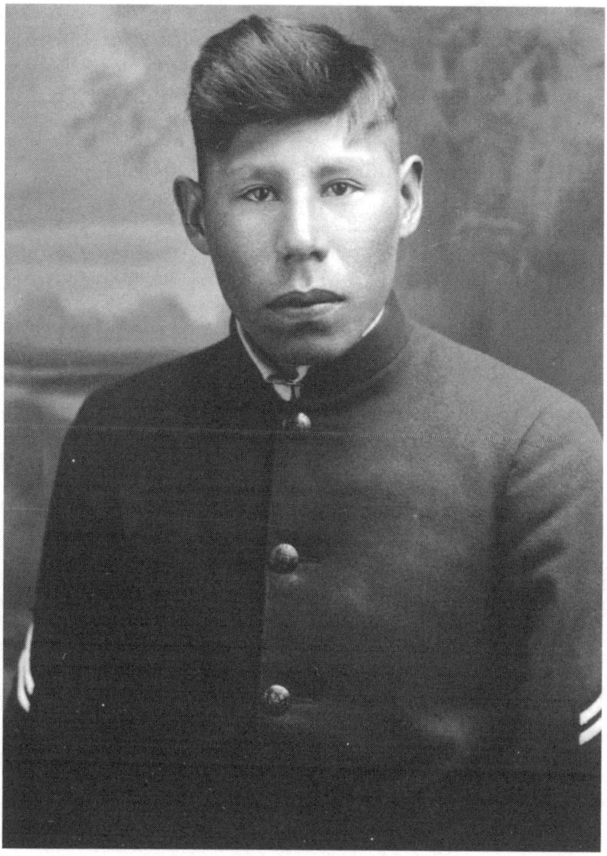

Guy, Erster Weltkrieg

gang mit weißen Soldaten zu. »Meist hatte ein Indianer nur weiße Soldaten um sich, und daher blieb ihm gar nichts anderes übrig, als sich den Weißen anzupassen und ihren Lebensstil zu übernehmen«, war in einer Veröffentlichung des Innenministeriums zu lesen. Die Indianer hätten »gelernt, sich unter die Weißen zu mischen, sich mit ihnen zu arrangieren und das Gute in ihnen zu schätzen«,[17] hieß es an anderer Stelle.

Die nach Pine Ridge heimgekehrten Soldaten der Lakota fanden das Leben dort nun viel schwieriger als zuvor. Nachdem Amerika im April 1917 Deutschland den Krieg erklärt hatte, bestand die Regierung darauf, daß auf den ungenutzten Gebieten des Reservates mehr produziert würde. Die Sicherheit des Staates als Rechtfertigung vorbringend, verkaufte der Reservatsagent in Pine Ridge nach und nach die Viehherden der Oglala und verpachtete – oft ohne vorher die Erlaubnis der Besitzer eingeholt zu haben – deren Land an weiße Viehzüchter, die ihre Herden aus dem Süden getrieben hatten und Weideland benötigten. Nach Kriegsende brach der Rindermarkt zusammen, und die Oglala waren zunächst einmal aus dem früher so gewinnträchtigen Geschäft mit den Rindern ausgeschlossen.[18]

Als sich später große landwirtschaftliche Kooperativen im Westen Süddakotas breitmachten, zwang die Regierung die Lakota, das restliche Land, das noch im Besitz des Stammes verblieben war, in kleine Landparzellen aufzuteilen. Danach tauchte eine Regierungskommission in Pine Ridge auf und bestimmte einige Oglala zu »kompetenten« Landbesitzern. Ursprünglich hatte der Dawes Act von 1887 verfügt, daß das den Indianern zugeteilte Land fünfundzwanzig Jahre lang in treuhänderischer Verwaltung der Regierung verbleiben sollte. Damit wollte man verhindern, daß bedürftige Lakota das ihnen zugewiesene Land auf der Stelle verkauften, um auf Kosten von Stammesland schnell zu Geld zu kommen. Durch ungeheuren Druck seitens der Landwirtschaftsbetriebe und der Eisenbahngesellschaften lockerte der Kongreß jedoch bald die Gesetzgebung zum Nachteil der Indianer. Bauern und Viehzüchter wollten sich das Land der Ureinwohner aneignen.

Um ihre Profite zu sichern, benötigten die Eisenbahngesellschaften Wegerechte quer durch den nordamerikanischen Kontinent. Außerdem brauchten sie landwirtschaftliche Erzeugergemeinschaften, die ihre Produkte mit Zügen transportierten. Die Erzeugergemeinschaften in den Reservaten erfüllten keine dieser Voraussetzungen, und so holte man Einwanderer aus Europa in den Westen, die entlang der Eisenbahnlinien seßhaft wurden.

1891 änderte der Kongreß den Dawes Act ab und gestattete den Indianern zum ersten Mal, ihr Land zu verpachten. Fünfzehn Jahre später beseitigte der Burke Act die Bestimmung zur treuhänderischen Verwaltung der Landzuteilungen für fünfundzwanzig Jahre. Mit Beginn des Jahres 1906 konnte der Staatssekretär des Innenministeriums Kompetenzbescheinigungen für jeden Indianer ausstellen, den

man für fähig hielt, sich selbst um seine Angelegenheit zu kümmern. Diejenigen, die man als kompetent eingestuft hatte, durften ihr Land der treuhänderischen Regierungsverwaltung entziehen, was bedeutete, daß das Land nun legal veräußert werden konnte.
Im Laufe der Jahre mußten immer mehr verarmte Oglala ihren Landbesitz an weiße Viehzüchter oder Bauern verkaufen oder verpachten, bis schließlich das Land des Reservats zum größten Teil in den Besitz der Weißen übergegangen war. Diejenigen, die verkauften und nun kein Land mehr besaßen, waren meist Halbblutindianer. Sie fanden sich nun nach und nach alle im Dorf Pine Ridge ein. In den Außenbezirken des Reservats, in den abgeschiedenen Gebieten, hielten die traditionellen Oglala so lange wie möglich an ihrer althergebrachten Lebensweise fest und gaben auch ihr Land nicht in fremde Hände.
Guy Dull Knife traf im April 1919 mit dem Zug am Bahnhof von Gordon in Nebraska ein. Es war ein warmer, klarer und sonniger Frühlingstag. Er überquerte die Schienen, ging durch den kleinen Bahnhof und machte sich in nordöstlicher Richtung auf den Weg. Das Medizinbündel trug er noch immer um den Hals. Als Proviant hatte er etwas Schiffszwieback und Sardinen bei sich. Aus den Flüssen, die er an diesem Nachmittag durchquerte, schöpfte er frisches Wasser. Das sprießende Gras, noch weich und saftiggrün, reichte ihm bis über die Knöchel und gab ein bequemes Lager ab. Am nächsten Tag erreichte er spätnachmittags die kleine Stadt Batesland in Süddakota. Dort bemerkte ein Weißer von seinem Wagen aus den hochgewachsenen Indianer, der in Uniform gekleidet die Straße entlangging. »Er holte mich ein und fragte mich, wohin ich wolle. Und ich antwortete ihm, daß ich auf dem Nachhauseweg sei. Wo das denn sei, fragte er mich, und ich sagte es ihm. Er bot mir an, mich auf seinem Wagen ein Stück mitzunehmen, aber ich lehnte dankend ab und sagte ihm, daß ich lieber zu Fuß ginge. Wir schüttelten uns die Hände, und er fuhr davon.«
Am darauffolgenden Tag konnte er gegen Ende des Nachmittags in der Ferne die Silhouette des Yellow-Bear-Lagers erkennen. Nun rannte er ein gutes Stück, ging dann wieder eine Weile, rannte erneut los, bis er den Bachlauf erreichte, in dem Good Voice Elk und er einst die Forellen gefangen hatten. Er durchschritt den Bach und nahm den

Pfad durch den Kiefernwald, bis er schließlich das alte Holzhaus erreichte.

In drei Tagen hatte er gut siebzig Kilometer zurückgelegt, und der alte Mann hat immer beteuert, daß diese Tage zu den drei schönsten seines Lebens zählten.

MÜTTER UND TÖCHTER

In einem Winter vor langer, langer Zeit – die Lakota hatten die Great Plains erst kurz zuvor zu ihrem neuen Lebensraum erwählt – drohte ihnen der Hungertod, und so wurden eines Tages zwei Späher vom Lager ausgesandt, um nach Büffeln Ausschau zu halten. Als sie von einem Hügel aus ihre Blicke suchend über die Ebenen streifen ließen, bemerkten sie, daß von Westen her eine Gestalt auf sie zukam. Zunächst dachten sie, es handele sich um einen Büffel. Als die Gestalt sich jedoch näherte, erkannten sie eine junge Frau. Sie war vollkommen nackt, aber ihr langes schwarzes Haar umgab ihren Körper wie ein Kleid. Die Frau ging den Hügel hinauf, und als sie nicht mehr weit von den Männern entfernt war, legte sie ein kleines Bündel auf den Boden und bedeckte es mit Beifuß. Da sagte einer der beiden Männer, daß er zu ihr hinübergehen und sie in die Arme nehmen wolle. Und wenn ihm die Frau gefiele, so wolle er sie in sein Tipi führen. Der andere Mann warnte ihn davor: »Dies ist eine heilige Frau. Vergiß deine schlimmen Gedanken!« Aber sein Freund hörte nicht auf ihn, und als er sich der Frau näherte, stieg plötzlich eine Wolke empor und hüllte die beiden ein. Bald darauf trat die wunderschöne Frau aus der Wolke und stand vor dem zweiten Mann. Als die Wolke davongezogen war, sah er, daß von seinem Freund nur noch ein von Würmern zerfressenes Skelett übriggeblieben war.

Nun wandte sich die Frau an den Mann: »Kehre zurück zu deinem Volk und verkünde ihm, daß ich bald kommen werde. Ihr sollt in eurer Mitte ein großes Tipi für mich errichten, und dort werde ich hinkommen.« Voller Angst und Schrecken rannte der Mann zurück zum Lager und berichtete seinen Leuten, was er erlebt hatte. Daraufhin gerieten alle in Aufregung und beeilten sich, ein großes Tipi in der Mitte ihres Dorfes zu errichten. Am nächsten Tag sahen sie auf einem Hügel über dem Dorf Blitze aufleuchten, und dann zog die heilige Frau in das Lager der Lakota ein. Langsam ging sie auf das riesige Tipi zu, in dem sämtliche Männer und Frauen, in ihre besten Gewänder gekleidet, erwarteten. An jenem Tag war die Frau in ein wunderschönes, mit Fransen verziertes Gewand aus weichem, weißen Hirschleder gekleidet. Sie trug eine große Pfeife vor sich, deren Kopf sie in der linken und deren langes Rohr sie in der rechten Hand hielt. Als sie das Tipi betrat, begann sie zu singen:

»Ich schreite einher mit sichtbarem Atem;
Ich gehe auf ein Volk des Büffels zu,
und meine Stimme erhebt sich.
Ich schreite einher mit sichtbarem Atem;
Ich gehe auf dieses Heiligtum zu.«

Sie betrat das Tipi und ging so im Kreis herum, wie die Sonne sich über den Himmel bewegt. Nach einer Weile blieb sie stehen und hielt die heilige Pfeife empor. Die Frau sah das Volk an und sprach zu ihm mit folgenden Worten: »Diese heilige Pfeife wird euch auf euren Wegen auf der Erde begleiten: denn die Erde ist eure Großmutter und eure Mutter, und sie ist heilig. Jeder Schritt, den ihr tut, soll wie ein Gebet sein. Der Kopf dieser Pfeife ist aus rotem Stein geschnitten und symbolisiert eure Mutter Erde. In den Stein ist ein Büffelkalb eingeritzt, das ins Zentrum der Erde blickt. Es vertritt alle vierbeinigen Lebewesen, die auf eurer Mutter leben. Das Rohr der Pfeife besteht aus Holz und symbolisiert alle Pflanzen dieser Erde. Und die zwölf Federn, die von der Stelle herabhängen, an der das Rohr in den Kopf eingepaßt ist, stammen von Wanbli Gleska, *dem gefleckten Adler. Sie symbolisieren den Adler und all die gefiederten Bewohner der Lüfte. Diese Lebewesen und alles, was es im Universum gibt, sind mit euch, die ihr die Pfeife raucht, verbunden – sie alle erheben ihre Stimme und rufen* Wakan Tanka *an.«*
Bevor sie das Volk wieder verließ, teilte sie ihm mit, daß es von der heiligen Büffelkalb-Pfeife sehr viel lernen könne. Wenn es einmal nur wenige Büffel gäbe und sie hungern müßten, sollten sie sie dem Großen Geist darbieten. Wenn die Pfeife daraufhin länger brenne, stünden ihnen schlimme Zeiten bevor; wenn sie nur kurz brenne, würde sich alles zum Guten wenden. Nachdem die Frau noch ein Lied gesungen hatte, ging sie. Als die Leute ihre Blicke erhoben, sahen sie einen weißen Büffel, der seine Hinterbeine in die Höhe warf und in eine Wolke gehüllt das Dorf ich Richtung Westen verließ.[1]

Seit ihrer frühesten Jugend kannte Rose, die Ehefrau des alten Mannes, die Geschichte von der heiligen Frau, die in Gestalt eines weißen

Büffelkalbes erschienen war. In den Jahren vor dem Großen Krieg erzählte ihr ihre Mutter die Geschichte oft vor dem Schlafengehen und sagte ihr, daß die heilige Frau ihr Volk vor dem Verhungern gerettet und ihnen die heilige Pfeife gebracht hatte.

Im Laufe der Jahre war sie zum größten Heiligtum der Lakota erhoben worden. Von ihr hatten sie die vier großen Tugenden – Mut, Weisheit, Großzügigkeit und seelische Kraft – und auch die sieben heiligen Riten des Lakota-Volkes erhalten. Bevor die heilige Frau sie an jenem fernen Tag wieder verließ, lehrte sie die Lakota die Zeremonie, mit der Geister beschworen werden, die Pubertätszeremonie, bei der die Mädchen erwachsen gesprochen werden, die Zeremonie, mit der verwandtschaftliche Beziehungen geknüpft werden, und das heilige Ballspiel *tapa wankaiyeya*. Außerdem hatte sie den Lakota gezeigt, wie sie die heilige Pfeife bei den drei ältesten Zeremonien zu gebrauchen hatten: bei der Suche von Visionen, bei der Schwitzhütten-Zeremonie und beim *wiwanyang wacipi*, dem Sonnentanz, ihrer wichtigsten Zeremonie. Die heilige Frau bestimmte, daß die Pfeife im Besitz einer Familie bleiben und dort von einer Generation an die nächste weitergegeben werden sollte. Die im Cheyenne-River-Reservat lebende Miniconjou-Sioux-Familie von Arvol Looking Horse war neunzehn Generationen lang Bewahrer der heiligen Pfeife gewesen. Nachdem die Lakota durch die heilige Frau vor dem Hungertod gerettet worden waren, entwickelten sich die Frau und der Büffel zu den bedeutendsten Gestalten ihrer Mythen und Rituale. In den Sieben Ratsfeuern* der Lakota-Nation wuchs allmählich die Bedeutung beider als gegeneinander austauschbare Symbole für Fruchtbarkeit und Nahrung. Frau und Büffel wurden zum Symbol des Lebens schlechthin.

Während Frauen lange Zeit die vorherrschende Rolle in der Mythologie der Lakota spielten, bestimmten die Männer das historische Geschehen.[2] Den Platz, an dem sie lebten, nannten sie *Maka Ina*, Mutter Erde. Auf dieser Mutter Erde wurden die Männer zu Häuptlingen und Führern des Stammes ernannt, die Kriegszüge leiteten, Büffeljagden organisierten und entschieden, wann ein Lager abzubrechen war. Es waren die Männer, die sich um die wertvollen Ponyherden

* Begriff für die sieben Untergruppen der Lakota. Anm. d. Übers.

kümmerten, die mächtige Medizinmänner wurden und die historisch bedeutsame Friedensverträge unterzeichneten.
Dennoch bestimmten in den vielen Jahren, die dem Leben in den Reservaten vorangingen, in den Dörfern der Lakota weder die Männer noch die Frauen allein das tägliche Leben. Um den widrigen Lebensbedingungen, die oft in den Ebenen herrschten, trotzen zu können, entwickelten die Lakota eine komplizierte Gesellschaftsstruktur, in der jeder – Männer, Frauen und auch Kinder – einen bestimmten Platz einnahm und seine Pflichten zu versehen hatte. Man erwartete von jedem einzelnen, daß er seinen Aufgaben nachkam und damit zum Wohle aller und zum Überleben des Stammes beitrug. Die tägliche Arbeit war so unter den verschiedenen Gruppen aufgeteilt, daß sie einander ergänzten. In den meisten Angelegenheiten, die das Wohl des Volkes betrafen, galten die Stimmen von Männern und Frauen gleichviel, und jeder war ein geachtetes Mitglied des Stammes.
In den Dörfern der Lakota brachten die Frauen die Kinder zur Welt, sie bereiteten die Mahlzeiten und gerbten die Tierhäute, um daraus Kleidungsstücke und Tipis herzustellen. Wenn wieder einmal Zeit zum Aufbruch war, packten die Frauen das Hab und Gut der Familie zusammen, bauten die Tipis ab und später wieder auf. Sie kümmerten sich um die Behausung der Familie, widmeten sich der Perlenstickerei und webten. Die Ernte einzubringen und Nahrungsmittel zu sammeln, gehörte ebenfalls zu ihren Aufgaben. Während die Männer auf die Jagd gingen, gruben Frauen und Kinder nach wilden Rüben und pflückten Würgkirschen, Blaubeeren und wilde Pflaumen. Aus getrocknetem Fleisch und Früchten bereiten sie *wasna* zu. Diese getrocknete Paste, auch Pemmikan genannt, war während des Winters und auf langen Zügen ihr Hauptnahrungsmittel. Darüber hinaus sammelten die Frauen Kräuter, die sie dann als Heilmittel gegen alle möglichen Krankheiten einsetzen konnten. Viele Frauen besaßen ihre eigenen Medizinbeutel, und man sagte ihnen besondere Heilkünste nach. Bevor die Krieger zu wichtigen Schlachten loszogen, sprachen die Frauen ihnen Mut zu. Häuptling Dull Knife hatten sie damals geantwortet, daß es besser sei, im Heimatland schnell im Kampf zu sterben, denn als Bauern im verhaßten Süden langsam dahinzuvegetieren. Viele der in den nördlichen Plains beheimateten

Stämme hatten lange Zeit an das alte Sprichwort der Cheyenne geglaubt, das da hieß: »Erst wenn seine Frauen aufgegeben haben, kann ein Volk erobert werden.«
Im letzten Viertel des 19. und im ersten des 20. Jahrhunderts veränderte sich das Leben der Lakota-Frauen in vielerlei Hinsicht und glich nicht mehr dem Leben, das noch ihre Mütter gekannt hatten.

Guy Dull Knife sah Rose Bull Bear im Sommer des Jahres 1922 zum ersten Mal.
Er war aus dem Krieg zurückgekehrt und lebte nun in der Blockhütte seiner Familie in den Hügeln des Yellow-Bear-Lagers. Die Dull Knifes hatten jetzt insgesamt zehn Kinder – zwei jüngere Brüder waren in frühem Alter gestorben –, und Guy Dull Knife mußte einen Großteil der anfallenden Arbeiten übernehmen, wenn sein Vater auf Patrouille unterwegs war. Als ältester Sohn versorgte er das Vieh und die Pferde, reparierte Zäune und stellte neue auf, machte Holz und holte Wasser. So oft wie möglich nahm er sich ein paar Tage frei, um auf den Sommerfesten und Rodeos Mustangs zu reiten.
Zu dieser Zeit gab es überall im Pine-Ridge-Reservat Tanzveranstaltungen, und eines Abends – er war damals dreiundzwanzig Jahre alt – ging Guy Dull Knife zu einem traditionellen Hasentanz. Dieser fand am No Flesh Creek in der zerklüfteten Hügellandschaft zwischen Allen und Kyle statt. Kurz nachdem er eingetroffen war, fiel sein Blick auf eine junge Frau, die allein an einer Ecke des Tanzbodens stand. Er mußte sie ständig anschauen. Sie war klein, hatte dunkle Haut, langes Haar und lebhafte dunkle Augen. Er fragte einen Freund, ob er wisse, wer sie sei, und dieser sagte ihm, daß sie Rose Bull Bear heiße. Sie war ein Abkömmling von Häuptling Little Wound und in jenem Sommer, indem er sie auf dem Hasentanz am No Flesh traf, gerade fünfzehn Jahre alt. Little Wound und seine Band gehörten zu den Oglala Sioux und lebten in der Gegend von Kyle, seitdem sich die große, weitverzweigte Familie des Häuptlings Ende der siebziger Jahre des 19. Jahrhunderts dort niedergelassen hatte. Rose wurde im Jahre 1907 geboren und war das älteste der fünf Kinder von Peter und Edith Bull Bear. Als junger Mann war ihr Vater auf eine von der Kir-

che geführte Schule in Pennsylvania geschickt worden. Als er von dort zurückkehrte, wußte er nicht mehr viel von seiner Kultur und hatte auch die Sprache der Lakota verlernt. Er war ein strenger Vater, der fest daran glaubte, daß Bildung seinen Kindern eine bessere Zukunft verschaffen würde. Also gingen Rose Bull Bear und ihr kleiner Bruder Royal Bull Bear bis zur neunten Klasse jeden Tag zweieinhalb Kilometer zu Fuß zur Schule nach Kyle.

Rose verbrachte viel Zeit zusammen mit ihrer Mutter. Im Winter strickten und webten sie, und im Frühling, Sommer und Herbst gingen sie gemeinsam über die Prärie und suchten nach Heilkräutern. Als Rose noch klein war, erzählte ihr ihre Mutter oft einige Geschichten, die sie selbst schon von ihrer Mutter gehörte hatte. Sie erzählte ihr von dem Vertrag von Fort Laramie aus dem Jahr 1868, von dem Leben in den traditionellen Dörfern und von dem, was sie als kleines Mädchen gegen Ende des 19. Jahrhunderts erlebt hatte. Noch Jahre später sagte Rose, daß ihre Mutter Edith Bull Bear die Person gewesen sei, die den stärksten Einfluß auf sie ausgeübt hatte.

Schon mit fünfzehn Jahren war Rose Bull Bear eine willensstarke und unabhängige junge Frau. Energisch, zielbewußt und entschlossen wie sie war, hatte Rose ihre eigenen Vorstellungen entwickelt, und sie nahm auch kein Blatt vor den Mund, wenn es darum ging, diese kundzutun. Sie arbeitete hart und erwartete das auch von anderen. Wenn diese nicht ebenso tüchtig zupackten wie sie, stieß sie sie oft mit scharfen Bemerkungen vor den Kopf. Von ihrer Mutter hatte sie gelernt, wie wichtig die Kenntnis der Naturmedizin war. Sie kümmerte sich gern um ihre Mitmenschen und genoß die langen Wanderungen durch die Prärie. Bereits als Kind mochte sie es, Aufgaben zu übernehmen und das Sagen zu haben.

Guy Dull Knife hatte sein ganzes Leben lang die Dinge eher gemächlich, einfach und gelassen angegangen. Er war der Spaßvogel in seiner Familie, der immer lachte, Witze riß und andere auf den Arm nahm. Mit Geld konnte er nicht umgehen. Wenn er welches einstecken hatte, verschenkte er es meist an die Kinder im Lager und sagte ihnen, sie sollten sich davon Limonade oder etwas Süßes kaufen. Schließlich brachte ihn seine Mutter dazu, daß er sein Geld bei ihr ablieferte, damit sie es für ihn sparen konnte.

Nach einer Weile faßte Guy Dull Knife endlich den Mut, Rose Bull

Bear zum Hasentanz aufzufordern. Sie willigte ein, und beide wußten, daß sie sich in jener Nacht am No Flesh gefunden hatten. In den folgenden drei Jahren umwarb er sie unermüdlich, führte sie zu den verschiedenen Tanzveranstaltungen, Rodeos und Sommerfesten, zu Zeremonien und traditionellen Powwows*, und schließlich nahm er sie mit ins Yellow-Bear-Lager, damit sie seine Eltern kennenlernte. Auch Rose stellte ihn ihren Eltern vor, die in der Nähe des American Horse Creek wohnten. Im Frühling 1925 traten Rose Bull Bear und Guy Dull Knife in Martin, Süddakota, vor den Friedensrichter. Danach traute sie der Medizinmann George Poor Thunder auf traditionelle indianische Weise.

Die jungverheirateten Eheleute besaßen nur wenig Geld, kein eigenes Land und kein Vieh und lebten mehrere Jahre lang in *Ti Hanska*, dem langgestreckten Haus von George und Mary Dull Knife im Yellow-Bear-Lager. Während Guy Dull Knife wilde Pferde zuritt und seinem Vater bei der Landarbeit zur Hand ging, arbeitete Rose als Hebamme und schließlich als inoffizielle Lagerärztin. Sie hatte sich ein reiches Wissen in traditioneller indianischer Heilkunde angeeignet und durchstreifte auf der Suche nach Wurzeln, Kräutern, Blättern und Blüten die Hügel des Yellow-Bear-Lagers. Sie sammelte die Heilpflanzen und verstaute sie solange in ihrem Medizinbeutel, bis sie sie brauchte. Gegen Erkältungen und Grippe im Winter verordnete sie wilden Salbei, aus dessen Blättern sie Tee kochte. Bei Asthma verbrannte sie ein Stück geflochtenes Süßgras und ließ die Kranken den wohlriechenden Rauch einatmen. Wenn sie für Kinder, alte Leute oder Tiere ein appetitanregendes Mittel brauchte, besorgte sie Hanf, der am Ufer des Yellow Bear Creek wuchs. In ihrem Medizinbeutel hatte sie Arzneien gegen Husten, Fieber, Schüttelfrost, Zahnweh, Schlangenbisse, Infektionen, giftigen Efeu, Magenverstimmung und Durchfall. Und manchmal wandte sie die Pflanzen auch für andere als heilende Zwecke an.

»Ich glaube, daß meine Frau Zeit ihres Lebens nie ein Shampoon benutzt hat«, erinnerte sich der alte Mann. »Statt dessen kochte sie die

* Tanzveranstaltung, die meist mehrere Tage andauert und der Stärkung der kulturellen Identität der Indianer und dem Austausch von Nachrichten dient. Anm. d. Übers.

Wurzeln der Yucca zu einer dicken Paste. Damit wusch sie dann ihr Haar. Auch schnitt sie es nur ein einziges Mal in ihrem Leben ab, und zwar als ihr Vater starb. Sonst trug sie es immer lang. Meine Frau hatte wunderschönes Haar.«

Schon ein Jahrhundert zuvor – nachdem die ersten Händler und Fallensteller in ihr Land eingedrungen waren – benutzten die Lakota auf dem Kriegspfad Spiegel, mit denen sie sich über Schluchten hinweg und von Berg zu Berg Signale gaben und einander über die Bewegungen des Feindes unterrichteten oder ihre Angriffe koordinierten. Im Yellow-Bear-Lager kamen die Leute noch in den zwanziger Jahren dieses Jahrhunderts ohne Telefon und Auto aus, obwohl sie weit voneinander entfernt lebten. Die Familien bedienten sich eines Spiegels, wenn sie Hilfe benötigten oder in die Stadt mußten, wenn eine Frau niederkam, alten Leuten das Feuerholz und das Wasser ausgegangen war oder wenn jemand krank war.

Während der ersten Jahre ihrer Ehe reiste Rose Bull Bear mit ihrem Medizinbeutel durchs Lager. Im Yellow-Bear-Lager gab es keinen Arzt, und so half sie mehrere Jahre lang bei Geburten und kümmerte sich um die Kranken und Verletzten. Oft gab es Knochenbrüche und Schußverletzungen. Wenn es einen Jagdunfall gegeben hatte, entfernte sie die Schrotkugeln mit einer Pinzette, die sie zuvor ins Feuer gehalten hatte. Viele waren zu Pferd im Lager unterwegs, und oft brach sich einer beim Sturz in dem unwegsamen Gelände ein Bein oder einen Arm. Gebrochene Rippen packte sie in Moos und Schlamm; gebrochene Arm- oder Beinknochen schiente sie mit Zweigen und Rohlederriemen.

In den ersten Jahren ihrer Ehe verbrachte Guy Dull Knife immer mehr Zeit mit dem Zureiten von Mustangs; seine jüngeren Brüder waren inzwischen alt genug, ihrem Vater bei der Farmarbeit zur Hand zu gehen. Den größten Teil seines Lebens hatte Guy auf einem Pferderücken gesessen, und bei einer Größe von knapp einsneunzig und einem Gewicht von fast 150 Kilo war er ein schwerer Brocken, den selbst ein besonders wilder Mustang nicht so leicht abwerfen konnte. Guy Dull Knife trat gegen Cowboys aus dem ganzen Land an und gewann oft. Mit dem Preisgeld kaufte er Nahrungsmittel für seine Familie und Material, das sein Vater für die Farm brauchte. Oft ritt er sogar ohne Sattel.

»Wahrscheinlich habe ich mir in jener Zeit sämtliche Knochen gebrochen«, erzählte der alte Mann später. »Aber nie suchte ich einen Arzt auf. Rose kümmerte sich um mich. Sie war nicht als Krankenschwester ausgebildet worden, aber sie wußte dennoch, was zu tun war. Sie schaute sich meinen Arm oder meine Schulter an und wußte, wie sie schienen mußte. Mit der Zeit wurde sie darin immer besser.«

Nach und nach sprach sich das herum. Die Familien im Lager riefen sie mit ihrem Spiegel herbei, und sie zog los, weil ihr diese Arbeit Spaß machte und weil es niemand anderen dafür gab.

Während der Zeit der Weltwirtschaftskrise in der Mitte der dreißiger Jahre besuchten Rose und Guy Dull Knife gelegentlich seine Eltern im Yellow-Bear-Lager. Einmal hatte eine alte Frau, die in einem abgelegenen Gebiet des Lagers wohnte, davon erfahren, daß Rose zu Besuch kommen würde. Schon seit einigen Tagen klagte sie über schlimme Magenschmerzen und ließ Rose mitteilen, daß sie sie besuchen möge. Als Rose bei ihr eintraf, bat sie um ein Glas Wasser, in das sie zwei Alka-Seltzer-Tabletten fallen ließ. Die alten Leute erschraken sehr, als das Wasser zu sprudeln begann. »Nie zuvor hatten sie so etwas gesehen«, erzählte Guy Dull Knife. »Sie glaubten, Rose sei mit großer Macht gesegnet, da sie kaltes Wasser zum Kochen brachte, ohne es auf den Herd zu stellen. Das beeindruckte die Leute so sehr, daß nach diesem Ereignis noch häufiger nach Rose verlangt wurde, wann immer wir ins Lager kamen, um meine Eltern zu besuchen.«

Im Sommer 1927 war das ganze Land unerwartet von einer gewissen Ausgelassenheit erfaßt worden. An der Küste und in den Flüsterkneipen* entlang der großen Flußstädte wurde der Jazz zum Symbol des neuen Zeitalters. In der Wall Street meldeten die Fernschreiber Gewinne und Verluste, und während die Städte in die Höhe schossen, verpesteten unten in den Straßen die in den neuen Montagefabriken von Ford gebauten T-Modelle die Luft. Der rechte Fänger des Yankee-Baseball-Teams stellte in jenem Sommer einen neuen Standard

* Kneipe ohne Konzession für Alkoholausschank. Anm. d. Übers.

Guy und Rose, in den ersten Jahren ihrer Ehe

für Laufzeiten auf. In Europa hatten Picasso und Stravinsky die Grenzen der Malerei und der klassischen Musik gesprengt; ein deutscher Physiker und ein österreichischer Neurologe erforschten die Grenzen des Alls und des menschlichen Verstandes. In Paris lebte, krank vor Heimweh, der achtundzwanzigjährige Hemingway; bald würde er in den südlichsten Zipfel der Vereinigten Staaten ziehen und dort einen Roman über Liebe und Untergang im Ersten Weltkrieg schreiben.

Im Spätsommer des Jahres nahmen der achtundzwanzigjährige Guy Dull Knife und seine Frau ihr neues Zuhause im Pine-Ridge-Reservat in Besitz. Auf einer kleinen Anhöhe am Red Water Creek, etwa sechzehn Kilometer östlich von Kyle, stellten sie ein Zelt auf und freuten sich über ihr Glück. Im Zuge der Landaufteilung hatte Rose zweiunddreißig Hektar Land zugewiesen bekommen. Zusammen besaßen sie eine Herde von vierzig Stück Vieh, zwei Pferde, einen Pflug und nun auch eigenes Land. Bis zum Frühling wollten sie im Zelt wohnen und sich dann an einem flußnahen Platz, wo sie nicht weit von frischem Wasser entfernt waren und sich leicht Feuerholz beschaffen konnten, ein Haus bauen.

Der Winter des Jahres 1927 war streng. Obwohl sie das Zelt im Schutz von Bäumen aufgestellt hatten, ließen tiefer Schnee, frostige Temperaturen und eisiger Wind ihre ersten Monate auf dem eigenen Land sehr ungemütlich werden. Ein paar Kühe erfroren, und nie gab es genug zu essen. Peter und Edith Bull Bear, die Eltern von Rose, lebten nicht weit von ihnen entfernt in einem Blockhaus am anderen Ufer des Red Water Creek. Und so durchquerten Rose und Guy manchmal den Fluß und wohnten bei den Bull Bears, wenn es ihnen in ihrem Zelt zu ungemütlich wurde. Obwohl Guy seine Schwiegereltern zuvor schon oft besucht hatte und seine Frau häufig von ihnen sprach, lernte er seine Schwiegermutter erst in jenem Winter so richtig kennen.

Edith Bull Bear wurde im Jahre 1887 im angrenzenden Rosebud-Reservat geboren. Als Big Foot und seine Leute am Wounded Knee Creek ihr Lager errichteten, war sie gerade drei Jahre alt; und als Mitglieder des American Indian Movement* das Dorf am Wounded Knee etwa acht Jahrzehnte später besetzten, war sie eine alte Frau von fünfundachtzig Jahren. Ihre Jugendjahre verliefen wie die vieler echter Lakota-Frauen der damaligen Zeit.

Ediths Familie lebte in einem abgelegenen Gebiet des Rosebud-Reservats, einer ländlichen Gegend nahe der Grenzlinie des Pine-Ridge-Reservats. Sie hatten einen weiten Weg bis zur nächsten Stadt oder der nächstgelegenen Schule. Da Edith keine Gelegenheit hatte, mit Kindern ihres Alters zu spielen, blieb sie zu Hause und lernte, sich um den Haushalt zu kümmern. Die Hauswirtschaftslehrerinnen im Reservat brachten ihr bei, schweigsam und fleißig zu sein. Sie hielten der jungen Edith die im christlichen Glauben erzogenen weißen Frauen als Vorbild vor Augen und erzählten ihr, daß man indianische Frauen zwar sehen sollte, aber nicht hören durfte. Edith akzeptierte die Anordnungen ihrer Lehrerinnen und war lange Zeit eine schweig-

* 1968 in Minneapolis, Minnesota, gegründete radikale indianische Organisation, die sich für indianische Rechtsansprüche und eine verstärkte Hinwendung zu traditionellen indianischen Lebenswerten einsetzt. Anm. d. Übers.

same, zurückhaltende und christliche Frau, die zu Hause blieb, ihre häuslichen Pflichten erfüllte und lernte, eine gute Ehefrau zu werden. Damals war es so Sitte.

Gegen Ende des 19. Jahrhunderts war die US-Regierung in ihrer Fürsorge für ihr Naturvolk zu der Überzeugung gelangt, daß die Indianer dieselbe Gesellschaftsstruktur erhalten sollten, wie man sie überall in Amerika und Europa vorfand. Die Männer sollten das Sagen haben, und die Frauen sollten sich unterordnen und passiv verhalten. Diese Gesinnung fand ihren Niederschlag in der Politik der Regierung, und die Schulen in den Reservaten wurden zum wichtigsten Instrument ihrer Verbreitung. Dort unterrichtete man Jungen und Mädchen in getrennten Klassen. Jungen brachte man Handwerkliches bei wie Schreinern, Schmieden, Schustern, Viehzucht, Landwirtschaft und Molkerei. Die Mädchen mußten häusliche Fertigkeiten erlernen wie Kochen, Saubermachen, Waschen, Nähen und Haushaltsführung.

Diese Politik zerstörte nachhaltig die Sozialstruktur der in den Reservaten lebenden Indianer, indem sie das traditionelle Konzept des dörflichen Lebens, bei dem Männer und Frauen gleichermaßen geachtet waren und sich die Verantwortlichkeiten teilten, vollkommen außer acht ließ. Auch kehrte diese Politik die althergebrachte Rollenverteilung von Männern und Frauen um. Die Männer waren seit jeher Krieger und Jäger gewesen und mußten nun als Bauern arbeiten, sich also um das Einbringen der Ernte und das Sammeln von wilden Früchten und Wurzeln kümmern. Die Frauen durften nichts anderes mehr tun als sticken und weben, ihr Heim schmücken und gute Ehefrauen sein. Ganz im Gegensatz zu der Zeit vor dem Leben im Reservat waren sie nun der Mitbestimmung enthoben, wenn über das politische, soziale und wirtschaftliche Wohl ihres Volkes entschieden wurde. Frauen waren von sämtlichen Verhandlungen der Indianer mit der US-Regierung ausgeschlossen. Die Regierung verhandelte ausschließlich mit Männern, wenn es um die Gerichtsbarkeit oder den Zugriff auf Indianerland ging, wenn sie Reglementierungen durchsetzen oder Indianer zu Arbeitsdiensten heranziehen wollte.

Insgesamt aber kamen die Lakota-Frauen in den letzten Jahren des 19. Jahrhunderts und bis weit ins 20. Jahrhundert hinein wesentlich besser mit den neuen Lebensumständen zurecht als ihre Männer. Vie-

le verkrafteten den Sprung vom Krieger und Jäger zum christlichen Bauern nicht. Diese gewaltige Veränderung konnte innerhalb einiger weniger Jahre oder nur einer Generation nicht bewältigt werden. Daher gaben zahlreiche Männer einfach auf und suchten Trost im Whiskey. Für die Frauen veränderte sich damals nicht viel. Ihr Leben hatte sich schon immer um ihre Familie gedreht. In guten wie in schlechten Zeiten hatten sie ausgeharrt und waren findig gewesen, hatten umsichtig gewirtschaftet und sich um das Wohl ihrer Familien verdient gemacht. Und so fuhren sie ungeachtet der neuen politischen Veränderungen einfach in ihren Aufgaben fort.
Schon als Kind begriff Edith Bull Bear, was man ihrem Vater Lone Bull angetan hatte, und von da an betrachtete sie die Politik, die die Regierung ihrem Volk gegenüber verfolgte, mit anderen Augen.
Lone Bull hatte in der Schlacht am Little Bighorn gekämpft. Vierzehn Jahre später zählte er in den Reservaten Pine Ridge und Rosebud zusammen mit Short Bull, Kicking Bear und anderen zu den wichtigsten Anführern der Geistertanz-Bewegung. Im Dezember 1890 hatte er seine Familie, darunter auch Edith, zu einem kleinen Lager südlich von Wounded Knee gebracht, wo er sich weiter an der Organisation und Führung der Geistertanz-Bewegung beteiligte. Während der Kämpfe in Big Foots Lager wurde dem Vater des kleinen Mädchens von Soldaten des Siebten Kavallerieregimentes ins Knie geschossen; sein Pferd töteten sie. Nach dem Wounded-Knee-Massaker nahm man Lone Bull und sechsundzwanzig weitere Anführer fest und schaffte sie auf Befehl von General Nelson Miles nach Fort Sheridan, das vor den Toren von Chicago in Illinois lag.
Auf einer Fotografie, die zu Beginn des Jahres 1891 von den Gefangenen gemacht wurde, steht Lone Bull, eingehüllt in eine dicke Wolldecke, hinter Short Bull und Kicking Bear. In seinen Händen hält er einen bestickten Zeremoniebeutel und seine Pfeife. Seine Haut ist dunkel, seine Haltung aufrecht; drei Adlerfedern zieren sein schulterlanges Haar. Die Gefangenen dachten, daß sie nach den sechs Monaten Haft wieder in die Reservate nach Süddakota zurückkehren würden. Aber kurz nachdem sie im Gefängnis angekommen waren, setzte Buffalo Bill Cody bei Regierung und Militär durch, daß er die verbannten Anführer der Geistertanz-Bewegung in seiner Wild West Show zeigen durfte. Obwohl sie Gefangene der Regierung waren und

das Büro für Indianerfragen den Auftritt von Indianern in solchen Shows untersagt hatte, gelang es Cody aufgrund seines Einflusses, die Indianer freizubekommen. Somit befand sich Lone Bull unter den Gefangenen, die Fort Sheridan am 30. März 1891 unter Codys Obhut verließen und zwölf Monate lang mit der Wild West Show auf Europatournee gingen. Das war das letzte, was seine Familie von ihm hörte.

»Eines Abends fuhr ein zweirädriges Gespann vor dem Haus meiner Großmutter vor, und ein Mann stieg aus«, erzählte Guy Dull Knife jun. »Er hatte kurzes Haar und einen Anzug an, wie ihn die Weißen trugen. Die Haut an Gesicht und Händen war nahezu weiß und nicht mehr dunkel wie die eines Indianers. Erst als er nur noch ein paar Schritte von ihnen entfernt war, erkannten sie ihn. Es war Lone Bull, der Vater meiner Großmutter Edith. Er war über sieben Jahre von zu Hause fort gewesen. Sie hatten nichts mehr von ihm gehört, seit er vom Reservat in das Fort gebracht worden war, und hatten jahrelang angenommen, daß er tot sei. Schon lange zuvor hatten sie ihn in Gedanken begraben. Als er an jenem Abend zurückkehrte, meinten sie, einen Geist vor sich zu haben.

Meine Mutter erzählte mir, daß Weiße aus dem Osten Lone Bull von der Show weggelockt hatten, indem sie ihm einen guten Job versprachen, das heißt, sie hatten ihn mehr oder weniger gekidnappt. Damals litten viele Indianer Hunger und waren verzweifelt und ergriffen deshalb jede Gelegenheit, Geld und Lebensmittel für ihre Familien zu beschaffen. Aus demselben Grund ließ sich Lone Bull auf die Sache ein.

Es sollte sich jedoch herausstellen, daß er in einer Art Kuriositätenausstellung mitwirken mußte, die zu einem Zirkusunternehmen gehörte. Die Veranstalter wollten ihn den Weißen im Osten vorführen, damit diese einmal einen Wilden zu Gesicht bekämen. Die Schlacht am Little Bighorn war noch nicht allzu lange her, und daher hatten viele Weiße noch nicht vergessen, wie die Indianer mit Custer und seinen Leuten verfahren waren. Die Leute, die Lone Bull angeheuert hatten, wollten ihren Landsmännern demonstrieren, wie die Wilden aussahen, die Custer getötet hatten.

Lone Bull erzählte meinem Großvater, daß sie ihm eine Kette mit einer Eisenkugel am Fußgelenk befestigten, ihn in einem Käfig gefangenhielten und ihm Fetzen rohes Fleisch hinwarfen, als ob sie ein wildes Tier füttern würden. Manchmal bekam er mehrere Tage hintereinander nichts zu essen und glaubte, sterben zu müssen. Immer wenn sie in einer neuen Stadt angelangt waren, versuchte einer der Männer, die ihn gefangenhielten, die Menge aufzustacheln, indem er erzählte, wen er da im Käfig hatte. Wenn der Mann dann die Käfigabdeckung wegzog, stürmten die Leute auf den Käfig zu und bewarfen Lone Bull mit Dreck, Stöcken oder Steinen.«

Im Sommer 1898 kehrte Lone Bull schließlich nach Hause zurück und bekam im Pine-Ridge-Reservat in der Nähe von Allen ein Stück Land zugeteilt, das nicht weit entfernt vom Yellow-Bear-Lager lag. Er holte seine Familie dorthin, und seine Tochter Edith umsorgte ihn. Später kümmerte sich auch Rose, Ediths Tochter, um den alternden Großvater. Ein Stein hatte ihn einst stark an einem Auge verletzt, so daß es erblindete. Auch hinkte er, ging langsam und gebückt. Rose half ihm dabei, sich in seinem Haus und auf dem Land, das er von der Regierung erhalten hatte, zurechtzufinden.

In den Jahren, die nach dem Umzug Lone Bulls nach Pine Ridge folgten, gelangte die Regierung immer mehr zu der Überzeugung, daß Lakota-Männer nicht für ein Leben als Bauern und Viehzüchter taugten. Sie betrachtete das Land der Indianer als wertvolle und nicht im richtigen Maße genutzte Ressource. Bald schon wurden die Landzuteilungen für die einzelnen Indianer mehr und mehr gekürzt. Die Regierungspolitik verhinderte, daß die Lakota ihr Land als Bürgschaft nutzten. Daher konnten sie kein Geld zum Kauf von Landmaschinen, Vieh und Samen aufnehmen. Viele waren gezwungen, ihr Land an benachbarte Weiße zu verkaufen oder zu verpachten, wenn sie überleben wollten. Da die weißen Farmer Zugang zu privaten Geldmitteln hatten, konnten sie in das von Indianern gekaufte oder gepachtete Land investieren. Gelegentlich arbeiteten die Lakota für einen Hungerlohn auf dem Land, das sie selbst an Weiße verpachtet hatten, auf dem Land also, das ihnen gehörte.

Im Jahre 1924 verlieh der Kongreß den weißen Frauen der US-Bevölkerung und den Indianern die Bürgerrechte. Im Pine-Ridge-Reservat und anderswo nahmen Agenten und Regierungsbeauftragte die Vereidigung der neuen Bürger vor. Oft geschah dies in Form von Massenvereidigungen, bei denen ein Beauftragter jeden einzelnen mit Namen aufrief. Daraufhin erhob sich der künftige Bürger und leistete den Eid, der ihm zuvor als Schriftstück überreicht worden war. Lakota-Frauen wurden von den Regierungsbeamten zuerst dazu aufgefordert, sich zu erheben, dann wurden ihnen eine Arbeitstasche und eine Geldbörse angeboten. Wenn sie beides entgegennahmen, sprach der Regierungsbeamte den Bürgereid.

»Damit hast Du das Leben der weißen Frau gewählt – und weiße Frauen lieben ihr Zuhause. Die Familie und das Zuhause sind die Grundsteine unserer Zivilisation. Vom Wesen und Fleiß der Mütter und Hausfrauen hängt zum großen Teil die Zukunft unseres Volkes ab. Die Geldbörse soll Dich immer daran erinnern, daß Du das mit Deiner Hände Arbeit verdiente Vermögen zusammenhältst. Die kluge Frau spart ihr Geld, damit sie und ihre Kinder nicht hungern müssen, wenn einmal die Sonne nicht scheint und das Gras nicht wächst. Ich lege das Banner Deines Vaterlandes in Deine Hände. Dies ist das einzige Banner, das Du je besaßest und je besitzen wirst. Es ist das Banner der Freiheit, das Banner der freien Menschen, das Banner von hundert Millionen freien Männern und Frauen, zu denen Du nun gehörst. Dieses Banner fordert von Dir (christlicher Vorname), daß Du es in Deinen Händen hältst und folgende Worte nachsprichst:

›Ebenso wie der Präsident mich als wert erachtet hat, ein Bürger der Vereinigten Staaten zu sein, schwöre ich nun bei diesem Banner, daß ich meiner Hände Arbeit, meinen Verstand und mein Herz darauf ausrichte, ein wahrer Bürger Amerikas zu werden.‹

Und nun hefte ich unter diesem Banner an Deine Brust das Zeichen Deiner Bürgerschaft. Trage dieses Ehrenzeichen stets; und möge der Adler, der es ziert, Dich nie bei einer Tat beobachten, über die das Banner nicht stolz wäre.«

Nachdem die Regierung den indianischen Frauen die Bürgerrechte zugesprochen hatte, durften diese zum ersten Mal Land zugeteilt bekommen. Es war zwar oft ein kompliziertes Verfahren, aber dennoch erhielten Lakota-Frauen schließlich Land im Pine-Ridge-Reservat zugewiesen. Rose Bull Bear war eine der ersten, die sich darum bemühte. Kurz nachdem sie ihre Parzelle erhalten hatte, zogen sie und ihr Ehemann auf ihre zweiunddreißig Hektar Land am Red Water Creek.

Sie hatten den Winter überstanden, und auch die meisten ihrer Rinder waren noch am Leben. Der Frühling des Jahres 1928 sah vielversprechend für sie aus.

Zu Beginn des Frühlings verlegten sie ihr Zelt in die Nähe eines Nutzholzbestandes. Tagsüber fällte Guy Dull Knife Ponderosa-Kiefern, schnitt die Stämme zu Balken und stapelte sie säuberlich. Rose half ihm, die Balken auf die Ladefläche ihres Pferdewagens zu schaffen. Mit ihrer Fracht fuhren sie auf eine kleine Anhöhe. Es war eine wunderschöne Gegend. Wilde Pflaumen- und Kirschbäume säumten das Ufer des Flusses. Von der Anhöhe konnte man bis zum Horizont über die Kurzgrassteppe und sanft gewellte, mit wilden Blumen und Kiefern bestandene Hügel blicken. Nachts schliefen sie im Zelt und zweimal am Tag, morgens und abends, holten sie neue Balken. Zusammen legten sie aus roten Ziegelsteinen das Fundament für ihr Haus, schnitten die Balken zurecht, paßten sie ein und dichteten die Lücken zwischen den Balken mit Mörtel ab. Mitte des Sommers hatten sie das Blockhaus fertiggestellt, in dem sie die nächsten fünfundvierzig Jahre ihres Lebens verbringen sollten. Das Haus bestand aus zwei Räumen; in dem einen aßen und in dem anderen schliefen sie. Das Dach war mit blauen Schindeln gedeckt, und der Boden bestand aus Dielen. Ein Holzofen wärmte die Küche, ihre Holzmöbel – Tische, Stühle, Regale und ein Bett – fertigten sie alle von Hand. Nachdem das Haus fertig war, schnitt Guy Dull Knife sechzehn Weidenschößlinge und hob vor dem Haus eine Grube für das Feuer aus. Aus mehreren Rohlederriemen, etwas rotem Stoff, Steinen, ein paar Decken und einer Rolle Zeltleinwand baute er im Hof vor ihrem Haus eine Schwitzhütte.

Ihre Rinderherde wuchs schließlich bis auf dreihundert Stück Vieh an. Guy Dull Knife errichtete unten am Fluß einen Pferch, in dem die Rinder gebrannt wurden. Er kümmerte sich um das Vieh und begann Pferde zu züchten. So wie er es von früher gewohnt war, zog er so oft wie möglich los, um auf Sommerfesten und Rodeos im Reservat Mustangs zu reiten. Rose legte einen großen Garten an, in dem sie Mais, Kürbisse, Gurken, Rettiche, Zwiebeln, Rüben, Tomaten, Kartoffeln, Warzen- und Wassermelonen anbaute. Eine Zeitlang schleppte sie das Wasser für ihren Garten in hölzernen Eimern vom Fluß. Nachdem der Stamm einen Brunnen gegraben und eine Handpumpe installiert hatte, mußte sie nur noch den halben Weg gehen. Im Sommer wanderte sie hinunter zum Fluß und pflückte dort wilde Pflaumen, Würgkirschen und Blaubeeren. Ihr Mann hatte in der Nähe des Hauses zwei geräumige Vorratskeller gegraben. Im Herbst machte sie Früchte und Gemüse ein und lagerte sie zusammen mit den Kartoffeln in den Kellern. Hinter dem Haus bauten sie einen großen Hühnerstall und hatten so viele Jahre lang immer frische Eier und Hühnerfleisch. Im Winter blieb Rose zu Hause und stickte. Oft kamen ihre Eltern und ihr Nachbar, Dewey Beard, vorbei, und dann stand immer eine Kanne mit frisch gebrühtem Kaffee auf dem Ofen. Mit dem ersten Schnee machte auch die erste Grippe- und Erkältungswelle ihre Runde. Deshalb sorgte Rose dafür, daß der Inhalt ihres Medizinbeutels stets gut sortiert und reichlich bestückt war.

In den Jahren der Weltwirtschaftskrise ging es Guy Dull Knife und Rose Bull Bear etwas besser als den meisten im Pine-Ridge-Reservat lebenden Oglala Sioux.

Im ganzen Land, besonders aber in den Reservaten, hatten die Menschen unter den Auswirkungen der Weltwirtschaftskrise zu leiden. Die Menschen dort waren schon in guten Zeiten arm dran; während der dreißiger Jahre aber mußten sie mit noch weniger auskommen. Wie überall im Land, so schufen die von der Regierung ins Leben gerufene Works Progress Administration (WPA)* und das Civilian Conservation Corps (CCC)** auch überall im Reservat Arbeitsmöglichkeiten. Einen Großteil des Jahrzehnts war Guy Dull Knife bei Projekten der WPA und des CCC tätig. Sein Stundenlohn betrug 15 Cents. Neben ihrer Land- und Rancharbeit zogen er und viele andere Lakota-Männer nun quer durch das Reservat und lebten in den staatlichen Arbeitscamps, die geschaffen worden waren, um den Bau neuer Straßen, Schulen, Brücken und Dämme voranzutreiben. Während der Jahre der Weltwirtschaftskrise wurden auch viele Seen im Reservat mit Barschen besetzt.

* WPA: Staatliche Einrichtung zur Arbeitsbeschaffung für Arbeitslose durch Zuschüsse. Anm. d. Übers.

** Ziviles Naturschutzwerk. Anm. d. Übers.

Häufig begleitete Rose ihren Mann zu seinen Arbeitsstellen. Dann packten sie ihr Zelt, etwas zu essen, ein paar Habseligkeiten und Roses Medizinbeutel zusammen und fuhren mit dem Wagen zu den weit entfernten Arbeitscamps. Auch einige der anderen Frauen begleiteten ihre Männer. Während diese zur Arbeit gingen, schichteten die Frauen Lagerfeuer auf und bereiteten das Abendessen zu. Nachts schliefen sie in ihren Zelten. Wenn ein Projekt beendet war, brachen sie ihr Lager ab und zogen zur nächsten Arbeitsstelle. Gelegentlich wurde jemand von einer Schlange gebissen, hatte Zahnweh, war erkältet oder erkrankte an Grippe. In solchen Fällen kümmerte sich Rose um den Kranken. Sie sagte oft, daß sie im Umkreis von fünfhundert Metern alles finden könne, was sie für ihren Medizinbeutel benötigte. Wenn ihr Vorrat an Heilpflanzen zu schwinden begann, verließ sie das Lager und kam stets mit einem vollen Beutel zurück.
Hatte sie sich einige Zeit lang in einem Lager aufgehalten, dann erfuhren auch die Leute in benachbarten Arbeitscamps davon, und Kranke oder Verletzte baten um ihre Hilfe. Während ihr Mann viele Jahre lang auf den Baustellen arbeitete, nahm Rose ihren Medizinbeutel und fuhr mit dem kleinen Gespann in die verschiedenen Arbeitscamps, wo sie dann aus wildem Salbei Tee kochte, Süßgras räucherte und gebrochene Arme in Schlamm packte. Manchmal kam eine Frau nieder, und dann half Rose bei der Geburt.
Gegen Ende der dreißiger Jahre – inzwischen verbrachte sie mehr Zeit zu Hause als früher – ernannte die neu ins Leben gerufene Verwaltung des Pine-Ridge-Reservates Rose zum Stammesvormund. Die Stammesältesten behaupten, daß dieses Jahrzehnt das härteste gewesen sei, das sie je erlebt hatten. Schwere Dürren hatten die Ernte größtenteils vernichtet, und einige Familien mußten ihre hungernden Pferde und Hunde schlachten, um selbst zu überleben. Geisteskrankheiten, die in früheren Zeiten eher selten aufgetreten waren, befielen nun zahlreiche Sioux, und auch Alkoholismus wurde zu einem ständigen Problem. Während der Jahre der Weltwirtschaftskrise forderten Armut und Krankheit ihren Zoll, und häufig blieben Kinder schutzlos zurück. Kinder, deren Eltern verschwunden, bei einem Unfall mit einem Pferdekarren ums Leben gekommen oder aufgrund von Trunkenheit inhaftiert worden waren, brauchten Hilfe. Der Stamm schuf ein Netzwerk aus Personen, die sich der Kinder annah-

men und ihnen so lange ein Zuhause gaben, bis andere Lösungen gefunden waren. Manchmal klopfte es mitten in der Nacht an Roses Tür, und dann brachte man ihr ein Kleinkind, das seine Flasche brauchte, dem man die Windeln wechseln mußte, das saubere Kleidung benötigte oder jemanden, der es in den Schlaf wiegen, es im Arm halten und sich um es kümmern würde.
Nach einigen Wochen oder Monaten kehrten die Kinder gewöhnlich wieder nach Hause zurück. Manche aber waren verstoßen worden und verwaist und hatten niemanden mehr, zu dem sie gehörten. Als man die sechs Wochen alte Doris Ghost Bear in einem Abfalleimer fand, brachte man sie zu den Dull Knifes, die sie wie eine Tochter aufzogen. Jahrelang ging Rose auf die Flohmärkte und besorgte dort jedesmal eine Menge Spielsachen und Kleidungsstücke.
In den dreißiger Jahren unseres Jahrhunderts hatten viele erwachsene Lakota ihr kulturelles Erbe verloren. Das andauernde Bemühen der Regierung, die Reservatsindianer den Weißen anzupassen, war größtenteils erfolgreich gewesen. Da man den Lakota seit den frühen achtziger Jahren des vergangenen Jahrhunderts untersagt hatte, sich ihrer Muttersprache zu bedienen, war diese allmählich ausgestorben. Auch die Sonnentanz-Zeremonie war offiziell verboten, und sechzig Jahre lang hatten sich ihre Anhänger in den Untergrund zurückgezogen. Viele junge Lakota konnten sich unter einer Sonnentanz-Zeremonie nichts mehr vorstellen, noch wußten sie, was diese ihrem Volk einst bedeutet hatte. Die althergebrachten Zeremonien und die geselligen Tanzveranstaltungen wurden immer seltener abgehalten, da sich mehr und mehr Eltern ihrer Abstammung schämten. Sie wollten nicht, daß ihre Kinder ihre Muttersprache, die überlieferten Tänze und Rituale und die traditionelle Lebensweise kennenlernten. Im Pine-Ridge-Reservat lasen immer mehr erwachsene Lakota die Bibel, brachten ihre Kinder in die Kirche oder schickten sie auf Regierungsschulen. Sie bestanden darauf, daß ihre Kinder Englisch lernten, während sie selbst versuchten, ihren Lebensunterhalt als Cowboys oder Viehzüchter zu verdienen. Bald verspotteten die in der Lebensart der Weißen erzogenen Lakota-Kinder die langhaarigen Indianerkinder, die noch ihre Muttersprache sprachen und die traditionellen Zeremonien kannten.
In dem Blockhaus auf dem Hügel oberhalb des Red Water Creek wur-

den die Zeremonien für gewöhnlich nachts im Dunkeln abgehalten. Das *Yuwipi*,* das ›Sie-wickeln-ihn-ein‹, stellte eine der ältesten Zeremonien der Lakota dar, bei der die Geister um Hilfe bei der Heilung einer Krankheit oder bei der Lösung eines Problems gebeten wurden. Von Anfang an hatte diese Zeremonie den Ärger der Missionare erregt, die darin einen Satanskult sahen. Das *Yuwipi* war ein komplexes Ritual, das die Gegenwart eines mächtigen Medizinmannes, des *Yuwipi*-Mannes, erforderte.

In den dreißiger Jahren war George Poor Thunder oft im Haus von Guy Dull Knife und Rose Bull Bear zu Gast, um diese Zeremonie zu zelebrieren. Nach altem Brauch begann sie damit, daß ein Kranker oder einer seiner Familienangehörigen dem Medizinmann eine heilige Pfeife überreichte und ihn bat, Kontakt mit den Geistern aufzunehmen. Diejenigen, die um die Zeremonie baten, erklärten sich damit einverstanden, innerhalb eines Jahres zum Dank ein Festmahl auszurichten, sofern sich die Zeremonie als erfolgreich erweisen sollte. Wenn Poor Thunder die Einladung als Medium angenommen hatte, wurde die *Yuwipi*-Zeremonie bei Sonnenuntergang mit den traditionellen Reinigungsriten eingeleitet.

Während Poor Thunder außerhalb des Hauses die Schwitzhütten-Zeremonie abhielt, bereiteten geladene Gäste das Haus der Dull Knifes für die *Yuwipi*-Zeremonie vor. Einer der Räume wurde vollkommen leergeräumt. Türen und Fenster verhängte man mit schweren Planen, die an die Wände genagelt wurden, damit kein Licht durchdringen konnte. In der Mitte des leeren Raumes wurde ein heiliger Altar errichtet. An den Eckpunkten eines Quadrates wurden vier mit Erde gefüllte Kaffeekannen auf den Boden gestellt. In jeder Kanne steckten farbige Stoffbänder, deren Farben die Himmelsrichtungen symbolisierten: Weiß stand für den Süden, Rot für den Norden, Gelb für den Osten und Schwarz für den Westen. Die vier Kannen waren durch Baumwollschnüre miteinander verbunden, an denen dicht aneinandergereiht winzige Tabakbündel hingen – bunte Stoffquadrate von anderthalb Zentimeter Kantenlänge, die jeweils mit einer Prise Tabak gefüllt waren. Jede Schnur umfaßte vierhundert Bün-

* Lakotaname für Geisterhauszeremonie, eine Plainsindianervariante der Algonkin-Heilzeremonie des Bebenden Zeltes. Anm. d. Übers.

del und gab die Anzahl der Geister wieder, die Poor Thunder bei dieser Zeremonie unterstützen sollten. Neben dem Altar bereiteten die Helfer ein Lager aus Beifuß, auf das der Medizinmann seine heiligen Gegenstände legte: eine Pfeife aus Adlerknochen, seine Zeremoniepfeife und den Tabakbeutel, Steine, Rasseln und Tabakopfer. Derjenige, der die Heilkräfte der Geister erbeten hatte, saß neben dem Altar in der Nähe des Sängers und seiner Trommel. Alle anderen saßen im Kreis um das Viereck herum.

Als der Raum vorbereitet war, reichten Poor Thunders Helfer allen Anwesenden einen Beifußzweig, den sie sich hinter das rechte Ohr stecken sollten, damit »die Geister sie erkennen konnten«. Nun wurde der Medizinmann in die Mitte des Quadrates geführt. Zunächst banden seine Helfer ihm die Finger zusammen. Dann legten sie ihm die Arme auf den Rücken und fesselten sie mit Rohlederriemen. Schließlich legten sie ihm eine Decke mit aufgesteppten Sternen über Kopf und Körper, wickelten einen langen Lederriemen vom Hals an um seinen Körper und sicherten das Ganze mit einer Reihe von Knoten. Nachdem er so gefesselt worden war, legten sie Poor Thunder mit dem Gesicht nach unten auf das Beifußlager und löschten die Kerosinlampe. Als Guy Dull Knife als kleiner Junge im Yellow-Bear-Lager lebte, hatte der alte Medizinmann ihn die heiligen Gesänge gelehrt, und nun erhob Guy in dem verdunkelten Raum seine Stimme und sang die *Yuwipi*-Lieder.

Manchmal dauerte die Zeremonie die ganze Nacht über. Poor Thunder bediente sich der heiligen Gegenstände und seiner Kräfte, um die Geister der Vögel, der anderen Tiere und der Menschen herbeizurufen. Er lud sie ein, zu ihm in das Zimmer zu kommen und ihm zu verkünden, wie er die Krankheit heilen könne. Die Teilnehmer der Zeremonie berichteten später, daß man hören konnte, wie die Geister den verdunkelten Raum betraten und wieder verließen. Sie hörten Dinge durch den Raum fliegen und sie sahen Lichtstrahlen. Manchmal bebten Boden und Fenster. Nachdem das letzte Lied verklungen war und die Lampen wieder angezündet worden waren, saß Poor Thunder allein und ungefesselt in der Mitte des Altars; seine Hände und Arme waren wieder frei.

In den Jahren, in denen der Medizinmann häufig Gast in dem Haus am Red Water Creek war, bahnten sich weitab vom Pine-Ridge-Reservat in den Korridoren und Hinterzimmern der Hauptstadt der Vereinigten Staaten ungewöhnliche Entwicklungen an. Ein ehemaliger Sozialarbeiter der Stadt New York suchte, deprimiert von den Problemen, die den industrialisierten Osten des Landes heimsuchten, Zuflucht im Westen Amerikas. Er gelangte bis nach Arizona, wo er begann, sich für die traditionelle Religion und Kultur der Pueblo-Indianer zu begeistern. Sein Name war John Collier.[3]

1932 ernannte ihn Präsident Franklin Roosevelt zum neuen Kommissar für indianische Angelegenheiten.*

Im Dezember 1933 unternahm Kommissar Collier eine Goodwill-Reise in die in Süddakota gelegenen Reservate der Sioux. Er hatte sich vorgenommen, mit den Lakota zusammenzutreffen, um ihre Klagen und Probleme aus erster Hand zu erfahren und ihnen seine Pläne bezüglich einer neuen Indianerpolitik mitzuteilen. Im Pine-Ridge-Reservat gab Collier für 350 Angestellte und Oglala-Anführer ein Bankett. Er eröffnete ihnen, daß dramatische Veränderungen im Gange seien, Veränderungen, die den Lakota zu wesentlich größerer Kontrolle über ihr eigenes politisches und wirtschaftliches Wohlergehen verhelfen würden. Die Lebensweise der Indianer, ihre Kultur und ihre Traditionen zu schützen, so sagte er, sei für die Regierung zu einer Angelegenheit von höchster Priorität geworden. Collier verlieh einer Gesinnung Ausdruck, die ein Lakota nur selten von einem weißen Regierungsbeamten vernommen hatte; er sagte zu den Oglala:

»Wir sind der Überzeugung, daß die Regierung ihre bisherige Politik bezüglich des indianischen Erbes einstellen sollte. Wir glauben, daß euer indianisches Erbe ebenso sinnvoll und gut ist und Amerika ebensosehr davon profitiert wie von dem Erbe der Angelsachsen, dem der Deutschen, der Schotten, der Iren oder … der Norweger … Die alten indianischen Traditionen wurden von Hunderten verschiedener Stämme im Laufe vieler Jahre geschaffen. Es waren Jahre voller Mühsal, Jahre der Gesuche, des Kampfes gegen die Natur und gegen den

* Commissioner of Indian Affairs, kurz CIA. Er steht an der Spitze des Bureau of Indian Affairs (BIA), einer Behörde, die, am 11.3.1824 gegründet, bis 1849 dem Kriegsministerium unterstand. Das BIA ist bis heute eine Regierungsinstitution der USA; es ist dem Department of Interior zugeordnet. Anm. d. Übers.

weißen Mann. Was in jenen lang vergangenen Tagen geschaffen wurde, stellt eine Errungenschaft des menschlichen Geistes dar, die derjenigen, die in England, Italien oder durch das jüdische Volk erzielt worden ist, in keiner Weise nachsteht ...«[4]

Im Rosebud-Reservat verurteilte er aufs schärfste, daß indianische Tänze, Bräuche und Religion lange Zeit unterdrückt worden waren. »Das war ungesetzlich, verfassungswidrig und falsch und wird nicht mehr geschehen«, betonte Collier. Bezüglich ihrer politischen Eigenständigkeit sagte er den Sioux im Rosebud-Reservat, daß »die gegenwärtige Regierung nicht mehr gewillt ist, euch zu verwalten. Es ist unser fester Wille, daß ihr dies künftig selbst tun sollt ...« [5]

Nach seiner Rede überreichten die erstaunten Lakota Collier einen mit Stickereien verzierten Pfeifenbeutel. Nun geriet der neue Kommissar für indianische Angelegenheiten in eine etwas mystische Stimmung.

»Als ich bei meinem Eintreffen heute morgen den alten Mann singen hörte, fühlte ich mich so gut wie schon seit drei Monaten nicht mehr ... Wer in ganz Süddakota – welcher Weiße – kann etwas ähnlich Wunderschönes wie dies anfertigen? ... In fünfhundert Jahren, wenn es vermutlich keine Eisenbahnen, keine Autos und keine Wolkenkratzer mehr geben wird und wenn die meisten Geschehnisse unserer Zeit vergessen sein werden, in fünfhundert Jahren werden Menschen aus aller Welt sich Dinge wie dieses betrachten und sagen, daß sie wunderschön und großartig, daß sie das Werk eines großen Volkes sind. Das ist das alte indianische Leben.«[6]

Seit Beginn seiner Reise hatte Collier eine gründliche Überprüfung der Bundespolitik und der Beziehung zwischen Regierung und Indianern ins Auge gefaßt. Zurück in Washington, schlug er vor, den Prozeß der Landaufteilung zu beenden und die Verpachtung vom Reservatsland an Nicht-Indianer zu verbieten. Das gesamte überschüssige Land sollte dem Stamm zurückgegeben werden. Um den stark reduzierten Grundbesitz des Stammes wieder zu vergrößern, drängte er den Kongreß, jährlich zwei Millionen Dollar für den Zukauf von Land zur Verfügung zu stellen und so die Wirtschaft in den Reservaten anzukurbeln. Entsprechend Colliers Richtlinien sollte indianisches Land von Steuern des jeweiligen Staates und von Bundessteuern freigestellt werden, und jeder Stamm sollte innerhalb der Grenzen

des Reservates seinen eigenen geschäftlichen Unternehmungen nachgehen können.
Zu seiner Reform des Bildungswesens gehörte, daß alle Lakota-Kinder von den Internaten der Missionsstationen genommen werden und von nun an in staatliche Tagesschulen gehen sollten. Im Jahr 1934 wurden die kirchlichen Schulen noch durch Steuergelder finanziert. Collier ordnete an, daß an allen Schulen, die von öffentlichen Geldern oder aus Finanzmitteln des Stammes bezahlt wurden, weder die Teilnahme am Gottesdienst noch am Religionsunterricht Pflicht sein dürfe. Von nun an sollte in den Schulen der Indianer wieder großes Gewicht auf indianische Kultur und Religion gelegt werden.
Im Januar 1934 kehrte Collier die von der Regierung lange Zeit eingenommene Haltung bezüglich der indianischen Religion um und machte die Religionsfreiheit der Indianer zum Thema der Bundespolitik. Seine Direktive an alle Angestellten der Reservate und Missionsstationen lautete: »In Zukunft wird nicht mehr geduldet, daß die Indianer bei der Ausübung ihrer Religion und ihrer Zeremonien beeinträchtigt werden.« Ein halbes Jahrhundert lang war es Aufgabe des staatlichen Bureau of Indian Affairs gewesen, zivilrechtliche Auseinandersetzungen im Pine-Ridge-Reservat beizulegen. Der neue Kommissar schlug die Schaffung von Stammesgerichten vor, die in allen Rechtsstreitigkeiten innerhalb der indianischen Stämme entscheiden sollten.
Von seinen zahlreichen Vorschlägen erwies sich Colliers Vision einer Selbstverwaltung der Indianer als der wichtigste. Danach würden die Lakota oder andere indianische Volksgruppen mit Hilfe einer eigenen Stammesregierung ihr Leben selbst bestimmen. Theoretisch sah das folgendermaßen aus: Die Stämme würden der US-Regierung Verfassungsentwürfe und Gesetzesvorlagen – also Pläne zur Selbstverwaltung der Reservate – vorlegen. Nach eingehender Prüfung sollten die Stämme dann das Recht erteilt bekommen, Wahlen abzuhalten, Steuerbezirke zu schaffen, Schulen zu gründen, zivile Rechtsstreitigkeiten gerichtlich beizulegen und über Landverkäufe selbst zu entscheiden. Schließlich sollten Reservat und staatliche Regierung zueinander im selben Verhältnis stehen wie Stadt und Staat.
Collier hatte von Anfang an ins Auge gefaßt, aus der traditionellen Regierungsform des Stammes ein modernes, demokratisches Gebilde

Guy in den dreißiger Jahren

nach dem Modell der US-Regierung zu schaffen. Auf diese Weise würden die Indianer Amerikas ihre Wirtschaft, Gerichtsbarkeit, Kultur, Religion und ihr politisches Schicksal selbst in die Hand nehmen können – eine Abkehr von den langen Jahren, in denen sie in die Rolle bloßer Mündel des Großen Vaters gedrängt waren. Er forderte Vorschläge, die die Gebräuche und Werte der Indianer erhalten statt sie mit Gewalt auslöschen würden. Schließlich stand Colliers Ansatz völlig im Gegensatz zur Assimilationspolitik, der lange Zeit von der Regierung verfolgten Strategie, Indianer zu Weißen umzuerziehen und damit das Problem zu lösen.

Colliers radikale Revision des Verhältnisses von Indianern und Regierung landete Mitte Februar 1934 auf den Schreibtischen der Kongreßabgeordneten. Die massive Gesetzesvorlage faßte über fünfzig Seiten. Sie wurde als Indian Reorganization Act[7] bezeichnet und war in vier große Abschnitte gegliedert. Seite für Seite waren darin die revolutionären Vorschläge für eine neue Verwaltung genauestens ausgeführt. Aber es dauerte nicht lange, und Collier sah sich einer Reihe von Kritikern gegenüber.

Einige Kirchenführer und Vorstände der Missionsstationen hielten das Konzept, das den Indianern Religionsfreiheit zusicherte, für einen Rückschritt in die Barbarei, der ein Jahrhundert der Christianisierung in Frage stellen würde. Viele Verwaltungskarrieristen fühlten sich dadurch bedroht, daß die Indianer im Bureau of Indian Affairs nun selbst über die Politik bezüglich der Verpachtung und Förderung ihres Landes bestimmen sollten. Private Geschäftsleute konnten dem Entwurf, der ihnen den Zugang zu den Reservatsgebieten und damit zu potentiell wertvollem Land und zu Bodenschätzen versagte, nichts abgewinnen. Eine Anzahl von Kongreßabgeordneten hielt unterdessen jeden Versuch, den Indianern eine entsprechend den traditionellen Richtlinien des Stammes geformte Selbstverwaltung zu geben, für ein kommunistisches Unterfangen. Die Indianer selbst kamen mit einigen Ansätzen Colliers nicht zurecht, obwohl ihnen die Philosophie seines Werkes generell zusagte.

Im Pine-Ridge-Reservat hatten die Oglala Lakota bereits mehrere Stammesverfassungen geschrieben und auch in die Tat umgesetzt. Die erste gab es 1921, also zwölf Jahre bevor Colliers Vorschläge für eine Selbstverwaltung der Indianer an die Öffentlichkeit drangen.

Diese frühen Stammesverfassungen im Pine-Ridge-Reservat zeigten, daß die Oglala eine solide Vorstellung von Demokratie besaßen. Sie sahen außerdem einen größeren Grad an Unabhängigkeit für die Lakota vor als Colliers Vorschläge. Allerdings war das Pine-Ridge-Reservat schon lange in zahlreiche politische Splittergruppen aufgespalten, und seine frühen Verfassungen mußten ständig abgeändert werden, um den zahlreichen unterschiedlichen Haltungen Rechnung zu tragen. Bis zum Erscheinen Colliers hatte keiner der frühen Versuche, eine Selbstverwaltung aufzubauen, Fuß fassen können.[8]

Wesentlich besorgniserregender war, daß die Lakota des Pine-Ridge-Reservates sich in zwei Lager aufspalteten, nachdem Colliers geplante Neuerungen bekannt geworden waren: Auf der einen Seite gab es die traditionellen Vollblut-Lakota, die an ihrem Land und ihrer althergebrachten Lebensweise festhielten, auf der anderen die Halbblut-Lakota, die ihre Landzuteilungen verkauft hatten und in das Dorf Pine Ridge gezogen waren. Nachdem in früheren Zeiten die erste Welle von Verträgen das Leben der Sioux verändert hatte, hatten einige Lakota angefangen, um die Forts herumzulungern und von den Almosen der Regierung zu leben. Die Lakota nannten diese Leute *Wagluhe*, was soviel wie ›Faulenzer‹ bedeutet. Die *Wagluhe* entwickelten sich zu einer abgesonderten Gruppe innerhalb des Oglala-Sioux-Stammes. Viele derer, die sich um die Forts herumtrieben, waren Halbblut-Indianer.

Achtzig Jahre später erregte die ständig wachsende Zahl landloser *Wagluhe* die Besorgnis der traditionellen Vollblut-Lakota in den Außenbezirken des Reservates. Sie fürchteten, daß die Halbblut-Lakota wichtige Positionen innerhalb der Stammesregierung einnehmen könnten und schließlich Kontrolle über das Land, die Arbeitsstellen im Reservat, die Schulen, die Kirchen und die Polizei gewinnen würden. Im Pine-Ridge-Reservat und in den anderen Reservaten wurde daher Colliers Meisterplan heiß und erbittert diskutiert.

Nach monatelangen hitzigen Debatten verabschiedete der Kongreß im Juni 1934 den Indian Reorganization Act. Die endgültige Fassung hatte jedoch mit Colliers ursprünglichem Werk nicht mehr viel gemein; sie spiegelte, nach dem Zufallsprinzip zerpflückt und durch Kompromisse verstümmelt, eher die Besorgnis seiner Kritiker wider.

Jeder der vier ursprünglichen Abschnitte war auseinandergenommen und zu einem Mischmasch zusammenhangloser Bestimmungen umgearbeitet worden. Den Indianischen Gerichtshof hatte man ersatzlos gestrichen, den Vorschlag zur Schaffung neuer Reservate ignoriert und die vorgesehenen staatlichen Zuwendungen für die bereits bestehenden Reservate auf ein Minimum zusammengestrichen.
Dennoch blieb in dieser verwässerten Version ein wichtiger Bestandteil erhalten: Sie führte schließlich dazu, daß in vielen Reservaten Stammesregierungen eingerichtet wurden. Im Pine-Ridge-Reservat bestätigten die Oglala den ›Indian Reorganization Act‹ (IRA) im September 1934 durch ein Wahlergebnis von 1169 zu 1095 Stimmen. Und am 15. Januar 1936 wurde dann die erste Stammesregierung entsprechend den Vorgaben des IRA im Pine-Ridge-Reservat eingesetzt.[9]
Obwohl er die Zustimmung des Kongresses und der Oglala gefunden hatte, blieb Colliers Entwurf, der eine Wende markierte, bis weit über die dreißiger Jahre hinaus Gegenstand zahlreicher bewegter Diskussionen.

Im Jahr 1940 zog sich der alte Mann widerstrebend vom Rodeo zurück. Im Alter von einundvierzig Jahren wurde ihm klar, daß es ein Sport für jüngere Männer war. Ein Jahr später mußte er außerdem einsehen, daß er inzwischen zu alt war, um in Europa noch einmal gegen die Deutschen zu kämpfen.
Nachdem man ihn als Freiwilligen zurückgewiesen hatte, verbrachte Guy Dull Knife die Monate nach Pearl Harbor daheim und kümmerte sich um sein Vieh am Red Water Creek. Eine Zeitlang blieb Rose Bull Bear bei ihm. Im Winter webte und strickte sie, im Frühling 1942 legte sie zwei große Gärten an. Bis zum Sommer war das gesamte Land und somit auch das Pine-Ridge-Reservat wegen der Kriegsbeteiligung der Vereinigten Staaten mobilisiert worden. Rose meldete sich freiwillig, um in einer der Fabriken zu arbeiten, die schußsichere Fenster für amerikanische Kampfflugzeuge herstellten, und zog in jenem Sommer vorübergehend nach Rapid City zu ihrer Schwester Lizzie, die in der Nähe der Fabrik wohnte. Am Ende des Jahres war

Guys Bruder, Jeffrey,
Zweiter Weltkrieg

der alte Mann einer der wenigen Dull Knifes und Bull Bears, die nicht aktiv am Zweiten Weltkrieg teilnahmen.

Sein jüngerer Bruder Jeffrey hatte sich zur Armee gemeldet und fand sich schließlich in der Dritten Panzerdivison von General George S. Patton wieder. Bevor sein Bruder in den Krieg zog, schenkte ihm Guy Dull Knife das heilige Medizinbündel, das er selbst fünfundzwanzig Jahre zuvor im Ersten Weltkrieg getragen hatte. Jeffrey Dull Knife kehrte zwar körperlich unversehrt aus dem Krieg zurück, hatte jedoch eine schwere Kriegsneurose erlitten und verbrachte den Rest seines Lebens in einem Krankenhaus für Kriegsveteranen in Hot Springs in Süddakota.

Kurz bevor Rose Bull Bear zu ihrer Arbeit in der Fabrik aufbrach, erhielt ihr Bruder Steven seinen Einzugsbefehl. Steven wurde in der Sprache der Lakota *Tatanka Isnala*, Lone Bull, genannt. Bevor er abreiste, um sich der Grundausbildung zu unterziehen, rief ihn Edith Bull Bear in das Haus der Familie Bull Bear am Red Water Creek. Sie sagte ihrem Sohn, daß er in den Krieg ziehen und mutig und tapfer kämpfen müsse und daß er dies dem Namen seines Großvaters schuldig sei. Steven Bull Bear wurde der Achten Infanteriedivision der US-Armee zugeteilt und landete am 6. Juni 1944 in Omaha Beach.

Sein Vetter Morris Bull Bear nahm ebenfalls an der D-Day-Invasion* teil. Er gehörte zur Neunten Division unter General William C. Westmoreland, einer der ersten Truppen, die den Strand erreichten. Als er nach Kriegsende in Uniform gekleidet und mit Orden dekoriert in Rushville in Nebraska aus dem Zug stieg, weigerte man sich im dortigen Café, ihn zu bedienen. Er kehrte zurück nach Pine Ridge und wurde dort Priester der Episkopalkirche.

Zwei von Roses Vettern zogen ebenfalls in den Krieg. Lawrence Bull Bear diente in der Luftwaffe als Heckwaffenschütze auf einer B-17, der ›Fliegenden Festung‹, und Moses Bull Bear kämpfte in einer Einheit der Infanterie.

Nicht lange nach Kriegsende änderte sich das Leben, das Guy Dull Knife und Rose Bull Bear seit zwei Jahrzehnten geführt hatten. Der traditionelle, im Hinterland des Reservates lebende Vollblut-Lakota wurde im Jahr 1946 zum Mitglied des Stammesrates der Oglala Sioux gewählt, um die Bewohner des Medicine Root District zu vertreten. Rose hatte sich ihr Leben lang für Politik interessiert und ermutigte ihren Ehemann, dieses Amt anzunehmen. Oft waren sie gemeinsam zu den Bezirksversammlungen gegangen, hatten einfach vorbeigeschaut, um zu sehen, was da vor sich ging. Jeder kannte sie, und jeder wußte, daß Guy Dull Knife und seine Frau schon lange als beispielhafte Vertreter der traditionellen Lebensweise galten. Guy Dull Knife machte keine Werbung für sich und ging auch nicht von Tür zu Tür oder hielt Reden. Er trug seinen Namen in die Liste ein, und die Leute wählten ihn ins Amt. Als er das erste Mal gewählt wurde, waren viele der besten Ämter des Stammes – nämlich die Posten, deren Inhaber über Verpachtungen entschieden, oder Aufsichtsposten – in Händen der Halbblut-Lakota, da diese Englisch lesen, schreiben und sprechen konnten.

Von Anfang an nahmen Rose und ihre Mutter Edith regen Anteil an Guy Dull Knifes politischer Karriere. Sie kannten sich mit den meisten Problemen im Bezirk aus und unterhielten sich mit vielen der Bewohner. Abends saßen die drei oft in der Küche um die Kerosinlampe zusammen und sprachen bis spät in die Nacht hinein über Politik. Man hatte ihnen ein Amt mit einem gewissen Maß an politischer

* Landung der Alliierten in der Normandie, 6. Juni 1944. Anm. d. Übers.

Kontrolle übertragen und das war für sie neu und aufregend. Damals brachten nur wenige Frauen die Zeit, die Energie oder die Motivation auf, sich politisch zu engagieren. Rose und Edith Bull Bear aber waren anders. Sie hatten nicht vergessen, was Lone Bull zugestoßen war, und sie sahen in der neuen Regierungsform, die sich nun im Pine-Ridge-Reservat entfaltete, einen Weg, solches in Zukunft zu verhindern. Rose nahm oft an Versammlungen des Stammes teil. Sie kannte die Themen, die zur Debatte standen, und schrieb gelegentlich die Reden für ihren Mann. Manchmal saß sie in einer der hinteren Reihen und nickte mit dem Kopf, wenn Guy Dull Knife mit ja stimmen sollte, oder schüttelte ihren Kopf, wenn sie sich für ein Nein entschieden hatte. Zu Hause wie bei den Treffen genoß sie es, das Sagen zu haben.

Schon immer war Rose kinderlieb gewesen, hatte als Hebamme in den Arbeitslagern Babys auf die Welt geholfen und Kinder bei sich aufgezogen, nie aber hatte sie ein eigenes Kind gehabt. Seit ihrer Heirat wünschte sich ihr Mann Kinder, ganz besonders einen Sohn. Rose jedoch war sich nicht sicher gewesen, ob es Sinn machen würde, ein Kind in diese Welt zu setzen, die sie umgab. Da der Krieg nun vorüber war und die neue Form der Stammesregierung bessere Zeiten in Aussicht stellte, änderte Rose Bull Bear allmählich ihre Meinung.

Zweiundzwanzig Jahre lang waren Rose Bull Bear und Guy Dull Knife miteinander verheiratet, als sie endlich ein Baby bekamen. Es war ein Junge, und sie nannten ihn Guy Dull Knife jun.

AUF DEM ROTEN UND DEM WEISSEN PFAD

Sein Urgroßvater und sein Großvater waren in den nördlichen Ebenen noch in Tipis zur Welt gekommen, sein Vater auf dem schmutzigen Boden eines Blockhauses. Guy Dull Knife jun. wurde am 7. Mai 1947 als erstes Mitglied seiner Familie in einem Krankenhaus geboren.

Das alte Haus, das seine Eltern vor sechsundsechzig Jahren selbst bauten, gibt es immer noch, aber auf dem Hügel oberhalb des Red Water Creek lebt niemand mehr. Wenn er bei einem seiner seltenen Besuche auf der holprigen Straße langsam durch Büffelgrasland auf das Haus zufährt, dann scheucht er jedesmal Lerchen vom Straßenrand auf. Dies hier war sein Zuhause, der Ort, den er mit seiner Familie und seinen Freunden teilte. Hier ging er zum ersten Mal in die Schwitzhütte und half, den Boden mit Beifuß zu bedecken, wenn sie den Medizinmann erwarteten. Hier trat im Sommer seine Großmutter Edith auf ein Bullenkalb, und im Herbst kamen George und Mary Dull Knife von den Hügeln des Yellow-Bear-Lagers herüber. Als später einmal das Dorf Wounded Knee von Mitgliedern des American Indian Movement belagert wurde*, fanden einige von ihnen den Weg zu dem Ort, an dem er seine Kindheit verbracht hatte. In den vergan-

* Protestaktion des AIM im Jahr 1973, um national und international auf die Lage der Indianer aufmerksam zu machen. Anm. d. Übers.

genen Jahren hatte er vier- oder fünfmal – wenn er und die Kinder Hunger litten – mit dem Gedanken gespielt, das Land, auf dem das Haus steht, zu verkaufen. Wenn er mit seiner ruhigen, kaum hörbaren Stimme davon spricht, wird deutlich, warum er es nicht übers Herz bringen konnte.

Er war das einzige Kind seiner Eltern, und sie ließen ihn selten allein zurück. Wenn sie das Reservat verließen, um eine neue Arbeitsstelle aufzusuchen, ging er mit. Wenn sie Geschäfte zu erledigen hatten, nahmen sie ihn ebenfalls mit. Auch bei den zahlreichen Zusammenkünften der Familie und den Zeremonien, die in ihrem Haus stattfanden, wurde er mit einbezogen. Nie ließen sie den Kleinen allein.

Zu seinen frühesten Erinnerungen gehört, daß er mit seinen Eltern häufig in das Dorf Pine Ridge fuhr. Einmal im Monat nahmen Guy Dull Knife sen. und Rose Bull Bear ihren Sohn und fuhren in die knapp hundert Kilometer westlich von ihnen gelegene Ortschaft, um an den Versammlungen des Stammesrates teilzunehmen.

»Dort wohnten wir immer im Hotel. Nach den Sitzungen setzten sich Mom und Dad im Hotelzimmer an den Tisch, um die politischen Themen des Tages noch einmal durchzusprechen. Manchmal steigerten sie sich so richtig hinein, diskutierten und stritten darüber, welche die beste Lösung sei. Dad hatte meist schon bald genug davon und wollte nur noch essen und dann zu Bett gehen. Mom aber arbeitete weiter und schrieb bis spät in die Nacht hinein an seinen Reden. Ich war damals gerade erst vier oder fünf Jahre alt und verstand kein Wort von dem, was sie besprachen. Also saß ich einfach auf dem Bett und beobachtete sie so lange, bis mir die Augen zufielen. Obwohl ich mir damals nicht erklären konnte warum, war ich dennoch stolz auf meine Eltern. Ich war mir sicher, daß sie etwas taten, woran sie glaubten, auch wenn ich nicht wußte, um was es sich dabei handelte.

Während dieser Reisen war Mom ab und zu richtig wütend auf Dad, vor allem, wenn sie sich sehr viel Arbeit mit einer Rede gemacht hatte und er diese am nächsten Tag vollkommen ignorierte. Oder wenn sie wollte, daß er in einem Sachverhalt auf eine bestimmte Art und Weise abstimmte, er aber genau das Gegenteil tat. Dann regte sie sich fürchterlich auf. Mom glich ein wenig Nancy Reagan. Sie besaß einen starken Willen und ein ausgeprägtes Gerechtigkeitsgefühl und wollte in allen Dingen, die uns betrafen, das Sagen haben. Vater jedoch ging seinen eigenen Weg, und wenn er sich einmal eine eigene Meinung über die Dinge gebildet hatte, konnte ihn nichts und niemand mehr davon abbringen.«

Während der fünfziger und sechziger Jahre züchtete Guy Dull Knife Vieh und vertrat die Bewohner des Bezirks Medicine Root im Stammesrat. Viele von ihnen waren traditionell gesinnte Vollblut-Lakota aus dem Hinterland. Die Kinder hatte er am liebsten und lud sie ziemlich oft zu sich nach Hause ein, so daß sie in ihm bald so etwas wie einen Ratgeber sahen. Sein ganzes Leben lang machte der alte Mann gern Witze und zog andere auf. Dabei war ihm völlig egal, wer den Spott abbekam, die Hauptsache war, daß man darüber lachen konnte. Als er einmal mit seinem Lastwagen unterwegs war und ihm der Treibstoff ausging, zündete er ein Streichholz an, um in den Tank hineinzusehen. Daraufhin schoß ihm eine etwa ein Meter hohe Flamme entgegen. Die Wucht der Explosion fegte seinen Hut quer über die Straße und versengte ihm arg die Augenbrauen und Wimpern. Aber am Ende lachte niemand so herzlich über den Vorfall wie der alte Mann selbst.

Wenn die Familie zum Einkaufen in den Supermarkt ging, kaufte er stets nach demselben Schema ein, mit dem Rose nie einverstanden war. »Wenn sie gerade nicht hinsah, bedeckte er den Boden des Einkaufswagens mit Sardinenbüchsen und füllte ihn dann mit anderen Lebensmitteln auf. Vor der Kasse stand für gewöhnlich eine lange Schlange, so daß es zuviel Zeit gekostet hätte, den Wagen wieder auszuräumen. Also mußten Mom und ich uns damit abfinden, daß er seinen Vorrat an Sardinen wieder aufgestockt hatte, obwohl wir das Zeug nicht ausstehen konnten. Dad stand die ganze Zeit unbeteiligt da und blickte unschuldig in die Gegend. Wenn wir wieder zu Hause waren und er Sardinen essen wollte, mußte er damit allerdings vor die Tür gehen.«

Eine Zeitlang behielt sein Vater noch eine weitere Marotte bei: Er gab all sein Geld aus. Guy jun. erinnert sich daran, daß sein Vater wohl der großzügigste Mensch war, den es in Kyle gab. Wann immer ein Kind um eine Limonade bat, ein Nachbar Benzin brauchte oder ein älterer Bekannter Hunger hatte, griff Guy Dull Knife sen. in seine Hosentasche und kramte das nötige Geld hervor. Schließlich übernahm Rose die finanziellen Angelegenheiten der Familie und führte den Haushalt eher sparsam. »Hätte sie das nicht getan, dann hätten wir überhaupt kein Geld zur Verfügung gehabt«, erinnert sich ihr Sohn.

Während seiner Kindheit hatten sie kaum Geld. In den fünfziger Jahren lebten viele traditionelle Vollblut-Lakota immer noch in einfachen Blockhäusern oder Verschlägen, die in ländlichen Bezirken verstreut lagen. Einige kamen sogar mit Tipis oder Zelten aus. Wie das Haus, in dem sein Vater ein Jahrhundert zuvor gelebt hatte, so besaß auch das, in dem Guy Dull Knife jun. aufwuchs, weder Elektrizität noch sanitäre Anlagen, noch fließendes Wasser. Im Hof gab es eine Handpumpe und ein Außenklosett, und im Haus sorgten Kerosinlampen und ein Holzofen für Licht und Wärme. Hunger und Armut setzten vielen im Pine-Ridge-Reservat arg zu, und die meisten Familien hatten im Krankenhaus von Rapid City mindestens einen an Tuberkulose erkrankten Verwandten liegen.

Seine Mutter überließ nichts dem Zufall. Sie sorgte immer dafür, daß sie genug zum Leben hatten, drehte jeden Cent dreimal um, bevor sie ihn ausgab, war sehr genügsam und überwachte die Familienfinanzen mit allergrößter Sorgfalt.

Im Herbst fuhren sie für gewöhnlich nach Süden durch die Sandhills von Nebraska … bis hin in die Gegend von Scottsbluff. Um ihr Einkommen aufzubessern, verbrachten seine Eltern den September größtenteils bei der Zuckerrüben- und Kartoffelernte. Für einen Scheffel* bekamen sie fünf Cents. Während seine Eltern auf dem Feld arbeiteten, saß Guy jun. im Schatten eines Baumes und erledigte seine Hausaufgaben oder zeichnete. Abends kochten sie über dem offenen Feuer und schliefen im Zelt. Schon kurz nach Sonnenaufgang waren sie wieder auf den Feldern. Bevor sie von dieser Arbeitsstelle nach Hause zurückkehrten, sorgte Rose dafür, daß sie sich mit genügend Vorräten für den Winter versorgt hatten. In Scottsbluff kaufte sie deshalb für einen Teil des Geldes, das sie beim Ernteeinsatz verdient hatten, je fünfzig Kilo Zucker und Salz. Da auch Kerosin billiger war, wenn man eine große Menge abnahm, luden sie soviel davon auf die Ladefläche ihres Wagens, wie sie zum Anzünden des Feuers an kalten Wintermorgen und für die Kerosinlampen benötigten. Meist konn-

* Ein Scheffel entspricht 35,24 Liter. Anm. d. Übers.

ten sie auch noch fünf Zentner Kartoffeln abzweigen. Nachdem sie alle Waren auf ihren alten Ford-Transporter geladen hatten, fuhren sie durch die Sandhills zurück zum Red Water Creek.
Zu Hause kochte die Familie den Mais aus ihrem Garten in 200-Liter-Fässern ab, schälte die Maiskörner mit Messern von den Kolben und legte die Körner auf Tüchern zum Trocknen aus. Rose dörrte in der Sonne wilde Pflaumen und Beeren, die sie am Ufer des Red Water gepflückt hatte, und machte das Gemüse aus ihrem Garten ein. Die Kartoffeln, die sie im Herbst geerntet hatten, und eine große Menge des Gemüses, das den Sommer über in ihrem Garten gewachsen war, wurden in den Vorratskellern eingelagert. Solange das Wetter hielt, fuhren Guy Dull Knife jun. und sein Vater mit dem Wagen zum Nutzholzbestand des Reservats. Tagsüber machten sie Holz, und nachts schliefen sie im Zelt. Wenn der Wagen beladen war, fuhren sie zurück nach Hause und hackten die Stämme zu Brennholz, mit dem sie sich den Winter über versorgen konnten. In jedem Herbst luden sie drei- oder viermal Vieh auf den Wagen und transportierten es zu einer Viehhandlung in der Nähe von Gordon, Nebraska. Rose kümmerte sich darum, daß der Erlös des Viehverkaufs auf ein Bankkonto eingezahlt wurde, damit sie eine Absicherung für Notzeiten hatten. In den letzten warmen Tagen des Jahres schlachteten sie eine Kuh, pökelten und trockneten das Fleisch als Vorrat für die kalten Wintermonate. Wenn es zu schneien begann, ritt der Junge manchmal mit seinem Vater und seinem Onkel hinaus auf die Weiden und half ihnen die Heuraufen füllen, damit das Vieh nicht hungern mußte. Die meiste Zeit war Guy Dull Knife jun. damit beschäftigt, Wasser zu holen und Holz zu hacken. Das war harte Arbeit, und so schätzte der Junge den Winter von allen Jahreszeiten am wenigsten.
Ganz anders der Sommer. Wenn das Wetter sich besserte, fuhr er mit seinen Eltern oft zum Yellow-Bear-Lager, um George und Mary Dull Knife zu besuchen. Einmal bastelte ihm sein Großvater aus Hühnerdraht ein Netz, mit dem er und sein Vetter zum Fluß hinunterrannten. Dort sprangen sie ins Wasser und trieben die Forellen flußabwärts auf das Netz zu. Ihren Fang brachten sie mit nach Hause, und am Abend gab es dann gegrillte Forellen. Wenn es dunkel wurde, krochen sie in ein Zelt, das sie im Hof vor *Ti Hanska* aufgestellt hatten, erzählten sich Witze und erfanden Geschichten, bis sie schließlich einschliefen.

Sobald er laufen konnte, brachte ihm sein Vater das Reiten bei, und im Yellow-Bear-Lager fand sich immer ein Pferd für Guy Dull Knife jun. An heißen Nachmittagen ritt er mit seinem Freund aus den Hügeln hinaus und zum Fluß hinunter. Dort war es schattig und kühl, und an mehreren Stellen waren durch Biberburgen tiefe Becken aufgestaut worden, in denen man wunderbar fischen und schwimmen konnte.

»Ich war mir damals dessen nicht bewußt«, erinnert sich Guy Dull Knife jun. Jahre später, »aber das Pine-Ridge-Reservat war wie ein großes Ferienlager. Die Kinder im Osten zahlen noch immer viel Geld für eine Woche Schwimmen, Kampieren, Fischen und Reiten. Für diejenigen von uns, die im Reservat aufwuchsen, war das alles ganz selbstverständlich.«

Manchmal machten ihnen George und Mary Dull Knife die Freude und kamen auf ihrem Wagen durch die Hügel gefahren, um den Jungen und seine Eltern zu besuchen. Je nach Jahreszeit blieben sie ein paar Tage oder Wochen. Er, Guy jun., freute sich immer, wenn er den Wagen seiner Großeltern im Hof vorfahren sah. Im Winter saß er dann auf den Knien seines Großvaters und lachte über die Geschichten von Buffalo Bill Cody und der Wild West Show. Im Herbst gingen er und sein Großvater gemeinsam über die Wiesen und brachten von dort wilde Pflanzen mit, über die sich seine Mutter und seine Großmutter freuten. Auf einem dieser Spaziergänge hörte er zum ersten Mal die Geschichte von den großen Geschützen am Wounded Knee Creek.

Egal zu welcher Jahreszeit seine Großeltern zu Besuch kamen, sein Vater und sein Großvater gingen jeden Abend gegen Sonnenuntergang in die Schwitzhütte. In dem Sommer vor seinem ersten Schultag luden sie ihn ein, sie zu begleiten. Er hatte sich schon oft Gedanken darüber gemacht, was in dem Kuppelbau, der etwa dreißig Meter westlich ihres Hauses stand, wohl vor sich ging. Als sie den Eingang hinter sich abdeckten, war er erstaunt, wie dunkel es in dem Raum war. Kurz darauf goß sein Vater Wasser über die heißen Steine, und Guy jun. fürchtete sich ein wenig vor der Hitze, die nun aufstieg. Einst hatte George Dull Knife seinen Sohn die heiligen Gesänge und Gebete der Schwitzhütten-Zeremonie gelehrt, und nun, auf dem Hügel über dem Red Water Creek, brachten beide sie Guy jun. bei.

Während der Zeremonie, bei den Besuchen im Yellow-Bear-Lager und während seiner gesamten frühen Kindheit bekam er ausschließlich die Sprache seines Volkes zu hören. Als er sechs Jahre alt war, sprach er zwar gut Lakota, kannte jedoch nur wenige englische Worte.

Von ihrem Hügel aus konnte Guy Dull Knife jun. die Hütte seines Nachbarn beobachten. Wann immer er dessen Wagen vorfahren sah, rannte er so schnell er konnte hinüber. Dewey Beard mochte Kinder sehr gern. Für gewöhnlich fand sich in seinem Haus, das etwa anderthalb Kilometer entfernt lag, ein reichlicher Vorrat an Süßigkeiten und Limonade. Als der Junge ihn zum ersten Mal traf, hatte Dewey Beard bereits das stolze Alter von dreiundneunzig Jahren erreicht. Er war schlank, hochgewachsen, hielt sich gerade und ritt noch immer ohne Sattel durch das Hinterland von Kyle. Meist saß er dabei auf dem Rücken einer klapprigen, braunen Mähre, die genauso alt aussah wie er. Im Winter ging er selbst in tiefem Schnee auf die Pirsch. Im Sommer schlugen der Greis und seine zweite Frau Alice am Cedar-Paß ein Tipi auf und posierten für Touristen, die durch die Badlands von Dakota kamen. Tommy, ihr einziger Sohn, war damals an Tuberkulose erkrankt, und sie sorgten sich ständig um ihn. Wenn sie sich nicht gerade in den Badlands aufhielten, fand man den alten Mann meist im Schatten unter einem Dach aus Kiefernzweigen vor seinem Zuhause sitzen. Beard haßte es, in dem Holzverschlag zu leben, und zog ein Tipi oder den Sternenhimmel allemal vor. In den frühen fünfziger Jahren sehnte er sich noch immer nach vergangenen Tagen und der althergebrachten Lebensweise der Lakota.

Wenn Guys Familie zu einem der zahlreichen Powwows ging, die damals im Reservat abgehalten wurden, trafen sie Beard dort oft an. Stets trug er zu diesen Anlässen die Jacke einer Kavallerieuniform und einen Gürtel, der den kleinen Jungen faszinierte. Guy Dull Knife jun. hatte nie zuvor jemanden wie seinen Nachbarn getroffen. Als er ein bißchen älter war, saßen er und sein Freund so manches Mal unter dem Dach aus Kiefernzweigen, naschten Süßigkeiten, tranken Limonade und hörten stundenlang den Geschichten des alten Mannes zu.

Dewey Beard wurde 1857 geboren. In dem Sommer, in dem sich die Lakota und ihre Verbündeten am Little Bighorn River versammelten, war er achtzehn Jahre alt. In ihrer Sprache hieß der Fluß Greasy

Grass. Ende Juni 1876 erstreckte sich das Indianerlager gut sechseinhalb Kilometer am Flußufer entlang. Alle sieben Stämme der Lakota hatten sich dort eingefunden, und niemand konnte sich je an eine größere Versammlung erinnern. Jeder Stamm hatte sein eigenes, kreisförmiges Lager mit einem Durchmesser von etwa achthundert Metern und eigene Anführer. In Deweys Lager, dem der Minniconjou, waren Hump, Fast Bull und High Back Bone die Anführer. Crazy Horse führte die Oglala an. Two Moon, Lame White Man und Ice Bear waren die Anführer ihrer guten Freunde, der Nordcheyenne. Die verschiedenen Lager kamen überein, daß ein Mann als Oberhäuptling aller, die sich in jenem Sommer in Montana zusammengefunden hatten, fungieren sollte, und wählten Sitting Bull, den heiligen Mann der Hunkpapa-Lakota. Er war der mächtigste aller Männer, und sie wußten, daß er die Black Hills nicht verkaufen und sich bis zum Ende für die traditionelle Lebensweise der Indianer einsetzen würde.

Guy jun. und seine Freunde kannten sonst niemanden mehr, der in der Schlacht gewesen war, von der sie schon so oft gehört hatten, und so stellten sie dem alten Mann eine Menge Fragen darüber. Er erzählte, daß er zwei Jahre vor der Schlacht gegen Custer im Alter von sechzehn Jahren zum ersten Mal auf den Kriegspfad gegangen sei. Damals sorgten die Lakota dafür, daß ein junger Mann sich die Mitgliedschaft in einer der elitären Kriegergesellschaften auch verdiente. Jungen lernten frühzeitig kämpfen und Schmerzen und Härte ertragen. Mit zahlreichen Spielen bereiteten sie sich auf ein Leben als Krieger vor, und man erzählte ihnen, daß es für einen Krieger keine ehrenvollere Auszeichnung gäbe als den Tod auf dem Schlachtfeld. Manchmal führten die älteren Jungen ihre jüngeren Kameraden zu einem Platz am Rand des Lagers, wo sich eine Grube mit brennenden Kohlen befand. Ein älterer Junge nahm ein Stück glühende Kohle und legte sie einem jüngeren auf den Arm. Gewonnen hatte, wer die Schmerzen am längsten ertragen konnte ohne aufzuschreien. Im Frühling spielten sie oft ein Spiel, das sie ›einander mit Schlamm bewerfen‹ nannten. Dazu teilten sie sich in zwei Gruppen auf. Jeder war mit kurzen Stöcken und Schlammkugeln – einige von ihnen mit glühenden Kohlen – bewaffnet. Wenn sie aufeinander losgingen, schleuderten sie mit den Stöcken die Schlammkugeln auf die gegnerische Seite ab. Das

›Zuschlagen und Treten‹ war das rauheste aller Spiele, erzählte Dewey. Wieder traten dabei zwei Mannschaften gegeneinander an. Jeder Junge hielt eine Decke über einem Arm, die ihm als Schutzschild diente. Auf das Kommando eines älteren Jungen hin gingen die beiden Mannschaften zum Angriff über und versuchten – mit welchen Mitteln auch immer – den Gegner zu Boden zu zwingen. Meist brachte ein heftiger Tritt in die Kniekehlen den Gegner zu Fall. Wenn ein Junge am Boden lag, packten die Jungen der gegnerischen Seite ihn bei den Haaren und schlugen ihn ins Gesicht. Das Spiel endete, wenn eine Seite, blutig geschlagen und erschöpft, aufgab.
Mit diesen Spielen war Dewey aufgewachsen, und mit sechzehn Jahren ging er zum ersten Mal mit erwachsenen Kriegern auf einen Raubzug. Vor dem Kampf legte ihm der Anführer des Trupps einen Rohlederriemen um den Knöchel und pflockte ihn am Boden an, um zu verhindern, daß Dewey in Panik geraten und fliehen würde. Wenn er die Schlacht überlebte, würde man ihn in die Kriegergesellschaft aufnehmen, wenn nicht, bekäme er ein ehrenvolles Begräbnis.
Die Oglala befanden sich am nördlichen, die Hunkpapa am südlichen Ende des Lagers, das die Lakota am Ufer des Greasy Grass entlang aufgeschlagen hatten. Nach dem Beginn der Schlacht führte Häuptling Gall, Sitting Bulls rechte Hand, einen großen Trupp Krieger an einem Ende des Lagers durch den Fluß und stieß schließlich von Süden auf den Hügel zu, auf dem Custer und die Soldaten des Siebten Kavallerieregimentes Zuflucht gesucht hatten. Crazy Horse und Hunderte seiner Krieger bewegten sich unterdessen unbemerkt von den Soldaten eine tiefe Schlucht hinauf und näherten sich ihnen von Norden. Beard ritt damals ein junges Pferd, das noch nicht vollends zugeritten war, und als die Schlacht begann, sagten ihm die älteren Krieger, daß er sich lieber fernhalten solle. Er aber ignorierte ihre Warnungen, durchquerte den Fluß und ritt zu dem Hügel hin, den Crazy Horse und Gall mittlerweile von beiden Seiten eingeschlossen hatten.
Als Dewey dort eintraf, war bereits eine entsetzliche Schlacht im Gange. Beide Seiten waren von den Pferden abgestiegen und kämpften inmitten dicker, die Sicht erschwerender Staubwolken Mann gegen Mann. Von allen Seiten konnte er Schreie und Schlachtrufe hören und sah, wie viele Krieger zu den toten oder sterbenden Soldaten hin-

überrannten und ihnen den Coup* gaben. Das Geräusch der Geschosse erinnerte ihn an einen neben seinem Ohr summenden Fliegenschwarm. Bevor er absitzen konnte, scheute sein junges Pferd bei einer heftigen Gewehrsalve und warf ihn zu Boden, wodurch Dewey kurzzeitig das Bewußtsein verlor. Als er wieder die Augen öffnete, sah er einen Lieutenant, der kaum älter war als er, durch den Staub auf sich zukommen. Er ergriff ein am Boden liegendes Kriegsbeil und stürzte sich auf den Soldaten, schlug immer wieder auf ihn ein, bis er sich nicht mehr rührte. Dann zog er ihm die Uniformjacke aus, nahm ihm den Gürtel ab und suchte auch nach dem Gewehr. Aber die Kugeln flogen ihm nur so um die Ohren und wirbelten vor seinen Füßen derart viel Staub auf, daß er nichts mehr erkennen konnte, und so entschloß er sich, das Weite zu suchen.

Die ganze Nacht über konnte man die Siegestrommeln am Flußufer entlang hören. In diesen Klang mischte sich die mit hoher Stimme gesungene Totenklage der Frauen, die in der Schlacht ihre Männer, Brüder und Söhne verloren hatten. Am folgenden Morgen löste sich das große Lager in kleinere Gruppen auf, die eilig in unterschiedliche Richtungen flohen. Da die Kundschafter berichteten, daß noch mehr Soldaten unterwegs seien, machten sich die Indianer mit so wenig Gepäck wie möglich auf den Weg und ließen alles zurück, was sie am raschen Vorwärtskommen gehindert hätte. Die Frauen seines Dorfes ließen sogar die großen Steine zurück, die sie jahrelang dazu benutzt hatten, getrocknetes Fleisch zu Pemmikan zu zerstoßen. Nachdem sie den Fluß durchwatet hatten und durch das offene Land gezogen waren, erblicken sie an den Seiten der Hügel und entlang der Kämme viele Tote. Überall lagen tote Pferde.

Beard sprach gern über Vergangenes, erzählte den Jungen jedoch nur wenig über die Schlacht am Wounded Knee. In der Sprache der Lakota nannte man Beard übrigens *Wasee Maza*, Iron Tail. Viele Jahre nach dem Massaker lud ihn General Nelson Miles nach Washington ein und stellte ihm einige Offiziere vor. Unter diesen befand sich auch

* Bezeichnung für das Berühren eines überwundenen oder nur leicht verwundeten Feindes, das zu den höchsten kriegerischen Leistungen zählte. Es hatte ursprünglich einen höheren Stellenwert als das Skalpieren oder Töten des Feindes. Anm. d. Übers.

Admiral George Dewey, ein Marineoffizier, der sich in der Bucht von Manila und im Spanisch-amerikanischen Krieg durch Heldentaten ausgezeichnet hatte. In späteren Jahren änderte Beard seinen ursprünglichen Namen, indem er einen alten Sioux-Kosenamen mit dem Nachnamen des Generals verband.[1] In den fünfziger Jahren erzählte Dewey Beard Guy jun. und seinen Freunden lieber davon, wie die Indianer lebten, als er selbst noch ein Junge war. Er zeigte ihnen verzierte Schachteln, die den Lakota einst zum Aufbewahren gedient hatten. Auch brachte er ihnen ein Spiel bei, das er und seine Freunde in den Dörfern der nördlichen Ebenen gespielt hatten. Bei diesem Spiel warf man Hirschgeweihe in die Luft und fing sie auf eine bestimmte Weise wieder auf. Die Anzahl der erzielten Punkte hing davon ab, wie man das Geweih warf und auffing. Nach einiger Zeit spielten es die Jungen allein und erklärten es auch ihren Freunden. Manchmal, wenn Guy jun. von einem Nachmittag unter dem Dach aus Kiefernzweigen zurückkehrte, zückte er Stift und Block und versuchte seinen Nachbarn zu zeichnen.

Als der Greis siebenundneunzig Jahre alt war, starb sein Sohn an Tuberkulose.

»Wir sahen ihn auf dem Vorplatz des Leichenhauses sitzen. Er hatte sein Haar abgeschnitten und fügte sich Schnittwunden zu, wie es bei der traditionellen Art des Trauerns üblich ist«, erinnert sich Guy jun. »Seine Arme und Beine waren mit tiefen Schnitten übersät, und er saß in einer Blutlache. Dewey war nicht mehr bei Sinnen. Er saß da, weinte und wehklagte in seinem Schmerz und seiner Trauer, und niemand konnte zu ihm durchdringen. Endlich rief jemand die Ambulanz herbei, und man brachte ihn ins Krankenhaus. Dewey hat in seinem Leben mehr durchgestanden als irgend jemand sonst, aber den Tod seines Sohnes Tommy überlebte er nicht lange.«

Am 28. Februar 1955 starb der Großvater des Jungen im Alter von achtzig Jahren. George Dull Knife hatte sowohl die traditionelle Lebensweise der Lakota gekannt als auch die Großstädte der Alten Welt gesehen; er war ohne Sattel geritten und hatte einen Ozean überquert; er hatte an der Sonnentanz-Zeremonie teilgenommen und war in den Gottesdienst gegangen. Schließlich hatte er lange genug gelebt, um mitzubekommen, wie Pfeil und Bogen durch die Atombombe ersetzt wurden.

Seine Totenwache dauerte drei Nächte lang. Im Yellow-Bear-Lager gab es damals noch keine Straßen, und die Leute, die er von früher kannte – aus seiner Zeit bei der Wild West Show, als Indianerpolizist, als Viehzüchter oder als Sänger bei Zeremonien –, trafen zu Pferd oder auf einem Wagen bei der alten Episkopalkirche ein. Manche brachten eine frisch geschlachtete Kuh oder Wildbret mit, andere *wasna*, das zu Puder zerstoßene und mit dem Saft von Würgkirschen vermischte Fleisch, und wieder andere *wojapi*, den indianischen Pudding. Da sie nicht genug Geld besaßen, um einen Sarg zu kaufen, fuhren Guy Dull Knife jun. und sein Onkel einige Tage vor dem Begräbnis nach Martin in Süddakota und kauften Kiefernbretter. Daniel Dull Knife, der nach dem Rennpferd Red Wing benannt worden war, brachte die Bretter nach Hause und zimmerte einen Sarg für seinen Vater.

Am Tag des Begräbnisses herrschte bittere Kälte. Die Familie legte George Dull Knifes Leichnam in die Kiste aus Kiefernholz und lud sie auf einen Pferdewagen. »Alle gingen von der Kirche bis zum Friedhof hinter dem Wagen her«, erzählte Guy jun. Der Friedhof liegt auf einem kleinen Hügel oberhalb der Kirche. An jenem Tag lag der Schnee einige Zentimeter hoch, und es blies ein empfindlich kalter Wind. Als wir am Friedhof angelangt waren, trugen mein Vater und seine Brüder den Sarg zum Grab, und alle beteten zu *Wakan Tanka*, bevor der Priester seine Stimme erhob.

Guy Dull Knife war sieben Jahre alt, als er in den Kindergarten der Tagesschule in Kyle ging. Es war dieselbe Schule, die seine Mutter in den Jahren vor dem Ersten Weltkrieg besucht hatte. In der Gesellschaft neuer Klassenkameraden entdeckte er bald, daß er das schlechteste Englisch von allen sprach und nichts sagen konnte außer ›ja‹ und ›nein‹ und ›Darf ich zur Toilette gehen?‹. Er fühlte sich scheußlich und völlig fehl am Platz. Er war groß für sein Alter, trug langes Haar und redete in der Sprache seines Volkes. Gleich zu Beginn entwickelte sich eine Art Muster, das sich über viele Jahre fortsetzen sollte. »Während meiner gesamten Schulzeit war ich der größte und schweigsamste Indianer in meiner Klasse. Bald schon hänselten mich die an-

George Dull Knife (rechts) und Cousin Albert Poor Bear im Yellow-Bear-Lager, Ende der dreißiger, Anfang der vierziger Jahre

deren Kinder, und viele von ihnen machten mir das Leben wirklich schwer.

Wenn ich in der Cafeteria anstand, sagten sie zum Beispiel zu mir: ›Was machst du denn hier? Hier wird heute kein Hundefutter serviert.‹ Manchmal umzingelten mich ein paar von ihnen außerhalb des Klassenzimmers und sagten ›Hallo, Indianerjunge, du tust gut daran, wenn du dich bei den Prüfungen nicht auf deinen *Yuwipi*-Zauber verläßt.‹«

Er war ein schlechter Schüler, wußte nicht, was man von ihm erwartete, oder wie er sich gegenüber den anderen Kindern, den Lehrern und der Schule im allgemeinen verhalten sollte. Da er sich isoliert und alleingelassen fühlte, zog er sich in sich zurück. Nach einiger Zeit schickte ihn der für die Schule zuständige Beamte des Bureau of Indian Affairs zur Beurteilung zu einem Psychologen. Man nahm an, daß er eine Lernschwäche habe oder möglicherweise geistig zurückgeblieben sei.

In der dritten Klasse konnte er sich schon wesentlich besser auf englisch verständigen, konnte aber weder lesen noch schreiben. Da er sich deswegen schämte, versuchte er – wie schon sein Großvater im vorigen Jahrhundert zusammen mit Buffalo Bill Cody –, seine Lesefertigkeit durch Zeitunglesen zu verbessern. »Ich nahm mir Schulzeitungen mit nach Hause, aus denen ich verschiedene Abschnitte abschrieb und sie anschließend laut vorlas. Mit dem Lesen machte ich dann auch Fortschritte, aber mit dem Schreiben kam ich nicht sonderlich gut voran. Da half wirklich nichts. Ich kann heute immer noch nicht schreiben.«

Während der ersten Jahre auf der Tagesschule in Kyle war Guy Dull Knife jun. einer der wenigen nicht zum christlichen Glauben übergetretenen Schüler. Er hatte wenig Ahnung von den kirchlichen Lehren. Seine Unkenntnis reizte seine Mitschüler, ihn ständig zu verspotten; seine Lehrer reagierten eher mit Entsetzen darauf. »Für gewöhnlich erzählten sie mir, daß es keinen Platz gäbe, wo man mich begraben könne, wenn ich tot sei. Sie sagten, daß man auf den Friedhöfen im Reservat nur Christen begraben würde. Falls ich mich nicht besinnen wolle, würden sie mich nach meinem Tod im Straßengraben verscharren.« Sogar einige Mitglieder seiner Familie äußerten ähnliche Bedenken. Sein Onkel Morris Bull Bear, der während des Zweiten Weltkriegs in der 101. Luftlandedivision gedient hatte, war nun Priester der Episkopalkirche in Kyle. »Er sagte mir immer, daß es die Indianer nicht mehr gäbe, daß es für mich Zeit sei, mich wie alle anderen zum Christentum bekehren zu lassen. Er beschwor mich, daß ich die Schwitzhütte, den Sonnentanz und unsere heiligen Gesänge am besten vergessen solle. Immer wieder sagte er, daß ich endlich damit aufhören solle, meinem Vater zu glauben, daß ich mich endlich von seinem Glauben abwenden solle, weil dieser ein Werk des Teufels sei.

Ich war damals noch ein kleiner Junge, und was er sagte, regte mich fürchterlich auf. Noch nie zuvor hatte ich jemanden derart über meinen Vater sprechen hören. Schließlich ging ich heftig weinend zu meiner Mutter und erzählte ihr, was Onkel Morris mir gesagt hatte. Meine Mutter aber riet mir, daß ich mich darum nicht kümmern solle. Ich solle es einfach ignorieren, solle es zu einem Ohr hinein und zum anderen wieder hinauslassen. Sie sagte mir: ›Du wirst nie blondes Haar und blaue Augen haben. Also verschwende keine Zeit damit, jemand sein zu wollen, der du nicht bist. Du bist ein Oglala Sioux, und das wirst du immer bleiben. Das kannst du nicht ändern, und du solltest es auch nicht ändern wollen. Egal, was passiert, sei stolz auf deine Abstammung.‹«

An der Tagesschule von Kyle gab es an jedem Montagnachmittag Religionsunterricht. Die Schüler mußten sich entscheiden, ob sie am episkopalen oder katholischen Unterricht teilnehmen wollten. In der vierten Klasse teilte Guy Dull Knife jun. mit, daß er zu keinem von beiden gehen wolle. Er sagte, er wolle nichts anderes sein als ein Lakota, so wie sein Vater und seine Mutter. »Als ich Poor Thunder zum ersten Mal die *Yuwipi*-Zeremonie abhalten sah, fürchtete ich mich und war etwas verwirrt. Aber ich mußte damit zurechtkommen, weil es sich um meine Familie handelte. Als ich älter war, verstand ich, weshalb es wichtig war, die Traditionen zu pflegen und sie nicht aussterben zu lassen.« Nach einer Weile gaben seine Lehrer auf und ließen ihn am Montagnachmittag die Böden der Klassenzimmer und der Korridore wischen. Später setzten sie ihn mit seinen Farben und Pinseln allein in ein Zimmer. Er entwarf Illustrationen für die Schülerzeitung und Poster für die Schulveranstaltungen. Während der Winterferien malte er Weihnachtskarten, die er an die Lehrer verkaufte, um sich ein kleines Taschengeld zu verdienen.

Wenn das Wetter schön war, ging der Junge nach der Schule oft zu Dewey Beard hinüber. Er hörte so gern die Geschichten über vergangene Tage und wünschte sich in jene Zeiten zurück. Dieses Leben hatte für ihn Sinn, seines nicht. Er verstand nicht, warum er zur Schule gehen mußte, und die ständigen Hänseleien deprimierten ihn. Freitags wurden in der Regel Prüfungen abgehalten. Guy jun. ging dann immer in den Waschraum, schlug sich mit der Faust die Nase blutig und sagte dann seinen Lehrern, daß er zu krank sei, um an den Tests teilzunehmen. Schließlich ging er gar nicht erst zur Schule hin.

»Ich stand sehr früh auf, noch bevor irgend jemand sonst wach war, machte mir ein Sandwich und versteckte mich unten am Red Water Creek. Der Bus kam angefahren, um mich an der Straße in der Nähe unseres Hauses abzuholen. Aber ich blieb in Deckung, bis er weitergefahren war.« Guy jun. besaß einen Hund, den er Billie White nannte. Auf einen scharfen, tiefen Pfiff hin kam der Köter zu ihm ins Unterholz gekrochen. Den Rest des Tages verbrachten der Junge und sein Hund in der Schlucht. Erst wenn er den Bus am Nachmittag wieder vorbeifahren sah, ging er nach Hause.

Nach dem Tode seines Großvaters lebte seine Großmutter Mary Dull Knife weiterhin im Yellow-Bear-Lager. Ihr ganzes Leben lang hatte sie sich vor der Uniformjacke und dem Gewehr gefürchtet, die ihre Familie in der Schlacht am Little Bighorn erbeutet hatte. Sie glaubte, daß sie verhaftet und ins Gefängnis gebracht werden würde, wenn man diese Gegenstände bei ihr fände. Mehr als ein halbes Jahrhundert lang versteckte sie die Jacke des Sergeants und den Karabiner vom Kaliber 0.45/0.70 in einer Truhe in *Ti Hanska*. Als ihr Enkel dieses Geheimnis entdeckte, war er sofort von den Andenken an die Schlacht gegen Custer fasziniert. Er schnitt sich die Rangabzeichen des Sergeants von der Kavallerieuniform und nähte sie an seine Jeansjacke. Als er etwas herumprobierte, fand er heraus, daß auch Munition vom Kaliber 0.410 in den alten Karabiner paßte. Darüber hinaus besaß der Junge einen Nazisäbel, den sein Onkel Jeffrey von den Schlachtfeldern des Zweiten Weltkrieges mitgebracht hatte, und er wußte schon lange von der Brille, die Buffalo Bill Cody seinem Großvater geschenkt hatte. Während seine Klassenkameraden die Bibel studierten, wanderte Guy jun. – manchmal gekleidet in die Jeansjacke mit den Rangabzeichen, die Brille auf der Nase und den Nazisäbel an der Hüfte – durch die Schlucht. Billie White scheuchte Vögel und Hasen auf, und Guy jun. versuchte sie mit dem Karabiner aus der Schlacht am Little Bighorn zu schießen. Dabei stellte er sich gerne vor, ein großer Sioux-Krieger zu sein, der in einem anderen Jahrhundert lebte.

Aber diese Zeit währte nicht lange. Als er immer häufiger die Schule schwänzte, setzten die Lehrer Rose davon in Kenntnis, und sie gab ihm dafür eine gute Tracht Prügel. Danach mußte er ihr jeden Tag einen Zettel zeigen, auf dem stand, daß er in der Schule gewesen war. Sie unterschrieb den Zettel, und Guy händigte ihn seinem Lehrer am nächsten Tag aus.

Widerwillig nahm er wieder am Unterricht teil, aber während seiner gesamten Schulzeit konnte er sich nicht daran gewöhnen. Wie schon sein Vater vor ihm, so lernte auch der Junge zu Hause andere Werte kennen als in der Schule. Die beiden Welten befanden sich selten im Einklang miteinander. »Ich erinnere mich, daß mir einer meiner Lehrer in der vierten oder fünften Klasse auf den Kopf zusagte, daß wir ein besiegtes Volk seien. Je schneller wir uns mit dieser Tatsache abfänden, um so besser wäre das für uns alle. Wenn wir unsere Sprache nicht aufgäben und nicht aufhören würden, dem Teufel zu huldigen, so sagte er, dann würde es keiner von uns zu etwas bringen. Die meisten vom Bureau of Indian Affairs bezahlten Lehrer waren wie dieser. Sie waren vor allem dazu da, uns einzuschüchtern und uns beizubringen, nicht wie Indianer zu denken. Das war ihr Job, und sie machten ihn sehr gut, denn viele Kinder schämten sich wegen ihrer Abstammung.«

Als kleiner Junge im Pine-Ridge-Reservat liebte Guy Dull Knife jun. die Geschichten, die sein Großvater ihm von der Wild West Show erzählte. Später erinnerte er sich auch an einige Fernsehshows, die er gesehen hatte – *Gunsmoke*, *Have Gun Will Travel*, *Cheyenne*, *Bat Masterson* und *Davy Crockett* –, und an die Spiele, die er mit seinen Freunden gespielt hatte. »Im Sommer – wir gingen alle in die fünfte oder sechste Klasse – hatte jeder von uns ein Pferd, und manchmal spielten wir Cowboy und Indianer. Meist wählten wir zunächst, zu welcher Gruppe wir gehören und wer wir sein wollten. Einige von uns wollten Crazy Horse, Red Cloud oder Sitting Bull sein, aber viele wollten immer John Wayne spielen. Und wenn wir manchmal ins Kino gingen, dann ergriffen die Kinder stets für die Kavallerie Partei.«

Einer der vielen Lehrer seiner Schulzeit war anders als die anderen. Die Lehrerin, die er in der fünften Klasse hatte, erkannte, was in Guy jun. vor sich ging, und nahm ihn unter ihre Fittiche. Einmal kaufte sie ihm ein Fahrrad und schenkte ihm ein neues Luftgewehr, und manchmal nahm sie ihn mit in die Stadt. Für gewöhnlich ließ sie ihn nach der Schule noch etwas dableiben und beschwor ihn, nicht aufzugeben, sondern für das zu kämpfen, an das er glaubte. Wenn er das tun würde, sagte sie, dann würden sich die Dinge ändern und schließlich besser werden.

»Sie hieß Mrs. Hopkins und war eine Schwarze aus Alabama. Sie sagte, daß ich mir ihren Fall als Beispiel vor Augen halten solle. Wenn sie in ihrer Heimatstadt in ein Restaurant ging, erzählte sie, weigerte man sich, sie zu bedienen. Um ihre Situation zu verbessern, besuchte sie das College. Nachdem sie es absolviert hatte, konnte sie dennoch in Alabama keine Stelle als Lehrerin bekommen. Der einzige Job, den sie bekommen konnte, war der in einem Indianerreservat. Und so kam sie nach Pine Ridge. Für ihr Volk stünden die Dinge schlecht, sagte sie. Langsam aber würde es besser werden, da sie nun Führer hätten, die nicht aufgäben. Und genau das solle auch ich tun. Ich solle mich nicht beirren lassen und immer für das kämpfen, woran ich glaube.

Einmal ging sie zum Schuldirektor, um mit ihm über mich zu sprechen. Er hieß Norris Newkirk und hatte uns verboten, an der Schule oder auf dem Schulgelände Lakota zu sprechen. Sie teilte ihm mit, daß sie das für falsch halte, und er antwortete ihr, daß er der Direktor sei und er die Regeln mache.

Die Zeit damals war sehr verwirrend. Die eine Lehrerin sagte mir, daß ich für das, woran ich glaubte, kämpfen solle, und ein anderer sagte mir, daß wir ein besiegtes Volk seien und daß ich mein Leben wegwerfen würde, wenn ich nicht aufhörte, mich gegen Neuerungen zu wehren. Ich wußte damals nicht genau, wo Alabama lag, aber ich verstand, was Mrs. Hopkins sagen wollte, und ich habe sie nie vergessen.«

Wenn ein Schuljahr zu Ende war, konnte er sich den Sommer über im Reservat austoben. Sie ritten ohne Sattel, und ihre Pferde trugen sie überallhin, in die Hügel und hinüber zum Potato Creek, wo ein älteres Ehepaar einen kleinen Laden führte. Die Besitzer waren schwerhörig und konnten nicht mehr gut sehen. Guy Dull Knife und seine Freunde ritten zu dem Laden, holten sich die im Hinterhof aufbewahrten leeren Flaschen und gaben sie vorne im Laden für zwei

Cent pro Flasche ab. Ein weißer Viehzüchter namens Mays besaß Land, das direkt an das der Dull Knifes grenzte. Er pflanzte jedes Jahr ein großes Feld mit Wassermelonen an. Im Sommer ritten die Jungen nach Einbruch der Dunkelheit dorthin, krochen über das Feld und klopften solange die Melonen ab, bis sie ein paar reife ausfindig gemacht hatten. Sie schnitten sie entzwei, aßen sie im Mondlicht auf ihren Pferden sitzend und hielten sich für große Krieger.

Manchmal forderten die Sioux-Jungen vom Red Water Creek die Jungen vom Potato Creek zum Kampf. Einige Tage vor dem festgelegten Treffen suchten die Jungen das gesamte Gelände nach Vorräten an alten Bällen und Murmeln ab. Am Tag des Kampfes trafen sich die beiden Parteien auf einem offenen Gelände zwischen den beiden Flußläufen, johlten und schrien und schossen mit Schleudern ihre Munition ab, stürmten aufeinander los, zählten ihre Treffer und stritten hinterher darüber, wer den Kampf gewonnen hätte.

Die Tage zwischen solchen Kämpfen verbrachten die Jungen oft unten am Fluß und suchten nach Kröten. Wenn sie fünf oder sechs beisammen hatten, bastelten sie aus Hühnerdraht und Stöcken kleine Hindernisse und veranstalteten an einem schattigen Platz ein ›Krötenrodeo‹. Sie stellten die Kröten entlang einer Startlinie auf und ließen sie los. Durch sanftes Piksen mit Stöckchen wurden die Kröten zum Bockspringen und Hüpfen veranlaßt. Die Jungen wetteten um Limonade, welches Männchen sich am längsten auf seiner Kröte halten könne. In einigen Sommern waren die Log-Cabin-Sirupbehälter begehrte Spielzeuge. Die Jungen sammelten so viele wie möglich, spülten sie unter den Handpumpen aus und bastelten daraus Viehfarmen, Bauernhöfe und Forts. Wer gut mit seinem Messer umgehen konnte, ließ aus den Behältern Scheunen, Zäune, Wohnhäuser, Palisaden und Pferche entstehen.

Als der Vater von Guy jun. einmal im Spätfrühling durch die Felder ritt, fand er ein verwaistes Bullenkalb. Er hob es auf, legte es über seinen Sattel und ritt nach Hause. Das Kalb war erst ein paar Tage alt. Sie hielten es in einer Kiste neben dem Ofen, und Rose zog es mit der Flasche auf. Sein Vater nannte es Elmer. Ein paar Wochen später hatte sich das Bullenkalb so an das Haus gewöhnt, daß es nicht draußen bleiben wollte. Als sie es einfach nicht mehr ins Haus ließen, wohnte Elmer im Vorhof.

»Elmer hatte seinen bevorzugten Schlafplatz direkt auf einem Weg durch den Hof. Eines Tages kam meine Großmutter Edith zu Besuch und nahm genau diesen Weg. Sie übersah Elmer und trat auf ihn. In diesem Augenblick sprang Elmer mit meiner Großmutter auf dem Rücken in die Höhe. Sie fiel herunter und prügelte mit ihrem hölzernen Stock auf Elmer ein, was das Zeug hielt. Mein Vater amüsierte sich eine ganze Woche lang darüber.«

Im Spätsommer, wenn die Früchte reif waren, schickte Rose Guy jun. und seine Freunde mit hölzernen Eimern, die zwanzig Liter faßten, hinunter zum Fluß. Aus den wilden Pflaumen, Kirschen und Blaubeeren, die sie sammelten, kochte sie Marmelade, Gelee und indianischen Pudding.

Guy jun. kümmerte sich auch um die Hühner der Familie. Da sie etwa dreihundert besaßen, waren jeden Tag eine Menge Eier einzusammeln. Viele davon verkauften sie an Nachbarn und Verwandte. Morgens machte er mit leeren Kaffeekannen die Runde, legte die Eier dann auf eine alte Matratze und säuberte sie mit einem Schwamm. Danach kamen sie zum Trocknen auf ein Stück ausgespannten Hühnerdraht. Vom Erlös kaufte er sich ein neues Luftgewehr und zog nachmittags mit Billie White los, um am Ufer auf Jagd zu gehen. Im Sommer traf er oft auf Schlangen. Im Reservat gab es viele dieser Kreaturen, vor denen er sich fürchtete.

Eines Tages im Sommer war Frank Fools Crow bei den Dull Knifes zu Besuch. Guy jun. trug an jenem Tag eine Medaille, die sein Großvater einst von Buffalo Bill bekommen und dann an ihn weiterverschenkt hatte. Es war eine Medaille, die an die Pariser Weltausstellung von 1889 erinnerte. Auf der einen Seite war der Kopf eines Indianers eingeprägt und auf der anderen der Eiffelturm und die Inschrift ›Wild West Show‹. Als Fools Crow die Medaille erblickte, wollte er sie unbedingt haben. Ein paar Tage später kam er wieder vorbei und brachte ein neues Gewehr, Kaliber 0.22, und eine Schachtel Munition mit. Guy jun. hielt das für ein gutes Geschäft und tauschte die Medaille gegen das Gewehr ein. Wenn er den alten Mann später auf den Powwows die Medaille tragen sah, wünschte er, daß er dem Tausch niemals zugestimmt hätte.

Damals war Fools Crow achtundsechzig Jahre alt. Er war lange Zeit Medizinmann und außerdem ein einflußreicher Bürgeranführer im

Pine-Ridge-Reservat gewesen und wurde schließlich ein Zeremonie-Leiter der Sioux. In dem Sommer, in dem er die Medaille eingetauscht hatte, war Fools Crow mit Daniel Dull Knife, Guys Onkel, lange unterwegs, um für einen Film Werbung zu machen. Im Jahr 1959 – sie hatten gerade den Film *War Bonnet* zu Ende gedreht – schickte das Filmstudio beide Männer auf eine Werbekampagne, die sie durch dreizehn Städte führte. Eine der Städte, durch die sie und zwei weitere Lakota aus dem Pine-Ridge-Reservat, Billy Fire Thunder und Norma Shields, in jenem Sommer kamen, war Memphis. Ein paar Tage vor ihrer Ankunft brachte die örtliche Zeitung einen kleinen Artikel, in dem sie ihren Besuch ankündigte. Dadurch wurde ein Bürger der Stadt, dessen Mutter zum Teil Cherokee war, auf sie aufmerksam. Er bat seine Leute, mit der Filmtruppe Kontakt aufzunehmen, und so geschah es.

An einem Nachmittag im Frühsommer lud Elvis Presley die Lakota nach Graceland ein. Sie fuhren vor das Tor und wurden sogleich in einen im Souterrain gelegenen Wohnraum gebeten, wo Presley den vier Sioux Limonade und Kekse, später dann Eistee und belegte Brote anbot. Daniel Dull Knife hatte viele Jahre lang in dem Reservat der Nordcheyenne im nördlichen Montana gelebt und gearbeitet. Er war ein Künstler, der nur ein wenig Englisch sprach. Die Einrichtung des Raumes versetzte ihn in Erstaunen. Alles war in Weiß gehalten: die Wände, die Vorhänge, der Teppich, das Sofa, die Tische und Stühle. Presley wollte gern ihre Musik kennenlernen, und nachdem alle gegessen hatten, bat er die Sioux, ihm etwas vorzutragen. Der Onkel des Jungen ging zu den Trommeln hinüber, die in einer Ecke standen, und begann die traditionellen Lieder der Lakota zu singen, die ihm Poor Thunder im Yellow-Bear-Lager beigebracht hatte. Während er die Trommeln schlug und dazu sang, tanzten Fools Crow, Fire Thunder und Shields auf indianische Art auf dem weißen Teppich.

Als sie damit aufhörten, fragte ihr Gastgeber, ob er nun auch ihnen etwas vorspielen durfte. Daniel Dull Knife, der nie zuvor von Presley gehört hatte, erwiderte, daß es ihm eine Ehre sei. Während vier Sioux auf dem Sofa Platz nahmen, ergriff Presley seine Gitarre und begann zu spielen, wobei er sich mit raschen Schritten über den Teppich bewegte, mit den Fingern schnippte, seine Beine schüttelte und ›Jailhouse Rock‹ vortrug. Von Presleys Gitarrenspiel war Daniel Dull

Knife nicht gerade überzeugt, aber seine Stimme gefiel ihm. Später versuchten die Indianer, ihm ein Lied der Lakota und ein paar Schritte des Hasentanzes beizubringen. Als es Zeit zum Aufbruch war, schenkte Presley jedem von ihnen ein großes eigenhändig signiertes Poster von sich und brachte sie zur Tür. Er dankte für ihren Besuch, und sie bedankten sich für die Einladung. Als sie am Ende der Auffahrt anlangten, staunten sie nicht schlecht über die vielen jungen Mädchen und den ohrenbetäubenden Lärm, den diese machten, als das Tor geöffnet wurde. Bessie Dull Knife, Daniels Frau, bewahrte das Poster sorgfältig in einer Truhe bei sich zu Hause in Rapid City in Süddakota auf. Aber 1972 zerstörte eine verheerende Flut Truhe und Inhalt. »Mein Mann erzählte, daß Presley sehr nett gewesen sei und sie äußerst gut bewirtet habe. Er schien sie wirklich zu mögen und hatte viel Spaß dabei, ihrer Musik zuzuhören«, sagte sie.

»Uns gefielen die Beatles und die Rolling Stones. Meine Mutter konnte diese Musik zwar absolut nicht ausstehen, aber wir hörten nichts anderes mehr. Nur Rock und Country-and-western. Damals waren wir ganz verrückt auf diese Musik und auf unsere frisierten Kisten.«

In den sechziger Jahren hatten die Jungen ihre Ponys gegen Autos eingetauscht und veranstalteten keine Krötenrodeos mehr, sondern fuhren lieber mit dem Auto durch die Gegend. Als Guy jun. in die neunte Klasse ging, bekam er von seinem Onkel Jeffrey sein erstes Auto, einen Ford, Baujahr 1957. Im Reservat wurden die Gesetze bezüglich der Fahrerlaubnis sehr lax gehandhabt, und das weiträumige Pine-Ridge-Reservat bot genügend Möglichkeiten für Spazierfahrten. Als sie etwas älter waren, setzten er und seine Freunde sich im Sommer in die alte Kiste und fuhren aufs Geratewohl los, um sich einen Ferienjob zu suchen. Wenn sie in Gordon in Nebraska, etwa fünfundsechzig Kilometer südlich von Kyle, angelangt waren, ging es erst richtig los. Dort ließen sie die Münze entscheiden, wohin sie sich als nächstes wenden würden. Bei Zahl fuhren sie nach Westen, bei Kopf nach Osten. In Nebraska schnitten sie Luzerne und arbeiteten in einer Fabrik, in Wyoming arbeiteten sie in einem Bautrupp mit dem

Guy und Rose in den späten sechziger Jahren

Preßlufthammer, und in Süddakota schufteten sie in der Homestead-Goldmine. »Meine Mutter packte uns jedesmal etwas zu essen ein, aber in der Regel hatten wir schon vor Gordon alles bis auf den letzten Krümel vertilgt. Im Reservat gab es keine Arbeit, also fuhren wir einfach von Stadt zu Stadt und suchten Arbeit, was immer es auch war. Einmal ging uns in Grand Island in Nebraska das Geld aus, und wir mußten Blut spenden, um Benzin kaufen zu können.«

Zu Hause im Pine-Ridge-Reservat bastelten sie fast den ganzen Tag an ihren Autos herum und rasten dann nachts über die leeren Straßen. Manchmal erreichten sie auf den schlechten Straßen des Reservates sogar 160 Stundenkilometer. »Das war verrückt, total wahnsinnig war das. Aber wenn man sechzehn ist, scheint es einem gar nicht so verrückt.« Mit sechzehn fragte Guy jun. seine Eltern einmal, ob er für eine kurze Fahrt in die Stadt das Familienauto borgen dürfe. Er war die ganze Nacht unterwegs, hatte den Wagen mit Jungs und Mädchen vollgeladen, war in das Dorf Pine Ridge gefahren und dann nach Hot Springs, das in Süddakota und etwa 160 Kilometer weit entfernt liegt.

Als sie im Morgengrauen nach Kyle zurückkamen, hatten sie ein paar Bier intus und warteten darauf, daß die Läden öffneten, damit sie tanken konnten.

»Wir saßen nur so rum und warteten, als ich meine Mutter und meinen Onkel Levi in unserem alten Laster heranfahren sah. Meine Mutter starrte mich auf eine ihr eigene Art an, und ich sagte nur ›Oh, oh‹. Sie stieg aus dem Laster und schnallte ihren Gürtel ab, und ich glaubte, sie wolle nur bluffen. Ich war fast erwachsen und nahm an, sie wüßte, daß ich zu alt für solche Kindereien sei. Sie kam zum Auto herüber und befahl mir auszusteigen, und dann haute sie mir vor all meinen Freunden, darunter ein Mädchen, dem ich die ganze Nacht lang versucht hatte, zu imponieren, die Hucke voll. Nach einer Weile stieg mein Vetter Adolph Bull Bear, der auch mit von der Partie gewesen war, aus dem Auto und versuchte mir beizustehen. ›Tante Rose, wir haben das alles nicht so gewollt. Wir wollten doch keinen Ärger machen. Noch bevor er seinen Satz beendet hatte, ging meine Mutter auf ihn los und verdrosch ihn ebenfalls.«

Daß Rose Ungehorsam nicht tolerierte und Alkohol verabscheute, war wohl bekannt. Auch Adolph Bull Bear hatte das schon erfahren müssen.

Ein paar Jahre zuvor war er aus dem Koreakrieg ins Reservat zurückgekehrt. In Korea hatte er zur Kampftruppe 187 gehört. Eines Nachmittags war er nach Kyle gegangen, hatte sich dort betrunken und versuchte dann, mit jedem, der ihm in den Weg kam, eine Schlägerei anzufangen. Da er etwa einssechsundachtzig groß und 112 Kilo schwer war, gab es nicht viele, die sich darauf einließen. Als Rose mit dem Wagen vor dem Supermarkt vorfuhr, suchte er immer noch Streit. Sie stieg aus, nahm ihren Gürtel ab und schlug damit auf Adolphs Waden ein, sagte ihm, daß er den Namen seiner Familie beschmutzt hätte, daß er sich schleunigst nach Hause begeben und dort bleiben solle, bis er wieder nüchtern sei. Und Adolph tat, wie ihm gesagt wurde.

Am 24. Februar 1961 starb die Großmutter des Jungen im Alter von einundachtzig Jahren. Mary Dull Knife hatte Zeit ihres Lebens das Yellow-Bear-Lager nicht verlassen. Fünfundsechzig Jahre lang hatte sie im selben Haus gewohnt. Als sie dort 1899 ihrem ältesten Sohn das Leben schenkte, hatte es weder Elektrizität noch sanitäre Einrichtungen, noch fließendes Wasser gegeben, und das änderte sich nicht bis Februar 1961. Ihr Mann war nach Paris, London, Rom, New York und in andere große Städte an der Ostküste gereist. Mary Dull Knifes weiteste Reise führte sie von *Ti Hanska* bis nach Gordon in Nebraska, das etwa fünfundsechzig Kilometer weiter im Süden lag. Nach einer einfachen Trauerfeier begrub die Familie sie an der Seite ihres Mannes auf dem Hügel an der höchsten Stelle des Yellow-Bear-Lagers.

Auf der Oglala-Gemeindeschule, einer dem Bureau of Indian Affairs unterstellten High-School im Dorf Pine Ridge, widmete sich Guy Dull Knife weiterhin der Malerei. In allen anderen Fächern war er ziemlich schlecht. Wie viele seiner Freunde belegte er jedes Semester den Kurs für Automechanik und verbrachte mehrere Vormittage der Woche damit, zu lernen, wie man einen Motor einstellt, Reifen montiert und auswuchtet, eine Karosserie abschleift und sie sorgfältig lackiert. Jungen und Mädchen lebten in verschiedenen Wohnhäusern, in denen kaum an Drogen heranzukommen war. Alkohol aber gab es reichlich, und außerdem schnüffelte man Klebstoff. Kurzzeitig betätigte sich der siebzehnjährige Teenager vom Red Water Creek auf dem Campus als Alkoholdealer. Von anderweitig verdientem Geld kaufte er billigen Wein in 4-Liter-Flaschen und schenkte ihn zum Preis von je einem Dollar in Plastikbechern an seine Mitschüler aus. Als die Verantwortlichen der Schule schließlich herausfanden, was er trieb, warfen sie ihn aus dem Wohnhaus hinaus. Als Rose herausfand, was passiert war, bekam sie einen ihrer Wutanfälle und rückte Guy jun. ganz schnell den Kopf zurecht.

Von Anfang an konnte Rose die neue Musik nicht ausstehen, und Alkohol war ihr zeitlebens verhaßt. Während Guys High-School-Zeit bemerkte sie, daß die Jahre Spuren bei ihm und seinen Freunden, ja bei der gesamten jungen Generation hinterlassen hatten. Wie viele in traditionellen Familien aufgewachsene Teenager konnte Guy jun. zwar Lakota sprechen, tat es jedoch nur selten. In der High-School von Pine Ridge hatten die Halbblut-Indianer das Sagen, und sie hänselten und verhöhnten schonungslos die, die sich weiterhin den Traditionen verpflichtet fühlten. Die meisten seiner Altersklasse wollten weiß sein, und ihr soziales Gefüge spiegelte bereits die Werte der dominierenden Kultur wider. Nachts in den Wohnhäusern, bei Zusammenkünften in den Werkstätten, während ihrer Freizeit und auf Parties verständigten sie sich schon lange nur noch auf englisch. Nur selten drang noch indianische Musik aus den Transistor- und Autoradios, statt dessen erklangen Rock and Roll und Country-and-Western-Musik. Die althergebrachten Tänze waren durch moderne ersetzt worden und die traditionellen Speisen durch Fast food. In den sechziger Jahren wollten die Teenager von Pine Ridge nicht mehr zuhören, wenn die Erwachsenen von ihrer Kultur und ihren Gebräuchen erzählten. Viele von ihnen schämten sich damals ihrer Eltern und Großeltern.

»Meine Cousine weinte oft wegen ihres Vaters. Die traditionellen Werte, an die mein Onkel Daniel glaubte, waren ihr verhaßt. Sie wollte ihre Freunde nicht mit nach Hause bringen oder sah ihren Vater nicht gern im Haus, wenn sie zufällig jemand besuchen kam. Sie schämte sich seines indianischen Aussehens und seines gebrochenen Englisch und sagte viele Male, daß sie wünschte, er würde sterben.«

Daniel Dull Knife sprach fließend Lakota und Cheyenne. Lange Zeit lebte er im Reservat der Nordcheyenne in Ashland in Montana, wo seine jüngste Tochter die Indianerschule St. Labre besuchte, an der sie Cheerleader der Footballmannschaft war. In Ashland entwarf Daniel Modelle für eine Fabrik, die massenweise indianische Textilien produzierte. Guy jun. hatte dem jüngsten Bruder seines Vaters schon dabei zugesehen, wie er Felle gerbte und sie zu traditionellen Gewändern verarbeitete. Wenn Daniel nüchtern war, dann verstand er zu sticken und zu weben wie nur wenige der Männer. Einmal war er dabei erwischt worden, wie er mit einer Kanne Whiskey im Auto und ohne Führerschein fuhr. Der Richter hatte ihn zu neunzig Tagen Gefängnis verurteilt. Ruhig und zurückhaltend verbrachte er seine Zeit im Gefängnis mit Perlenstickerei und Weben. Wenn ein Stück fertiggestellt war, verkaufte der Gefängniswärter es für ihn in Kommission. Als der Richter von Daniels Geschäft erfuhr, hatte dieser bereits mehr als tausend Dollar verdient und eigentlich noch zwei Wochen Gefängnis abzusitzen. Der Richter setzte ihn vorzeitig auf freien Fuß. Als Daniel ein paar Jahre später nachts aus einer Bar in Rapid City stolperte und auf der Straße zusammenbrach, überfuhr ihn ein Feuerwehrauto. Er war auf der Stelle tot.

Obwohl sie Meinungsverschiedenheiten hatten, war Guy jun. doch glücklich, seine Eltern während seiner Schulzeit um sich zu haben.

Sein Vater hielt beharrlich an seinen eigenen Grundsätzen fest und kümmerte sich um seine eigenen Angelegenheiten. Wenn Onkel Morris und die anderen glaubten, die Lösung ihrer Probleme in der Bibel zu finden, dann versuchte er nicht sie umzustimmen. Auch er hatte lange Zeit Freude an den Geschichten des Buches gehabt, aber sie beeinflußten ihn nicht in demselben Maße wie seine traditionelle Religion. Guy sen. züchtete Vieh, vertrat sein Volk bei Stammesversammlungen und ging jeden Abend in die Schwitzhütte. Seine Frau mochte keine Rockmusik, vor allem nicht die Rolling Stones, aber sie ließ ihrem Sohn seine Musik, solange er darüber nicht die traditionellen Gesänge vergaß. Sie könnten eines Tages in Vergessenheit geraten, und dann würden ihn die Leute wegen seines Wissens aufsuchen. Also mußte Guy Dull Knife jun. bei Familienzusammenkünften in ihrem Haus während der Zeremonien die alten Lieder singen.
»Meine Mutter hatte lange gewartet, bis sie ein Kind bekam. Als sie sich dann dafür entschieden hatte, war sie immer für mich da, selbst als ich ziemlich viel Mist baute. Während meiner gesamten Schulzeit – als meine Cousine und die anderen sich weigerten, ihre Freunde mit nach Hause zu bringen – sagte sie mir immer wieder: ›Du kannst nicht sein, was du nicht bist.‹ Das war ihr liebster Spruch, den sie oft wiederholte. Sie gab mir das Selbstvertrauen, das ich benötigte, um mich nicht aufzugeben.«
Eines Nachmittags – Guy jun. besuchte die elfte Klasse – hatte er in einem der Gänge der Oglala-High-School eine Auseinandersetzung mit Guy Red Cloud, die sich zu einem schlimmen Faustkampf entwickelte. Wie viele traditionell gesinnte Vollblut-Indianer im Pine-Ridge-Reservat hegte die Familie der Dull Knifes und Bull Bears schon lange einen Groll gegen Häuptling Red Cloud. Als ehrgeiziger junger Krieger hatte er 1841 Häuptling Bull Bear getötet und schließlich den Vertrag unterzeichnet, mit dem 1871 der Verlust der Black Hills besiegelt wurde. Einige Lakota glaubten sogar, daß Red Clouds unbeherrschte Eifersucht noch im selben Jahr zum Tod von Crazy Horse geführt hatte. Da er für den Tod von zwei Häuptlingen und die Beschlagnahme der heiligen Berge verantwortlich gemacht wurde, blieb der Name Red Clouds in den Augen vieler Vollblut-Lakota für immer befleckt. Guy Red Cloud aber teilte die Ansicht der Dull Knifes und der Bull Bears über seinen Urgroßvater nicht.

»Der Streit begann, als ich zwischen zwei Unterrichtsstunden ein paar Bemerkungen darüber fallen ließ, daß Red Cloud den greisen Bull Bear getötet hatte, und Guy Red Cloud daraufhin ziemlich ausflippte. Er sagte, ich sei nichts als ein dummer Cheyenne und solle doch nach Montana zurückkehren, wo ich hingehöre. Wenn es seinen Großvater nicht gegeben hätte, dann wäre ich gar nicht hier. Daß vor langer Zeit sein Großvater den Arsch meines Großvaters gerettet hätte und ich gut daran täte, das nicht zu vergessen. Wenn ich jetzt daran denke, erscheint mir das Ganze ziemlich kindisch, aber damals steigerten wir uns richtig hinein. Wir schlugen höllisch aufeinander ein und waren schon über und über mit Blut verschmiert, als unsere Freunde eingriffen und uns auseinanderrissen.«

Während seiner Schulzeit war Byron DeSersa, ein Urenkel Black Elks, des heiligen Mannes der Oglala, der engste Freund von Guy jun. Byrons Großvater Ben Black Elk hatte viele Sommer damit zugebracht, in den Black Hills für Touristen zu posieren, so daß einige Sioux ihn das ›Fünfte Gesicht von Mount Rushmore‹ nannten. In den sechziger Jahren waren Guy jun. und Byron DeSersa meist unzertrennlich. Wenn ein Schuljahr vorüber war, fuhren sie in die Black Hills. Sie packten ihre kunstvoll gefertigten Gewänder – Bausche aus Truthahnfedern, Mokassins und Fesselschellen – in den Kofferraum und verbrachten den größten Teil ihrer Ferien damit, auf den verschiedenen Powwows in den Black Hills indianische Tänze aufzuführen. Im Alter von sechzehn, siebzehn und achtzehn Jahren kreuzten die beiden Freunde oft in Keystone auf, einer geschäftigen Touristenmetropole in der Nähe von Mount Rushmore. Sie suchten sich eine belebte Straßenkreuzung aus, zogen ihre Gewänder an und führten den Touristen die traditionellen Tänze der Lakota vor. Die Touristen warfen ihre Dollars in einen Hut, den die beiden auf dem Bürgersteig aufgestellt hatten. Auf diese Weise verdienten sie in manchen Zeiten an einem Abend über sechzig Dollar. Für die beiden Freunde war das gutes Geld, das sie teilweise für Schulsachen ausgaben. Jedesmal sahen sie dem Ende des Sommers mit Unwillen entgegen.

Wenn sie ins Pine-Ridge-Reservat zurückkehrten, waren die beiden Teenager oft bestürzt über die Armut, die sie dort vorfanden. Den Sommer über hatten sie diese Trostlosigkeit vergessen können. Während der sechziger Jahre gab es in Pine Ridge erst wenige moderne

Häuser. Viele Oglala lebten weiterhin über große Distanzen verstreut auf ihrem Land in Blockhütten, in denen es weder Elektrizität noch Telefon, noch fließendes Wasser, noch sanitäre Anlagen gab. Bis 1967 war Guy jun. noch nie in einem Haus mit eigener Toilette gewesen. Die einzigen sanitären Einrichtungen, die er kennengelernt hatte, waren die in den Schulen gewesen. Er kannte einige Familien im Yellow-Bear-Lager, die immer noch in Tipis lebten. Wohnsiedlungen sollten erst einige Jahre später gebaut werden, auch sollte sich dann so manches zum Besseren entwickeln. Damals aber hielten viele Vollblut-Indianer noch an ihrem Land, ihren Traditionen und ihren Zeremonien fest, und sie hatten den Sonnentanz noch nicht aufgegeben. Die Sonnentanz-Zeremonie war 1891 verboten und mehr als siebzig Jahre lang nur im Untergrund zelebriert worden. In den frühen Fünfzigern hatte die Regierung einige der Verbote gelockert und gestattete nun, daß der Sonnentanz wieder in aller Öffentlichkeit aufgeführt werden durfte. Allerdings war das traditionelle Fleischopfer und jegliches Durchstoßen der Brust untersagt. Obwohl ihr Leben insgesamt trostlos schien, glaubten viele Lakota daran, daß es für sie noch Hoffnung gäbe, solange sie den Sonnentanz nicht verloren hatten.

Guy jun. und seinem Freund erschien das Reservat manchmal als eine Art Konzentrationslager. Armut und Alkohol zerstörten Junge wie Alte und ließen jede Hoffnung schwinden. Viele ihrer Bekannten schienen völlig festgefahren und ohne Aussicht auf Veränderung. Sie waren in einem Leben gefangen, in dem jeder Tag so endete, wie er begann, in einem Leben, das manchmal damit ein Ende fand, daß ein Auto in einen Straßengraben hineinraste. Die beiden Jungen waren auf der Suche nach einem anderen, einem besseren Leben.

Guy jun. verließ die Oglala-Gemeindeschule nach Abschluß der elften Klasse. Er war ruhelos und langweilte sich und wollte einen Beruf erlernen, um etwas Geld zu verdienen. Daher bewarb er sich im Sommer 1967 beim Job Corps*. Er hatte die ganze Zeit über angenommen, daß er in ein Ausbildungslager in der Nähe der Black Hills kom-

* Wie ein Internat geführte Ausbildungsstätte, in der Jugendliche auf ihr Berufsleben vorbereitet werden, bzw. eine Lehre absolvieren können. Anm. d. Übers.

men würde, wohin viele junge Sioux aus Pine Ridge geschickt worden waren. In einem Brief, den er ein paar Wochen später erhielt, wurde ihm jedoch mitgeteilt, daß er nach St. Louis kommen würde.

Als er im dortigen Job Corps eintraf, überraschten ihn das Ausmaß der Anlage und die Anzahl der Schüler. Nie zuvor war er so weit von seiner Familie entfernt gewesen, und er ängstigte sich ein wenig. Es gab dort etwa 1500 Jungen aus den gesamten Vereinigten Staaten, und er war der einzige Indianer. Guy jun. hatte sich dafür entschieden, Koch zu werden, und so ging er täglich zum Unterricht und lernte, wie man Omelettes, Kartoffelpuffer, Salate, Aufläufe, Fleischgerichte, Kuchen und Süßspeisen zubereitet. In der großen Küche, in der er arbeitete, lief meist das Radio, und er erinnerte sich, daß er in jenem Sommer an vielen Vormittagen *Sgt. Pepper's Lonely Hearts Club Band* hörte. Am späten Nachmittag und abends hatten sie frei, konnten sich also erholen, aber auch miteinander kämpfen. Die meisten Jungen waren schwarzer, weißer oder spanischer Abstammung und hatten sich zu Banden zusammengeschlossen, die ständig gegeneinander kämpften. »Kaum eine Stunde verging, ohne daß es irgendeine Art von rassistischer Auseinandersetzung gab und ein Kampf ausbrach. An jedem Tag meines Aufenthaltes dort schien das zu passieren, aber ich wurde nie in einen Kampf hineingezogen. Eine Auseinandersetzung konnte voll im Gange sein und ich durch sie hindurchlaufen, ohne daß mich jemand ansprach. Eines Tages rief mich der Aufseher zu sich und fragte mich: ›Also, Häuptling, auf welcher Seite stehst du?‹ Ich antwortete ihm, daß das mich alles nichts angehe und ich für niemanden Partei ergreifen würde.

Die ganze Zeit über fühlte ich mich unsichtbar. Es war, also ob es mich gar nicht gäbe.«

Nachdem er ein Jahr in St. Louis verbracht hatte, kehrte er ins Pine-Ridge-Reservat zurück. Einen Monat später traf im Haus am Red Water Creek ein Brief ein. Am 28. August 1968 führte Guy Dull Knife die Tradition seiner Familie fort, an jedem amerikanischen Krieg dieses Jahrhunderts teilgenommen zu haben.

EIN LAKOTA IN QUE SON VALLEY

Ein warmer Nachmittag Anfang Juni. Cora Yellow Elk sitzt am Küchentisch ihres Wohnwagens in Loveland, Colorado, und stickt Perlen auf Armbänder, die sie auf einem Powwow verkaufen möchte, das noch in diesem Monat stattfinden soll. Guy Dull Knife III hat draußen im Hof sein 10-Gang-Rad auf Lenker und Sattel gestellt. Die ersten Tage der Sommerferien bringen er und sein Freund damit zu, an der Gangschaltung herumzutüfteln. Nellie hat es sich auf einem Sessel in einer Ecke des Wohnzimmers bequem gemacht und wiegt ihren Kopf im Rhythmus der Musik aus ihrem Sony-Walkman, den sie nur selten ablegt. Die kleine Torrie, Guy Dull Knifes dreijährige Enkelin, rennt in orangefarbenen Shorts und gelben Sandalen den mit Teppich ausgelegten Gang auf und ab, vorbei an der Tuscheskizze Häuptling Dull Knifes, dem rotweißen Banner der Oglala Sioux und einer schwarzen Truhe, die noch aus den Zeiten der Wild West Show stammt, bis sie nahe genug heran ist, um ihren Schnuller auf Coras Perlenhäufchen zu schleudern. Dann wirbelt sie herum und rennt kreischend und lachend den Gang wieder entlang bis zum Schlafzimmer.

Oben auf dem Bücherregal über Nellies Kopf liegt ein Helm in grüner Tarnfarbe, auf dessen Vorderseite ein einzelner goldener, rot umrahmter Stern glänzt. Auf der rechten Seite kann man am Rand noch immer einen ausgebleichten, roten Fleck erkennen. Auf der linken Seite des Helmes steht in schwarzen Druckbuchstaben: VON DULL KNIFE GETÖTET – 8. APRIL 1969 – ROCKPILE, VIETNAM. Dreiundzwanzig Jahre ist es her, seit Guy Dull Knife jun. aus dem

Krieg zurückgekommen ist. Wie viele andere, die in den späten sechziger und siebziger Jahren im Dschungel Südostasiens kämpften, hatte er nach seiner Rückkehr große Schwierigkeiten, mit dem Leben zurechtzukommen und das Geschehene zu vergessen. Selbst heute noch steigen von Zeit zu Zeit plötzlich Bilder und Erinnerungsfetzen in ihm auf, wenn er gerade eine Tasse Kaffee trinkt oder wenn er unter der Dusche steht, bevor morgens alle anderen aufwachen, oder wenn er sich aufmacht, um Brot und Milch für das Frühstück zu kaufen. »Ich denke, man kann zu Recht behaupten, daß ich damals ziemlich verrohte. Aber damals war eben damals. Bestimmte Dinge mußte man einfach tun, um zu überleben, auch wenn man es nicht wollte. Ich sah damals jedenfalls keinen anderen Weg.«

Seinen kurzen Aufenthalt im Ausbildungszentrum schloß er mit der Beurteilung 1-A ab. Kurz darauf erhielt er die Einberufung und nahm den Bus nach Sioux Falls in Süddakota, wo er sich am 28. April 1968 der medizinischen Untersuchung unterzog. Ein paar Tage später flog er zusammen mit den anderen neuen Rekruten nach Fort Lewis in Washington, wo er acht Wochen Grundausbildung und danach acht Wochen Infanterieausbildung absolvierte. Kurz nach Weihnachten durfte er zehn Tage Urlaub nehmen und kehrte heim ins Pine-Ridge-Reservat. Dort trug er seine neue Uniform, wann immer er sich mit seinen alten Freunden traf. Einige von den Jungen würden bald selbst einberufen werden, andere waren bereits zurück aus dem Krieg. Sie fragten ihn, wie er sich fühle und klopften ihm ermutigend auf die Schulter und wünschten ihm viel Glück. Eines Nachmittags besuchte ihn Byron DeSersa zu Hause. Zum Schluß waren beide etwas verlegen, sie umarmten sich und sagten sich Lebewohl.

Es war Anfang Januar, und es hatte ein wenig geschneit. Guy Dull Knife jun. verbrachte ein paar Tage damit, sich zusammen mit seinem Vater um das Vieh zu kümmern. An einem der Nachmittage machte er einen ausgedehnten Spaziergang am Red Water Creek entlang. Zwei Tage vor seiner Abreise kam Häuptling Fools Crow zu ihnen nach Hause und zelebrierte das *Yuwipi*, bei dem er die Geister darum bat, Guy Dull Knife jun. auf seinem Weg zu beschützen und ihn sicher in die Welt der Geister zu geleiten, falls ihm etwas zustoßen sollte. Am Ende der Zeremonie überreichte ihm Fools Crow zwei Adlerfedern, die er nach altem Brauch der Lakota tragen sollte, und das heilige Medizinbündel. Es war fast so groß wie ein Golfball und bereits im Zweiten Weltkrieg und in Korea gewesen. Auch hatte es zwei seiner Träger sicher aus dem Vietnamkrieg zurückgebracht. Guy Dull Knife jun. wußte nicht, was sich darin befand. Niemand außer dem Medizinmann wußte das, und dieser war der einzige, der es öffnen durfte.

Am Morgen nach der Zeremonie knöpfte er den Lederriemen im Nacken zusammen und verstaute das kleine Bündel unter dem Kragen seiner neuen Armeeuniform.

In der Nacht vor seiner Abreise teilte ihm seine Mutter mit, daß sie mit ihm reden wolle. Allmählich stieg Angst in ihm auf, und er wußte, daß sie das spürte. Also zündete sie die Gaslampe an und bat ihn, sich mit ihr an den hölzernen Küchentisch zu setzen. In der Armee hatte man versucht, ihm eine Menge beizubringen, aber noch wußte er nicht, wie es sein würde, einen Menschen zu töten, wie er in dem entsprechenden Augenblick und danach reagieren würde. Außerdem wußte er nur allzu gut, was sein Tod für seine Eltern bedeuten würde. Das alles hatte er absichtlich bis zu dieser Nacht verdrängt, und als er spürte, wie ihm die ersten Tränen in die Augen stiegen, rannte er hinaus. Aber er war nicht schnell genug. In dieser Nacht versicherte Rose Bull Bear ihrem einzigen Kind, daß es ganz natürlich sei, sich in einer solchen Situation zu fürchten und traurig zu sein. Wenn es jemals dazu kommen sollte, daß er einem anderen Menschen das Leben nehmen müßte, wenn es darum ginge, getötet zu werden oder selbst zu töten, dann solle er töten und sich keine Gedanken darüber machen. Seine Großväter und Urgroßväter hätten alle für ihr Land und ihre Lebensweise gekämpft, und jeder von ihnen hätte getötet. Er hätte weder Geschwister, noch Frau, noch Kinder, sagte sie, und seine Eltern seien schon alt und würden wahrscheinlich nicht mehr lange leben. »›Also weine nicht, mein Junge‹, sagte sie, ›wo du stirbst, werden wir dir bald nachfolgen, und wir werden uns in der Welt der Geister wiedersehen. Versuche alles, um am Leben zu bleiben, wenn du fort bist, und nimm dir nicht alles so zu Herzen. Versuche mindestens einmal am Tag zu lachen und vergiß nie, wie sehr wir dich lieben.‹ Das sagte sie zu mir, und ich war immer bemüht, mich an ihre Worte zu erinnern.«

Am nächsten Morgen flog er an die südliche Golfküste nach Fort Polk in Louisiana, um vier Wochen Dschungeltraining zu absolvieren. Mit seinem drückend heißen und dampfigen Klima und seinen Sümpfen glich der Südstaat Louisiana dem Ort, an dem er bald eingesetzt werden sollte. Drei Wochen lang saß er mit anderen jungen Rekruten in einem Unterrichtszimmer und lernte Überlebensstrategien, die sie auf den Dschungel vorbereiten sollten, der von den kampferprobten Soldaten der nordvietnamesischen Armee und des Vietcong beherrscht wurde. Sie lernten, was sie essen durften und was nicht, wie sie Wunden zu versorgen hatten, wie sie sich vor zu großem Wasserverlust und vor Infektionen schützen konnten und wie sie die lebensgefährlichen Giftschlangen Südostasiens identifizieren konnten. Um den Lernerfolg zu testen, setzte man die Rekruten in der letzten Trainingswoche in den Sümpfen von Louisiana aus.

Nie zuvor war er in einem Sumpf gewesen. Sieben Tage lang marschierten er und seine Kameraden durch Sümpfe voller Insekten, Schlangen und Alligatoren, kampierten auf kleinen Inseln und Landzungen. Sie orientierten sich anhand eines Kompasses, machten versteckte Lagerfeuer und schliefen auf dem Boden. Nach ein paar Tagen kamen sie an einem kleinen Bauernhof vorbei, und zusammen mit einigen anderen schlich er sich hinüber und stahl ein paar Hühner, die sie gleich schlachteten und aßen. Nach Einbruch der Dunkelheit wurde es in den Sümpfen des Südens still, und ein gelegentliches Platschen, ein Schwarm Insekten oder die rauschenden Blätter eines Busches ließen sie aufspringen. Manchmal saßen sie nachts um das Lagerfeuer und unterhielten sich, fragten sich, wie es sein und was aus ihnen werden würde, wenn sie erst einmal an dem anderen Ort wären.

»Indianer haben von jeher eine feste Bindung an ihr Zuhause und ihr Land«, sagte er Jahre später. »Deshalb unternahm Häuptling Dull Knife den Versuch, zurück nach Montana zu gehen. Er konnte sich einfach nicht vorstellen, an einem Ort zu sterben, der so weit entfernt war von dem Ort, an dem seine Eltern begraben lagen. Nach einiger Zeit erkannten die Indianer, daß sie nie wieder zu den vergangenen Tagen und den alten Gebräuchen zurückkehren konnten. Also hielten sie es für das beste, zu versuchen, sich dem neuen System anzupassen. Das geschah meinem Vater und auch mir so.

Als ich meinen Einzugsbefehl erhielt, hatte ich noch keine Ahnung, wo Vietnam lag. Ich mußte im Atlas nachsehen. Nie zuvor hatte ich

Vietnamesen zu Gesicht bekommen oder von ihnen gehört, und weshalb sie dort kämpften, wußte ich auch nicht. Meine Mutter hatte gewollt, daß ich zu Hause bleibe, und das hätte ich als einziger Sohn meiner Familie und aufgrund des hohen Alters meiner Eltern auch tun können. Aber ich wollte dabeisein. Ich wollte in den Krieg ziehen. Ich wollte weg aus dem Reservat und erfahren, was es heißt, an einer Schlacht teilzunehmen. Mein ganzes Leben lang hatte ich die Geschichten gehört – von meinem Vater, meinen Onkeln und Cousins und von Dewey. Bis zum Ende des Dschungeltrainings glaubten die meisten anderen, sie würden nach Vietnam gehen, um dort gegen den Kommunismus zu kämpfen. Ich glaubte nie so richtig daran. Als es Zeit zum Aufbruch war, hatte ich mir eingeredet, daß ich als Sioux-Krieger in den Krieg ziehen würde. So wollte ich überleben, genau so wie es mein Volk immer getan hatte. Nicht als amerikanischer GI*, sondern als Lakota.«

Am 3. Februar 1969 machte sich der Urenkel von Häuptling Dull Knife auf den Weg nach Vietnam.

Nie zuvor hatte er etwas Ähnliches wie Cam Ranh Bay[1] gesehen, den mächtigen Militärkomplex der Vereinigten Staaten, der entlang der vietnamesischen Küste errichtet worden war und in dem er nach einem langen Flug von Fort Lewis aus eintraf. Cam Ranh Bay lag am südchinesischen Meer nordöstlich von Saigon und war der Ort, an dem Tausende junge amerikanische, kampfbereite, durchschnittlich neunzehn Jahre alte Soldaten in Vietnam eintrafen und von dem aus jene, die bereits gedient hatten, das Land wieder verließen. Die riesige logistische Anlage nahm eine Fläche von 25 mal 8 Kilometern ein und bot 20 000 US-Soldaten Unterkunft und Arbeit. Auf dem Höhepunkt der Beteiligung Amerikas am Vietnamkrieg Anfang 1969 waren ihre Wasserwege von Kriegsschiffen aufgewühlt und das Labyrinth ihrer Rollbahnen mit Kampfflugzeugen übersät. Stündlich trafen Maschinen vom Typ Hercules C-130 und Starlifter C-141 mit Lebensmitteln, Arzneien, sonstigen Vorräten, Munition und Ausrüstung ein, und rund um die Uhr wurden frische Truppen eingeflogen. Zu Beginn des Jahres waren 536 100 Amerikaner im Land stationiert.

Guy Dull Knife war überwältigt. Er bemerkte, daß viele der neuen

* Soldat. Anm. d. Übers.

Rekruten jung und arm waren und meist aus den Städten im Innern des Landes und aus ländlichen Gebieten stammten und daß viele von ihnen genauso verwirrt waren wie er selbst. Als einfache Soldaten schliefen sie in Zelten und verbrachten ihre ersten Tage meist damit, Sandsäcke zu füllen und Wache zu halten. Jeden Morgen gingen sie zum Einsatzleiter hinüber, wo ein großes Schwarzes Brett hing, dem die neuen Rekruten Namen und Dienstanweisung entnehmen konnten. Neben dem Schwarzen Brett hing eine große Landkarte von Vietnam, auf der mit roten Stecknadeln die Stellung der Armee-Einheiten markiert waren. Es überraschte ihn, wieviel Rot auf der Landkarte zu sehen war, vor allem erstaunten ihn die dichten Ansammlungen im gesamten Norden des Landes. Am Morgen seines vierten Tages in Cam Ranh Bay sprach ihn ein junger Navajo an und erzählte ihm, daß er seinen Namen auf dem Schwarzen Brett gelesen habe. Er teilte ihm mit, daß er, Guy Dull Knife jun., in eine Stellung weit oben im Norden geschickt würde. Verängstigt rannte Guy Dull Knife jun. zu dem Gebäude und suchte auf dem Anschlagbrett seinen Namen. Tatsächlich. Er sollte in einen Ort namens Chu Lai versetzt werden. Chu Lai lag nördlich von Cam Ranh Bay, etwa neunzig Kilometer von dem wichtigen amerikanischen Luftstützpunkt Da Nang entfernt, und war eine von mehreren Küstenstädten, die die Hauptverteidigungslinie der südvietnamesischen Armee und ihrer amerikanischen Alliierten bildeten. Er traf mit einem Militärtransport in Chu Lai ein und verbrachte die nächsten zehn Tage in einem Auffrischungskurs, dem sich die Männer unterziehen mußten, die an der nördlichen und westlichen Front eingesetzt werden sollten. Das Training ermöglichte ihnen, sich an die ungeheure Hitze und Feuchtigkeit zu gewöhnen, während sie lernten, mit den Waffen des Feindes, chinesischen Gewehren vom Typ AK-47, umzugehen. Außerdem brachte man ihnen bei, die vielen unterschiedlichen Arten von Handgranaten und Sprengfallen zu erkennen, auf die sie während der Patrouillengänge und der Feuergefechte mit der nordvietnamesischen Armee und den Vietcong treffen würden. Zur Vorbereitung auf den Kampf gehörte ebenfalls, daß ein Vorgesetzter aufmunternde Ansprachen hielt, in denen besonders die militärische Psychologie hervorgehoben wurde, die die Infanteristen nach ihrer Ankunft im Dschungel anwenden sollten.

»Sie predigten uns immer wieder, daß wir die Vietnamesen nicht als Menschen betrachten sollten. Sie sagten, wir würden nie die Namen derer erfahren, gegen die wir kämpften, würden nie erfahren, wer sie seien oder woher sie stammten. Wenn wir auf Patrouille seien, dann sollten wir uns genauso verhalten, als ob wir zu Hause auf die Jagd gehen würden. Man töte keine Menschen, man töte den Feind, und der Feind in diesem Krieg sei kein Mensch.«

Nach Beendigung des 10-Tage-Kurses erhielt jeder von ihnen seinen Marschbefehl. Guy Dull Knife jun. sollte sich bei der Bravo Company, 2. Bataillon, 1. Infanterieregiment, 196. Leichte Infanteriebrigade, melden, demselben Regiment, in dem schon sein Vater ein halbes Jahrhundert zuvor gedient hatte. Im Ausrüstungslager der 196. Leichten Infanteriebrigade in Chu Lai erhielt er einen Helm, zwei Handgranaten, ein Werkzeug zum Ausheben von Schützengräben, C-Waffen, einen Rucksack und einen Gürtel, sieben Feldflaschen, einen Regenumhang mit Helmeinsatz, ein Messer und eine M-16 mit Munition. Zusammen mit 150 anderen Rekruten befand er sich in einer sogenannten Einheit für den Fronteinsatz. Ihr Auftrag lautete, den Dschungel nach Feinden zu durchforsten und diese zu töten oder selbst getötet zu werden.

Als ihr Hubschrauber auf dem Landeplatz der 196. Infanteriebrigade im Que-Son-Tal niederging, einer Gegend in Vietnam, die die Armee Corps I nannte, war Präsident Nixon gerade ein paar Wochen im Amt. Das weite Tal verlief in Ost-West-Richtung durch den Norden des Landes, den man aufgrund seiner zerklüfteten Berge und seines undurchdringlichen Dschungels zu Fuß durchqueren mußte. Es endete nahe der Grenze zu Laos, nicht weit entfernt vom Ho-Chi-Minh-Pfad. Etwa ein Jahr zuvor, am Abend des 30. Januar 1968, waren 70 000 kommunistische Soldaten diesen Pfad heruntergekommen und hatten im gesamten Süden, einschließlich der Hauptstadt Saigon, eine Reihe sorgfältig geplanter Angriffe durchgeführt. Die unerschrockenen Stoßtrupps überfielen mehr als einhundert größere und kleinere Städte, von denen man manche für unbezwingbar gehalten hatte. Aufgrund ihres Bewegungsspielraumes und der Wucht ihrer Angriffe gelang es ihnen, die südvietnamesischen und amerikanischen Truppen zu überrumpeln. Die Angriffe erfolgten während der Tet-Offensive[2], der vietnamesischen nach dem Mondjahr ausgerichteten Neujahrsfeier und während eines von beiden Seiten vereinbarten Waffenstillstandes. Im Süden schlugen die Vietcong und im Norden die Rekruten der nordvietnamesischen Armee zu. Die Tet-Offensive war dazu bestimmt gewesen, Unruheherde im gesamten Süden aufzuspüren – ein Ziel, das nie erreicht wurde –, aber gegenüber der Öffentlichkeit in Amerika stellte man das aus politischen Gründen anders dar. Das Fernsehen berichtete über die schweren Kämpfe in der historischen Küstenstadt Hue und über Kämpfe im Innern des Landes bei Dakto und Pleiku und zeigte Bilder von Soldaten, die in grünen Sargsäcken nach Hause geflogen wurden. Bei Khe Sanh brachte eine mächtige Streitmacht der Kommunisten den amerikanischen Marinestützpunkt unter ihre Kontrolle, während Präsident Lyndon Johnson im Weißen Haus die Gefechte auf einem Sandtisch nachvollzog, um auf dem laufenden zu bleiben. Zwei Monate nach der Tet-Offensive gab Johnson bekannt, er würde sich nicht mehr zur Wiederwahl stellen.

Guy Dull Knife war schockiert darüber, welch grotesken Anblick jeder hier bot. Er sah struppige Bärte und zerrissene Kleidung, schmutzige Körper und verdreckte Uniformen. Einige hatten ausgefallene Tätowierungen auf Rücken und Brust und viele häßliche Striemen oder nicht verheilte Wunden überall auf Armen und Beinen. Der Blick der Leute hier war seltsam, und in den Unterhaltungsfetzen, die er an seinem ersten Nachmittag aufschnappte, herrschten Zahlen vor. Jeder Mann zählte von 365 an rückwärts, bis er den genauen Tag ermittelt hatte, an dem er in die ›Welt‹ zurückkehren durfte. Jetzt würden viele erst einmal nach Chu Lai zurückkehren, würden für eine Pause von drei Tagen mit dem Hubschrauber dorthin geflogen. Sie waren neunzig Tage an der Front gewesen, waren durch den Dschungel marschiert, hatten gegen die nordvietnamesische Armee gekämpft, hatten versucht, den Feind aufzuspüren und zu zerstören und selbst dabei am Leben zu bleiben. In dem Jahr vor Guy Dull Knifes Eintreffen verzeichnete die Kompanie eine Verlustrate von 65 Prozent. Die Überlebenden freuten sich auf die Bordelle, auf die drei Tage, in denen sie so viele Steaks essen und soviel Bier trinken konnten, wie sie nur wollten, bevor es wieder zurück an die Front ging. Aus ihren Radioapparaten dröhnte Hard Rock, und manchmal stieg Guy der Rauch der Pflanze in die Nase, die seine Mutter gegen Asthma angewandt hatte. Wenn er sich vom Ausguck der Landezone Baldy aus umschaute, sah er im Westen den dunklen, grünen Dschungel, der sich bis nach Laos hin ausdehnte.

Nichts hier war wie am Red Water Creek oder vergleichbar mit Fort Lewis oder Fort Polk, und er spürte sofort, daß im Armeelager im Que-Son-Tal etwas in der Luft lag; weder sein Training noch seine sonstige Vorbereitung konnten ihm helfen, die Sache zu durchschauen. Der Kommandeur freute sich über die Ankunft der neuen Rekruten. Nachdem sie ihre Sachen ausgepackt hatten und durch das Lager geführt worden waren, nahm der kommandierende Offizier Guy Dull Knife beiseite, grinste ihn an und sagte: »Nun, Häuptling, ich glaube, ich habe gerade meinen neuen Kundschafter gefunden.«

Guy Dull Knife jun. war eine der gefährlichsten Aufgaben des Vietnamkrieges zugewiesen worden. Auf Dschungelpatrouillen, bei Such- und Vernichtungsaktionen und bei routinemäßigen Erkundungsgängen ging stets ein Mann der restlichen Truppe voraus. Die Pfade waren mit Stolperdrähten gespickt, mit Sprengfallen und Landminen überzogen und voller getarnter ›Pungi Pits‹. Das waren tiefe Gruben, in deren Boden oben zugespitzte Bambusstangen gerammt waren, die man häufig in Wasserbüffelurin tauchte, um bei Verletzungen Infektionen auszulösen. Dichtes Laubwerk zu beiden Seiten der Pfade bot zahlreiche Möglichkeiten für einen Hinterhalt. Oft hing von der Wachsamkeit des ersten Mannes, von seinen Augen und Ohren und seinem natürlichen Gespür für Gefahr ab, ob die ihm nachfolgenden Männer in einem Sacksarg, einem Rollstuhl oder unversehrt nach Hause zurückkehrten.

»Sie meinten, weil ich Indianer sei, könnte ich Bewegungen im Gestrüpp und in den Bäumen des Dschungels eher wahrnehmen als Weiße oder Schwarze. Also setzten sie mich von Anfang an als Kundschafter ein. Es stellte sich heraus, daß das ganz in Ordnung war, denn als Kundschafter mußte ich an keinem der nächtlichen Hinterhalte teilnehmen. Und soweit ich das beurteilen kann, hatten sie mir zu Recht diese Aufgabe zugeteilt, denn während meines gesamten Einsatzes als Kundschafter verloren wir nur achtzehn Mann.«

In jener ersten Nacht wie in allen Nächten der nachfolgenden Wochen zeigte ihm ein Nordvietnamese mittleren Alters, auf was er zu achten hatte, wenn er als Vorhut unterwegs war. Der Vietnamese hatte in den fünfziger Jahren gegen die Franzosen gekämpft und in den sechziger Jahren gegen die Amerikaner. Nachdem die nordvietnamesische Armee ein südvietnamesisches Dorf ausgelöscht und dabei viele seiner Verwandten getötet hatte, wechselte er zur anderen Seite über und bot sich der US-Armee als Freiwilliger an. Die Armee wies ihn der 196. Leichten Infanteriebrigade zu, und er wurde zu dem, was man im Vietnamkrieg als ›Kit Carson Scout‹ bezeichnete.

»Er sprach recht gut Englisch, und als wir uns für unseren ersten Nachtmarsch bereitmachten, fragte er mich, wie ich hieße. Ich sagte es ihm, und als er daraufhin etwas verwundert dreinschaute, erklärte ich ihm, daß ich Indianer sei. Er betrachtete mich eine Weile, fing an zu grinsen, führte seine Hand zum Mund und gab ein paar Kriegsschreie von sich. ›Wie in einem Film mit John Wayne, nicht wahr?‹ Ich lachte und erwiderte: ›Ja, genau wie in einem Film mit John Wayne.‹« Sie machten sich fertig und verließen das Lager in Richtung Dschungel. Während der Wochen, die sie zusammen verbrachten, erklärte der Vietnamese dem jungen Soldaten, wie man auf dem Boden des Dschungels die Spuren der Fallen erkennt, und er zeigte ihm die Plätze, die am besten zum Kampieren geeignet waren. Sein Spitzname war *Papa-san*, und er erklärte Guy Dull Knife jun. in gebrochenem Englisch die militärischen Taktiken der nordvietnamesischen Armee, wie sie kämpfte und wie sie dachte, wie sie sich in Schlachten verhielt, welche Strategien und welche Techniken sie anwandte und wann und warum ein Hinterhalt zu erwarten war.

»Er war klein und drahtig und hart im Nehmen. Ich erinnere mich daran, daß er stundenlang marschieren konnte, ohne zu klagen. Er hatte immer einen Rucksack dabei, der vollgestopft war mit lauter Sachen, die er gern aß. Ab und zu stopfte er ein paar Hühner in den Sack, bevor wir loszogen. Wenn er dachte, daß wir in Sicherheit waren, zog er eines davon heraus und schlachtete es.«

So ließen sich also der Lakota aus dem Pine-Ridge-Reservat und der ›Kit Carson Scout‹ aus Nordvietnam hin und wieder auf ihren vier Buchstaben nieder und brieten auf einer kleinen Lichtung im asiatischen Dschungel frisch geschlachtetes Hühnchen über dem Feuer.

»Die ganze Zeit über kam ich sehr gut mit den Vietnamesen aus. Irgendwie sahen wir uns ähnlich, und das schien wichtig zu sein. Sie dachten da genauso wie ich.«

Bis Ende Februar 1969 hatte *Papa-san* ihm alles beigebracht, was er wußte. Von nun an war Guy Dull Knife als Kundschafter der Kompanie B, 2. Bataillon, 196. Leichte Infanteriebrigade, ganz auf sich allein gestellt.

Hitze und Luftfeuchtigkeit waren weit schlimmer als in Louisiana, und seine lebenslange Angst vor Schlangen setzte ihm gewaltig zu. Draußen, in der ›Welt‹, hatten sie ihm gesagt, hier gäbe es Bambusvipern. In Vietnam nannte man sie ›Zwei Schritte‹: »Wenn man gebissen wurde, machte man noch zwei Schritte, bevor man zusammenbrach, ins Koma fiel und nie mehr daraus erwachte.« Zu Beginn seiner Einsätze als Kundschafter fürchtete er sich oft mehr vor den Schlangen als vor einem feindlichen Hinterhalt.

Die ersten zwei Monate waren die schlimmsten. Alles, was sie brauchten, trugen sie in einem Rucksack, der über dreißig Kilo wog, auf dem Rücken mit sich herum, und oft genug fühlte er sich wie ein Packesel, der über Berge und durch Dickicht stapfen mußte. Stets waren sie bis zum Einbruch der Dunkelheit auf Patrouille, schliefen auf dem Boden und mußten nachts vor Schlangen auf der Hut sein. Im Lager befestigte er manchmal die beiden Adlerfedern an seinem Helm, auf Patrouille verzichtete er jedoch darauf. Es war nicht gerade ratsam, im dunklen Grün des Dschungels den Feind durch weißen Federschmuck auf sich aufmerksam zu machen. Das konnte lebensgefährlich sein. Also ließ er sie lieber im Rucksack. Als Kundschafter war man einsam. Oft ging er zehn bis zwanzig Meter vor der Truppe. Jeder Schritt konnte das Ende bedeuten. Jedes plötzliche Schnattern eines Vogels, jeder Schrei eines Affen über ihm und die nachfolgende Stille ließen ihn erstarren. Es konnte ein Raubtier sein, Balzrufe oder aber die nordvietnamesische Armee. Man wußte es nie. Einmal befand er sich etwa zweiundzwanzig Meter vor den anderen auf einer Hängebrücke. Unter jedem seiner Schritte, unter jeder Gewichtsverlagerung schwankte die Brücke, und er mußte sich mit beiden Händen an den seitlichen Führungsseilen festklammern, um nicht hinabzustürzen. Als er noch etwa vier oder fünf Schritte vom Ende der Brücke entfernt war, eröffneten ein paar Vietcong das Feuer auf ihn, und er konnte hören, wie die Kugeln an seinem Gesicht vorbeipfiffen. Der Kommandeur des Zuges schrie zu ihm hinüber, er solle sich hinwerfen. Aber er war noch nie in einer solchen Situation gewesen; er geriet in Panik und versuchte, über die Brücke zurückzulaufen. Er rannte los und fiel hin, und Kugeln schlugen zu seinen Füßen ins Holz der Brücke ein, bis schließlich seine Leute in das Gestrüpp unter ihm schossen und das Schießen ein Ende fand.

Auf den Patrouillengängen wurde der Dschungel zu einem gefürchteten Feind. Die Sicht war schlecht, und sie marschierten schwer bepackt, schwitzend, oft an Durchfall leidend, mit Ungeziefer und Schlangen über den Köpfen und um die Füße herum, mit ihren Nerven am Ende. Beinahe jede Woche gab es Feuergefechte. Oft hatten sie noch keine hundert Meter zurückgelegt, und schon fiel einer von ihnen einem Hinterhalt zum Opfer und blieb blutend auf der Strecke. Ein Leutnant seiner Einheit trat auf eine Landmine und wurde in Stücke gerissen. Ein Rekrut stieß gegen eine Mine und verlor dabei beide Beine. Eines frühen Morgens wurden drei Leute in einem Hinterhalt getötet. Zwei- oder dreimal auf seinen Patrouillengängen ließ ihn die nordvietnamesische Armee passieren. Wenn er dann etwa fünfzehn Meter weitergegangen und der Rest der Truppe beim Hinterhalt angelangt war, hörte er, wie hinter ihm das Feuer eröffnet wurde. Abgeschnitten und allein, durfte er sich nicht rühren. *Papa-san* hatte ihn davor gewarnt, umzukehren, bevor das Schießen eingestellt worden war. Wenn er zurückrennen würde, riskierte er, sowohl von seinen eigenen Leuten als auch vom Feind erschossen zu werden. Das war das Schlimmste an seiner Aufgabe.

Wenn sie durch die Reisfelder stapften, füllten sich ihre Stiefel mit Wasser, und manchmal konnten sie sie tagelang nicht ausziehen. An ihren Füßen entwickelte sich ein Pilz, der sich auf der Haut zwischen den Zehen ausbreitete und einen unerträglichen Juckreiz hervorrief. Auf den Feldern schnitt ihnen das rasierklingenscharfe Elefantengras in die Haut. Bei der enormen Hitze und Luftfeuchtigkeit gelangten Bakterien in die offenen Schnittwunden, so daß viele an Dschungelfäule erkrankten, an ihren Wunden dicke Eiterbeulen bekamen, die aufgeschnitten und behandelt werden mußten, sobald sie wieder im Lager zurück waren. Es gab zwei Formen von Malaria, und sie bekamen einmal pro Woche eine große, orangefarbene Pille gegen die gefährliche Form und einmal am Tag eine kleine, weiße Pille gegen die andere. Viele Rekruten warfen die Pillen weg in der Hoffnung, Malaria zu bekommen. Wenn sie Glück hatten, mußten sie dann nicht mehr Patrouille gehen und durften wochen- oder monatelang im Hospital bleiben. Im dichten, dunklen Laubwerk des Dschungels wurden manchmal Brandbomben geworfen, um die Ziele für die Bomber auszuweisen oder um das Terrain zu erhellen. Die Rekruten nannten sie ›Willie Petes‹, ›Whiskey Papas‹, ›Wilson Picketts‹ oder einfach nur ›WPs‹. Offiziell hießen sie ›weiße Phosphorbomben‹. Die mit Phosphor gefüllten Metallbehälter wurden mit 105-mm-Haubitzen abgeschossen oder von Düsenjägern abgeworfen. Wenn sie aufprallten, explodierten sie und bildeten zusammen mit Sauerstoff einen Feuerherd, der alles um sich herum niederbrannte. Manchmal geriet der Phosphor versehentlich auf ihre Hände und Arme und brannte sich in die Haut ein, so daß sie die Wunden mit Schlamm bedecken mußten, um sie vom Sauerstoff abzuschneiden und damit zu verhindern, daß der Phosphor bis auf die Knochen durchbrannte.

Seine Arme wie auch die Arme vieler anderer im Lager der Kompanie B waren mit dicken, roten Narben übersät.

Manchmal kämpften sie einen ganzen Tag lang, um einen Hügel oder eine Lichtung zu erobern, die sie dann am nächsten Tag wieder aufgeben mußten. Von den ursprünglich hundert Männern seiner Einheit waren am Ende fünfzig getötet oder verwundet worden.

Nach einiger Zeit wucherten die Bartstoppeln in seinem Gesicht immer üppiger, und er kümmerte sich nicht mehr allzusehr um seine Uniform oder seine Körperpflege. Er konnte fühlen, daß seine Augen denselben Ausdruck annahmen, den er bei seiner Ankunft im Que-Son-Tal bei den anderen bemerkt hatte. Er wurde immer nervöser und schlief nicht besonders gut. Er hatte den Eindruck, daß viele Männer seiner Einheit nicht mehr ganz bei Verstand waren, und er war sich durchaus nicht sicher, ob er da eine Ausnahme machte. ›Was hatte ein Sioux-Junge aus dem Pine-Ridge-Reservat hier verloren?‹ fragte er sich oft. Es war wie ein Spiel ohne Regeln. Manchmal stellte er sich vor, am Rande der Badlands in Dakota zu sein, in aller Ruhe durch die Kiefernwälder zu streifen und mit seinem Vater und seinen Onkeln Hirsche zu jagen. Jetzt kam es für ihn nur noch darauf an, am Leben zu bleiben. Die meisten anderen dachten und fühlten wie er.

»Die Killer-Missionen waren das Allerschlimmste. Unsere Aufgabe bestand darin, den Feind aufzustöbern und auszulöschen, so viele zu

Guy jun. in Vietnam

töten wie nur möglich, alles Leben zu zerstören. Wenn wir damit aufhörten, konnten wir manchmal kleine Kinder geistesabwesend über die Leichen ihrer Eltern steigen sehen.
Manche Männer aus meiner Einheit richteten ihre Gewehre auf Bauern, die in aller Ruhe auf den Feldern arbeiteten, und schossen sie einfach zu Übungszwecken nieder. Das Hirn so mancher Mütter und Väter verspritzte auf den Reisfeldern, nur so zu Übungszwecken.«
Eines Nachts, als er auf Patrouille war, sah er vor sich auf dem Pfad eine Gestalt im Mondlicht kauern und ein Loch ausheben. Er hob sein Gewehr und schoß, und die Gestalt fiel zu Boden. Es war das erste Mal, daß er einen Menschen getötet hatte. Er ging hinüber und fand eine Tasche mit C-4-Plastiksprengstoff auf dem Boden liegen. Als er den Körper vorsichtig umdrehte, erkannte er, daß es sich um ein junges Mädchen von vielleicht vierzehn oder fünfzehn Jahren handelte. Sie hatte lange, schwarze Haare und sah aus wie viele junge Mädchen daheim. Er beugte sich vor und übergab sich. Den Rest der Nacht fühlte er sich hundeelend.
»Nachdem ich einige Zeit dort war, fragte ich mich oft, ob wir mit den Vietnamesen nicht dasselbe machten, was die Armee uns angetan hatte. Wir vertrieben sie aus ihren Häusern, schlachteten all ihr Vieh ab, trieben sie von einem Ort zum nächsten, zwangen ihnen

eine Regierung und einen Lebensstil auf, den sie überhaupt nicht wollten.«

Die nordvietnamesische Armee zu bekämpfen war dagegen etwas anderes. Dabei handelte es sich um eine richtige Armee, die gut trainiert und ausgerüstet war. Viele der Soldaten hatten einen großen Teil ihres Lebens damit zugebracht, die Franzosen, die Amerikaner und die Südvietnamesen zu bekämpfen. Wie die meisten Truppen der US-Armee hatte auch die 196. Leichte Infanteriebrigade großen Respekt vor der nordvietnamesischen Armee (NVA). Sie hatte gute Soldaten.

»Ausnahmslos jeden Morgen, den wir draußen im Dschungel zubrachten, hörten wir gleich nach dem Aufwachen die Geräusche der NVA-Soldaten, die mit ihren Bambusstöcken trainierten. Es war immer sehr früh, und man lag da und hörte dem Klicken der Stöcke zu, wie es das Tal auf und ab wanderte. Wenn das Geräusch aufhörte, wurde es richtig still im Dschungel, und wir wußten, daß der Feind gefrühstückt und sein Morgentraining beendet hatte und sich nun auf seine Streifzüge durch den Dschungel begab, um uns aufzuspüren. Selbst heute noch stehen mir die Haare zu Berge, wenn ich den Klang der Windspiele aus Bambus höre.«

Nach einiger Zeit dachte Guy Dull Knife jun. nicht mehr darüber nach, wo er war und was er hier tat. »Sich zu viele Gedanken zu machen, konnte einen das Leben kosten«, meinte er. Er aber wollte überleben und nach Hause zurückkehren. Er wollte seinen Vater, seine Mutter und seine Freunde wiedersehen, wieder am Red Water Creek entlangwandern, und so begann er, seine Tage in Vietnam zu zählen. Wenn er als Kundschafter unterwegs war, stellte er sich vor, ein Sioux-Krieger an einem anderen Ort zu einer anderen Zeit zu sein.

Im Frühjahr 1969 waren sie weiter nach Norden vorgestoßen, weiter auf die defensive Abwehrzone zu. Er war seiner Einheit vorausgegangen und gerade dabei, auf eine Lichtung im Dschungel hinauszutreten. »Er kauerte auf der Lichtung und verband gerade den Arm eines verwundeten Kameraden. Keiner von beiden hatte mich bemerkt, und so zog ich mich wieder in den Schutz der Bäume zurück und hob langsam mein Gewehr an. Ich wollte, daß keiner von beiden eine Chance hätte. Und so war es dann auch. Ich feuerte meine M-16 zweimal ab, und beide sanken zu Boden.«

An dem Stern auf seinem Helm erkannte er, daß derjenige, der seinen

Kameraden verbunden hatte, ein hochrangiger Offizier der nordvietnamesischen Armee gewesen war. Wie er es bei den manchmal von Bomben zerfetzten Körpern feindlicher Soldaten tat, zog er sorgsam ein Messer aus seinem Gürtel und schnitt jedem der beiden Männer das rechte Ohr ab. Er nahm den Rucksack und den Helm des Offiziers und gab ihn einem Kameraden, damit er darauf aufpaßte. Dann steckte er die Ohren in seinen Rucksack. »Nach einer Schlacht mußte man seinem Häuptling stets einen Beweis dafür bringen, daß man gut gekämpft hatte. So war es immer schon gewesen, und genau das tat ich auch in Vietnam.«

Sein Vetter Adolph Bull Bear war aus dem Koreakrieg mit acht Skalps zurückgekehrt. Ein anderer seiner Vettern, Webster Poor Bear, war mit der 173. Luftlandedivision in Vietnam. Sein Kommandant drohte ihm, ihn vor das Kriegsgericht zu bringen, wenn er nicht damit aufhören würde, Soldaten der nordvietnamesischen Armee zu skalpieren. Guy Dull Knife jun. erfuhr noch von einem anderen Indianer, einem Winnebago aus einer ganz in der Nähe stationierten Einheit, der es riskiert hatte, vor das Kriegsgericht gestellt zu werden, weil er bei seinen Feinden den ›Coup‹ ausführte. Der Winnebago wurde ebenfalls als Kundschafter eingesetzt. Er schlich sich an den Wachposten der nordvietnamesischen Armee heran, berührte ihn erst an der Schulter und stieß seinen Schlachtruf aus, bevor er ihm die Kehle durchschnitt. »Er war ein guter Kundschafter, aber dieses Verhalten trieb seinen Kommandeur fast in den Wahnsinn. Jedermann schlich leise durch den Dschungel, und er ließ seinen Schlachtruf hören. Der Kommandeur befahl ihm, diesen Unsinn zu lassen, sonst würde er ihn vors Kriegsgericht bringen. So jedenfalls ist es mir erzählt worden.«

Es gab Tage, an denen beide Seiten lieber leben als kämpfen wollten, an denen sowohl die Amerikaner als auch die Nordvietnamesen zu müde, angeekelt von ihrem Tun und ohne den nötigen Mut waren, das Sterben zu riskieren. Wenn an einem solchen Tag zwei feindliche Einheiten aufeinandertrafen, dann ließen sie einander in Frieden weiterziehen. Ab und an war seine Kompanie einige Tage damit beschäftigt, einen Hinterhalt vorzubereiten. Und wenn dann der Zeitpunkt kam, an dem sie das Feuer auf den Feind hätten eröffnen können, rührte sich keiner von ihnen. Die Sache schien es nicht wert zu sein.

»Eines Nachmittags sollten wir eine Brücke bewachen. Statt dessen badeten oder schwammen wir im Fluß. Während wir uns noch im Fluß befanden, marschierte eine Einheit der NVA über die Brücke. Unser Kommandeur gab ihnen das Friedenszeichen. Sie gingen weiter, und wir setzten unser Badevergnügen fort. Niemand schoß.
Es gab da einen Mann aus Denver, der es schaffte, die meiste Zeit seines Einsatzes bei den Feinden zu verbringen. Kurz nachdem er in Vietnam angekommen war, verkaufte er seine M-16, seine Munition und seine gesamte Armeeausrüstung auf dem Schwarzmarkt in Saigon. Er besorgte sich normale Kleidung und zog durch die Gegend. Schließlich kam er bis nach Kambodscha, bändelte dort mit einer Prostituierten an und reiste mit ihr durch das ganze Land, trank, trieb sich auf Parties herum und amüsierte sich. Als sein Einsatz in Vietnam so gut wie vorbei war, kehrte er zurück und erzählte jedermann, daß man ihn gefangengenommen hätte, es ihm aber gelungen sei zu fliehen. Er sagte, er hätte die meiste Zeit in Nordvietnam verbracht, hätte die Leute dort oben schließlich gut leiden können und wolle nun nicht mehr auf sie schießen.«
Guy Dull Knife jun. war etwa drei Monate in dem Tal, als eines Tages ein Soldat zu ihm kam und ihm sagte, daß gerade eben noch ein Indianer angekommen sei. Der Soldat zeigte zu einem entfernten Hügel hinüber, auf dem die Neuankömmlinge unter einem Baum ihre Sachen auspackten. Guy Dull Knife jun. machte sich auf den Weg, und als er näher heran war und die Haar- und Hautfarbe und den Körperbau des anderen erkennen konnte, wurde er ganz aufgeregt.
»Ni Lakota he?«
Francis Whitebird drehte sich um und setzte ein breites Grinsen auf. Er war ein Brulé Sioux aus einer Gegend des Rosebud-Reservates gleich an der Grenze zum Pine-Ridge-Reservat. Es dauerte nicht lange, und die beiden Männer ließen sich zusammen unter dem Baum nieder und unterhielten sich in ihrer Muttersprache. Whitebird war in Wanblee, das in der östlichen Ecke des Pine-Ridge-Reservates liegt, aufgewachsen. Bald schon entdeckten sie, daß sie gemeinsame Bekannte hatten und als Kinder auch an denselben Plätzen gewesen waren. Er hatte bereits einen Grad in Agrarwissenschaften von der Universität von Süddakota erlangt und sollte nach dem Krieg in Harward sein Diplom machen. Im Frühjahr 1969 war Whitebird der

Kompanie B der 196. Leichten Infanteriebrigade als Sanitäter zugeteilt worden.

Während der Lakota fasziniert den Nachrichten aus der Heimat lauschte, hielt etwas weiter unterhalb ein Kaplan eine Messe für katholische Soldaten. Als ob Guy Dull Knife jun. jahrelang von zu Hause fortgewesen wäre, fragte er den Neuankömmling immer wieder nach Einzelheiten über die Reservate und die Vereinigten Staaten. Mitten in ihrer Unterhaltung wurde plötzlich der Staub zu ihren Füßen aufgewirbelt, und das knatternde Geräusch einer AK-47 trieb sie hinter den Baumstamm. Der Kaplan und die Soldaten, die am Gottesdienst teilgenommen hatten, sanken zu Boden, und die zwei Lakota krochen auf der Rückseite des Hügels zu einer schützenden Senke hinunter. Nach ein paar Minuten war das Heckenfeuer vorüber.

»Willkommen in Vietnam«, sagte Guy Dull Knife jun.

Von Anfang an hatte er schreckliches Heimweh gehabt, und so tat es gut, einen anderen Sioux in seiner Begleitung zu wissen. Die beiden wurde Freunde, wie es sich unter Soldaten in der Schlacht, auf Patrouille und im Lager halt so ergibt. Sie unterhielten sich in ihrer Muttersprache darüber, was sie tun würden, wenn sie wieder zu Hause wären. In vergangenen Zeiten erhielt ein Krieger für jeden Coup eine Adlerfeder. Wenn sie hier oft genug den Coup austeilten, würde man ihren Mut später an einem Kopfschmuck voller Adlerfedern ablesen können. Guy Dull Knife jun. und Francis Whitebird teilten füreinander Coups aus, in der Hoffnung, daß, falls einer von ihnen Vietnam lebend überstehen würde, er genug Coups gemacht hätte, um einen Kriegskopfschmuck zu bekommen.

Wenn Guy Dull Knife jun. während der ersten Monate nach tagelangen Patrouillen in das Lager zurückkam, sah er, wie die anderen Soldaten ihre Briefe von zu Hause aufrissen und immer wieder durchlasen. Wie schon sein Vater damals im Haskell Institute, in den Jahren vor dem Ersten Weltkrieg, konnte auch er nur schlecht lesen. Wenn er die anderen Briefe lesen sah, wurde er traurig, fühlte sich leer und sehnte sich nach einer Nachricht von daheim. Etwas später kaufte er sich in Chu Lai einen Kassettenrecorder und schickte von nun an Kassetten nach Pine Ridge. Rose war an Diabetes erkrankt, aber sie erkannte seine Stimme. Sie begann seine Kassetten zu überspielen und schickte sie ihm mit Neuigkeiten von zu Hause wieder zurück. Bald erhielt er fast jede Woche eine Kassette. Wenn er aus dem Dschungel zurückkam, fand er ab und zu ein Päckchen mit einem Poststempel aus Süddakota für sich bereitliegen und riß es gleich auf. Seine Mutter hatte ihm *wasna* geschickt, das zu Pulver gestoßene Trockenfleisch, das die Indianer in früheren Zeiten immer auf dem Kriegspfad dabeihatten. Er aß es am Lagerfeuer im Que-Son-Tal. Einige seiner Kompaniekameraden neckten ihn deshalb immer wieder. Sie schauten auf das eigenartige Pulver und fragten: »Was machst du da, Häuptling? Ißt Du wieder Sägemehl?«

Man hatte ihnen eingeschärft, kein vietnamesisches Essen anzurühren, aber er und Francis Whitebird kümmerten sich nicht darum. Verstreut über das gesamte Gebiet, durch das sie patrouillierten, lagen Dörfer. Nach drei oder vier Tagen im Dschungel gingen sie in ein Dorf und aßen, was immer in seinem staubigen Zentrum zum Kauf angeboten wurde. Oft wußten sie nicht, was es war, und sie fragten auch nicht nach. Es schmeckte ihnen, und so aßen sie es.

Was er am meisten in den ersten Jahren bei der Armee vermißte, das waren Kinder. Zu Hause wie in allen ihm bekannten Reservaten waren immer Kinder dagewesen. Und plötzlich hatte es Wochen gegeben, wo er nicht ein einziges Kind zu Gesicht bekam. Er war nur von Männern seines Alters umgeben: während der Grundausbildung, in Cam Ranh Bay, in Chu Lai, wenn er Tag für Tag durch den Dschungel marschierte, im Lager, dann wieder im Dschungel. In den Dörfern an der Grenze zu Laos sah er sie wieder, und sie gaben ihm das Gefühl, mit etwas verbunden zu sein, das er nicht verlieren wollte. Wenn er in den Dschungel zurückging, spürte er, daß ihm dieses Gefühl langsam wieder verlorenging, und das ängstigte ihn lange Zeit. Er glaubte, daß andere ebenso fühlten, aber da niemand darüber sprach, war er sich auch nicht sicher.

Nach einiger Zeit hatte seine Truppe ein paar Dorfbewohner kennengelernt, die ihr Leben auf ihre traditionelle Weise lebten, und er freute sich nach jedem Patrouillengang darauf, bei ihnen vorbeizugehen und die Kinder wiederzusehen. Diese waren fasziniert von den großen, amerikanischen Soldaten, von deren Uniformen und Ausrüstung, von der unterschiedlichen Hautfarbe, ihrer Sprache und ihrem Geld. Die größeren Jungen boten sich an, ihnen für einen viertel Dollar ihre Sachen zu tragen. Wenn sie sie die Straße herunterkommen

sahen, rannten die jungen Mädchen schon auf die Männer zu und boten ihnen Sex oder Flaschen mit Soda an. Hinter den Mädchen kamen Hunde und kleinere Kinder, zierlich und schlank, barfuß, mit schwarzem Haar und dunkelhäutig; sie starrten die Männer in Uniform, die durch ihr Dorf gingen, verlegen an.
In einem der Dörfer, das sie während ihrer Patrouillen oft besuchten, verbrachten Francis Whitebird und er immer mehr Zeit mit den Kindern. Sie versuchten, ihnen ein paar Brocken Lakota und einige ihrer Lieder beizubringen. Nach einiger Zeit nahmen sie etwa ein Dutzend der kleineren beiseite und brachten ihnen den Hasentanz bei. Das machte den Kindern riesigen Spaß. Zunächst sahen sie den beiden großen Männern zu, wie sie auf dem staubigen Boden herumhüpften, und dann versuchten sie es selbst, hüpften erst auf einem Bein, dann auf dem anderen und so weiter und lachten und kicherten dabei. Als nach einer Weile der Kommandeur ihrer Truppe im Dorf eintraf, ergriffen Francis Whitebird und er ihre Gewehre und verließen rasch das Dorf, gingen die Straße hinunter in Richtung Dschungel.
Ein alter Mann im Dorf verkaufte billigen, aus Reis gebrannten Whiskey, den sie ihm für gewöhnlich abkauften und in ihre Feldflaschen füllten, bevor sie das Dorf wieder verließen. Wenn sich eine Nacht hinzog, dann konnte es passieren, daß sie ziemlich blau waren und sich dann ein sicheres Plätzchen suchten, an dem sie sich für ein paar Stunden verkriechen konnten. Sie waren dann fasziniert von den Leuchtraketen, die in der Finsternis der Dschungelnacht hoch über den Bäumen ihre Bögen zogen.
Einer seiner Freunde hielt sich einen Affen als Haustier. Meist blieb der Affe im Lager, aber manchmal nahm er ihn mit auf Patrouille. Eines Morgens, als noch alle schliefen, zog der Affe am Auslöser eines M-60-Maschinengewehrs und feuerte ein paar Salven auf das Lager ab. Jeder von uns sprang auf und brachte sich in Sicherheit. »Als das Schießen vorbei war und wir sahen, was passiert war, stand einer der Männer ganz ruhig auf und schoß dem Affen den Kopf weg.«
Eines Nachmittags ruhten sich zehn bis zwölf ihrer Männer am Rande eines Pfades aus, als plötzlich ein schwarzer Rekrut schreiend aufsprang und auf den Baum über ihnen deutete. Daraufhin schoß einer der Männer in den Baum, und eine riesige Schlange fiel zu Boden. Es war ein Python, etwa sechs Meter lang und fünfzehn Zentimeter dick.

Eines Nachts befand er sich allein mit einem Teil seiner Truppe in einem ausgebrannten Buddhistentempel nahe der Baumgrenze. Am Tag zuvor hatte es ein Feuergefecht gegeben, und nun warteten sie bis zur Abenddämmerung, um sich wieder zum Rest ihrer Truppe zu begeben. Die Uhr in dem ausgebrannten Tempel funktionierte noch, und ihr Pendel klickte beständig hin und her. Nach etwa einer Stunde sprang er auf und feuerte mit seinem M-16 auf sie los.

An einem sternenklaren Abend im Juli 1969 schlugen er und weitere sechs Männer der Kompanie B sich auf einem Patrouillengang in der Nähe der laotischen Grenze ihren Weg durch den Dschungel. Ihre Macheten blinkten im Mondlicht, und während sie sich ihren Weg bahnten, hörten sie auf einmal die Nachricht, die aus dem Gerät des Funkers drang. Eine Stimme aus dem Basislager teilte mit, daß ein Amerikaner auf dem Mond herumspaziere. Die sieben Männer von Kompanie B hielten inne und starrten hinauf in den Himmel. Eine Weile lang sagte keiner ein Wort, und dann schlug sich der Kundschafter weiter seinen Weg frei, und alle setzten schweigend ihren Marsch durch den Dschungel fort.

Ein paar Tage später kehrten sie wieder zum Rest der Kompanie zurück, die für gewöhnlich etwa hundert Mann stark war. Die Zeit des Monsuns war angebrochen, während der es wochenlang ohne Unterbrechung regnete, nur um danach noch stärker zu schütten. Es gab keinen Ort, an dem sie Schutz finden konnten. Regen und Schlamm, die Luftfeuchtigkeit und das Ungeziefer zehrten an ihren ohnehin schon strapazierten Nerven. In der Zeit des Monsuns konnte man ruhig nachlässig sein, und viele der Männer vergewisserten sich, ob sie das Datum ihrer Heimkehr richtig berechnet hatten. Sie waren froh, nicht auf Patrouille zu sein, und zogen zum Dorf, um zu essen, sich auszuruhen und ein bißchen zu trinken, bevor sie sich erneut mit Schlamm, Regen und den Nordvietnamesen herumschlagen mußten.

Als er und Francis Whitebird inmitten der Truppe die Straße zum Dorf hinuntermarschierten, konnten sie die ersten Soda-Mädchen auf sie zurennen sehen. Die Hunde zu beiden Seiten der Straße suchten das Weite, als ein paar Männer an der Spitze der Bravo Company ausscherten. Etwas weiter entfernt, hinter den Mädchen und den Hunden, sahen sie die kleinen Kinder auf und nieder hüpfend auf sie

zukommen. Erst als sie näher waren, erkannten sie, was da vor sich ging. Die Kinder tanzten den Hasentanz.
Er und Francis Whitebird wechselten einen kurzen Blick miteinander, und dann rannten sie zusammen durch die Pfützen, bis sie bei den Kindern angelangt waren, setzten sich beide eins auf die Schultern und gingen weiter die Straße entlang. Als sie das Dorf erreichten, versuchten einige Kinder immer noch, erst auf einem und dann auf dem anderen Bein zu hüpfen.
Später erzählten sie den jungen Mädchen im Dorf nahe der Grenze zu Laos, daß Landsleute von ihnen auf dem Mond gelandet seien und dort herumgingen. Die Mädchen lachten und blickten sie an, als seien sie verrückt geworden.

Seit langem schon zählte er die Tage, die er noch in Vietnam bleiben mußte. Mitte Dezember waren 50 von ursprünglich 365 Tagen übriggeblieben. Etwa eine Woche vor Weihnachten – sie befanden sich gerade auf Patrouille – wurden sie mit Raketen beschossen, und jeder suchte nach Deckung. Bevor er sich in Sicherheit bringen konnte, spürte er einen Schlag im Rücken, und er konnte fühlen, wie seine Uniform mit Flüssigkeit durchtränkt wurde. Er nahm an, es sei Blut, stolperte vorwärts und wunderte sich, daß er nicht das Bewußtsein verlor. Sein Rücken war durchnäßt, und in den Schultern hatte er kein Gefühl mehr. Als er endlich in Deckung war, langte er hinter sich und nahm seinen Rucksack ab. Dann sah er, daß Geschoßsplitter seine Feldflasche zertrümmert hatten. Er öffnete den Rucksack, nahm die beiden Adlerfedern heraus, glättete sie und legte sie beiseite. Er wußte, daß er Glück gehabt hatte und daß seine Nerven von Tag zu Tag und von Patrouillengang zu Patrouillengang schlechter wurden.
Über Weihnachten wurde er zusammen mit seinen Kameraden nach Qui Nhon geflogen, einer Stadt östlich von Pleiku an der Küste Südvietnams. Dort war es unglaublich heiß, aber dennoch genoß er die riesige Ferienshow, die die Armee dieses Jahr für die Soldaten veranstaltete. Er bekam Bob Hope und die Cheerleaders des Dallas-Cowboys-Football-Teams zu sehen; viele seiner Kameraden waren danach

ziemlich aufgewühlt. Es war die größte Menschenmenge, die er jemals zu Gesicht bekommen hatte.
Nach ein paar Tagen Pause verließen sie Qui Nhon und kehrten in ihr Basislager zurück, gingen wieder auf Patrouille, waren wieder im Dschungel. Im vergangenen Jahr hatte er oftmals geglaubt, daß er das Jahr 1970 nicht mehr erleben würde, aber auch im ersten Monat des neuen Jahres passierte nichts Gravierendes.
Am 1. Februar 1970 ging Guy Dull Knife jun. in Cam Rhan Bay an Bord eines Flugzeugs der TWA*, das ihn zurück in die Vereinigten Staaten brachte. Sein Frontdienst war zu Ende.
Sie traten in ihren Uniformen aus der Maschine und gingen die Stufen der Gangway hinunter, und dann knieten viele von ihnen unten nieder und küßten den Boden. Als sie sich wieder erhoben, bemerkten sie, daß sich an einer Ecke des Rollfeldes außerhalb der mit Ketten befestigten Umzäunung eine große Menschenmenge versammelt hatte. Die Leute schrien und gestikulierten, und nach einer Weile warfen einige von ihnen mit Eiern und Tomaten nach den Soldaten, die – mit rotgeränderten Augen – auf das Terminal zugingen. Seit Monaten hatten sie keine Zeitung, keine Illustrierte mehr gelesen, kein Fernsehprogramm mehr gesehen, und so waren sie überrascht und verwirrt, von dem, was sie in den ersten Stunden ihrer Heimkehr erleben mußten. Die meisten Demonstranten waren Weiße, in ihrem Alter, die in den vergangenen zwölf Monaten in einer anderen Welt gelebt hatten. Viele der Jungs, an deren Seite er gekämpft hatte, wußten sicherlich nicht, was eine Zurückstellung vom Wehrdienst aus Studiengründen bedeutete. Diese Formulierung kam in ihren Unterhaltungen einfach nicht vor. Francis Whitebird hatte sie einmal erwähnt, aber Guy Dull Knife jun. konnte sie nicht einmal buchstabieren. Sie hatten eigentlich keine Wahl gehabt, dachte er. Sie wurden eingezogen, nach Übersee geflogen, taten ihre Pflicht, und nun waren sie zurück.
Er wollte keinen Ärger. Er wollte nur nach Hause. Also ging Guy Dull Knife jun. noch auf dem Flugplatz zur Toilette, zog seine Uniform aus und kleidete sich wie ein Zivilist. Dann begab er sich zum Schalter des Takoma-Seattle International Airport und besorgte sich ein Ticket

* Trans World Airlines: amerikanische Fluggesellschaft. Anm. d. Übers.

nach Rapid City, Süddakota. Seine Eltern rief er nicht an. Es sollte eine Überraschung werden.
Als er durch die Zollabfertigung ging, wollten die Beamten wissen, was es mit dem Ding um seinen Hals auf sich habe. Er erklärte ihnen, daß dies ein heiliges Medizinbündel sei. Sie lachten ihn aus und verlangten, daß er es öffnete. Einer der Beamten dachte, daß es Drogen enthalte und daß Guy jun. gutes asiatisches Heroin in die Staaten schmuggeln wolle. Guy Dull Knife jun. erklärte ihnen, daß weder er noch sonst jemand es öffnen dürfe, nur dem Medizinmann sei das erlaubt. Sie sagten ihm, daß er es schleunigst öffnen solle, oder die Flugplatzpolizei würde kommen und es für ihn tun. Hinter ihm standen die Leute bereits Schlange und waren darüber nicht gerade erfreut. Guy Dull Knife jun. war die Sache ausgesprochen unangenehm. Er bat darum, zu Hause in Süddakota anrufen zu dürfen. Er wolle jemanden ans Telefon holen, der den Beamten versichern könne, daß er die Wahrheit spreche und es weder ihm noch ihnen gestattet sei, das Bündel zu öffnen.
Einer der Beamten begleitete ihn zu einem öffentlichen Telefon, von dem aus Guy Dull Knife jun. eine Nachbarin anrief und sie bat, seiner Mutter mitzuteilen, daß sie ihn am Flugplatz anrufen möge. Etwa zwanzig Minuten später klingelte das Telefon, und er erklärte seiner Mutter in Lakota das Problem und bat sie, zu Häuptling Fools Crow hinüberzufahren und ihn zu bitten, ebenfalls am Flughafen in Seattle anzurufen. Eine halbe Stunde später klingelte das Telefon erneut. Diesmal war Fools Crow am Apparat. Er sprach mit dem Zollbeamten, klärte ihn über das Bündel auf und teilte ihm mit, daß besagtes Bündel vor fast dreißig Jahren gebunden worden war und es – der Sitte der Lakota entsprechend – niemandem außer ihm selbst gestattet sei, es zu öffnen. Der Zollbeamte schenkte dem alten Mann Glauben, entschuldigte sich bei Guy Dull Knife jun., und dann lachten beide herzlich über die Sache, und Guy jun. flog weiter nach Süddakota. Am Flugplatz in Rapid City tauschte er die normale Kleidung wieder gegen seine Uniform und wartete auf seine Mutter und einen Cousin, die ihn abholen und mit ihm ins Pine-Ridge-Reservat fahren wollten.
Nach seiner Heimkehr wurde im Haus seiner Eltern auf dem Hügel über dem Red Water Creek tagelang gefeiert; es gab Festessen und Parties. Rose brach oft grundlos in Tränen aus, und sein Vater erzählte

ohne Unterlaß jedem seiner Freunde, Nachbarn und Verwandten und den Vertretern des Stammesrates, daß sein Sohn aus dem Krieg zurückgekehrt war. Seine Freunde schauten vorbei, und eines Nachmittags machte er einen langen Spaziergang am Fluß entlang. An einem anderen Nachmittag fuhr er zu Häuptling Fools Crow und überreichte ihm die acht rechten Ohren, die er Soldaten der nordvietnamesischen Armee abgeschnitten hatte. Dann unterhielten sie sich noch geraume Zeit.

Wochenlang trug er seine Uniform: wenn er Verwandte besuchte, gute Freunde traf, zum Einkaufen nach Kyle oder ins Dorf Pine Ridge fuhr. »Für mein Volk war ich damals ein Held. Die Leute besaßen nicht viel, aber wann immer ich unterwegs war, hielten sie mich auf der Straße an, schlugen mir anerkennend auf die Schulter und stopften mir ein paar Dollar in die Taschen. Viele von ihnen kannte ich nicht einmal. Im Reservat respektierte man die Uniform, und die Leute waren stolz auf mich und alle Lakota, die in Vietnam gedient hatten.«

Von den 12 000 Oglala Sioux, die damals im Pine-Ridge-Reservat lebten, dienten 175 in Vietnam. Neun davon starben. Die Namen sämtlicher Vietnamveteranen sind auf zwei einander gegenüberstehenden Granittafeln eingraviert, die man in einer von Unkraut überwucherten Ecke des Dorfes Pine Ridge aufgestellt hat. Unter den Namen findet sich auch der von Guy Dull Knife jun. und der seines Cousins Peter Bull Bear, Träger des Green Beret* und Mitglied des Golden Eagle Parachute Clubs** und der erste Oglala Sioux, der bei einer Spezialeinheit der US-Armee diente. Sein Cousin Ray Bull Bear gehörte zur 173. Luftlandedivision, und ein weiterer Cousin, Peter Mesteth, diente im leichten Pionierbataillon. Ihm wurde von einer Granate das Schädeldach weggepustet, und so kehrte er mit einer Stahlplatte auf dem Kopf nach Kyle zurück. Die Familie Pumpkin Seed aus dem Dorf Wanblee, östlich von Kyle, hatte fünf Söhne, von denen vier nach Vietnam gingen. Sie waren Nachfahren von Häuptling Big Foot, und jeder von ihnen kehrte unversehrt aus Vietnam zurück. In späteren Jahren starben drei der vier Jungen an Diabetes.

* Beret der US-Luftwaffe. Anm. d. Übers.

** Renommierter Fallschirmspringer-Club in den USA. Anm. d. Übers.

Am Rand von Wanblee findet sich auf einem kleinen grasigen Hügel, der sich auf der anderen Straßenseite gegenüber der Crazy-Horse High-School erhebt, eine große Gedenktafel, die den Kriegsveteranen der Sioux aus allen Kriegen gewidmet ist. Die Namen sind unterhalb folgender Inschrift in alphabetischer Reihenfolge aufgeführt:

Für diejenigen, die in der Armee der Vereinigten Staaten gegen jene Nationen zu Felde zogen, die versuchten, die geheiligten Prinzipien Demokratie, Freiheit, Gerechtigkeit und Gleichheit zu zerstören.

Nach einiger Zeit hießen die Bewohner des Medicine-Root-Distrikts, den sein Vater bei Stammesratsversammlungen repräsentierte, Guy jun. mit einer offiziellen Ehrungszeremonie willkommen. An einem Winterabend im Jahr 1970 war Guy Dull Knife jun. der Ehrengast auf einem Fest, das im Gymnasium der Little-Wound-Schule abgehalten wurde. Sie schlachteten einen Büffel aus der Herde des Stammes und brieten ihn wie zu alten Zeiten. Einige der Gäste brachten frisches Fleisch von Rindern aus ihren eigenen Herden mit. Alle Familienmitglieder der Dull Knifes waren zugegen, viele der Bull Bears und auch zahlreiche Freunde aus Kindheit und Schulzeit. Guy Dull Knife jun. trug seine Armeeuniform, und gegen Ende der Zeremonie erwiesen sie ihm die Ehre, alle beim gemeinsamen Tanz anzuführen, den sie seit Generationen tanzten, wenn sie auf Brautschau gingen oder ihrer Freude und ihrem Glück Ausdruck verleihen wollten. Zu Beginn war er ein wenig aufgeregt, aber da alle lachten und ihren Spaß hatten, begann er zuerst auf dem einen Fuß, dann auf dem anderen zu hüpfen, und schon bald befand er sich am Kopf der Schlange und führte alle beim traditionellen Hasentanz der Lakota um das Gymnasium herum an.

Das ging alles sehr schnell, und er war sich manchmal seiner Schritte nicht ganz sicher. Er hatte über zehn Kilo verloren, seine Arme brannten noch immer, und seine Beine und sein Rücken waren mit Wunden übersät. Auch glaubte er, daß seine Augen noch nicht ganz in Ordnung waren. Aber er war glücklich. Es tat gut, wieder zu Hause zu sein.

DIE BADLANDS

Er konnte nicht schlafen, und er konnte nicht nach draußen gehen. Er wollte nicht allein sein und doch niemanden sehen. Vom Ende seiner Kundschaftertätigkeit im Que-Son-Tal bis zu den Spaziergängen am Red Water Creek war eine gute Woche vergangen. Aber auch noch Wochen und Monate später würde er die beiden Welten nicht miteinander in Einklang bringen können. Wenn er sich am Fluß befand, überkam ihn die Vorstellung, daß sich im Gebüsch Vietcong versteckt hielten, und er rannte zurück nach Hause. Wenn er mit dem Wagen unterwegs war, bildete er sich ein, die Straßen könnten vermint sein, und er kehrte um. Kaum befand er sich für einige Augenblicke im Schuppen, meinte er, Raketen einschlagen zu hören, öffnete die Tür und rannte hinaus. In Vietnam war es niemandem gestattet, allein loszuziehen, und auch jetzt bat er die anderen, ihn zur Toilette zu begleiten. Wenn er nachts auf seiner Matratze lag, quoll Eiter aus seinen Rücken- und Beinwunden und beschmutzte das Laken. Noch immer schmerzten seine Arme von den Phosphorbrandwunden, und er fand keine bequeme Lage. Wenn er schließlich vor Erschöpfung zusammenbrach und einschlief, plagten ihn Alpträume, so daß er oft schweißgebadet aufwachte. Dann stand er auf und ging umher, bis das wohltuende Sonnenlicht ihm endlich Ruhe brachte.

Gegen Ende des Winters 1970 besuchte er Häuptling Fools Crow. Der betagte Häuptling ging auf die Achtzig zu und lebte in einem kleinen Blockhaus in der Nähe von Kyle, draußen im Hinterland, wo zahlreiche traditionell gesinnte Vollblut-Lakota ihr Zuhause und ihr Land hatten und ihre Kultur pflegten. Zunächst hörte Fools Crow dem jungen Soldaten zu, dann nahm er ihn am Abend mit in die Schwitzhütte. Einige Zeit später zelebrierte er ein *Yuwipi* für Guy Dull Knife jun. und beschwor die Geister, den jungen Mann Ruhe finden zu lassen, ihn zu stärken und ihm wieder auf die Füße zu helfen.

Während der Zeremonie gab Guy Dull Knife jun. das heilige Medizinbündel zurück, das er in Vietnam getragen hatte.
Anfang Sommer fühlte er sich allmählich besser und nahm eine Arbeitsstelle in einer Mokassinfabrik im Dorf Pine Ridge an, jener geschäftigen Gemeinde in der südwestlichen Ecke des Reservates, in der sich auch die Stammesverwaltung und die lokale Agentur des Bureau of Indian Affairs befanden. Roses Zustand hatte sich deutlich verschlimmert; zur Diabetes war eine Herzschwäche hinzugekommen. Im Alter von inzwischen einundsiebzig Jahren kümmerte sich sein Vater nicht nur um das Land und den Viehbestand, sondern vertrat außerdem die Bewohner des ländlichen Medicine-Root-Distrikts weiterhin bei Stammesratsversammlungen. Während der alte Mann die Ranch betreute, kochte sein Sohn und versorgte den Haushalt. Und abends waren beide für Rose da.
Guy Dull Knife jun. blieb fast drei Jahre lang in der Fabrik. Der Job gefiel ihm. Am Anfang erhielten seine Tage durch die Arbeit Rhythmus, Sinn und eine gewisse, ihn beruhigende Stabilität. Mit seinem Verdienst konnte er seine Familie unterstützen, und die Arbeit lenkte ihn ab. Jeden Morgen fuhr er von Kyle aus in westlicher Richtung nach Sharps Corner, dann in südlicher Richtung durch die Dörfer Porcupine und Wounded Knee. Auf der Fahrt kam er durch das alte Büffelland, durch die sanft gewellte, mit Ponderosa-Kiefern und Colorado-Fichten bewachsene Prärie, vorbei an Fluttälern mit Beständen von Eichen, Eschen, Ulmen und turmhohen Cottonwood-Bäumen. Südlich von Wounded Knee bog er für die restlichen fünfundzwanzig Kilometer bis nach Pine Ridge in die Bundesstraße 18 ein. Durch das lange, täglich sich wiederholende Pendeln fielen ihm mehr und mehr die zahlreichen Unterschiede auf zwischen der Landbevölkerung und den Leuten aus dem Dorf, in dem er zur Arbeit ging. Anfang 1972 traten diese Unterschiede ganz offen zutage und waren bald im gesamten Pine-Ridge-Reservat zu spüren. Nach einer Weile konnte er seine gewohnte Route zur Fabrik nicht mehr fahren. »Damals hörte ich zum ersten Mal in meinem Leben die Begriffe ›Goon‹* und ›AIM‹**«, erzählte er Jahre später.

* Bezahlter Totschläger, Raufbold oder Brandstifter. Anm. d. Übers.
** American Indian Movement: s. Anm. d. Übers., S. 263.

Die Probleme hatten sich über lange Zeit hin aufgebaut, nämlich seit 1851, als der erste Friedensvertrag zwischen den Vereinigten Staaten und dem westlichen Teil der Großen Nation der Sioux unterzeichnet worden war. In dem Vertrag war Siedlern und Fellhändlern zugesichert worden, im Tausch gegen regelmäßige staatliche Lieferungen von Nahrungsmitteln, Haustieren und landwirtschaftlichem Gerät ungehindert durch das Land der Lakota ziehen zu dürfen. Die jährlichen Zuteilungen wurden in Fort Laramie in Wyoming ausgegeben, wo sich bald einige Lakota herumtrieben und nichts anderes mehr taten, als auf das Eintreffen der Lieferungen zu warten. Die Herumtreiber mußten sich selten anstrengen, um an Whiskey oder Zuckersirup heranzukommen. Als im Laufe der nächsten drei Jahrzehnte Hungersnöte und Landverlust die alten Lebensgewohnheiten unterminierten, sammelten sich immer mehr Lakota in den Indianeragenturen nahe der Forts.

Nachdem ihr Widerstand gebrochen war, fürchteten einige ältere Häuptlinge, daß sie ihren Einfluß und ihre Macht einbüßen könnten, und ließen sich daher leicht durch Schmeicheleien einnehmen und manipulieren. Die Regierung ernannte Scheinhäuptlinge, die sie unterstützte, und hetzte die Indianer immer mehr gegeneinander auf. So konnten neue Verträge geschlossen werden, die schließlich zum Verlust der Black Hills führten. Die Strategie »in Parteien spalten und bezwingen« teilte die Lakota zeitweise in zwei Lager: in freundlich und in feindlich Gesinnte. Bei den feindlich Gesinnten handelte es sich um traditionell lebende Lakota, die für ihr Land und die althergebrachte Lebensweise kämpften. Bedeutende Persönlichkeiten unter ihnen wurden in der Regel umgebracht, manchmal sogar mit Unterstützung ihres eigenen Volkes. Als sich ein Bajonett in seine Niere bohrte, hielt sein Freund aus seiner Kindheit, der ehemalige Lieutenant Little Big Man, die Arme von Crazy Horse fest. Es waren Indianerpolizisten, die Sitting Bull vor seiner Hütte niederschossen. Als die Armee wegen der unter den Lakota aufgeflammten Geistertanz-Bewegung in Pine Ridge einmarschierte, wurden Nordcheyenne-Trupps nach Süden in Marsch gesetzt, um dort bei der Unterwerfung ihrer guten Freunde und Verwandten behilflich zu sein. Und schließlich sollten Halbblut-Indianer, die sich als Scouts bei der US-Armee verdingt hatten, Big Foot und seine Leute als erste aufspüren.

In einem Zeitraum von 125 Jahren überlebten meist die freundlich gesinnten Lakota – jene also, die den Wünschen des Militärs, der Regierung, der Polizei, der Missionare und des Reservatsagenten nachkamen und es gelegentlich zu etwas brachten. Die traditionellen Lakota starben häufig, sie bekamen das volle Ausmaß an Krankheit, Alkoholismus, Korruption, Isolation und Hoffnungslosigkeit zu spüren.

Eines Abends im Februar 1972 schlugen zwei weiße Brüder in Gordon in Nebraska einen Oglala mittleren Alters brutal zusammen, zogen ihn von der Hüfte abwärts aus und packten ihn in den Kofferraum ihres Wagens. Dann kauften sie zwei Kästen Bier und eine Flasche Wein und fuhren durch die Stadt. Eine halbe Stunde später hielten sie vor der Halle der American Legion*, schafften den schwerverletzten Mann durch die Hintertür hinein und versuchten, ihn zur Tanzfläche zu stoßen. Mehrere Mitglieder der Legion fragten den Indianer, ob sie ihn nach Hause bringen könnten, aber der halbnackte Mann schüttelte nur den Kopf und ging weg. Der Oglala war Landarbeiter auf einer Farm in der Umgebung und stammte aus dem Dorf Porcupine im Pine-Ridge-Reservat. Er stolperte zum Gefängnis des Ortes, sagte dem Gefängniswärter, daß er sich nicht gut fühle, und bat ihn, die Nacht im Gefängnis verbringen zu dürfen. Am nächsten Morgen ging er zum lokalen Autofriedhof, wo er wohnte. Raymond Yellow Thunder war einundfünfzig Jahre alt, als er auf dem Vordersitz eines Sattelschleppers zusammenbrach und an einer Gehirnblutung starb.

Etwa eine Woche später erfuhr ein anderer Oglala von einem Freund der Familie, welcher Vorfall zum Tod von Yellow Thunder geführt hatte. Russell Means war ebenfalls in Porcupine aufgewachsen, dann nach Kalifornien und später nach Ohio gezogen. Als Means im Jahre 1970 das Indianerzentrum von Cleveland leitete, besuchte er

* 1919 gegründete Gesellschaft, deren Mitglieder sich aus US-Armee-Veteranen des Ersten und Zweiten Weltkrieges sowie des Koreakrieges zusammensetzen. Anm. d. Übers.

eine Konferenz der American Indian Movement (AIM) in Minneapolis.
Die Organisation AIM, 1968 von Stadtindianern gegründet, hatte die Absicht, eine Gruppe grundverschiedener nationaler Indianerorganisationen zusammenzuschließen. Ganz oben auf der Liste ihrer Ziele stand die Beendigung der Schikanen durch die Polizei, die Durchsetzung der vertraglich zugesicherten Rechte sowie die Bemühung um indianische Souveränität. Die Anführer der AIM wollten erreichen, daß sich die Indianer von der ein Jahrhundert dauernden Vormundschaft des Staates befreiten, und sie versuchten, die Sprache der Indianer, ihre Kultur und ihr Erbe wieder aufleben zu lassen. Sie forderten das Recht, ein Leben als Indianer mit all den dazugehörigen indianischen Werten führen zu dürfen, und sie beabsichtigten, ihre Ziele mit Hilfe politischer Macht und Öffentlichkeitsarbeit durchzusetzen. Als Means von der Konferenz in Minneapolis zurückkam, eröffnete er in Cleveland ein AIM-Büro. Kurz nachdem er die Geschichte von Yellow Thunder gehört hatte, fuhr er nach Nebraska. Damals trafen sich gerade Führer der AIM mit anderen Interessenvertretungen der Indianer in Omaha, und mehrere Oglala überbrachten die Bitte der Angehörigen Yellow Thunders, ihnen bei der Aufklärung seines Todes behilflich zu sein. Sie baten die AIM, ins Pine-Ridge-Reservat zu kommen.[1]
Für viele traditionelle Oglala gehörten im Winter 1972 Gleichgültigkeit und Hoffnungslosigkeit zum alltäglichen Leben. Im darauffolgenden Frühjahr gewann Richard »Dickie« Wilson, ein Halbblut, die Wahlen zum Stammespräsidenten. Sein Gegner, ein traditionell gesinnter Vollblut-Indianer, erlitt eine verletzende Niederlage. Gerald One Feather hatte die meisten Stimmen der ländlichen Bevölkerung erhalten, Wilson hingegen gewann beinahe alle Stimmen aus dem Dorf Pine Ridge. Er war von Beruf Klempner, ansonsten dem Alkohol verfallen und 1969 knapp einer Verurteilung wegen Veruntreuung staatlicher Gelder in Höhe von 6000 Dollar entgangen. Schon bald begann der neue Stammespräsident, in dem an Arbeitsplätzen knappen Reservat Freunde und Verwandte in Stammesposten einzuschleusen. Wer ihn nicht unterstützt hatte, wurde gefeuert. Nun geschah genau das, was die traditionell gesinnten Lakota schon vierzig Jahre zuvor befürchtet hatten, als John Collier zum ersten Mal nach

Pine Ridge gekommen war und den Oglala Sioux eine neue Form der Selbstverwaltung vorgeschlagen hatte.

Dickie Wilson lehnte die American Indian Movement ab. Er haßte ihre Anführer, ihre Sympathisanten und alles, wofür die Organisation stand. Er und seine Anhänger waren von der US-Regierung und den Jobs in der Stammesverwaltung abhängig und befürchteten, die AIM könnte wirkungsvollen Einfluß auf die traditionellen Lakota nehmen. Nach einer Weile rüstete er unter Verwendung staatlicher Gelder eine private Polizeimacht mit Waffen aus. Sie bestand vor allem aus arbeitslosen Halbblut-Indianern, die fortan im Reservat ihr Unwesen trieben. Oft waren sie betrunken, hielten nach Störenfrieden Ausschau, belästigten ständig diejenigen mit dunklerer Hautfarbe und längerem Haar, nahmen sie fest und schlugen sie. Sie bezeichneten sich selbst als die »Wächter des Volkes der Oglala«.[2] Die Leute im Hinterland nannten sie die »Todesschwadron«.

Kurz nachdem Russell Means und andere Mitglieder der AIM in Pine Ridge eingetroffen waren, organisierten sie aus Protest gegen den gewaltsamen Tod von Raymond Yellow Thunder eine Demonstration.[3] Bald schon fuhr ein Troß von 150 Autos und 600 Indianern über die Grenze von Süddakota nach Gordon in Nebraska. Dort trafen sie auf eine große Ansammlung von Hilfssheriffs, berittenen Staatspolizisten, örtlichen Polizisten und einigen FBI-Agenten. Mehrere Reporter und ein Korrespondent des *Life*-Magazins waren ebenfalls vor Ort, um über das Ereignis zu berichten. Zwei Tage lang, während derer die Anführer der Indianer Gerechtigkeit forderten und verlangten, die Behandlung der Indianer durch die Gemeinde an die Öffentlichkeit zu bringen, blieb die Lage gespannt.

In den vergangenen Jahren hatten Leslie und Melvin Hare so manches Mal damit geprahlt, daß sie Indianer entführt und deren Hoden an Autobatterien angeschlossen hätten. Sie waren dafür bekannt, daß sie Schlachtpferde für zehn Dollar das Stück kauften und diese an Zaunpfähle banden. Wer von ihnen sein Pferd als erster mit einem Axthieb niederstrecken konnte, gewann einen Sechserpack Bier. Der Bezirkstaatsanwalt klagte sie schließlich an, den Tod von Yellow Thunder herbeigeführt zu haben. Beide Männer wurde später der vorsätzlichen Körperverletzung mit Todesfolge und der Freiheitsberaubung für schuldig befunden und gingen dafür ins Gefängnis.

Letztendlich mußte Melvin Hare von seiner zweijährigen Freiheitsstrafe nur zehn Monate im Staatsgefängnis von Nebraska absitzen; sein älterer Bruder Leslie blieb zwei von ursprünglich sechs Jahren inhaftiert.[4]

Bevor die Vertreter der AIM in diesem Winter Gordon wieder verließen, hatten sie die Freilassung zweier indianischer Inhaftierter und die Suspendierung eines hiesigen Polizisten erreicht sowie von Vertretern der Stadt das Versprechen erhalten, eine Kommission zur Wahrung der Menschenrechte einzurichten. Als der Troß am 9. März die Grenze zu Süddakota wieder passierte, hatte sich das Leben im Pine-Ridge-Reservat grundlegend geändert.

Viele traditionell gesinnte Lakota, die jahrelang den verächtlichen Spott der Halbblut-Indianer, der benachbarten Viehzüchter und der Bevölkerung der angrenzenden weißen Städte erdulden mußten, hatten sich lange Zeit nicht stark genug gefühlt, um mehr zu wagen, als sich eine karge Existenz im Hinterland aufzubauen. In dem traditionellen Dorf Porcupine hatten die Verwandten von Raymond Yellow Thunder erfolglos das Bureau of Indian Affairs, die Stammesregierung und einige Anwälte um Hilfe gebeten.[5] Als letzte Möglichkeit hatten sie sich schließlich an die AIM gewandt. Wie viele andere waren die traditionellen Indianer zunächst voller Argwohn gegenüber den Stadtindianern und ihren Organisationen. Warum lebten sie in Städten und nicht auf dem Land ihrer Vorfahren, wenn sie helfen wollten, fragten sich viele. Durch ihre Bemühungen und ihr rasches Einschreiten in Gordon gelang es der AIM beinahe über Nacht, von den traditionellen Lakota respektiert und für glaubwürdig erachtet zu werden. Die Gegenwart der AIM spornte die Alten und die Jungen, die Häuptlinge und die Medizinmänner an und ließ Hoffnung keimen, wo es schon lange keine Hoffnung mehr gegeben hatte. In vielen rüttelte es endlich wieder die lange schlummernden Gefühle der Selbstachtung und des Stolzes wach, Gefühle, die sich nun auch bei den Stadtindianern regten. Nachdem sie jahrelang von ihrem Land und ihrem Volk getrennt gewesen waren, begannen einige von ihnen wieder damit, ihrer angestammten Sprache zu lauschen, in die Schwitzhütten zu gehen, die Anweisungen des Medizinmannes zu befolgen und den Stammesältesten zuzuhören.

Der Zwischenfall in Gordon hatte die erste bedeutsame Allianz von ländlichen und städtischen Indianern herbeigeführt. Bald schon baten die traditionellen Oglala die AIM, ihnen bei der Untersuchung ihrer vertraglich zugesicherten Rechte und der den Landbesitz regelnden Rechte sowie bei Beschwerden über das brutale Vorgehen der Polizei zur Seite zu stehen und sie bei der Verlängerung von Pachtverträgen mit Bergbaufirmen zu beraten.[6] Diese Entwicklung hatten Dickie Wilson, das BIA, das FBI und die Verwaltung der Nixon-Regierung die ganze Zeit über befürchtet.

Richard Nixon wurde von vielen Indianern sehr geschätzt. Er hatte den Menominee* wieder ihren Stammesstatus zuerkannt, Mount Adams den Yakima**, weitere 24 300 Hektar Land an die Stämme in der Gegend der Warm Springs in Oregon und ein großes Stück Land, einschließlich des Blue Lake, an die Pueblo-Indianer von Taos*** zurückgegeben. Auch verwarf Nixon das Programm der »Termination«****, welches in den fünfziger Jahren vorgeherrscht hatte. Dabei handelte es sich um eine Strategie der Regierung, die Stammesverfassungen für nichtig zu erklären, die Reservate aufzulösen und deren Bewohner in amerikanische Städte umzuquartieren, wodurch letztendlich der Regierung und privaten Investoren Indianerland zugängig gemacht werden sollte. Statt dessen befürwortete Nixon anfänglich das Konzept der Selbstverwaltung der Indianer.

Im Frühjahr 1972 war seine Verwaltung völlig überlastet. Soldaten der Nationalgarde hatten vier weiße Studenten der Kent State University erschossen, worauf sich Zehntausende pazifistischer Demonstranten zusammenschlossen, um weiterhin gegen den Vietnamkrieg zu demonstrieren. Im Weißen Haus, in dem man ohnehin auf Sicherheit bedacht war, schienen die Mitarbeiter des Präsidenten nun wie besessen von der Furcht vor studentischen Aktivisten, Terroristen aus der Stadt, Anhängern der Black-Panther-Bewegung, Kommunisten

* Algonkin-Stamm im Seengebiet von Wisconsin. Anm. d. Übers.

** Stamm der Shahaptin-Sprachfamilie; lebte beiderseits des Columbia River und am unteren Yakima River im US-Bundesstaat Washington. Anm. d. Übers.

*** Nördlichste Siedlung der Pueblo-Indianer im oberen Rio-Grande-Tal im US-Bundesstaat New Mexico; 5stöckiges, vollständig erhaltenes, heute noch von Indianern bewohntes Pueblo. Anm. d. Übers.

**** Beendigung des bisherigen Zustandes. Anm. d. Übers.

und Gegnern aus dem Lager der Demokraten, ja vor jeglichen Einzelpersonen oder Gruppen, die eine tatsächliche oder scheinbare Gefahr für die nationale Sicherheit bedeuten konnten. Doch bald sollten Nixon und seine Mannschaft an der Watergate-Affäre scheitern.

Während der gesamten siebziger Jahre zeigte die US-Regierung erneut Interesse an den Ressourcen des Landes. Der Abhängigkeit von fremden Ölvorkommen überdrüssig, wollte die Regierung die Nutzung eigener Energiereserven fördern, um sicherzustellen, daß die Wirtschaft des Landes nicht durch feindliche fremde Mächte gefährdet werden konnte. Das Indianerland bot unglaublich große Mengen wertvoller natürlicher Ressourcen. Dort befanden sich riesige Nutzholzbestände, Bergbauunternehmen und Erzvorkommen. In mehreren Reservaten gab es beträchtliche Öl- und Gasvorkommen und ausgedehnte, gut erreichbare Kohlelagerstätten. Viele Stämme hatten ihr Land zu außerordentlich niedrigen Beträgen an die Regierung oder an multinationale Unternehmen verpachtet. Im Regierungsjargon wurden diese Gebiete manchmal »nationale Opfergebiete« genannt.

Private Unternehmen und Regierung entwickelten zusammen den Plan eines riesigen Stromversorgungsnetzes, bestehend aus Kohle- und Wärmekraftwerken, das den gesamten amerikanischen Westen durchziehen, billige Energie liefern und den beteiligten Unternehmen enorme Profite einbringen sollte. 1972 wurden in das an Bodenschätzen reiche Indianerland im Westen der USA Dollarbeträge in Billionenhöhe investiert.[7]

Zwanzig Jahre zuvor war in der südlichen Ecke der Black Hills außerdem Uran entdeckt worden. In der Phase des Kalten Krieges und der Aufrüstung mit Kernwaffen war Uran ein wertvoller Rohstoff, den das Militär unbedingt benötigte, um gegenüber den Sowjets nicht ins Hintertreffen zu geraten. Gegen Ende der sechziger Jahre ließ ein neu entdeckter Inlandsmarkt für Atomenergie den Preis für Uran in die Höhe schnellen. Der außerordentlich hohe Uranpreis führte zur intensiven Erforschung des gesamten Gebietes der Black Hills durch multinationale Unternehmen. Im Frühjahr 1972 baten traditionelle Oglala die AIM, ihnen dabei behilflich zu sein, dem Vertrag von Fort Laramie aus dem Jahre 1868, jenem Vertrag, der die Black Hills einst den Lakota zugesprochen hatte, Geltung zu verschaffen.

Im Herbst 1972 wurde Edith Bull Bear fünfundachtzig Jahre alt. Am frühen Morgen des 3. November traf eine über sechs Kilometer lange Kolonne indianischer Aktivisten in Washington D. C. ein. Der Demonstrationszug war inspiriert von dem im März 1963 von Martin Luther King initiierten und angeführten Marsch. Die Idee dazu war in diesem Sommer bei einer Sonnentanz-Zeremonie im Rosebud-Reservat entstanden, in Denver überarbeitet worden und hatte ihren letzten Schliff in St. Paul, Minnesota, erhalten. Der Zug startete im Oktober an der Westküste, durchquerte die Great Plains und wandte sich anschließend nach Osten. Unterwegs schlossen sich ihm Hunderte von Indianern an – junge und alte, traditionell und nicht traditionell gesinnte, Leute aus der Stadt und aus den Reservaten. Die Teilnehmer und Anführer des Demonstrationszuges, der unter der Bezeichnung ›Trail of Broken Treaties‹ bekannt wurde, hofften, auf diese Weise die Öffentlichkeit auf die Ungerechtigkeiten aufmerksam zu machen, die den amerikanischen Indianern noch immer widerfuhren, und wollten damit genausoviel Wirkung erzielen, wie die gewaltige Demonstration der Bürgerrechtsbewegung für die Rechte der Schwarzen fast zehn Jahre zuvor hervorgerufen hatte. Die Anführer hatten ein 20-Punkte-Programm entworfen. Ganz oben auf der Liste rangierte die Forderung, daß die amerikanischen Indianer den ursprünglichen Verträgen entsprechend regiert werden sollten. Für die Lakota stand der Vertrag von 1868 an oberster Stelle.

Als der Zug die Hauptstadt Amerikas am Vorabend der Wahlen im Jahr 1972 erreichte, war Edith Bull Bear wahrscheinlich das älteste Mitglied der AIM, das nach Washington gereist war, um sich für die Rechte der Indianer einzusetzen.

»Bevor sie aufbrach, rief sie uns alle zusammen und sagte uns, daß man sein Leben ruhig für etwas riskieren könne, an das man glaube«, erzählte ihr Enkel Guy Dull Knife jun. »Mutter war damals zu krank, um sich an dem Marsch zu beteiligen, aber Großmutter war noch immer sehr rüstig und machte sich auf den Weg. Nie hatte sie gezögert, ihre Meinung zu sagen. In einem Alter, in dem die meisten anderen schon längst aufgegeben hatten, war sie noch immer eine politische Kraft. Nach dem Marsch nannten wir sie ›Grandma Militant‹.«

Häuptling Fools Crow und Charlie Red Cloud, der Enkel des bekannten Oglala-Häuptlings, nahmen ebenfalls an dem Marsch teil. Als die älteren Leute bei der Kirche ankamen, in der sie untergebracht werden sollten, fanden sie sie voller Ratten vor. Unter den Anführern des Zuges waren Russell Means und Dennis Banks, Ojibwa aus Minnesota und Mitbegründer der AIM. Leonard Peltier, einen jungen Ojibwa-Sioux aus Norddakota, hatte man damit beauftragt, die Sicherheitsmaßnahmen zu koordinieren. Die Anführer weigerten sich, ihre Häuptlinge und älteren Leute in der Kirche unterzubringen. Statt dessen entschlossen sie sich, zum staatlichen Bureau of Indian Affairs (BIA) weiterzumarschieren.

Als sie vor dem BIA-Gebäude eintrafen, geriet die Situation rasch außer Kontrolle. Die Anführer hatten gebeten, mit hochrangigen Beamten der Nixon-Regierung sprechen zu dürfen, und forderten außerdem eine angemessene Unterkunft für die alten Leute. Aber auf keine ihrer Bitten und Forderungen ging man ein. Als sie gegen sechs Uhr abends durch ein Überfallkommando vertrieben werden sollten, entstand ein Tumult. Türen und Fenster wurden zerschlagen. Einige der jüngeren Indianer begannen zu randalieren und richteten an der Inneneinrichtung des Gebäudes beträchtlichen Schaden an. Während die Bundespolizei das Hauptquartier des BIA anrief, verbarrikadierten sich die indianischen Aktivisten im Innern des Gebäudes.

»Großmutter erzählte später, daß es in dem Haus schaurig und gespenstisch war«, sagte Guy Dull Knife jun. »Sie sagte, daß niemand wußte, wie sie sich verhalten sollten, und daß sie glaubten, man würde sie alle erschießen. Deshalb ging sie hin und wieder zu jüngeren Leuten hin und munterte sie auf. Sie erzählte ihnen von ihrem Vater und beschwor sie, daß so etwas nie wieder passieren dürfe. Sie sagte ihnen, daß es gut sei, für etwas zu sterben, an das man glaube. Nach allem, was sie gehört habe und wie sie selbst glaube, sei es in der Welt der Geister gar nicht so schlimm.«

Nach fünf Tagen kam Bewegung in die Angelegenheit. Die Regierung stellte 66 000 Dollar zur Verfügung, um die Indianer aus der Stadt hinauszuschaffen. Als ihr Zug Washington verließ, hatte sich die öffentliche Meinung gegen sie gewandt. Zwei Monate später wurde das 20-Punkte-Programm der Gruppe gänzlich abgelehnt und die American Indian Movement vom FBI als radikale Organisation eingestuft. Ihre Anführer standen weit oben auf der Liste der Hauptextremisten des Landes.[8]

Edith Bull Bear und die Abordnung der Oglala kehrten nach Pine Ridge zurück, wo der Stammespräsident wegen der Beteiligung der AIM an der Besetzung des BIA-Gebäudes vor Wut tobte. Dickie Wilson brachte einen Beschluß durch, der sämtliche Aktivitäten der AIM im Reservat untersagte. Weiterhin bat er US-Marshals, das örtliche Gebäude des BIA schützen zu helfen. Als die Leute der AIM zu einem früheren Zeitpunkt des Jahres von der Protestkundgebung in Gordon zurückgekommen waren und in Pine Ridge eine Feier abhielten, versicherte Wilson seinen Anhängern, daß so etwas nicht mehr vorkommen würde und sagte: »Wenn es Russell Means wagt, seinen Fuß in das Reservat zu setzen, dann werde ich, Dick Wilson, ihm höchstpersönlich seine Haartracht abschneiden.«[9]

Nach Jahren in Kalifornien und Ohio entschied sich Russell Means, ein eingetragenes Stammesmitlied der Oglala, wieder in dem traditionellen Dorf Porcupine zu leben. Er wollte die altherkömmliche Lebensweise der Lakota studieren und einen Lebensmittelladen eröffnen. Jeder im Reservat wußte, daß er zudem vorhatte, für das Amt des Stammespräsidenten der Oglala Sioux zu kandidieren. Später dann, als Means Ende 1972 vor den Bewohnern des Dorfes Oglala über den Trail of Broken Treaties* sprach, wurde er von Polizisten des BIA festgenommen und in das örtliche Gefängnis abtransportiert.

Als Guy Dull Knife jun. eines Morgens in einem Café im Dorf Pine Ridge frühstückte, kam der Stammespräsident zu ihm hinüber und fragte ihn, was für ein Auto er fahre. Guy jun. wies mit dem Kopf in Richtung eines klapprigen Ford Mustang, und Dickie Wilson meinte, das sei aber schade, wo er doch ein neues Auto fahren könnte. Ein Auto der BIA-Polizei. Guy jun. antwortete ihm nicht. Er frühstückte zu Ende und verließ das Café.

* »Pfad der gebrochenen Verträge«: Bezeichnung für die am 3. November 1972 gescheiterte Protestaktion in Washington D. C., bei der der Nixon-Regierung das 20-Punkte-Programm vorgelegt wurde. In der Folge wurde Polizei gegen die Aktivisten der indianischen Bürgerrechtsbewegung eingesetzt, die sie bis in ihre Reservate verfolgte. Anm. d. Übers.

»Er wollte die jungen Männer, die in Vietnam gewesen waren, auf seiner Seite wissen. Er fürchtete sich vor ihnen, weil sie über Waffen Bescheid wußten, trainierte Kämpfer waren und ihm eventuell schaden könnten. Sobald sie aus dem Krieg zurück waren, versuchte er sie anzuwerben, solange sie sich noch in einer verwirrten Verfassung befanden. Byron fragte er ebenfalls, aber der gab ihm dieselbe Antwort wie ich.«

Auch Byron DeSersa hatte seinen Dienst in Vietnam abgeleistet. Er war als Rekrut beim Vierten US-Infanterieregiment gewesen. Nach seiner Rückkehr verbrachten die beiden guten Freunde viel Zeit miteinander. Byron wohnte sozusagen im Haus der Dull Knifes am Red Water Creek. Oft unterhielten sie sich über den Krieg und die Lebensbedingungen im Reservat. Was sie dort vorfanden, beunruhigte sie.

»Jeden Montagmorgen sah man aus der Ausnüchterungszelle des Gefängnisses von Pine Ridge nur Vollblut-Indianer kommen, keine Halbblut-Indianer«, sagte Guy jun. »Die Polizisten waren selbst Halbblut-Indianer und machten ihren eigenen Leuten keinen Ärger, nur uns anderen. Damals konntest du als Vollblut-Indianer keine Gerechtigkeit erwarten, weder im noch außerhalb des Reservats. Es ging so weit, daß man sich Gerechtigkeit nur noch mit der eigenen Waffe verschaffen konnte.«

Am Abend des 21. Januar 1973 wurde in Buffalo Gap in Süddakota, einer kleinen Stadt westlich des Pine-Ridge-Reservates, Wesley Bad Heart Bull, ein Vollblut-Oglala, von einem Weißen vor einer Bar erstochen. Nachdem Darold Schmitz wegen Totschlags unter mildernden Umständen zum geringstmöglichen Strafmaß verurteilt worden war, bat die Mutter des Opfers die AIM um Hilfe. Die Anführer der AIM versuchten durchzusetzen, daß der Schuldspruch auf Mord lautete, und sie wollten gegen das protestieren, was in ihren Augen eine Zwei-Klassen-Rechtsprechung war.

Am 6. Februar marschierten über zweihundert Indianer in das Gebiet der Black Hills zum Gerichtshof von Custer in Süddakota, um dort mit den – äußerst nervösen – Vertretern des Staates zusammenzutreffen. Als die Weißen aus der Gegend von dem Plan der AIM erfuhren, holten sie ihre Gewehre und versuchten, sämtliche Straßen in die Hügel zu sperren. Schwerbewaffnete Polizeieinheiten wurden zu Hilfe

gerufen, die der aufgebrachten Gruppe schließlich mitteilten, daß nur Russell Means, Dennis Banks und zwei weitere Abgesandte Zutritt erhalten würden. Als die Mutter des Opfers ebenfalls mitkommen wollte, wurde sie von Polizisten ergriffen, die zu ihrer Rechtfertigung behaupteten, sie hätte sie beschimpft. Daraufhin brachen in der gesamten Stadt Krawalle aus. Ein leerstehendes Gebäude der Handelskammer brannte bis auf die Grundmauern nieder, ein Teil des Gerichtsgebäudes ging in Flammen auf, und zwei Polizeiautos wurden umgestürzt und angezündet. Stundenlang wurde Tränengas eingesetzt, herrschten Kampf und Verwirrung.[10]
Am Ende waren dreißig Indianer festgenommen worden, die man des Aufruhrs, der Brandstiftung, des Diebstahls und der vorsätzlichen Sachbeschädigung beschuldigte. Von diesen dreißig Leuten wurden später neunzehn angezeigt, darunter auch Sarah Bad Heart Bull. Den Mörder ihres Sohnes setzte man gegen eine Kaution von 5000 Dollar auf freien Fuß. Er mußte nie ins Gefängnis und erhielt statt dessen eine zweimonatige Bewährungsstrafe. Mrs. Bad Heart Bull, vierundvierzig Jahre alt und Mutter von vier Kindern, wurde schließlich schuldig gesprochen und zu einer Gefängnisstrafe von ein bis fünf Jahren Staatsgefängnis verurteilt.[11] Zurück im Reservat, gab Dickie Wilson eine offizielle Verlautbarung an die Presse, in der er vorschlug, Vertreter des Staates sollten am besten sämtliche Mitglieder der AIM beseitigen. Auch bot er die Mithilfe seiner privaten Polizeitruppe an. Kurze Zeit nach den Krawallen entsandte der US-Generalstaatsanwalt fünfundsechzig US-Marshals ins Pine-Ridge-Reservat.[12]

Mehr als zwanzig Jahre lang hatte Guy Dull Knife sen. die Bewohner des Medicine-Root-Bezirks vertreten, und das Pine-Ridge-Reservat war Zeit seines Lebens seine Heimat gewesen. Eine Woche nach seinem vierundsiebzigsten Geburtstag nahm er an einer Reihe von Treffen der Häuptlinge und Medizinmänner, der Stammesältesten und zahlreicher traditionell gesinnter Oglala teil, die in einem Gemeindeblockhaus, genannt Calico Hall, stattfanden, das westlich vom Dorf Pine Ridge lag. Wilson hatte den gewählten Vizepräsidenten des

Stammes wegen Unterstützung der AIM gefeuert und erst kürzlich eine Anhörung abgesagt, auf dem Beschuldigungen gegen ihn vorgebracht werden sollten. Als traditionelle Oglala eine Woche zuvor zum BIA gegangen waren, um sowohl gegen das unrechtmäßige Streichen der Anhörung als auch gegen billige Landverpachtungen an Farmer außerhalb des Reservates zu protestieren, wurden sie durch schwerbewaffnete US-Marshals, die sich mit ihren Maschinengewehren hinter Barrikaden aus Sandsäcken verschanzt hatten, vom BIA-Gebäude vertrieben. Sämtliche öffentliche Treffen waren abgesagt worden, und immer mehr FBI-Agenten trafen am Ort des Geschehens ein. Wilsons Todesschwadron zog weiterhin durch die Gegend und terrorisierte die Bewohner, wie es ihr gerade paßte, so daß sich die traditionellen Lakota in dem Gebiet, das ihnen mehr als ein Jahrhundert zuvor zugesichert worden war, nicht mehr sicher fühlten.

Seit jeher waren in derartigen Angelegenheiten sowohl die Häuptlinge als auch das Volk gefragt, und so beschlossen die Anführer des Stammes, am Abend des 27. Februar eine Versammlung einzuberufen. In dieser Nacht drängten sich etwa 600 Leute in die Calico Hall. Guy Dull Knife sen. kam zusammen mit Roses Bruder, Stephan Bull Bear. Der Unterstützung seines Volkes gewiß, gab Häuptling Fools Crow bekannt, daß sie sich zu einer symbolischen Konfrontation entschlossen hätten und wieder einmal die AIM um Hilfe bitten wollten. Ellen Moves Camp aus Wanblee, tätig im Gesundheitsdienst des Stammes und Mutter von sechs Kindern, war entlassen worden, weil sie die AIM unterstützte. Sie befand sich auf dem Treffen, als der Beschluß gefaßt wurde.[13]

»Wir kamen zu dem Schluß, daß wir in dieser Angelegenheit die Hilfe der American Indian Movement benötigten, da sich unsere Männer fürchteten und völlig ratlos waren. Vor allem die Frauen traten vor und sagten ihre Meinung ... Und als wir nicht aufhörten, davon zu sprechen, sagten die Häuptlinge: ›Tut, was ihr für richtig haltet, und geht nach Wounded Knee. Ihr werdet weder beim BIA-Büro noch beim Büro der Stammesregierung vorgelassen werden. Also nehmt eure Brüder von der American Indian Movement, geht mit ihnen nach Wounded Knee und demonstriert vor Ort‹ ...«[14]

Spät in dieser Nacht schlossen sich Guy Dull Knife sen. und Stephen Bull Bear einer Kolonne von 300 Lakota an, die in der Dunkelheit zu dem kleinen Dorf Wounded Knee fuhren. Die beiden älteren Männer beobachteten von ihrem Auto aus, wie die von Weißen beherrschte Handelsniederlassung geplündert wurde: Man ließ Nahrungsmittel, Kleidung, ein paar Gewehre und Munition mitgehen. Als die Polizei anrückte, umgingen sie zwei Straßensperren, fuhren zurück zum Red Water Creek und berichteten ihren Angehörigen, was passiert war.

Am Morgen des 28. Februar war das Dorf Wounded Knee von einem Heer von US-Marshals, FBI-Agenten, BIA-Polizisten und Wilsons Privatarmee umstellt. Die Zufahrtsstraßen hatte man verbarrikadiert und das Gebiet abgeriegelt. Innerhalb weniger Tage ließ die Bundesregierung siebzehn gepanzerte Mannschaftswagen, ganze Wagenladungen voller 30-, 40-, 50- und 60-kalibriger Maschinengewehre und Kisten mit vollautomatischen Gewehren in das Gebiet bringen. In dem BIA-Gebäude wurden Kisten mit panzerbrechenden Magnumgranaten vom Kaliber 357, AR-15-Gewehren, 41 000 Schuß Munition für die M-1- und 133 000 Schuß für die M-16-Maschinengewehre eingelagert. Zusätzlich hatten sie 24 000 Leuchtraketen, ein Dutzend M-79-Granatwerfer, 600 Behälter mit CS-Gas, 100 Schuß hoch explosive M-40-Munition und überdies eine Hubschrauberstaffel zur Verfügung. Vorübergehend war auch die Rede davon, daß die 82. Luftlandedivision, die Eliteeinheit der Fallschirmjägertruppen, zum Einsatz kommen sollte.[15]

Im Dorf selbst drängten sich 300 Indianer – Männer, Frauen und Kinder – und ihre Anführer Russell Means, Dennis Banks und ein Oglala namens Pedro Bissonette, zusammen. Sie hatten sich entschlossen, das Dorf erst dann zu verlassen, wenn die Regierung sich bereit erklären würde, den zahlreichen Fällen von Mißhandlungen durch die Polizei nachzugehen, das Bureau of Indian Affairs einer genauen Untersuchung zu unterziehen und die den Lakota im Vertrag von 1868 zugesicherten Rechte erneut zu überprüfen. Anders als in Washington, waren sie sich diesmal einig, nicht aufzugeben, bevor sie nicht eine feste Zusage erhalten hätten. Sie hatten nicht vor, das Dorf lange Zeit zu besetzen. Die ganze Sache sollte nur ein paar Tage dauern, sollte nur das Augenmerk der Öffentlichkeit auf die Lebensbedingungen im Reservat lenken. Noch vor Ablauf einer Woche kündigten die Crow und Nordcheyenne Bergbaupachtverträge in ihren Reservaten, womit sie die Förderung von Kohle, Erdöl und Uran in Montana ernsthaft gefährdeten. Als die Sioux aus Süddakota eine unabhängige Nation der Oglala im Pine-Ridge-Reservat proklamierten, bezeichnete der Stammespräsident die AIM als kommunistische, von verräterischen Terroristen angeführte Verschwörung. Schon bald waren die Vorräte im Dorf Wounded Knee nahezu aufgebraucht, und die Straßenblockaden der Polizei ließen niemanden durch.

In den folgenden Monaten zählte Guy Dull Knife jun. zu den vielen Männern und Frauen, die nachts im Reservat unterwegs waren, sich ihren Weg über die Hügel im Hinterland suchten und in das Dorf schlichen, um Lebensmittel, Medizin, Waffen, Munition und Winterkleidung hineinzuschmuggeln. Sie kannten sich in der Gegend aus, weil sie dort ihr bisheriges Leben verbracht hatten, und so konnten sie die Straßenblockaden umgehen und das Dorf mit Nachschub versorgen.

»Als Großmutter Edith zum ersten Mal erfuhr, was da vor sich ging, drohte sie mit der Faust. ›Ihr solltet im Dorf sein und eurem Volk beistehen, statt hier faul auf euren vier Buchstaben herumzusitzen. Los, macht euch auf den Weg‹, sagte sie uns.«

Beide Parteien hatten Bunker gebaut. Wenn Guy Dull Knife jun. nachts unterwegs war, um Nachschub ins Dorf zu bringen, hörte er in der Ferne Gewehrfeuer, roch das Gas und sah, wie Brände sengend über das Land zogen. Er mußte daran denken, daß das seine Heimat war und ihn die Regierung nach Vietnam geschickt hatte, um für sie zu kämpfen. Und als er aus dem Krieg zurückgekehrt war, hatten sie den Indianern einen korrupten Diktator vor die Nase gesetzt, dessen Privatarmee mit Waffen ausgerüstet und sein Volk gejagt, nur weil es im Reservat eine demokratische Regierung forderte. »Mir kam Pine Ridge damals gefährlicher vor als Chu Lai«, sagte er. »Wir waren in unserer eigenen Heimat zu Vietcong geworden.«

Als die Zeitungen auf den Titelseiten von der Belagerung berichteten, trafen Indianer aus dem ganzen Land in Pine Ridge ein. Da es für sie keine Unterkünfte gab, entstanden überall im Reservat provisorische Lager. Bei den Dull Knifes waren Leute aus Minnesota, New York, Illinois und Kalifornien eingetroffen. Wegen der Heckenschützen war es zu gefährlich, sich nahe der Straße aufzuhalten. Also ließ sie der alte Mann auf seinem Land am Red Water Creek kampieren. Eine

junge Micmac aus Nova Scotia namens Anna Mae Aquash half an einigen Abenden bei der Zubereitung der Mahlzeiten. Oft zündeten sie Freudenfeuer an und tanzten auf traditionelle Weise. Alkohol und Drogen waren verboten, und abends leitete Guy Dull Knife sen. die Schwitzhütten-Zeremonie.
Die Belagerung endete am 8. Mai 1973, nachdem die Regierung sich bereit erklärt hatte, eine Delegation des Weißen Hauses zu schicken, die mit den traditionellen Oglala über den Vertrag von 1868 reden sollte. Die Okkupation hatte einundsiebzig Tage gedauert und sieben Millionen Dollar verschlungen. Seit dem Bürgerkrieg hatte es keine bewaffneten Auseinandersetzungen solchen Ausmaßes im eigenen Land mehr gegeben. Zwei Indianer waren erschossen worden und ein US-Marshal blieb teilweise gelähmt. Nach zehn Wochen und Zehntausenden von Schüssen glich das Dorf Wounded Knee einer Ruine. Einzig das Mahnmal auf dem Hügel über dem Wounded Knee Creek – das Massengrab mit den sterblichen Überresten von Big Foot und seinen Leuten – blieb unversehrt.

Kurz nachdem Straßenblockaden während der Belagerung errichtet worden waren, kündigte Guy Dull Knife jun. seinen Job bei der Mokassinfabrik. Es war einfach zu gefährlich, weiter dorthin zu fahren. Statt dessen arbeitete er einige Zeit lang als Fahrer eines Krankenwagens. Im Sommer 1973 hatte sich seine nervliche Verfassung wieder verschlechtert, und er begann zu trinken. Er machte sich weder Gedanken um seine Arbeit noch um die Lebensbedingungen seines Volkes. Rose war damals sehr krank – die Diabetes und ihr Herz machten ihr zu schaffen. Sie hatten sie ins Krankenhaus von Gordon gebracht, und die Ärzte meinten, er und sein Vater sollten sich bereit halten. Drei Tage lang saß er fast ununterbrochen an ihrem Bett und hielt ihre Hand. Sie sagte ihm, er solle aufhören zu trinken und gut für seinen Vater sorgen, der sie vielleicht nicht lange überleben würde. Dann konnte sie nicht mehr reden und schien zu schlafen. Am Abend des 22. Juli öffnete sie die Augen, blickte umher und suchte die Augen ihres Sohnes. Er drückte ihre Hand, und daraufhin schloß sie die Augen für immer.

Mehr als zweihundert Leute kamen zu dem Blockhaus am Red Water Creek, um Rose die letzte Ehre zu erweisen. Nach dem Begräbnis kauften die Angehörigen eine teure Ledertasche und verstauten darin alles, was sie für die Reise in die andere Welt benötigen würde. Ihr Sohn packte ihre besten Kleider ein, und sein Vater brachte einen Beutel mit frischem *wasna.* Auch ihre heilige Pfeife, eine Adlerfeder und vierzig Silberdollar kamen in die Tasche. Am Grab legte Edith Bull Bear ihrer Tochter Rose den Medizinbeutel in die Hände, und dann wurde sie bestattet.

Edith nahm der Tod ihrer Tochter sehr mit. Der Gram darüber, daß sie ihre Tochter überlebt hatte, erschütterte die starke, alte Frau. Anfang 1975 hatte sich ihr Gesundheitszustand zusehends verschlechtert. Am 2. Februar, dem Geburtstag von Rose, starb sie. Nun liegen Mutter und Tochter Seite an Seite auf dem Friedhof der Episkopalkirche, etwa anderthalb Kilometer südlich von Kyle, wo auch Häuptling Little Wound, sein schwarzer Adoptivsohn *Ha Sapa* und Lone Bull begraben sind.

Der alte Mann konnte sich nicht an die neue Situation gewöhnen, konnte nicht mehr in dem Haus wohnen. Ein paar Monate nach Roses Tod zogen er und sein Sohn nach Wanblee, einer traditionellen Gemeinde, etwa fünfundsechzig Kilometer nordöstlich von Kyle am Rande der Badlands von Dakota gelegen. Ihr Land behielten sie zwar, aber sie bewirtschafteten es nicht mehr. In Wanblee heiratete Guy Dull Knife jun. Seine erste Frau Pearl und er hatten bald vier kleine Kinder, die versorgt sein wollten. Alle lebten im selben Haus, so daß der alte Mann durch seine Enkel abgelenkt wurde und nicht mehr so oft an Rose dachte. Um den Lebensunterhalt für seine wachsende Familie zu verdienen, nahm Guy jun. eine Stelle bei der Gemeinde an. Sein Vater war weiterhin als Vertreter des Volkes tätig und arbeitete zusammen mit anderen traditionell gesinnten Lakota daran, wieder demokratische Verhältnisse im Pine-Ridge-Reservat einzuführen.

Nach der Belagerung von Wounded Knee wurde weder den Klagen über die Korruption im Bureau of Indian Affairs nachgegangen, noch wurde eine Überprüfung der im Vertrag von 1968 zugesicherten Rechte ernsthaft in Erwägung gezogen. Und Dickie Wilson und seine Privatarmee kamen ungeschoren davon. Statt dessen inhaftierte die

Regierung 530 Leute, von denen 185 wegen ihrer Teilnahme an der Belagerung, wegen Verschwörung, Diebstahl, Brandstiftung, Raub und Überfall angeklagt wurden. Gegen die drei Hauptanführer – Banks, Means und Bissonette – wurde in einem eigenen Verfahren in St. Paul verhandelt, in dem der Richter und die Jury Banks und Means zu guter Letzt von allen Anschuldigungen freisprachen.[16] Der vorsitzende Richter, einst stellvertretender Bundesstaatsanwalt von Süddakota, rügte, wie das FBI und die Regierung Zeugen behandelt hatten und mit Beweisen umgegangen waren. »Es fällt mir schwer zu glauben«, sagte Richter Alfred Nichol, »daß das FBI, dem ich lange Zeit größte Hochachtung gezollt habe, sich derart erniedrigen konnte.« Über die Regierung äußerte Nichol: »Ich bin gezwungen anzunehmen, daß die Staatsanwaltschaft im Verlaufe des gesamten Verfahrens mehrfach wider besseres Wissen gehandelt und auf Kosten der Gerechtigkeit nach Schuldigen gesucht hat ... die Justiz in diesem Land ist nicht mehr integer, und ich bin der Meinung, daß Entlassungen das einzig probate Mittel gegen diesen Zustand sind.«[17]

Die Klage gegen Bissonette, den dritten der Anführer, war schon vorher aus Gründen grober Verfahrensfehler fallengelassen worden. Am 17. Oktober 1973 wurde er von BIA-Polizisten erschossen, die behaupteten, er hätte nach seinem Gewehr gegriffen, als sie ihn festnehmen wollten. Das Gewehr jedoch hatte nie existiert, und der Fall wurde nie untersucht. Während der nächsten drei Jahre sollten sich im Pine-Ridge-Reservat über sechzig unaufgeklärte Mordfälle ereignen.[18]

Nach der Belagerung des Dorfes Wounded Knee waren viele Teilnehmer in langwierige Prozesse verstrickt. In dieser Zeit terrorisierten die Todesschwadronen weiterhin das Reservat. Die Namen traditioneller Indianer, die die AIM unterstützt hatten, wurden auf einer Liste geführt, und des öfteren wurden Häuser bekannter und vermutlicher Sympathisanten der Organisation unter Beschuß genommen. Ständig wurden Leute zusammengeschlagen und festgenommen. Das Haus von Häuptling Fools Crow wurde mit Brandbomben beschossen und brannte vollkommen nieder. Die Häuser von Eddie White Dress und Severt Young Bear waren mit Kugeln übersät. Die neunjährige Mary Ann Little Bear verlor ein Auge, als man aus dem fahrenden Auto auf sie schoß.

»Damals ging es im Reservat zu, als ob die Mafia regierte. Man hielt die Leute durch Einschüchterungen und Gewalt bei der Stange«, sagte Guy Dull Knife jun. »Wer sich in irgendeiner Form gegen das System auflehnte, endete mit dem Gesicht nach unten in einem Graben.«

Er verbrachte immer mehr Zeit mit Byron DeSersa. Nach dem Vietnamkrieg wurde DeSersa Anwalt des Stammes, heiratete, wurde Mitglied der AIM und zog nach Rapid City. Er war viel auf Reisen, und wenn er im Reservat zu tun hatte, kam er immer bei den Dull Knifes in Wanblee vorbei und blieb manchmal für mehrere Wochen. Eines Morgens gegen Ende Juli 1975 befanden er und seine Frau sich auf dem Weg von Hot Springs, Süddakota, nach Pine Ridge. Es war ein warmer Tag. Während der Fahrt überhitzte der Motor, und sie bogen zu dem Wohnsitz der befreundeten Jumping Bulls ab, der sich in der Nähe des traditionellen Dorfes Oglala befand.

Als Byron zusammen mit ein paar anderen versuchte, den defekten Kühler zu reparieren, hörten sie von jenseits der Hügel, also nicht weit entfernt, Gewehrfeuer. Das Schießen dauerte eine ganze Weile, und dann entstand ein ziemlicher Aufruhr. DeSersa und seine Frau rannten einen Hügel hinunter und dann durch ein Dickicht bis zum White Clay Creek. Bald darauf hatten ein Schwarm von FBI-Leuten, BIA-Polizisten und berittenen Staatspolizisten, Wilsons Privatarmee und ansässige Viehzüchter das Gelände umstellt. Wenige Stunden später schlugen sich DeSersa und seine Frau durchs Hinterland durch und erreichten schließlich sein Heimatdorf Manderson, knapp zwanzig Kilometer östlich von Jumping Bulls Besitz.

Kurz darauf erfuhren sie, daß bei der Schießerei zwei FBI-Agenten und ein Indianer erschossen worden waren, was zu der größten Menschenjagd in der Geschichte des FBI führte. Schließlich wurden vier Mitglieder der AIM inhaftiert und wegen Mordes an beiden FBI-Agenten angeklagt. Drei von ihnen sprach man letztlich wieder frei. Leonard Peltier, den vierten der Angeklagten, verurteilte man in einem Verfahren, das jahrelange Auseinandersetzungen nach sich zog, zu mehrfach lebenslänglich.

Anfang 1976 regte sich im Pine-Ridge-Reservat allmählich wieder ein Gefühl der Hoffnung. Al Trimble, ein geachteter, hart arbeitender Halbblutindianer aus Wanblee, hatte Wilson bei den Stammeswahlen vernichtend geschlagen. Wilson würde noch bis April im Amt bleiben, und dann sollte Trimble als neuer Stammespräsident der Oglala Sioux vereidigt werden.

Am Nachmittag des 30. Januar 1976 fuhren Guy Dull Knife jun. und Byron DeSersa nach Interior, einer kleinen Stadt, etwa sechsundfünfzig Kilometer nordwestlich von Wanblee, Süddakota, um Lebensmittel einzukaufen. Als sie ein paar Stunden später zurückkamen und auf dem Zufahrtsweg zum Haus die Lebensmittel abluden, kamen zwei Freunde angerannt. Sie waren verängstigt und völlig außer Atem. Die Todesschwadron sei nach Wanblee gekommen, berichteten sie, und hätte Waffen und Munition in einem Haus auf der anderen Seite der Straße abgeladen. Die BIA-Polizei sei ebenfalls mit von der Partie. Sie rieten Guy jun. und Byron zur Vorsicht.

Sein Vater und sein Schwiegervater kümmerten sich im Haus um ihre kleinen Enkelkinder. Guy jun. und Byron standen neben dem Auto. Sie waren nervös und wußten nicht, wie sie sich verhalten sollten. Nach einer Weile griff Guy jun. unter den Fahrersitz und zog ein M-1-Automatikgewehr mit einem Bananenmagazin für dreißig Schuß Munition hervor. Byron langte ebenfalls hinunter und griff nach einem 12kalibrigen Gewehr. Als er sich aufrichten wollte, prallte eine Kugel vom Autodach ab. Daraufhin eröffnete Guy jun. das Feuer und hielt das Gebäude gegenüber solange unter Beschuß, bis Byron sicher ins Haus gelangt war. Dort warfen sich beide auf den Boden.

Ein Kugelhagel schlug in die Hausseite ein, und Guy jun. schrie Vater und Schwiegervater zu, daß sie die Kinder in den Keller bringen sollten. Er und Byron krochen durch das Wohnzimmer und erwiderten das Feuer. Bald war der Boden mit Patronenhülsen übersät, und ihnen ging die Munition aus. Als nächstes umstellten Leute der Todesschwadron, ausgerüstet mit AR-15-Gewehren und auf Kosten der Regierung angeschafften kugelsicheren Westen, das Haus.

»Sie waren enttäuscht, weil sie die Wahlen verloren hatten«, sagte Guy jun., »und wollten sich rächen, solange sie noch im Amt waren. Mein Vater und alle Bewohner von Wanblee hatten sich während des Wahlkampfes für Trimble eingesetzt, und ich hatte schon lange auf ihrer Liste gestanden. Und nun statteten sie uns und ein paar anderen Leuten in Wanblee ihren Besuch ab.«

Bald kamen BIA-Polizisten zum Haus und traten die Tür ein. Die

Kinder begannen zu weinen, und der alte Mann rannte die Kellertreppen hinauf. Die Polizisten teilten Guy jun. mit, daß sie ihn ins Gefängnis stecken würden wegen Besitzes eines nicht registrierten automatischen Gewehrs, wegen Überfalls, Körperverletzung und Widerstands gegen die Staatsgewalt. Der alte Mann – er stand drei Wochen vor seinem siebenundsiebzigsten Geburtstag – stellte sich den Polizisten vor dem Haus entgegen. »Vater sagte ihnen: ›Wenn Sie meinen Sohn mitnehmen wollen, dann nehmen Sie die da auch mit.‹« Und er zeigte auf die Todesschwadron. Die Polizisten aber ignorierten ihn, legten Guy jun. Handschellen an und verfrachteten ihn hinten in den Wagen der Todesschwadron.

Guy Dull Knife jun. glaubte nicht, daß er die Fahrt zum Gefängnis von Pine Ridge überleben würde. Zwischen Wanblee und dem Gefängnis lagen 160 Kilometer freie Strecke. Die abgelegenen und zerklüfteten Badlands waren nur ein paar Autominuten entfernt. Byron sagte seinem Freund in Lakota, daß er dem Wagen bis Kyle folgen und dafür sorgen wolle, daß von Kyle bis zum Gefängnis von Pine Ridge ein anderes Auto den Begleitschutz übernehmen würde. Als sie in Kyle ankamen, wurden die entsprechenden Vorkehrungen getroffen. Byron und die Mitinsassen seines Autos kehrten um und machten sich rasch wieder auf den Weg zurück nach Wanblee, um nach dem alten Mann und anderen Freunden zu sehen. Etwa anderthalb Kilometer vor der Stadt wurden sie von einem Geländewagen überholt, aus dem Leute der Todesschwadron das Feuer auf Byrons Auto eröffneten und die Fahrertür in Stücke schossen.

Byron wurde von drei Magnumpatronen vom Kaliber 44 getroffen und verlor die Kontrolle über das Auto. Als sich ihnen der Wagen von hinten näherte, sagte er seinen Begleitern, daß sie fliehen sollten. Sie verschwanden im Wald, die Todesschwadron auf den Fersen. Sein Bein war fast abgerissen, dennoch schleppte sich DeSersa über den Vordersitz aus dem Auto hinaus. Aber die hohe Böschung schaffte er nicht mehr. Der Urenkel von Black Elk verblutete in einem Straßengraben am Highway 44 vor den Toren von Wanblee.[19]

Guy jun. steckten sie allein in eine Zelle im rückwärtigen Teil des Gefängnisses. Er glaubte, sie würden ihn bewußtlos schlagen und dann aufhängen und einen Selbstmord vortäuschen. Das sei davor schon anderen passiert, sagte er. Statt dessen teilte ihm ein Vertrauensmann später mit, daß er gerade mitbekommen habe, wie über Funk ein Krankenwagen nach Wanblee gerufen wurde. Dort hätte es eine Schießerei gegeben, und Byron sei tot. In dieser Nacht weinte Guy Dull Knife jun., allein in seiner Zelle, zum ersten Mal seit Jahren wieder.

Am darauffolgenden Morgen ließ ihn die Polizei laufen. Sein Schwiegervater holte ihn vom Gefängnis ab, und sie fuhren nach Hause, ohne belästigt zu werden. Den alten Mann hatte die Angelegenheit sehr mitgenommen. Als er aber seinen Sohn wiedersah, beruhigte er sich allmählich. Er erzählte Guy jun., daß die Todesschwadron in der vergangenen Nacht zurückgekehrt sei und die Stadt unter Beschuß genommen hätte. Aber die Bewohner hätten sich zusammengetan, sie aus der Stadt vertrieben und zurück nach Pine Ridge gejagt.

Ein paar Tage später erfuhren sie, daß die Todesschwadron ein Kopfgeld auf ihn ausgesetzt hatte. Also steckten ihn seine Freunde ins Auto und schafften ihn nach Rapid City, das etwa 160 Kilometer westlich von Wanblee liegt. Dort kam Guy jun. bei Tante Bessie im Stadtteil der Lakota unter. Nun begann für ihn eine sehr schlimme Zeit, vielleicht die schlimmste überhaupt. Er hatte keinen Kontakt zu seiner Familie und seinen Freunden, war einsam und konnte nicht am Begräbnis seines besten Freundes teilnehmen. Etwas später hatten Leute der AIM genug Geld beschafft, um ihn außer Landes bringen zu können.

Am 24. Februar – nicht lange nach Guys Flucht aus Süddakota – entdeckte ein Viehzüchter in einer Ecke der Badlands nicht weit von Wanblee die Leiche einer Frau. Sie war mit einem 38kalibrigen Schrotgewehr niedergeschossen worden. Bei dem Opfer handelte es sich um Anna Mae Aquash, die im Lager auf dem Land der Dull Knifes manchmal bei der Zubereitung der Mahlzeiten geholfen hatte. Lange Zeit hatte sie mit großem Einsatz für die traditionell gesinnten Indianer gearbeitet und war bei vielen in Pine Ridge sehr beliebt. Ihre Mörder wurden nie gefunden. Schließlich klagte man vier Männer des Mordes an Byron DeSersa an. Zwei davon wurden freigesprochen, und die anderen beiden kamen für je ein Jahr ins Gefängnis.

Guy Dull Knife jun. verschlug es schließlich nach Sheridan in Wyoming. Dort verbrachte er drei Monate, sehnte sich nach seinem Zuhause und wartete auf die Mitteilung, daß es für ihn wieder sicher sei. Er machte sich große Sorgen um seine Familie und seinen alten Vater und dachte immer an das Versprechen, das er seiner Mutter gegeben hatte. In Sheridan kannte er niemanden, fühlte sich einsam und niedergeschlagen. Seine Nerven waren nicht die besten, und er begann erneut zu trinken, trank mehr als je zuvor und wartete darauf, daß ihm endlich jemand sagte, er könne wieder heimkehren und müsse nicht befürchten, in den Badlands zu enden.

Nach Al Trimbles Vereidigung zum Stammespräsidenten der Oglala Sioux im April 1976 wurde eine große Feier veranstaltet. Guy Dull Knife jun. verließ Wyoming und kehrte nach Hause zurück. Die Oglala Sioux, die längst daran gewöhnt waren, sich selbst für die kurze Fahrt zur Schule und zurück zu bewaffnen, konnten zum ersten Mal seit langem wieder in Ruhe zu Hause sitzen, Freunde besuchen, mit ihren Kindern über die Straßen im Reservat fahren, ohne sich groß Sorgen zu machen, daß etwas passieren könnte. Zum ersten Mal seit vielen Jahren hatten sie wieder Grund zum Feiern.

Die traditionellen Lakota hatten ihr Land und ihre Kultur immer geliebt. Für viele war beides ohnehin untrennbar miteinander verbunden, sie hatten für beides gekämpft, hatten nicht zulassen wollen, daß sie von Andersgesinnten, egal ob Indianer oder Weißer, unterdrückt oder zerstört würden. In den siebziger Jahren hatten sie lange Zeit unter einem Terrorregime gelitten, und als es endete, zeichneten sich endlich einige Veränderungen ab, die hoffentlich das Leben ihres Volkes verbessern würden.

Nachdem Trimble Präsident geworden war, wurde die Todesschwadron aufgelöst und dem gesetzlosen Zustand ein Ende gemacht. Traditionell gesinnte Indianer, die der AIM beigetreten waren und sie unterstützt hatten, wurden in den Stammesrat gewählt, und viele von ihnen bekamen Stellen in der Verwaltung der Stammesregierung. Im Jahr 1977 wurde die BIA-Polizei abgebaut und durch eine Stammespolizei ersetzt. Die neuen Polizeibeamten wurden von den Bewohnern des Bezirks gewählt, in dem sie später ihren Dienst versahen. Arm blieben die Leute im Reservat jedoch weiterhin. Ende der sechziger und Anfang der siebziger Jahre hatte man in Pine Ridge damit begonnen, Wohnblöcke zu errichten. So wurden die Leute von ihrem Land weggeholt und in Häusern auf engbegrenzten Arealen zusammengepfercht. Durch die Wohnblöcke entstanden überall im Reservat Gettos. Beinahe über Nacht wurden die ohnehin schon vorhandenen Probleme noch durch Alkoholsucht verstärkt. Aus ihrem gewohnten Leben auf dem Land herausgerissen und in Mietskasernen untergebracht, standen sie nun den durch unzulängliche Abwasserbeseitigung, schlechte sanitäre Einrichtungen und Straßen hervorgerufenen Schwierigkeiten gegenüber. Aus den Statistiken der Regierung ging schließlich klar hervor, daß die Oglala Sioux die ärmste Bevölkerungsgruppe Amerikas waren.

Nach der Belagerung von Wounded Knee kam es zu einer Entwicklung, die sich nie in den Statistiken niederschlug, die traditionsgemäß zur Beurteilung der finanziellen Situation von Gemeinden herangezogen wurden. Die Schulausbildung der Lakota-Kinder im Pine-Ridge-Reservat änderte sich grundlegend. Bislang hatte man die Hauptschulen als Tagesschulen bezeichnet. Sie waren nach ihrem Standort benannt oder trugen eine ihnen vom Staat zugewiesene Nummer. Gegen Ende der siebziger Jahre wurden sämtliche Namen geändert. Aus der Tagesschule von Kyle wurde die Little-Wound-Schule, und die Tagesschulen in Allen und Pine Ridge wurden zu Ehren der Häuptlinge American Horse und Red Cloud umbenannt. In Wanblee gingen die Jugendlichen nun auf die Crazy Horse High School.

Im Unterricht hörten die Kinder nicht mehr, daß sie einem besiegten Volk angehörten. In den Geschichtsbüchern konnten sie die Geschichte ihres Volkes ebenso nachlesen wie die der dominierenden weißen Bevölkerung. Die Kapitel über den Bürgerkrieg enthielten Informationen über die Rolle der Indianer und auch darüber, wie die damalige Staatspolizei gegen sie vorgegangen war. Man unterrichtete sie über die Ursprünge ihrer Stammesregierung und klärte sie über deren Arbeitsweise auf. Zuvor hatte man nur über die Regierungen der einzelnen Staaten und die Bundesregierung gesprochen. Die Schulen verstärkten bei den Kindern nun das Gefühl ihrer indianischen Identität und ihrer Abstammung, eine Aufgabe, die man drei Generationen lang versäumt hatte.

Außerhalb der Schule gab es ebenfalls Veränderungen. Christliche

Vornamen wurden immer mehr durch traditionelle Namen abgelöst. Das Oglala Lakota College in Kyle nahm zahlreiche Kurse für Sprache und Geschichte der Lakota und deren Kultur in sein Programm auf. Schließlich brachte ein neuer Radiosender auf dem Berg Porcupine traditionelle Musik, Termine für Powwow-Veranstaltungen, Lieder, die verstorbenen Angehörigen gewidmet waren, ein breitgefächertes Programm, das von Bekanntgaben der öffentlichen Versorgungsdienste bis zu Interviews mit Stammesältesten reichte. Eine Zeitung, *The Lakota Times*, die nicht nur von Indianern gemacht wurde, sondern sich auch in deren Besitz befand, berichtete über sämtliche Bereiche des Lebens im Pine-Ridge-Reservat. Mit der Zeit entwickelte die neue Generation der Oglala eine reiche kulturelle Identität.[20]

Der Sonnentanz, der während der Amtsjahre von Wilson die meiste Zeit verboten war, lebte nun wieder im Reservat auf. Im Monat der Roten Kirschen* machten sich die Eltern wieder in das Hügelland auf, und ihre Kinder lernten die traditionellen Lieder und begannen zu verstehen, welche Bedeutung sie für ihr Lakota-Volk gehabt hatten. Im Sommer 1976 legte Guy jun. während der 200-Jahr-Feier der Vereinigten Staaten das Gelübde ab, selbst an der Zeremonie teilzunehmen, die die Stämme der nördlichen Ebenen jahrhundertelang praktiziert hatten. In jenem Jahr fand die Sonnentanz-Zeremonie in der Nähe von Wanblee statt. Obwohl Guy jun. jung und gesund war, fürchtete er sich ein wenig davor. Diejenigen, die sich verpflichteten, würden beten und um den heiligen Cottonwood-Baum tanzen und sich vier Tage lang der Sonne aussetzen, ohne zu essen und zu trinken. Die Tänzer würden ihren Körper opfern und zum Wohle aller leiden. So war es immer schon gewesen. Das Volk würde ihnen für ihren Mut und ihren Einsatz danken und dafür, daß sie es durch ihr Opfer stärkten.

In jenem Sommer betrat der Medizinmann am Nachmittag des dritten Tages den heiligen Tanzkreis und schüttete Schalen voller Wasser vor ihnen aus. Ihre Lippen waren extrem rissig und von der stechenden Sonne geschwollen. Guy Dull Knife jun. fühlte sich schwindelig und glaubte ohnmächtig zu werden, als das kalte Wasser über seine

* Der Monat Juli. Anm. d. Übers.

Füße rann. Der alte Mann befand sich unter den Sängern und Trommlern, die in einem Kreis hinter ihnen standen. Ihr Gesang und ihre Trommeln halfen seinem Sohn und den anderen Tänzern, stark zu bleiben, bis der Medizinmann das Rund wieder verließ.

Am Nachmittag des vierten Tages lag er nahe am Cottonwood-Baum rücklings auf einem Gewand aus Büffelfell, und der Medizinmann kniff Haut und Muskeln auf seiner Brust zusammen und schnitt mit dem Messer ein Loch hinein. Guy jun. hatte eine Pfeife aus Adlerknochen zwischen den Zähnen, und als das Messer eindrang, brach die Pfeife entzwei. Nun bohrte der Medizinmann ein Stöckchen aus Kirschholz durch die Schnittwunde und half ihm auf die Beine. Der Leiter der Sonnentanz-Zeremonie zog einen Riemen herbei, der an einem Ende am Cottonwood-Baum befestigt war. Das andere Ende knüpften sie an das Stöckchen in seiner Brust. Nun begann er zu tanzen und zu beten, lehnte sich zurück, die Arme in die Seiten gestemmt, lehnte sich gegen den Riemen, bis er straff war, und versuchte, das Holz durch sein Körpergewicht herauszureißen. Er lehnte sich fortwährend zurück, zog fester und fester, bis das Holz durch Muskel und Haut schnitt und er frei war.

Bei den Lakota widmen die Tänzer der Sonnentanz-Zeremonie ihr Opfer häufig dem Geist geliebter Menschen, um ihnen die Reise in die andere Welt zu erleichtern. In jenem Sommer 1976 widmete Guy Dull Knife jun. sein Opfer Byron DeSersa.

Lange Zeit gefiel ihm sein neuer Job als Leiter des Community Action Program seines Stammes. Er wollte in Wanblee etwas Neues versuchen, wollte ein Programm erstellen, durch das sowohl den noch auf ihrem Land lebenden Alten als auch den Kindern in den Mietskasernen geholfen werden konnte. Er hielt nach Unternehmungen Ausschau, die den Bürokratismus umgingen und von praktischem und alltäglichem Nutzen waren. Viele der alten Leute auf dem Land heizten im Winter noch immer mit einem Holzofen. Also initiierte er einen Feuerholz-Dienst. Mit Hilfe von Stammesgeldern stellte er acht Männer ein, die an drei Tagen der Woche Feuerholz machten und es an den restlichen zwei Tagen auslieferten. Sie stapelten das Holz bei den Behausungen der alten Leute, die es dann zum Heizen und Essenkochen verwenden konnten. Die Aktion ›Warmes Essen auf Rädern‹ rief er ebenfalls ins Leben. Es war die erste Aktion im Pine-Ridge-Reservat, die unentgeltlich Mahlzeiten an alte Leute ausgab. Für die Kinder wollte er im Sommer eine Basketball-Liga gründen und besorgte Netze für die Freiplätze der Crazy Horse High School. Das Büro des CAP (Community Action Program) hatte auch vor, eine Baseball-Liga zu organisieren. Also zeichnete man ein Spielfeld ein, kümmerte sich um Ausrüstung und einen Trainer, schrieb Listen und entwarf Zeitpläne. Aber es gab Probleme mit den Eltern, und auch das Beschaffen eines Trainers und der Ausrüstung bereitete Schwierigkeiten, und so kam die Aktion nie so recht ins Rollen.

Nach einiger Zeit kreisten die Gedanken von Guy jun. immer wieder um seine Kunst, die ihm damals als Junge in der Tagesschule von Kyle viel Spaß gemacht hatte. Er begann wieder zu malen und war überrascht, wie beruhigend es auf ihn wirkte, wie sehr er es genoß und wieviel es ihm bedeutete. Als Leiter des CAP kam er häufig in Kontakt mit den Stammesgästen der Oglala am östlichen Rand des Reservates, und er befragte sie oft über die althergebrachte Lebensweise, die traditionellen Bräuche, die Kleidung und die Rituale und wie es damals war. Ihm war klar, daß er beim Malen auf zwei Dimensionen beschränkt sein würde, und daher wollte er etwas anderes ausprobieren. Ihm war eine Idee gekommen, und so nutzte er jede Gelegenheit, um mit den alten Leuten zu sprechen. Oft wünschte er sich, seine Mutter und seine Großmutter wären noch am Leben. Sie hatten die Geschichte ihres Volkes so gut wie sonst niemand gekannt. Und nun tauchten eine Menge Fragen auf, die ihm in jüngeren Jahren nicht in den Sinn gekommen waren.

Wenige Monate vor ihrem Tod hatte Edith Bull Bear eine letzte Reise unternommen. Im Dezember 1974 war sie zusammen mit vier Dutzend Lakota 800 Kilometer weit zum Bundesgerichtshof nach Lincoln, Nebraska, gereist, wo fünfundsechzig Angeklagte wegen verschiedener krimineller Vergehen in Zusammenhang mit der Belagerung von Wounded Knee vor Gericht standen. Die Angeklagten hatten den Richter gebeten, die Anklagen fallen zu lassen. Sie beriefen sich auf den Vertrag von 1868 und forderten, der US-Regierung das Recht zu entziehen, sie strafrechtlich verfolgen zu können. Die Regierung hätte den Vertrag verletzt, indem sie die Black Hills auf illegale Weise vereinnahmt hätte. Während der gesamten Belagerung von Wounded Knee war der Vertrag von 1868 das Schlüsselthema gewesen. Der Richter wollte die Ansichten der Lakota kennenlernen und deren mündliche Überlieferung des Vertrages hören, und daher lud er einige traditionelle Oglala vor Gericht.

Edith war damals siebenundachtzig Jahre alt und bei schlechter Gesundheit. Sie sprach kein Englisch und saß zusammen mit den anderen vierundzwanzig Zeugen der Verteidigung schweigend auf der Geschworenenbank. Als sie aufgerufen wurde, erhob sie sich langsam und teilte dem Gericht mit, daß sie es vorziehen würde, ihren Eid auf die heilige Pfeife statt auf die Bibel zu schwören.

Die alte Frau stand vor dem Bezirksrichter Warren K. Urbom und berichtete mit Hilfe eines Dolmetschers, was ihrem Vater Lone Bull in den Jahren nach dem Massaker am Wounded Knee widerfahren war. In der ihr eigenen direkten und einfachen Ausdrucksweise erzählte sie ihm auch, was sie von dem Vertrag und über die Lebensweise ihres Volkes wußte.

»Meine Großmutter erzählte mir von dem Vertrag von 1868. Sie sprach immer über den Vertrag. Von ihr erfuhr ich, daß die Regierung darin zahlreiche Versprechen gegeben hatte, die sie dann nur zwei Jahre lang hielt. Danach wurden viele Versprechen gebrochen …

Das Land wurde uns nie gegeben. Es gehörte uns bereits. Die Weißen hatten kein Recht, in unser Land einzudringen, doch obwohl das im Vertrag festgelegt war, kamen sie …

Bevor die Weißen ins Land kamen, achteten wir ein Versprechen, wann immer wir eins gaben oder wir einen Handel eingingen …

Ich wurde im Rosebud-Gebiet geboren, aber ich bin eine Sioux, eine Lakota. Zwischen den Rosebud-Sioux und den Pine-Ridge-Oglala gibt es keinen Unterschied. Wir sind Lakota, und wann immer wir uns treffen, schütteln wir uns die Hände. Wir sind glücklich, einander zu begegnen. Wir tauschen die besten Pferde untereinander. So leben wir.«[21]

Die alte Frau kehrte auf ihren Platz zurück und setzte sich wieder.

Fünf Jahre nach ihrem Tod stellte der Oberste Gerichtshof der Vereinigten Staaten fest, daß die US-Regierung die Black Hills den Lakota auf illegale Weise entrissen hätte. Gemäß dem Wortlaut des Vertrages von Fort Laramie aus dem Jahr 1868 durften nachträgliche Änderungen oder Landabgaben nur durchgeführt werden, wenn drei Viertel der erwachsenen Sioux-Männer dem schriftlich zustimmten. Acht Jahre später, also im Jahr 1876, setzte jedoch eine Sonderkommission der Regierung durch, daß die Sioux ihre heiligen Black Hills hergaben. Die Abstimmung, die nur zehn Prozent der erwachsenen Sioux-Männer unterzeichneten, wurde vom Kongreß anerkannt und als ›Sioux Act von 1877‹ ein Jahr später verabschiedet. Im Juni 1980 bestätigte der Oberste Gerichtshof in einem Dekret einen früheren Gerichtsentscheid, wonach »es einen schlimmeren Fall unehrenhaften Handelns wahrscheinlich nie mehr in der Geschichte unseres Landes geben wird ...« Bei ihren Bemühungen, die Black Hills für den Goldbergbau zu öffnen, ließ der Oberste Gerichtshof verlauten, drohte eine doppelzüngige Regierung den verzweifelten Sioux mit Hunger und zwang eine kleine Gruppe freundlich gesinnter Häuptlinge und Anführer, ein vorgefaßtes Übereinkommen, das eine »Aufhebung« des Vertrages von 1868 bedeutete, zu unterzeichnen.
In der Folge sprachen die Gerichte den Lakota 17,5 Millionen Dollar Schadenersatz sowie Beteiligung an den seit 1877 erwirtschafteten Gewinnen zu, was einer Gesamtentschädigung in Höhe von 122 Millionen Dollar entsprach.[22] Als damals eine Regierungskommission mit dem Auftrag eintraf, die Black Hills zu kaufen, hatte Crazy Horse sich geweigert, den Verkauf überhaupt in Erwägung zu ziehen. Es sei falsch, hatte er gesagt, das Land zu verkaufen, über das sein Volk geht. Mehr als ein Jahrhundert später wiesen die Lakota die ihnen rechtmäßig zugesprochene Entschädigung von 122 Millionen Dollar zurück und zogen erneut vor Gericht. Sie sagten, sie wollten kein Geld. Sie wollten ihr Land zurück.

Ein Jahrhundert nach dem Wounded-Knee-Massaker

Er liebte es, in seinem klapprigen Auto durch das Hinterland zu fahren. In den Jahren nach dem Vietnamkrieg und dem Terror durch die Todesschwadron setzte er sich oft in den alten Ford und fuhr zu jeder beliebigen Tages- und Nachtzeit und zu jeder Jahreszeit durch die verschiedensten Landschaften. Das brachte ihm Ausgeglichenheit und Ruhe und gab ihm Zeit zum Nachdenken. Das Land hatte sich über die Jahrtausende hin nur wenig verändert. An manchen Tagen kam er nach einer Stunde Fahrt über eine ferne Anhöhe, wo er auf der weiten Fläche ein halbes Dutzend regloser Antilopen erblickte, die, ihre Körper mit den weißen Rümpfen der sengenden, unerbittlichen Hitze des Spätsommers ausgesetzt, ruhig in der Kurzgrassteppe verharrten, die sich nach Westen bis zu den sich dunkel erhebenden Hügeln ausdehnte. Die Black Hills waren der Ort, dem die Lakota ihrem Glauben nach entstammten, der Ort, an dem das hungernde Volk von der heiligen Frau die heilige Pfeife und die sieben heiligen Zeremonien erhalten hatte. Dort suchten die Herden im Winter Schutz, bevor sie sich im Monat, in dem das rote Gras sprießt*, wieder in den weiten Ebenen einfanden. Die Lakota waren ihnen zunächst zu Fuß und später zu Pferd gefolgt. Wenn er allein in seinem Auto saß, versuchte er sich manchmal vorzustellen, wie das vor gut einem Jahrhundert gewesen sein mochte, sich derselben Anhöhe zu nähern und von hier bis zum Horizont nichts anderes zu sehen als Büffel, die langsam über das Grasland hinwegzogen und die dort, wo

* Gemeint ist der Monat März. Anm. d. Übers.

jetzt ein halbes Dutzend Antilopen grasten, die gesamte Ebene mit ihren Körpern bedeckten.
Auf diesen Fahrten hatte er immer viel Zeit zum Nachdenken. Das war auch der Grund, warum er losfuhr. Oft kamen ihm die Gedanken erst, wenn schon ein gutes Stück Weg zwischen ihm und den Wohnanlagen und der Stammesbürokratie lag. Auch das war ein Grund für seine Fahrten. Er hielt sich für einen einfachen Mann mit einfachen Bedürfnissen. Wann immer ihm eine Sache zu kompliziert wurde, setzte er sich ins Auto und fuhr spazieren. Inmitten einer gemähten Wiese dachte er dann vielleicht an Häuptling Dull Knife, und das stimmte ihn manchmal traurig. Aber meistens fühlte er etwas anderes, nämlich immer, wenn er an den Marsch dachte, der sein Volk im Winter 1879 vom Fort am White River zurück in die Heimat bringen sollte.
In nur wenigen Minuten konnte er in den Badlands sein. Sein Wagen wirbelte Staubwolken auf, wenn er durch die grünen Talniederungen fuhr, vorbei an massiven Felsformationen, die aussahen wie prähistorische Tiere, turmhohe Wächter aus Sandstein, Schiefer und Vulkanasche entlang einer engen, kurvenreichen, unbefestigten Straße.
Wenn er die Abkürzung nahm, kam er an Wolf Table und unterhalb des Devil's Pass vorbei, dann durch eine Gegend, wo künstliche Bewässerung und Dünger das Land in üppige, grüne Maisfelder verwandelt hatten. Eine Stunde später führte die Route wieder zurück in die Badlands und endete unvermittelt vor Stronghold. Dort schaltete er den Motor aus und wanderte am Fuß der steilen Felswände entlang. Er fragte sich, welche Gedanken wohl Sitting Bull, Kicking Bear, Lone Bull und den anderen Anhängern der Geistertanz-Bewegung durch den Kopf gegangen sein mochten, als sie erfuhren, was am *Cankpe Opi Wakpala* passiert war.
Weit im Süden sind die weißen, oben am Kamm mit Wäldern aus dunkelgrünen Ponderosa-Kiefern bestandenen Hügel um Manderson zu sehen. Im Winter tragen sie Schneehauben, im Spätfrühling stehen sie sauber und frisch da. Black Elk und auch Byron liegen in Manderson begraben. Guy jun. fuhr oft durch die Gegend, traf manchmal dort ein, ohne den Ort gleich zu erkennen, und erinnerte sich dann an den Duft, den die Kiefern immer in dem Monat, in dem

die Ponys ihr Fell wechseln*, ausströmten. Man sagt, daß die betagten Eltern ihren Sohn in eine rote Wolldecke wickelten, ihn auf einen Travois banden und sich mit ihm im Frühherbst 1877 von Nebraska aus auf den Weg nach Norden machten. Nach drei Tagen und Nächten hielten sie an, hoben den Leichnam vom Travois und versteckten die sterblichen Überreste von Crazy Horse irgendwo in den Hügeln oberhalb des Wounded Knee Creek, vielleicht in den Hügeln bei Manderson. Darüber kursieren viele Geschichten, aber niemand weiß, was tatsächlich passiert ist. Und niemand wird es je wissen.

Ihm war auf einer der langen Fahrten über Land eine Idee gekommen, die ihn nicht mehr losließ. Ob er Canyons und ausgetrocknete Flußbetten, Flüsse und Schluchten durchquerte, sich in Tälern, Wäldern oder inmitten der Prärie befand, stets dachte er an den alten Häuptling, an George Dull Knife und an Dewey Beard, an Frank White Buffalo Man, Amos Lone Hill und Vernon Sitting Bear. Auch zu Rose und Edith wanderten seine Gedanken oft, und Byron war ihm immer gegenwärtig. Er war sich nicht sicher, ob er die Gedanken je wieder loswerden würde. Und manchmal dachte er, daß all das Herumfahren für ihn nur ein Mittel sei, um Zeit zu gewinnen und seinen Mut zu stärken.

»Ich befand mich damals an einer Art Scheideweg. Wenn ich mich umsah, entdeckte ich nichts, was viel Sinn ergab. Anfänglich war ich doch sehr überrascht, wie gut es mir tat, wieder zu malen, mit meinen Händen und meinem Kopf etwas zu tun, das mir immer schon Spaß gemacht, dem ich mich aber lange nicht mehr gewidmet hatte. In gewisser Weise waren es die Alten, die mich retteten. Sie weckten mein Interesse für die althergebrachte Lebensweise, von der ich mich bereits weit entfernt hatte. Und aus diesem Gefühl in mir wollte ich etwas machen. Aber Öl und Leinwand reichten dafür nicht aus. Es war nun an der Zeit, etwas Neues zu wagen und einfach abzuwarten, was sich daraus entwickeln würde, dachte ich. Mir war klar, daß ich nicht viel zu verlieren hatte.«

Guy Dull Knife jun. hatte sich vorgenommen, dreidimensional zu arbeiten, Skulpturen zu schaffen, die die Geschichte, die Kultur und die Traditionen der Lakota widerspiegeln würden. Als er zum ersten Mal

* Vermutlich der Monat November. Anm. d. Übers.

erkannte, wieviel davon bereits verlorengegangen war, war er zutiefst beunruhigt. Mehrere Jahre verbrachte er damit, sich immer wieder mit den Alten zu unterhalten, sie zu befragen, die alte Lebensweise zu studieren, alles zu sammeln, was von der Vergangenheit seines Volkes noch übrig war. In Gedanken sah er vor sich eine Serie von Skulpturen, die all das in sich vereinen und die althergebrachte Lebensweise für seine Kinder und deren Kinder, ja für alle Lakota erhalten würden. Die Skulpturen würden viele jener Tänze darstellen, denen sein Volk einst große Bedeutung beigemessen hatte, Tänze, die von ihrer Lebensweise erzählen würden, die nur wenige beherrschten oder überhaupt noch erinnerten. Er würde sie mit großer Genauigkeit fertigen, in Bronze gießen und von Hand bemalen, und jede Skulptur würde er einem geliebten Menschen widmen.

Er war nicht als Künstler ausgebildet und war nie auf der Kunstakademie gewesen, um Malerei oder Bildhauerei zu studieren, aber er glaubte fest an seine Idee. Da er sich das Malen selbst beigebracht hatte, war er der Meinung, mit dem Bildhauern ebenso verfahren zu können. Sein Mangel an Erfahrung schreckte ihn weniger als die Tatsache, daß sich sämtliche Gießereien in der Stadt, das heißt etwa 160 Kilometer von seinem Zuhause entfernt, befanden.

Guy Dull Knife jun. wußte nicht, ob er in der Lage wäre, Pine Ridge zu verlassen, ob er weit weg von seiner Heimat und seinem Volk leben könnte. Er war in St. Louis gewesen, in Fort Lewis, Fort Polk und in Vietnam, aber das war nicht dasselbe. Jeder dieser Aufenthalte war von vornherein zeitlich begrenzt gewesen, und er hatte gewußt, er würde wieder nach Pine Ridge zurückkehren, wenn die Zeit vorbei war. Viele im Reservat geborene und aufgewachsene Vollblut-Indianer kostete es noch immer genausoviel Überwindung, das Reservat zu verlassen, wie zu Zeiten von Carlisle, Hampton und Haskell ein Jahrhundert zuvor.

Das Reservat war eine Welt für sich. Dort herrschten eigene Sitten und Gebräuche, die eigene Sprache, man lebte nach eigenem Rhythmus und eigenen Regeln. Die meisten Leute hatten ihr ganzes Leben dort verbracht. Sie wußten und verstanden, was man von ihnen erwartete und wie man innerhalb der Grenzen des Reservates überlebte. Draußen ging es anders zu. Die Welt der dominierenden Kultur der Weißen hatte vielen Vollblut-Indianern über Generationen Angst eingejagt. Innerhalb weniger Minuten, weniger Kilometer änderten sich die Regeln und der Lebensrhythmus, und auch die Erwartungen waren anders. In jenen längst vergangenen Tagen, als die Häuptlinge und Anführer der Lakota zum ersten Mal in den Forts eintrafen, um über Verträge zu verhandeln, amüsierten sie sich oft über das, was sie dort beobachten konnten. Weiße Offiziere saßen ein paar Minuten lang in einem Sessel, blickten dann auf ihre Uhr, erhoben sich und schritten umher, setzten sich wieder, schauten auf die Uhr und gingen wieder umher. Die Lakota konnten nie verstehen, wieso eine Uhr ein solches Verhalten auslösen konnte. Viele von ihnen, darunter auch Guy jun., verstanden es noch immer nicht.

In seiner Jugend war er – wie viele Lakota – nie weiter als bis in die an das Reservat grenzenden Städte gekommen, und diese frühen Eindrücke hatten sich ihm dauerhaft eingeprägt. Er erinnerte sich an das schmuddelige Äußere der Indianer, daß sie den Weißen beim Eintreten den Vortritt ließen, an das Schlangestehen, wie andere sich dabei vordrängelten, an gelegentliche Beschimpfungen, wie Beamte ihn von Abteilung zu Abteilung schickten, an die Schilder mit der Aufschrift ZUTRITT FÜR HUNDE UND INDIANER VERBOTEN. Oft hatte er Angst und ließ sich einschüchtern und beruhigte sich erst, wenn sie sich wieder auf ihrem eigenen Land und unter ihresgleichen befanden. Es waren zwei äußerst verschiedene Welten, und nur wenige im Pine-Ridge-Reservat hatten die nötigen Kenntnisse erworben und besaßen den Mut, sich in der Kultur, die ihr Heimatland umgab, durchzusetzen.

»Als ich noch ein kleiner Junge war und ein wenig zu malen anfing, ermutigte mich mein Großvater immer dazu. Er beobachtete mich, wie ich ein Pferd zu zeichnen versuchte, das Tier, das er von allen am liebsten mochte. Dann lobte er mich und erzählte mir alles über Pferde und bei welchen verschiedenen Gelegenheiten wir sie zu nutzen pflegten. Einige nahmen wir nur für die Büffeljagd, andere zogen die Travois, auf einigen ritten wir auf Brautschau, und andere begleiteten uns in den Kampf. Als die Lakota zum ersten Mal Gewehre benutzten, erzählte er, hätte der Lärm die Pferde scheuen lassen. Auf der Büffeljagd oder in der Schlacht konnte das gefährlich werden. Daher nahmen die Krieger Kiefernharz, kochten es zu einer Art Gummi oder Spachtelmasse und stopften den Pferden damit die Ohren zu. Ich

lauschte den Erzählungen meines Großvaters und versuchte dann, das Gehörte zu zeichnen.
Als ich viele Jahre später meinem Vater erzählte, was ich vorhatte, ermutigte dieser mich ebenfalls. Wenn man etwas wirklich wolle, wenn man hart daran arbeite und nicht aufgäbe, würden sich die Anstrengungen bestimmt irgendwann auszahlen, sagte er.«
Im Mai 1984 belud Guy Dull Knife jun. sein Auto und fuhr über die Grenze, nahm die Straße durch die Kurzgrassteppe von Süddakota, über die Hochebenen des östlichen Wyoming und fuhr dann in südlicher Richtung entlang der Rocky Mountains von Colorado.
Vor seiner Abreise hatten er und seine erste Frau sich getrennt. 1979 hatten sie noch einen Jungen und 1982 ein Mädchen bekommen. Die Tochter nannten sie Nellie und den erstgeborenen Sohn Guy Dull Knife III. Ihre drei ersten Kinder blieben in Wanblee bei der Mutter; die beiden jüngeren nahm der Vater mit nach Denver. Guy jun. konnte den alten Mann nicht alleine zurücklassen. Als Guy sen. 1980 von seinen Pflichten als Vertreter im Stammesrat zurücktrat, schenkte man ihm ein großes Banner des Stammes der Oglala Sioux, um ihm für seinen dreißig Jahre währenden Dienst am Volk zu danken. Das Banner befand sich unter den Gegenständen, die Guy jun. sorgfältig verpackt und im Kofferraum des alten Autos verstaut hatte. Als sie sich auf den Weg nach Süden zur Interstate 25* machten, saßen Guy jun. und Nellie auf den Vordersitzen. Hinten hatten es sich der fünfundachtzigjährige Guy Dull Knife sen. und der fünfjährige Guy Dull Knife III bequem gemacht.
Im Spätfrühling traf Guy jun. mit zwei kleinen Kindern, seinem greisen Vater und sechs Dollar in der Tasche in Lakewood, Colorado, einem westlichen Vorort von Denver ein. Für einige Zeit wohnten sie dort im Haus seiner Cousine Barbara Iron Crow, der Tochter von Onkel Daniel. Nie zuvor hatten sie an einem Ort mit Bürgersteigen, gepflasterten Straßen, einer Garage, einem eingezäunten Hof und Parks in der Nachbarschaft, mit funktionierenden sanitären Einrichtungen, Zentralheizung, Klimaanlage und polierten Holzfußböden gewohnt. Eines Tages rutschte der alte Mann, der nur Socken an den Füßen hatte, auf dem blanken Boden aus und brach sich die Hüfte. Daraufhin

* Autobahn, die Bundesstaaten miteinander verbindet. Anm. d. Übers.

mußte er die ersten fünf Monate in ihrer neuen Heimat das Bett hüten.

Jeden Morgen machte sich Guy jun. auf die Suche nach Arbeit; er las die lokalen Zeitungen durch und ging zum Arbeitsamt. Jede Arbeit, die etwas Geld einbrachte, wäre ihm recht gewesen. Eines Tages las er in einem der Arbeitsvermittlungsbüros eine Anzeige für einen Leicheneinsammler. Er füllte das Formular aus und gab die Telefonnummer seiner Cousine an. Ein paar Tage später rief das Büro des Coroner* vom Bezirk Denver bei ihm an und bestellte ihn zum Vorstellungsgespräch.

»Als ich dort eintraf, um mich um die Stelle zu bewerben, erklärten sie mir, daß es bei der Arbeit ziemlich grausam zugehen könne, und sie fragten mich gleich zu Beginn, ob ich damit zurechtkommen könne. Ich erklärte ihnen, daß ich den Job dringend bräuchte, daß ich in Vietnam gewesen sei und im Reservat den Krankenwagen gefahren hätte. Ich sei daher der Ansicht, daß das für mich kein allzu großes Problem werden würde.«

Einer seiner ersten Einsätze führte ihn nach Lakewood, nicht weit vom damaligen Zuhause seiner Familie entfernt. Nach dem Tode ihrer Eltern – sie waren bei einem Autounfall ums Leben gekommen – hatte eine Schülerin ziemlich viel Geld geerbt und war in ein geräumiges Haus in der Vorstadt von Denver gezogen, in dem auch zweiundzwanzig Katzen lebten. Die Polizei stellte später ein Tagebuch sicher. Die Tagebuchnotizen ließen darauf schließen, daß das Mädchen den Verlust ihrer Eltern nicht überwinden konnte und sich allmählich von einer normalen College-Schülerin zu einer depressiven jungen Frau mit ernsthafter psychischer Erkrankung gewandelt hatte. Letztendlich hatte sie sich zu Tode gehungert. Als Guy jun. und ein Mitarbeiter dort eintrafen, fanden sie in dem Haus Hunderte von Zeitungen gestapelt, so daß im gesamten Innern nur schmale Gänge offen blieben. Sie sollten die Habseligkeiten der Eigentümerin einsammeln. Als sie ihre Koffer von einem Regal im Keller herunterholten, fiel ein Teil eines Armes der jungen Frau zu Boden. Die Katzen hatten sie aufgefressen und ihre Knochen überall im Haus verstreut.

* Richterlicher Beamter, der ungeklärte Todesursachen erforscht. Anm. d. Übers.

Durch zahlreiche Überstunden konnte er schließlich genügend Geld zusammensparen, um mit seiner Familie in ein eigenes, gemietetes Haus zu ziehen. Nun mußte jeder im Haushalt mitanpacken. Guy Dull Knife III kümmerte sich zeitweise um seine kleine Schwester, und der alte Mann paßte oft auf seine beiden Enkelkinder auf, erzählte ihnen Geschichten von seiner Rodeo-Zeit und seiner ersten Sonnentanz-Zeremonie, von dem Leben im Yellow-Bear-Lager während seiner Jugendzeit und von der Lebensweise seines Volkes zu der Zeit, als sein Vater noch Kind war. Guy jun. kochte und putzte und kümmerte sich um ihre Kleidung. »Ich weiß nicht genau weshalb, aber ich glaube, meine Mutter nahm an, daß ich einmal als Junggeselle enden würde. Daher brachte sie mir das Kochen und Nähen bei und das half mir sehr. Wir kamen ganz gut zurecht.«

Im Herbst 1984 fuhr er am Tag der Veteranen mit Francis Whitebird nach Washington, D. C., um mit Tausenden anderen einer Feier zur Einweihung eines Denkmals für Vietnamveteranen beizuwohnen. Das Denkmal stellte drei Soldaten dar: einen weißen, einen schwarzen, und der dritte war eine Mischung aus Spanier, Indianer und anderen Minderheiten, die in Vietnam gekämpft hatten. Die Skulptur berührte Guy jun. sehr. Sie war reich an Details und in einer Gießerei auf Long Island in Bronze gegossen worden. Die Gesichtsausdrücke der Männer gaben genau das wieder, was sie alle damals in Vietnam gefühlt hatten.

Als er nach Lakewood zurückkam, kaufte er sich einen ordentlichen Papiervorrat und mehrere Tintenstifte und begann, einige Gesichter aus seiner Vergangenheit und einige Tänze, die einst die Lebensweise der Lakota dargestellt hatten, zu skizzieren. Seines Wissens nach gab es in Loveland, achtzig Kilometer nördlich von Denver, zwei brauchbare Gießereien. Er fertigte Skizzen an, wann immer er Zeit dazu fand. Sein Job war grauenerregend, und nie wußte er, wann man ihn über Telefon zur Arbeit rufen würde und er seinen Stift beiseite legen mußte. An manchen Tagen, an denen sich sein alter Vater nicht wohl fühlte, mußte er Nellie bei seiner Cousine lassen und seinen Sohn mit zur Arbeit nehmen.

Einmal sollte er eine tote Frau aus ihrem Haus entfernen. Als er und sein Sohn das Haus betraten, warf sie der Gestank fast um. Vom Vorraum aus sahen sie die Leiche auf einem Wasserbett liegen. Er zog ein

Taschentuch aus seiner Hosentasche und hielt es sich vor die Nase. Seinem Sohn sagte er, er solle auf der Veranda warten. Guy Dull Knife III ging nach draußen, kam aber gleich wieder herein und folgte seinem Vater ins Schlafzimmer. Als sie wenige Schritte vom Bett entfernt waren, bemerkten sie, daß sich Haare und Haut der Frau bewegten, und sie machten einen Satz zurück. Der Vater ging näher heran und sah, daß ihr Körper von Maden übersät war. Daraufhin schickte er seinen Sohn vor die Tür und sagte ihm, er solle dort bleiben.

»Oft genug konnte ich tagelang nichts mehr essen, nachdem ich eine dieser Leichen abgeholt hatte. In weniger als einem Jahr nahm ich fünfundzwanzig Kilo ab. Die Bezahlung war gut, und ich hatte das Geld nötig, aber schließlich habe ich es nicht mehr ausgehalten. Ich glaube, kein normaler Mensch hätte das.«

Nach achtzehn Monaten kündigte er und ging einige Zeit lang stempeln. Morgens begab er sich auf Arbeitssuche, und abends, wenn der alte Mann und die Kinder im Bett waren, setzte er sich an den Küchentisch und zeichnete. Pine Ridge befand sich etwa 560 Kilometer nördlich von ihnen, und an Wochenenden, in den Ferien und im Sommer fuhren sie so oft wie möglich dorthin. Seine Kinder spielten mit ihren Cousins und Cousinen, ritten umher und erkundeten die Flußgegend. Der alte Mann konnte indessen seine Sprache und die traditionelle Musik wieder hören und sich mit guten, alten Freunden treffen, die er schon sein Leben lang kannte.

In Wanblee begann Guy jun. sich mit Cora Yellow Elk zu treffen. Ihr Urgroßvater, Medizinmann Chips, hatte die Vision des jungen Crazy Horse gedeutet und dadurch dem Kriegshäuptling der Oglala enorme Macht verliehen. Cora erzählte Guy jun. die Geschichte ihrer Familie. Sie war ruhig und zurückhaltend, liebte Kinder und hatte Sinn für Humor. Er bewunderte ihre Quillarbeiten* und Perlenstickereien und fand sie genausoschön wie die von Rose und Edith. Sie war fasziniert von seinen Kochkünsten und seinen Näharbeiten, seiner Freundlichkeit und seiner künstlerischen Tätigkeit. Bald schon ent-

* Dekorationsmethode, bei der geplättete Borsten des Baumstachelschweins (Erethizon dorsatus) auf Gebrauchsgegenstände und Kleidungsstücke aufgenäht wurden. Die Frauen beherrschten verschiedene Ziertechniken, mit denen sie komplizierte Dessins herstellen konnten. Anm. d. Übers.

deckten sie, daß sie vieles gemeinsam hatten, und trafen sich so oft sie nur konnten.
1989 zogen Guy jun., Cora, die beiden Kinder und Guys Vater nach Loveland in Colorado. Sie mieteten einen Trailer* mit zwei Schlafzimmern am nördlichen Stadtrand und schmückten ihn mit vertrauten Dingen. An einer Wand im Wohnzimmer drapierten sie das große rot-weiße Banner des Stammes der Oglala Sioux, welches der alte Mann für seine Verdienste als Stammesvertreter erhalten hatte; an eine andere hingen sie das gezeichnete Porträt von Häuptling Dull Knife. Auch in der engen Eßecke hielten sie ein Stück Wand frei und dekorierten sie mit Schwarzweißpostkarten der alten Anführer der Oglala – Little Hawk, Red Horse, Low Dog, Rain-in-the-Face, Gall und Sitting Bull. Und sie fanden einen Platz, wo sie die geflochtenen Zöpfe aus Süßgras und heiligem Beifuß aufhängen konnten. An einer Seite des Sofas stand die schwarze Truhe mit dem gewölbten Deckel, die George Dull Knife in den neunziger Jahren des vorigen Jahrhunderts aus Paris mitgebracht hatte. Darin bewahrten sie die Fotografien, Souvenirs, Andenken und Erbstücke von fünf Generationen der Dull Knifes auf.
Guy jun. und Cora schickten ihre Kinder schon bald auf die staatliche Grundschule, die nicht weit von ihrem neuen Zuhause im Trailer-Park im nördlichen Loveland entfernt war. Damit besuchte zum ersten Mal ein Dull Knife eine staatliche Schule. Guy jun. wollte, daß Nellie und Guy III fleißige Schüler würden und einen guten Start ins Leben erhielten. Sie sollten lesen und schreiben lernen und eine bessere Schulausbildung erhalten als er. Er hatte keine Ahnung, womit sie als Erwachsene einmal ihr Geld verdienen würden, aber er wußte, daß sie eine wesentlich bessere Ausbildung benötigten, als er oder sein Vater erhalten hatten. Folglich maß die Familie der Schulausbildung absolute Priorität bei. Jeden Morgen gingen die beiden Kinder zur Bushaltestelle, und am Nachmittag kamen sie wieder nach Hause, in den Schultaschen Hausaufgaben in Mathematik, Geographie, Sozialkunde, Gesundheitslehre und amerikanischer Geschichte.
Weder Guy sen. noch Guy jun. konnten schreiben, wohl aber Cora.

* Großer Wohnwagen, eher ein mobiles Haus, in den USA weit verbreitet. Anm. d. Übers.

Sie hatte das Oglala Lakota College in Kyle besucht und half den Kindern beim Lernen. Abends, wenn die Hausarbeit erledigt war, erzählten Vater und Großvater den Kindern oft aus der Vergangenheit der Lakota, erzählten ihnen die von Generation zu Generation überlieferten Geschichten.

Die Familie hatte sich gerade um den Eßtisch versammelt, als es an einem späten Nachmittag im Winter – ungefähr einen Monat nach ihrem Umzug nach Loveland – an der Tür klopfte. Guy jun. erhob sich vom Tisch, um zu öffnen. Zu seiner Überraschung stand an der Vordertür seines Trailers der stellvertretende Bezirkssheriff von Larimer.

»Er wollte wissen, wer ich sei, womit ich mein Geld verdiene und weshalb ich mir Loveland als Wohnsitz ausgesucht habe. Zunächst wußte ich nicht, was ich sagen sollte. Schließlich erzählte ich ihm, daß ich Bildhauer sei und aus dem Pine-Ridge-Reservat nach Loveland gezogen sei, um näher bei den Gießereien und meiner Arbeit zu wohnen. Ich beteuerte, ich hätte keinen Ärger gemacht und hätte auch nicht vor, welchen zu machen. Von jenem Nachmittag an holten mich die Polizei der Stadt oder die Bezirkssheriffs zwei- bis dreimal die Woche auf die Wache und stellten mir immer wieder die gleichen Fragen: Wer ich sei, was ich arbeiten würde, warum ich nach Loveland gezogen sei.

Ich habe für dieses Land viermal mein Leben aufs Spiel gesetzt, und diese Leute führten sich auf, als hätte ich ein Verbrechen begangen und wäre deshalb von Süddakota nach Colorado gezogen.«

Jedesmal, wenn er geholt und verhört wurde, waren alle in der Familie nervös. Niemand konnte sich einen Reim darauf machen. Nach zwei, drei Monaten endeten die Befragungen, und er, Cora, die Kinder und sein Vater wandten sich wieder ihrem alltäglichen Leben zu.

Der alte Mann war nun über neunzig Jahre alt und mußte an einem Ort untergebracht werden, wo er rund um die Uhr unter medizinischer Betreuung stand. Guy jun. sah sich nach einem guten Pflegeheim um, das nicht weit von ihrem Wohnort entfernt war. Nachdem er sich mehrere angeschaut hatte, einigten sie sich auf das knapp fünf Kilometer entfernte Sierra-Vista-Pflegeheim. Guy sen. wollte nicht dorthin ziehen, wollte die Familie nicht verlassen, aber Guy jun. versprach seinem Vater, daß sie ihn oft besuchen und zudem an den Wo-

Guys Großneffe Sean Brin,
Operation Wüstensturm

chenenden nach Hause holen würden. Und so traf man die nötigen Vorkehrungen.

Kurz nachdem Sean Brin, Onkel Daniels Enkel, bei ihnen eingetroffen war, erfuhren sie von ihm, daß er in den Nahen Osten gehen würde. Er stand im Dienst der US-Armee, und seine Einheit zählte zu den ersten, die nach Saudi-Arabien versetzt wurden und Teil eines massiven Aufgebots amerikanischer Truppen sein sollten, das schließlich zum Golfkrieg führte. Als Familienältester half Guy Dull Knife sen. mit, den Enkel seines Bruders vor seiner Abreise auf den Krieg vorzubereiten. Der alte Mann verlieh Sean zu Ehren des Pferdes, das sein Vater zu Beginn dieses Jahrhunderts so sehr geliebt hatte, den indianischen Namen *Hupahu Luta*, Red Wing, und gab ihm ein kleines Banner des Stammes der Oglala Sioux mit auf den Weg zum Unternehmen Wüstensturm.

Während des ersten Monats im Sierra-Vista-Pflegeheim fühlte sich der alte Mann abgeschnitten und einsam. Wie damals als Jugendlicher im Haskell Institute oder als junger Soldat an der Westfront hatte er auch jetzt Heimweh. Über seinem Bett arrangierte Guy Dull Knife sen. sorgfältig die Fotos von seinem Sohn, seinen Enkelkindern und seinen Urenkeln, seinen Freunden und von Rose. Darüber hängte er ein wenig Beifuß und Süßgras auf. Nachts betete er für Sean und Rose, für die Geister all seiner Lieben, die bereits die Reise ins Jenseits angetreten hatten. Auch las er an den meisten Abenden vor dem Einschlafen in der alten, in Lakota verfaßten Bibel. Morgens wachte er auf, frühstückte und zählte die Stunden, bis er Nellie und Guy Dull Knife III nach der Schule wiedersah. Und er wartete geduldig bis zum Wochenende, das er zu Hause verbringen würde.

In ihrem kleinen Heim aus Metall am Rande des Trailer-Parks am Fuß der Rocky Mountains war immer was los. Die Familie besaß kein Telefon, und häufig kamen zu jeder beliebigen Tages- und Nachtzeit Freunde und Bekannte aus dem Pine-Ridge-Reservat vorbei und überbrachten die neuesten Nachrichten von Geburten und Begräbnissen, Leiden und Krankheiten, Heiraten und Scheidungen, von der Stammespolitik, von Wohnungsbauvorhaben und Straßensperren, berichteten von Baskettball-Ergebnissen, Späßen, Tratsch, Jagdergebnissen und neuen Powwow-Terminen.

Eines frühen Abends hielt Webster Poor Bear, ein Cousin, auf dem Parkplatz, und bald darauf ließen sich Webster und Guy jun. auf dem Sofa im Wohnzimmer nieder. Dort saßen sie unter dem Porträt von Häuptling Dull Knife und schwelgten in Erinnerungen an eine Nacht, die sie zusammen im Dschungel von Vietnam verbracht hatten. Drei Meter von ihnen entfernt saß der alte Mann ruhig in seinem Rollstuhl. Er hörte den Kriegsgeschichten nicht zu, sah sich statt dessen den Videofilm *Der mit dem Wolf tanzt* an, starrte wie gebannt auf die vertrauten Gesichter und verstand, was sie sagten, ohne die Untertitel zu lesen. In einem großen, schwarzen, bohnenförmigen Sitzkissen in der Ecke des Zimmers zog sein Enkel ein in Rot und Gold gehaltenes T-Shirt der Los Angeles Lakers* über und schnürte seine schwarzen Nike-Schuhe. Ab und zu verlor er sich in der Musik von Guns 'N Roses aus seinem Sony-Walkman. Am Eßtisch brütete Nellie über ihrer letzten langen Teilungsaufgabe, die sie am nächsten

* Basketball-Team. Anm. d. Übers.

Morgen abliefern mußte. Cora saß ihr gegenüber am Tisch und fertigte Ohrringe aus Pfeifenstein. Aus dem in Minnesota gewonnenen Pfeifenstein, rotem Catlinit, hatte man kleingeformte Friedenspfeifen geschnitten. Aus diesen Ohrringen zu fertigen, war eine knifflige Angelegenheit. An einem Ende hatten die kleinen Pfeifen eine Öse, durch die Cora einen dünnen Faden aus Sehne zog und vier rote und weiße Perlen – die heilige Zahl der Lakota und die Farben des Banners der Oglala Sioux – auffädelte. Dann führte sie die Sehne durch eine Schweineborste*, die sie wiederum an einem kleinen silbernen Haken befestigte, der ins Ohr eingehangen wird.

Hinter dem Eßtisch, ganz am Ende des Trailers, lag die Küche, die manchmal nicht nur zum Zubereiten der Mahlzeiten, sondern auch als provisorisches Atelier diente. Inmitten einer Menge Kaffeebecher, von denen manche sauber und trocken, andere mit Pinseln gefüllt waren, stand eine Kanne frisch gebrühter Kaffee. Auf der Arbeitsplatte Geschirr und Gläser, neben ein paar mit Farbe beschmierten alten Lappen und Paletten das Besteck, ein Laib Brot und Zwieback, eine Tasche aus Hirschleder, mehrere Häufchen bunter Perlen, Dosen mit Fertigsuppe und Hackfleischpastetchen, ein Stapel Skizzen, ein Meißel, mehrere Tonklumpen und eine Schachtel Makkaroni. Außerdem gab es in der Küche noch einen Kinderhochstuhl und auf dem Boden einen Sechzig-Kilo-Block Alabaster.

Schließlich richtete sich Guy Dull Knife jun. in einer Ecke der Küche einen kleinen Arbeitsplatz ein, wo hinter einem abgrenzenden weißen Bettlaken ein halbes Dutzend Gemälde in den unterschiedlichsten Stadien der Fertigstellung gegen die Rückwand des Trailers lehnten. Auf einem kleinen Tisch davor standen sechs überaus detailreiche Tonfiguren, die alle mit einer kunstvoll gearbeiteten Tracht versehen waren und jeweils einen traditionellen Tanz der Lakota wiedergaben. An jedem Tonmodell hatte Guy jun. zwischen fünfundsiebzig und hundert Stunden gearbeitet.

»Zum ersten Mal in meinem Leben«, sagte er, »tat ich etwas, das mir sehr viel Spaß machte. Nichts anderes schien mehr von Bedeutung zu sein. Nur die Skulpturen zählten.«

Zu Hause in seinem Trailer in Loveland brachte sich Guy jun. selbst

* S. dazu auch Anm. d. Übers., S. 380.

das Bildhauern bei. Zu Beginn arbeitete er bis spät in die Nacht an dem kleinen Tisch in der Küchenecke. Immer wieder bearbeitete er die Tonklumpen mit allem, was er an behelfsmäßigen Werkzeugen im und ums Haus herum auftreiben konnte – Löffel, Messer, Meißel, Schraubenzieher –, bis sie allmählich die Form annahmen, die er sich vorgestellt hatte. Nach Monaten behutsamen Herantastens an die Arbeit mietete er sich in Loveland in einem billigen Motel ein Zimmer. Mit Kleiderbügeln, die er im Zimmer vorfand, und einem Taschenmesser arbeitete er die ganze Nacht hindurch an einem Modell eines Oglala-Kriegshäuptlings. Am Morgen war er überrascht, wie gut es gelungen war.

Je mehr Fortschritte er machte, desto größer wurde sein Selbstvertrauen und desto ehrgeiziger wurden seine Pläne. Den Alabasterblock wollte er solange aufheben, bis er glaubte, die erforderliche Kunstfertigkeit erworben zu haben. Nach einiger Zeit kaufte er einen alten Bohrer und machte sich an die Bearbeitung des schweren weißen Steins. Es war Anfang November. Von den Bergen zog eine Kälte herunter, wie man sie selten erlebt hatte. Im Trailer hatte sich der Alabasterstaub von der Küchenecke bis in den hintersten Winkel ausgebreitet, und Cora bestand darauf, daß Guy jun. seinen vollgestopften Arbeitsplatz mit einem Bettlaken verhängte. Als der Staub aber dennoch überallhin drang, wurde Guy jun. mit seiner Arbeit in den Vorhof des Trailers verbannt. Er trieb zwei alte Böcke und eine halbverrottete Spanplatte auf und baute sich daraus einen Arbeitstisch. Das Verlängerungskabel führte er durch eines der Fenster, und dann schaffte er den Schlagbohrer und seine anderen Sachen, einen Karton Staubmasken und eine Schutzbrille aus Plastik nach draußen, um dort weiterzuarbeiten.

Von Anfang an hatte er die Idee gehabt, aus dem Alabasterblock einen weißen Büffel zu formen, der aus einer Schneeverwehung auftaucht. Aber er war sich über die genauen Proportionen des Büffels – wie hoch der Widerrist den Kopf überragte, die Länge der Extremitäten im Vergleich zu dem massigen Körper – nicht im klaren. Also holte er sich den Videofilm *Der mit dem Wolf tanzt*, spielte ihn ab, suchte sich aus der Jagdszene eine geeignete Aufnahme aus, stellte das Videogerät auf Standbild und skizzierte das Tier ein paarmal sorgfältig auf Papier. Dann ging er hinaus in den Hof und bearbeitete den Stein

mit dem Meißel. Jeden Abend trug er den Block in die Küche und jeden Morgen wieder hinaus. Heute befindet sich der weiße Büffel im Wohnzimmer eines wohlhabenden Kunstsammlers aus Des Moines.
Im Herbst 1992 entstand schließlich aus dem ersten der Tonmodelle, die er in seiner Küche geformt hatte, in den Loveland Sculpture Works* eine vierzig Zentimeter hohe und vierzehneinhalb Kilo schwere Bronzestatue, die Guy Dull Knife jun. »To the Great Spirit« betitelte. Zwischen der Idee und ihrer Realisierung lagen mehr als zwölf Jahre. Er widmete die Skulptur den ehemaligen und gegenwärtigen Medizinmännern und Stammesältesten der Lakota. Sie stellt einen heiligen Mann dar, der *Wakan Tanka* die Heilige Pfeife des Büffelkalbes darreicht. Viele Generationen lang haben sich die Lakota der Pfeife bedient, wenn sie dem Großen Geist, den Vier Winden, den Vier Himmelsrichtungen und *Meka Ina*, der Mutter Erde, ihre Gebete darbrachten. Sie glaubten, das würde ihnen helfen, sich immer daran zu erinnern, daß sie und die Tiere, die Vögel und die Fische und die Pflanzen, ja alle Lebewesen, füreinander Sorge tragen müßten.
Der in Bronze gegossene alte Mann trägt Adlerfedern, die außergewöhnliche Taten symbolisieren. Und die Perlenstickerei auf seiner Bekleidung ist nach einem traditionellen Muster gefertigt, das Edith und Rose ihr Leben lang angewandt hatten. Die Perlen sind in den Farben der vier Himmelsrichtungen – schwarz, rot, gelb und weiß – gehalten.
Guy Dull Knife jun. machte von den sechs Skulpturen, die nun in seinem Trailer standen, Polaroidaufnahmen und zeigte sie einigen der zahlreichen Sammler, Kunsthändler und Galeriebesitzer in Loveland und dem nahegelegenen Estes Park. Er erklärte ihnen, was er mit den Statuen auszudrücken versuchte, daß er mit Hilfe der Bronzestatuen die Geschichte seines Volkes darstellen wollte, eine Geschichte, die ihm von seinen Eltern und Großeltern und den Stammesältesten des Pine-Ridge-Reservates erzählt worden war. Mehrere Kunsthändler waren fasziniert von dem, was sie auf den Polaroidfotos sahen, und auch von Guys Bestreben, die Kultur der Lakota zu bewahren.
Ein Händler aus Estes Park, ein ehemaliger Kriegskamerad in Viet-

* Bildhauerwerkstatt in Loveland. Anm. d Übers.

nam, bot seine Hilfe an. »Als er die Zeichnungen der Skulpturen zum ersten Mal sah, war er für kurze Zeit sprachlos. Er wußte, er wußte irgendwie sofort – wie viele von uns, die aus Vietnam zurückgekehrt waren –, was mir die Statuen bedeuteten und warum ich so hart an ihnen gearbeitet hatte.« Der Kunsthändler lieh ihm das Geld, das er benötigte, um sich an die Arbeit machen zu können, und stellte ihn verschiedenen Leuten vor. Kurze Zeit später bekam Guy jun. eine eigene Arbeitsplatte in den Loveland Sculpture Works und hatte Zugang zu deren modernen Werkzeugen, Ausrüstung und Fachkenntnis. Er und Cora begannen ihre Tage nun damit, morgens die Kinder zur Schule zu bringen und dann in sein Atelier zu fahren, wo er den ganzen Tag lang Federzeichnungen in Tonmodelle, dann in Gipsmodelle und Wachsformen umsetzte und schließlich Bronzefiguren daraus fertigte.

Die ganze Zeit über hatte er davon geträumt, achtzehn Tänzer in drei Gruppen von je sechs Figuren darzustellen. Geld und Zeit waren ein ständiges Problem. Seitdem sie von Pine Ridge fortgezogen waren, hatten sie von der Hand in den Mund gelebt, sich durchgeschlagen. Um die Miete zahlen zu können, Essen auf den Tisch zu bringen und die Kinder zu kleiden, ihren Beitrag zu den Behandlungskosten seines Vaters zu leisten und noch Zeit für die Arbeit an den Bronzefiguren zu haben, verkauften sie hin und wieder ein Gemälde, eine Skulptur, Perlenstickereien und Ohrringe. Auch die Rechnungen der Gießerei mußten bezahlt werden. Monatelang befand sich Guy jun. in einer Zwickmühle. Die Gießerei wollte ihm die Bronzestatuen erst aushändigen, wenn er die Rechnungen bezahlt hätte. Bezahlen konnte er jedoch erst, wenn er die Skulpturen in Händen hielt und an Sammler verkaufen konnte. Schließlich streckten ihm einige Förderer und Gönner das Geld vor, das er benötigte, um weiterarbeiten zu können. Anfang November 1993 war die erste Gruppe von sechs Bronzefiguren fertiggestellt. Nach der dem Großen Geist gewidmeten Skulptur kam die eines traditionellen Tänzers an die Reihe. In früheren Zeiten war sein Volk zusammengekommen, um miteinander zu essen, zu spielen, Pferderennen abzuhalten, zu singen und zu tanzen. Bei diesen Zusammenkünften tanzten die älteren Männer des Stammes oft nach altem Brauch. Guy jun. hat den Tänzer mit einem Kopfputz aus Adlerfedern geschmückt, der ursprünglich aus geflochtenem Haar des

Stachelschweins und des Weißwedelhirsches bestand. Der Tänzer trägt einen Umhang aus Büffelfell und einen Brustschild aus mit Sehnen zusammengebundenen Büffelknochen. In einer Hand hält er einen Fächer aus den Federn eines rechten Adlerflügels. Sein Rückenbehang besteht aus Adlerfedern, der Perlenzierat darauf leuchtet in den Farben der vier Himmelsrichtungen. In der anderen Hand hält er einen perlenbestickten Pfeifenbeutel, der zum Ausdruck bringen soll, daß er häufig zu dem fernen Hügel ging, um dort zu beten und vier Tage und Nächte lang in der *humbleciya*-Zeremonie zu fasten, um zu Visionen zu gelangen. Der Pfeifenbewahrer lernte die heiligen Gesänge der Zeremonien seines Volkes, und dieses verehrte ihn auf Grund seiner Weisheit und seines Wissens.

Guy jun. widmete die Darstellung des traditionellen Tänzers seinem Onkel Amos Lone Hill, einem Pfeifenbewahrer und allseits geachteten Stammesältesten, einem Vollblut-Lakota aus dem Hinterland, der im Einklang mit der traditionellen Lebensweise der Oglala Sioux gelebt hatte.

Die dritte Statue stellte den Reifentanz dar, einen schwierigen, modernen Tanz, dem ein traditionelles Thema zugrunde liegt. Die Lakota sehen im Reifen den ungebrochenen Kreislauf des Lebens, eines Lebens, das aus der Erde hervorgeht und wieder zur Erde zurückkehrt. Der Kreislauf ist in vier Teile gegliedert, die die vier Phasen des Mondes und die vier Jahreszeiten symbolisieren. Der Tanz beginnt damit, daß der Tänzer vier Reifen um seinen Körper herumschwingt. Im Laufe des Tanzes kommen immer wieder vier Reifen dazu, bis der Tänzer sechzehn oder mehr auf einmal schwingt.

Vernon Sitting Bear aus Kyle, ein guter Freund von Guy jun., sang und tanzte für gewöhnlich mit Onkel Daniel. Er war einer der Urheber des Reifentanzes im Pine-Ridge-Reservat, und deshalb widmete Guy jun. ihm diesen Tanz.

Lange schon hatte sein Volk den Adler verehrt, und in früheren Zeiten wurde die besondere Stellung, die er bei den Lakota einnahm, mit einem Tanz gefeiert. Die Tänzer benutzten Pfeifen aus Adlerknochen in der Hoffnung, der Adler würde die Töne hören und ihre Dankbarkeit erkennen und die Tänzer von weit oben wahrnehmen. Frank White Buffalo Man war einer der letzten Lakota, die den Adlertanz beherrschten. »Als Junge beobachtete ich jeden seiner Schritte. Es gab niemanden, der ihm gleichkam. Als ich später das Gymnasium besuchte, ging ich jeden Sommer mit ihm zusammen in die Black Hills. Dort tanzte er, und ich sang dazu. Die Skulptur des Adlertänzers habe ich für ihn geschaffen. Heutzutage gibt es nahezu niemanden mehr, der den Tanz beherrscht. Wenn uns durch die Bronzefigur der Tanz zurückgebracht werden würde, wenn sie helfen könnte, ihn wieder aufleben zu lassen, so wäre das für White Buffalo Man die höchste Ehrung.«

Unter den sechs im Herbst 1993 fertiggestellten Bronzestatuen befanden sich zwei weitere: Der Kriegstänzer veranschaulicht die komplizierten Details aus dem Leben eines Kriegers. Guy jun. modellierte acht Adlerfedern, die als Auszeichnung für mutige und gute Taten verliehen werden, auf eine Haube aus Wolfsfell, die die Schläue des Wolfes, seine Loyalität und seinen außerordentlichen Kampfgeist zum Ausdruck bringen sollte. Mit roter Farbe, die er im Gesicht des Kriegers auftrug, symbolisierte Guy jun. eine blutige Schlacht, mit schwarzer Farbe Trauer und Klage um die Toten. Fünf weiße Punkte zwischen den roten und schwarzen stehen für nahe Verwandte, die in Schlachten ihr Leben lassen mußten oder verwundet wurden. Die rechte Hand hält einen Coup-Stock in die Höhe, mit dem der Feind in der Schlacht angeschlagen wird, was als größter Mutbeweis gilt. In der linken Hand trägt er das mit den persönlichen Schlachtsymbolen des Kriegers, Regen und Hagel, bemalte Schild, von dem zwei Skalps herabhängen. Auf seinem Lendenschurz und den Mokassins ist ein mit Perlen gefertigtes Tipi-Muster zu sehen, an dem sich die Anzahl der erfolgreichen Überfälle auf die Lager der Crow und Pawnee ablesen läßt, an denen der Krieger teilgenommen hat. Der Tänzer trägt einen Gewehrgurt und eine Jacke, die von einem Lieutenant der Truppe F des Siebten Kavallerieregiments stammt. Er ist Dewey Beard gewidmet.

Die letzte der Skulpturen stellt einen Maskentänzer dar. Der Maskentanz ist noch jung und entstand erst, als auf den modernen Powwows Wettkämpfe abgehalten wurden. Der Tänzer trägt zwei in hohle, bogenförmige Knochen eingepaßte Federn, die vorne am runden Haubenausschnitt befestigt sind. Zwei Federbüsche sind mit gefärbten Flaumfedern geschmückt, die zu der Perlenstickerei und dem breiten Angoraband um seine Knöchel passen. Er stellt ei-

Drei von Guy jun. geschaffene Statuen: Kriegstanz, Maskentanz und Adlertanz (David Penny)

nen der farbenprächtigsten Tänze dar. Während seiner gesamten Dauer muß der Tänzer im Takt mit dem raschen, immer schneller werdenden Trommelschlag bleiben. Deshalb ist dieser Tanz einer der schwierigsten und anstrengendsten. »Als ich seiner Mutter zum ersten Mal ein Farbfoto von der Skulptur zeigte, war sie von der Ähnlichkeit sehr berührt«, sagt Guy jun. Den Maskentänzer widmete er Byron.

Anfang November hätte sein Freund aus Des Moines die Ausstellung der sechs Statuen in einer lokalen Galerie in die Wege geleitet. Guy jun. und Cora baten einen Verwandten, auf die Kinder aufzupassen, verpackten die Bronzefiguren sorgfältig und nahmen die Interstate-Autobahn 80 nach Des Moines, das 1100 Kilometer östlich von Loveland liegt. Zu der Ausstellung am Abend des 9. November 1993 kamen etwa 150 Förderer. In einem Zimmer am Ende der Galerie wurden die Bronzefiguren auf Sockeln aus dunklem Holz arrangiert. Sie fügten jeder eine Karte bei, auf der die Tradition des jeweiligen Tanzes erklärt war. Während die Musik zu einem Hasentanz vom Band erklang und in einer Ecke ein kleiner Zopf Süßgras glomm, standen Guy jun. und Cora ruhig hinter einem Tisch und beobachteten, wie sich die Gäste den Bronzefiguren näherten und die Karten lasen. Sie beantworteten Fragen über Guy jun. selbst, über sein Leben, sein Volk, über die Geschichte und die Ursprünge seiner Arbeit. Sie waren müde und auch ein wenig nervös. Als sich der Abend seinem Ende näherte, teilte ihnen der Besitzer der Galerie mit, daß möglicherweise mehrere Bestellungen für die gesamte Gruppe von achtzehn Statuen eingehen würden. Das war die beste Nachricht, die sie seit langem gehört hatten. Anschließend gingen Guy jun., Cora, ein paar Freunde und der Galeriebesitzer in ein Restaurant am Ort, um den Erfolg zu feiern.

Am nächsten Tag machten sie sich wieder auf den Weg nach Loveland und sprachen darüber, daß sie den restlichen Winter und den Frühling im Atelier und in der Gießerei verbringen und an den Darstellungen des Pferdetanzes, des Sonnentanzes, des Hasentanzes und neun weiterer Tänze arbeiten würden, die den Zyklus vervollständigen sollten. Nach ihrer Rückkehr begann Guy jun. mit dem Ausformen der Tonmodelle für die restlichen Figuren. Als die Kinder Weihnachtsferien hatten, fuhr die Familie ins Pine-Ridge-Reservat, um dort vierzehn Tage Urlaub zu machen. Anfang Januar kehrten sie nach Loveland zurück und mußten feststellen, daß jemand das große Fenster im Wohnzimmer zertrümmert hatte. Das Innere des Trailers war durchwühlt, aber es waren keine Wertgegenstände entwendet worden. Also räumten sie auf und machten sich wieder an ihre Arbeit.

Etwa zwei Wochen später kam Guy jun. von der Gießerei nach Hause und fand am Knauf der Eingangstür eine kleine Plastiktüte vor. Drinnen öffnete er die Tüte und holte ein Pamphlet des Ku-Klux-Klans und mehrere handgeschriebene Zettel mit Hakenkreuzen am Kopf und an den Seiten der Bögen heraus. Der handschriftliche Text auf den fotokopierten Bögen besagte, daß Loveland eine saubere Gemeinde gewesen sei, bevor Indianer und Spanier dort hinzogen, und wenn sie auch nur ein Fünkchen Vernunft besäßen, würden sie die Stadt wieder verlassen. Er las die Seiten, warf einen flüchtigen Blick auf das Pamphlet und beschloß, alles zu ignorieren.

Etwa zehn Tage später lag eine Tüte auf der Türschwelle, die Mitteilung diesmal im Ton persönlicher und direkt an die Familie der Dull Knifes gerichtet. Sie wies darauf hin, daß sie Indianer seien und Indianer in Reservate gehörten, nicht nach Loveland. Wenn sie wüßten, was gut für sie wäre, würden sie nicht versuchen, an einem Ort Fuß zu fassen, dessen Bewohner sie ablehnten. Dies sei nicht ihr Land. Das Land würde den Weißen gehören, so die Mitteilung, die mit »Euer örtlicher Klan« unterschrieben war.

»Es war das erste Mal in meinem Leben, daß ich so etwas erlebte, und ich konnte es nicht ignorieren. Wenn es nur um mich gegangen wäre, hätte ich dem keine Bedeutung beigemessen. Ich dachte mir, wenn ich schon die nordvietnamesische Armee und die Todesschwadron überlebt hätte, dann würde ich auch den Klan, oder wer immer sich dahinter verbarg, überstehen können.

Aber Cora war damals im achten Monat schwanger, und die Kinder mußten auf ihrem Schulweg zu Fuß zur Bushaltestelle gehen. An den Wochenenden hatten wir oft Vater zu Besuch, und ich wollte vermeiden, daß wir eines Morgens ein brennendes Kreuz auf dem Rasen vorfinden würden, oder uns noch Schlimmeres blühte.«

Anfang Februar 1994 entschloß sich Guy Dull Knife jun., Loveland zu verlassen und mit seiner Familie nach Hot Springs in Süddakota, etwa 65 Kilometer nordwestlich des Pine-Ridge-Reservates, zu ziehen. Der alte Mann spürte – bedingt durch die arge Kälte – seine Arthritis und war auf der langen Fahrt nach Norden ganz verwirrt. Überdies erwartete Cora jeden Tag ihr Baby. Am Tag nach ihrer Ankunft in Hot Springs brachte Guy jun. seine Frau und seinen Vater ins Krankenhaus. Danach schaute er sich nach einem Zuhause für seine Familie um und mietete kurz entschlossen einen kleinen Bungalow mit zwei Schlafzimmern, der in der Nähe des Krankenhauses und nicht weit von der Schule entfernt lag, bei der er Nellie und Guy Dull Knife III anmeldete. Nachdem Verwandte eingetroffen waren, die sich um Cora, die Kinder und seinen Vater kümmern wollten, fuhr Guy jun. zweimal die lange Strecke nach Loveland, um ihre Kleider, Habseligkeiten und Möbel zu holen.

Am Morgen des 12. Februar 1994 war er wieder zurück in Hot Springs, und noch am Nachmittag bekam Cora Wehen. Dreiunddreißig Stunden später waren sie Eltern eines kleinen Mädchens geworden.

Nellie und Guy Dull Knife konnten nicht fassen, wie winzig ihre kleine Schwester war, wieviel Haar sie hatte und wie dick und schwarz sie war. Am Valentinstag hatte ihr Vater sie von der Schule abgeholt und ins Krankenhaus mitgenommen. Während Cora das Baby stillte, standen alle um das Bett herum. Etwas später verließ Guy jun. das Zimmer mit den Worten, er würde gleich wieder zurück sein. Er ging den Korridor entlang und hinüber zum anderen Flügel des Krankenhauses . Als sein Sohn eintraf, saß Guy sen. aufrecht im Bett. Guy jun. half seinem Vater in den Rollstuhl und schob ihn den ganzen Weg zurück.

Guy sen. wußte nicht, was passiert war, bis er in das Zimmer von Cora geschoben wurde. Er war im Februar 1899 geboren, und als er das kleine Mädchen, das im Februar 1994 auf die Welt gekommen war, erblickte, trat wieder das altbekannte Lächeln auf sein Gesicht. Er manövrierte seinen Rollstuhl zum Ende des Bettes und starrte das kleine Wesen an, das von seiner Mutter gestillt wurde. Cora hob das Baby sanft hoch und reichte es Guy jun., der damit um das Bett herumging. Der alte Mann streckte ihm seine Arme entgegen, bettete das Baby in seinen Schoß und starrte es an; kein Wort kam über seine Lippen.

Nach einer Weile blickte er auf, sah in die Gesichter um sich herum und dann auf seinen Sohn:

»Owang waste.«

Die Eltern stimmten ihm zu, daß sie wunderschön sei. Guy jun. sagte seinem Vater, daß er und Cora in der vergangenen Nacht einen Namen für das Baby gefunden hätten. Sie würden das Mädchen Mary nennen, zu Ehren von Mary Red Rabbit, der Mutter des alten Mannes. Er sah sie an, und als ihm Tränen in die Augen stiegen, legte sein Sohn den Arm um seine Schulter.

Eine alte Frau schleppt sich lautlos den unbefestigten Weg entlang. Sie trägt eine leere Plastikflasche und folgt den tiefen Wagenspuren in der Erde, die den Hügel hinab und quer über ein offenes Feld zu der roten Wasserpumpe führen, die am Ende von Wanblee aus dem Gras herausragt. Ein junger Mann hinkt ihr über das Feld und den Hügel hinauf entgegen, das eine Hosenbein ist leer und flattert in der lauen Nachmittagsbrise. Am Ende des Weges haben sich die Kinder

Vier Generationen der Dull Knifes.
Von links nach rechts: Tonette, Guy III, Torrie, Guy sen. (sitzend), Nellie, Cora Yellow Elk, Guy jun. (Bob Feder)

aus der Nachbarschaft um ein etwa dreißig Zentimeter tiefes Schlagloch am Straßenrand versammelt. Sie planschen im Regenwasser der Pfütze, schubsen und stoßen sich und lachen, und wenn es ihnen zu heiß wird, setzen sie sich in die Pfütze hinein. Ihre Stimmen erfüllen die Luft wie der Staub von der Straße. »Jetzt bin ich dran … los, hol deine Spritzpistole, Jenny … Das sag' ich deiner Mami … Hör auf, mir ins Gesicht zu spritzen … Wenn Sherris Mami betrunken ist, schläft Sherri immer bei uns …« Die Hunde aus der Nachbarschaft kommen herbeigerannt, rasen an den Kindern vorbei und trotten die Straße hinunter, die sich in der Wohnsiedlung zwischen ärmlichen Höfen, windschiefen Zäunen und Baracken aus Teerpappe verliert. Weit hinter der alten Frau und dem jungen Mann, den Kindern und den Hunden liegen saftige, grüne Felder, die in Kurzgrassteppe übergehen.

1994 wies eine Regierungsstatistik den Bezirk Shannon in Süddakota, die Heimat der Oglala Sioux, als den ärmsten Bezirk der Vereinigten Staaten von Amerika aus. Der Prozentsatz in Armut lebender Menschen lag mehr als viermal so hoch wie der Landesdurchschnitt – 63 gegenüber 14 Prozent. Die Wahrscheinlichkeit, daß ein Baby mit Alkoholsyndrom geboren wurde, war zwanzigmal so hoch und die Sterblichkeitsrate von Kleinkindern sechsmal so hoch wie der Landesdurchschnitt. Jugendliche aus dem Pine-Ridge-Reservat begingen dreimal so häufig Selbstmord wie Jugendliche in anderen Gegenden Amerikas. Ein Jahrhundert nach Wounded Knee betrug die Lebenserwartung eines Oglala-Mannes lediglich sechsundvierzig Jahre.[1]

Guy Dull Knife jun. ist nach Wanblee gekommen, um seine Kinder abzuholen. Es ist früh im Juni, dem Monat der blühenden Weißen Rübe. In den Sommerferien waren die Kinder zu Besuch bei ihrer Mutter, und nun möchte Guy jun. sie abholen und ein wenig über Land fahren, sich entspannen, Urlaub machen, draußen übernachten, neue Orte besuchen und vielleicht auch einige, die er schon kennt. Es ist beruhigend für ihn, seinen Vater in einem guten Pflegeheim in dem nahegelegenen Ort Martin in Süddakota, nicht weit entfernt vom Yellow-Bear-Lager, zu wissen. »Der Arzt hat ihn untersucht, bevor er dort einzog, seinen sogenannten ›100 000-Kilometer-Check‹ durchgeführt. Der Arzt sagt, er sei in großartiger Verfassung. Er könne ewig leben«, sagte der Sohn. Eine seiner Nichten arbeitet in der Verwaltung des Pflegeheimes, und viele der Bewohner stammen aus dem Pine-Ridge-Reservat. Als ihn Guy jun. zuletzt traf, saß der alte Mann in der Sonne im Hof und unterhielt sich und lachte mit der neunundachtzig Jahre alten Winnie Good Voice Elk, der Witwe seines besten Freundes aus der Kindheit, mit dem er zu Beginn des Jahrhunderts ohne Sattel nach Martin geritten war. Beide hatten dort Root Bear getrunken und geglaubt, von dem Kräutergetränk einen Schwips bekommen zu haben.

Das Fort liegt gute 250 Kilometer entfernt, und sie sind nicht in Eile. Guy jun. möchte, daß die Kinder sehen und fühlen wie er, und so fahren sie hinaus ins Hinterland, vorbei an ein paar schwarzen und roten, rautenförmigen Schildern, die in einem Straßengraben zwischen Martin und Wanblee aufgestellt sind, wo zwei Unfallopfer ihr jähes Ende fanden. Als ein Pärchen Wildkatzen und ihr sechsköpfiger Nachwuchs ein paar hundert Meter hinter den Schildern über die ungeteerte Straße huschen, hält Guy jun. das Auto an. Guy Dull Knife III springt aus dem Wagen, hüpft über einen Graben und starrt zu einem Baum hinter einem Stacheldrahtzaun. Die sechs Wildkatze sitzen nebeneinander auf einem Ast und starren zurück.

»Soll ich eins fangen, Dad?«

»Nein.«

»Warum nicht?«

»Siehst du ihre Eltern dort drüben im nächsten Baum? Deshalb.«

Als kleiner Junge hielt er einmal eine Wildkatze als Haustier. Rose hatte sie mit Milch aufgezogen, die sie ihr zunächst mit einer Pipette für Augentropfen und dann mit einer Babyflasche zuführte. Sie schlief in einer Schachtel. Eine ganze Weile lang war sie wie ein Hund, blieb immer in der Nähe des Hauses am Red Water Creek, wartete auf ihr Essen und verscheuchte Kojoten. Eines Tages machte sie sich auf den Weg in die Schlucht, und von da an war sie verschwunden. Guy jun. glaubte nicht, daß ihre Nachbarn in Hot Springs von einer Wildkatze begeistert wären.

Er kann die Abzweigung zum *Ti Hanska* nicht finden, war lange nicht mehr dort. Aber den Kindern macht das nichts aus. Nie zuvor waren sie bis zum Ende der Straße gefahren. Als sie dort ankommen, parkt er das Auto in Richtung der Bretterkirche mit dem verblaßten Anstrich, die seit 113 Jahren allein hier oben auf dem höchsten Punkt des Yellow-Bear-Lagers steht. Der Junge und seine Schwester können es kaum erwarten, die Kirche zu erkunden. Sie rennen hinein und gehen hinten erst an einem grauen, dickbäuchigen Ofen und dann an einer Reihe abblätternder Holzbänke vorbei. In einer der vorderen Reihen liegt eine aufgeschlagene, verwitterte Bibel. Sie gehen vorbei an den rostigen Haken in der Decke, an denen einst Kerosinlaternen hingen, und dann die Empore hinauf, wo ganze Schwalben- und Taubenfamilien wohnen und gelegentlich eine Eule haust.

Guy Dull Knife jun. steht draußen, blickt hinüber zu dem Hügel, der sich etwa vierhundert Meter westlich von ihm erhebt und wo die Wagenspuren enden. Er hatte ganz vergessen, welche Kraft von dem

Himmel und dem Land am höchstgelegenen Punkt des alten Lagers ausgeht. Er war schon lange nicht mehr hier.

»Mein Großvater erzählte mir soviel, vieles davon verstand ich erst, als ich wesentlich älter war. Als ich noch sehr klein war – vielleicht fünf oder sechs Jahre alt, schaute er sich einmal meine Zeichnungen an und sagte zu mir: ›Du mußt immer Vertrauen zu dir selbst haben. Traue nichts und niemandem außer dir selbst. Wenn du dich daran hältst, wirst du im Leben zurechtkommen.‹

Oft waren wir draußen und gingen über das Land, und er brachte mir bei, daß es wichtig ist, alles Leben auf Erden zu respektieren, selbst eine kleine Katze oder einen Hund. ›Wenn Du eine hungrige Katze oder einen streunenden Hund siehst, ruf sie zu Dir und gib ihnen zu essen – sie sind Lebewesen wie du.‹

Wohl am eindringlichsten lehrte er mich, ein Indianer zu sein, zu denken und zu handeln wie ein Indianer. Das ist vollkommen anders als ein Weißer zu sein. Wenn man das Reservat verläßt, dann verändert sich das Leben plötzlich. Auf einmal ist es ›Zeit, ins Bad zu gehen, Zeit, sich an den Schreibtisch zu setzen und zu arbeiten, Zeit, mit den Kindern zu spielen, Zeit, zu essen, Zeit, schlafen zu gehen.‹ Alles andere geht irgendwo dazwischen verloren. Wir sind da anders, und ich glaube, das ist der Grund dafür, daß wir uns so schlecht anpassen konnten. Wir haben viel, vielleicht zuviel Zeit damit zugebracht, uns an die Dinge dazwischen zu klammern.«

Er folgt nun in westlicher Richtung den Spuren, die sich durchs Büffelgras ziehen, und bald tauchen auch seine Kinder wieder auf, bleiben ein paar Schritte hinter ihm.

»Auch Reichtum bedeutet uns etwas anderes als den Weißen. Wir messen den Reichtum eines Mannes nicht an den Dingen, die er aufgehäuft hat. In früheren Zeiten hielt man oft den Mann, der fast nichts besaß, der alles anderen gegeben hatte, für den reichsten Mann im Dorf.

Es vergeht kein Tag mehr, an dem ich mich nicht nach den alten Zeiten und der alten Lebensweise sehne. Und ich glaube, das habe ich vor allem meinem Großvater zu verdanken.«

Der Junge und seine Schwester haben die Geschichten bereits gehört und auch die Fotografien gesehen, und nun folgen sie ihrem Vater durch die Erdfurchen und gehen den kleinen Hügel hinan, auf dem

George Dull Knife und Mary Red Rabbit begraben liegen. Oben stehen die Kinder ein paar Minuten still da, gehen dann weg und lassen ihren Vater bei den eisernen Kreuzen allein, die einen Meter voneinander entfernt aus dem Gras ragen.
Er wählt die altgewohnte Route von Kyle, auf der er immer zur Mokassinfabrik fuhr, und hält in westlicher Richtung auf Sharps Corner zu. Als sie durch Porcupine fahren, erzählt er den Kindern, daß das Pine-Ridge-Reservat in vielerlei Hinsicht einzigartig ist. Es ist das zweitgrößte Reservat in den Vereinigten Staaten, größer als Rhode Island, Delaware oder Connecticut. Die Oglala waren einst die größte und mächtigste Gruppe aller Lakota, und ihre Führer – Crazy Horse, Red Cloud und Black Elk – kennt man in der ganzen Welt. Im Reservat gibt es viele verschiedene Gedenktafeln und Denkmäler, die ihrem Volk gewidmet sind. Es gibt Gedenkstätten für Lakota, die für die US-Armee kämpften und starben, und es gibt welche für Lakota, die gegen die US-Armee kämpften und dabei starben.
Oben auf dem Hügel umschließt eine Absperrung mit Ketten das Massengrab, und an jenem frühen Nachmittag im Juni flattern Dutzende farbiger Stoffstreifen – rote, weiße, schwarze und gelbe – an der Einfriedung. Nellie und Guy Dull Knife III fragen, was es mit diesen Stoffstreifen auf sich hat, und er antwortet ihnen, daß die Streifen jedes Jahr von den Tänzern der Sonnentanz-Zeremonie angebracht werden, die ihr Opfer den Toten des Wounded-Knee-Massakers gewidmet haben. Er zeigt nach Osten hin, weit vorbei an der Schlucht, durch die die Indianer damals geflohen waren, und deutet auf eine Hügelkette, von denen einer, so sagt er, der Hügel ist, zu dem sein Großvater nach dem Schneesturm vor etwas mehr als einem Jahrhundert hingeritten war.
An einem Ende der Grabstätte steht noch immer eine Gedenktafel aus dem Jahr 1903. Der Vater und seine Kinder verharren in Schweigen und lesen die Inschrift:

Dieses Denkmal wurde von den überlebenden Verwandten und anderen Oglala und Cheyenne River Sioux erbaut, um an das Häuptling-Big-Foot-Massaker am 29. Dezember 1890 zu erinnern. Colonel Forsyth befehligte die US-Truppen. Big Foot war ein bedeutender Häuptling der Sioux. Er sagte oft: »Ich will bis zu meinem letzten Tag in Frieden leben.«

Er vollbrachte sowohl für die Weißen als auch für die Indianer viele gute und mutige Taten. Hier starben zahlreiche unschuldige Frauen und Kinder, die kein Unrecht kannten.

Südwestlich von Wounded Knee führt die Straße zum Dorf Pine Ridge an dem neuen Krankenhaus vorbei, einem hell erstrahlenden Gebäude mit einer Grundfläche von knapp 11 000 Quadratmetern, dessen Ausführung und Dekorationen von indianischen Themen geprägt sind. Vor dem Gebäude flattern die Banner der Vereinigten Staaten und des Stammes der Oglala Sioux an zwei nebeneinander stehenden Masten im Wind. Die Dull Knifes wollen eine Verwandte besuchen, die an Diabetes erkrankt ist und möglicherweise einen Fuß verlieren wird. Sie fahren auf den geräumigen Parkplatz, der etwa 800 Meter von der Kirche entfernt liegt, in der einst Big Foots Leute auf einem Lager aus Stroh untergebracht wurden. Im Krankenhaus teilt man ihnen mit, daß die Verwandte noch nicht eingetroffen ist, und so gehen sie durch einen der neuen Flügel des Krankenhauses und betrachten das Mobiliar des erst vor zwei Monaten eröffneten Gebäudes. Dort gibt es sündhaft teure Computer, allerneueste Überwachungsanlagen, ein neues Atemtherapieprogramm, eine Intensivabteilung, einen CAT-Scanner*, eine ambulante Station und Kreißsäle. In einem der Gänge gibt es auch ein Zimmer für den Medizinmann. Als sie ihre Runde beendet haben, ist die Verwandte noch immer nicht eingetroffen. Guy jun. steigt wieder in seinen Wagen und fährt in südlicher Richtung zur Grenze von Nebraska. Als sie in Rushville die Eisenbahngleise überqueren, erklärt Guy jun., daß dies der Ort ist, von dem aus ihr Großvater im Herbst 1915 nach Kansas zum Haskell Institute fuhr. Sie fragen ihn, warum ihr Großvater auf eine Schule ging, die so weit weg war von zu Hause, und Guy jun. antwortet ihnen, daß der Vater des alten Mannes damals meinte, das sei das Beste für seinen Sohn. Dort wo die Wagenspuren weit entfernt enden, kommt der Highway 20 aus dem sich über 660 Kilometer erstreckenden nördlichen Staatsgebiet von Nebraska, aus dem fruchtbaren Schwemmland des Missouri im Osten, durch das weitläufige Viehzuchtgebiet der zentralen Sandhills und führt dann allmählich in das Panhandle-

* Kernspintomograph, Anm. d. Übers.

Land, das Land am White River und in das Gebiet des Pine-Ridge-Reservates im Westen.

Er war auch früher schon hier gewesen, und nie war es einfach für ihn. Die letzten vierzig Kilometer ist Cora gefahren, und Guy jun. starrt einfach nur aus dem Fenster, nimmt in sich den wunderbaren Anblick des Zusammenströmens von Flußläufen auf, die sich ihren Weg durch grüne Täler, umrahmt von steil abfallenden und am Gipfel mit Kiefern bestandenen Sandsteinfelsen gebahnt haben. Für die Kinder hat die Fahrt lange gedauert, und sie können es kaum erwarten, aussteigen und das alte Fort durchstreifen zu dürfen. Cora fährt durch das Tor zum Park, und die Kinder sind beinahe schon draußen, bevor das Auto in einer Parklücke gegenüber dem Besucherzentrum zum Stehen kommt.

Fort Robinson sieht noch immer fast so aus wie vor hundert Jahren. Die Häuser aus Adobeziegeln, in denen die Offiziere wohnten, stehen auf der einen Seite des hufeisenförmigen Exerzierplatzes säuberlich in Reih und Glied. Auf der anderen Seite des Weges, dem Soldier Creek zugewandt, liegen die alten Pferdeställe, die Schmiede und die Läden, in denen man die Uniformen kaufen konnte, und das Militärkrankenhaus. An Samstagnachmittagen im Sommer kommen zahlreiche Touristen hierher zu Besuch, einige unterhalten sich in fremden Sprachen. Guy jun., Cora und die Kinder steigen aus und gehen zu einem zweistöckigen, weißen Brettergebäude an der hinteren Seite des Exerzierplatzes.

Auf halbem Weg erhebt sich ein großes, steinernes Monument aus dem Gras. Sie stehen hinter einer Touristengruppe und lesen die Inschrift:

> *Häuptling Crazy Horse – der Oglala-Kriegshäuptling der Sioux – wurde am 5. September 1877 in der Nähe dieses Ortes ermordet.*
> *Er war ein bedeutender und heldenhafter Häuptling.*
> *Er kämpfte bis zum letzten, um seinem Volk das Land zu erhalten.*

Das zweistöckige, mit grüner Farbe herausgeputzte Gebäude beherbergte einst das Hauptquartier des Militärpostens. Es gehört nun der

Nebraska State Historical Society, die daraus ein Museum gemacht hat. In seinem Innern findet man Überbleibsel aus der militärischen Vergangenheit des Forts, von den Kriegen gegen die Indianer bis zu den Kriegen gegen die Deutschen. Es gibt fotografische Ausstellungen, ein audiovisuelles Zentrum, interpretierende Darstellungen, eine Bücherei, einen Souvenirladen und mehrere, mit der Geschichte des amerikanischen Westens vollgestopfte Räume. Guy jun. hat in letzter Zeit an der Skizze eines Kavallerieoffiziers gearbeitet und geht nun mit seinem Sohn in einen der Räume, in dem Uniformen ausgestellt sind. Er untersucht sie ganz genau, um sicherzugehen, daß er die Anzahl der Knöpfe, den Schnitt, die Farbe der Uniform und die Rangabzeichen richtig wiedergegeben hat. Im November 1890 verließen die Büffelsoldaten, das nur aus Schwarzen bestehende Neunte Kavallerieregiment, Fort Robinson unter dem Kommando von Major Guy V. Henry. Ihr Ziel waren Pine Ridge und die Anhänger der Geistertanz-Bewegung. Im nächsten Raum betrachtet Cora die Darstellung des Wounded-Knee-Massakers.

Die zwölfjährige Nellie betritt im zweiten Stock des Gebäudes einen der rückwärtigen Räume und hält inne, als sie das Foto sieht, das an der schwarzen Rückwand des Zimmers hängt. Es ist eine riesige Vergrößerung einer Fotografie, die im November 1873 im Weißen Haus aufgenommen wurde. Dasselbe Foto hängt im Wohnzimmer ihrer Eltern, seit sie ein Baby war. Auf der Abbildung steht Little Wolf rechts, und Häuptling Dull Knife sitzt neben ihm und starrt mit leerem Blick in die Kamera. Er trägt eine fransenverzierte Jacke aus Hirschleder, Leggins, eine enge Halskette aus Knochen und perlenbestickte Mokassins. In seiner linken Hand hält er die langrohrige traditionelle Pfeife des Häuptlings. Nellie geht langsam durch den überfüllten Raum und bleibt ein bis zwei Meter vor der Fotografie stehen. »Das ist mein Ururgroßvater«, sagt sie. Ein paar Besucher drehen sich um, und sie lächelt ein wenig verlegen.

Guy Dull Knife jun. fühlt sich in Menschenansammlungen nicht wohl, und nach einer Dreiviertelstunde möchte er zurück ins Auto und weiter in den Park hineinfahren. Sie nehmen eine Straße, die hinter den alten Lehmziegelhäusern der Offiziere beginnt, und fahren in das Hinterland hinein. Weiß leuchten im Osten die steilen Abhänge der Red-Cloud-Hügel im Sonnenlicht des späten Nachmittags. Sie fahren so lange, bis sie allein sind und einen Hügel erreichen, der in den kräftigen Farben des Frühsommers leuchtet, im Gelb der Yucca, im Lavendel der Lupinen, in den Farben der Schneebeeren und der Würgkirschen.

Er möchte ein wenig wandern und bittet die Kinder, ihn zu begleiten. Als sie den Straßengraben überwunden haben und den Hügel hinaufzusteigen beginnen, erklärt er ihnen, wie die Lakota die verschiedenen Pflanzen und Blumen nannten und wozu sie sie benutzten.
Als sie über den Südhang des Hügels kommen, findet Guy Dull Knife die Pflanze, nach der er Ausschau gehalten hat. Er kniet nieder und biegt sorgfältig das Gras um eine Pflanze mit dunkelgrünen Blättern und blaßrosa Blüten beiseite. Er bittet seinen Sohn, zum Wagen zurückzugehen und den Radschlüssel zu holen. Als dieser damit zurück ist, beginnt Guy jun. mit der schärfsten Kante zu graben, dann zieht er an der Pflanze und dann gräbt er wieder, bis er eine Menge frische Erde aufgehäuft hat und sich die Pflanze leicht aus dem Boden löst. Er erzählt seinen Kindern, daß ihre Vorfahren mehr taten, als nur den Büffel zu jagen. Im frühen Juni gingen sie über die Prärie und spürten auch die wilde Weiße Rübe auf. Sie aßen sie roh und trockneten sie geflochten zu Zöpfen, um damit Fleisch, Suppen und Eintöpfe zu würzen.
Guy III und Nellie möchten die Rübe kosten. Guy jun. zieht sein Taschenmesser aus der Hosentasche und entfernt damit die Schale. Er schneidet das frische, weiße Rübenfleisch in Scheiben und reicht es seinen Kindern. Es schmeckt ihnen, und sie fragen ihren Vater, ob sie ein bißchen am Hang herumlaufen dürfen, um selbst welche zu finden. Er erlaubt es ihnen.
Vom Südhang des Hügels aus sieht das Fort wie ein Spielzeug aus, als ob es ein Kind gebastelt und in seinem Zimmer aufgestellt hätte. Die Wohnviertel sind mit militärischer Präzision arrangiert, der weitläufige Exerzierplatz hält die Gebäude zusammen, die Flaggenmasten und Kanonen und Befestigungsbarren für die Pferde sind genau an den richtigen Stellen plaziert. Am unteren Ende des Forts stehen gegenüber dem Exerzierplatz zwei Gebäude für sich: das Gefängnis, das

Crazy Horse nicht betreten wollte, und das Büro des Adjutanten, in dem er starb. Ganz in der Nähe des Büros markieren vier blaue Pflöcke den Grundriß der Baracke, aus der Häuptling Dull Knife und seine Leute ausbrachen, als sie vor 115 Jahren in die steilen Hügel oberhalb des White River fliehen wollten.

»Einmal bin ich nach Montana gefahren, um mir sein Grab anzusehen. Es war völlig mit Unkraut zugewachsen. In letzter Zeit habe ich oft daran gedacht, ein Denkmal für ihn zu schaffen, vielleicht eine Bronzeskulptur, die man am Grab aufstellen könnte. Er war ein guter Mann, ein großartiger Häuptling, und ich möchte wirklich etwas schaffen, um ihn zu ehren.«

Wenn er zum Fort fährt, wird er immer nachdenklich. Er steht oben auf dem Hügel und beobachtet, wie die Köpfe seiner Kinder weiter unten immer wieder kurz aus dem Gras auftauchen, und redet über die Dinge, die er gern tun würde, über seine Träume. Jetzt, da sein Vater in einem guten Pflegeheim untergebracht ist, es Cora und dem Baby gut geht und seine älteren Kinder zur Schule gehen, möchte er sich wieder der Arbeit an den Bronzefiguren widmen. Er möchte das letzte Dutzend der Tänzer schaffen, um den Zyklus von achtzehn Figuren zu vervollständigen. Er träumt davon, so viele zu verkaufen, daß er von dem Erlös auf dem Hügel über dem Red Water Creek ein Haus für seine Familie bauen könnte. Das Haus müßte genug Raum für die Familie haben, und es würde auf dem Land stehen, das er nicht verlassen will. Er und seine Kinder könnten zu jeder Tageszeit durch die Prärie streifen, die verschiedenen Pflanzen und Kräuter sammeln, und vielleicht würde er auch ein paar Pferde halten. Hinter dem Haus würde er sich ein kleines Atelier einrichten, in dem er arbeiten könnte und in dem er und Cora den Oglala-Kindern aus dem Reservat traditionelle Perlenstickerei und Quillarbeit beibringen würden. Auch das Malen und Bildhauern und andere Fertigkeiten, die sie auf andere Gedanken bringen und von Drogen und Alkohol fernhalten würden. Ein Ort vielleicht, an dem sie einige junge Talente fördern, wo sie den Kindern und Jugendlichen eine Vorstellung von der Geschichte der Lakota und deren Tradition vermitteln könnten, ein Ort, an dem sie dazu beitragen könnten, daß ihre eigenen Kinder und ihresgleichen nicht wie Wind im Büffelgras würden.

»Wenn unser Volk überleben soll, dann müssen unsere Kinder sowohl über Computer als auch über den Adlertanz Bescheid wissen. Sie müssen wissen, was es heißt, seinen Lebensunterhalt zu verdienen, und auch unsere traditionelle Beziehung zur der Erde und zu allen Lebewesen kennen. Sie müssen lesen und schreiben können und ihr Konto im Griff haben, aber sie müssen ebenso wissen, wer sie sind und wo ihre Wurzeln liegen. Es ist unsere Aufgabe, ihnen all das zu vermitteln, genauso wie unsere Väter uns alles Wissenswerte gelehrt haben. Und dann ist die Reihe an ihnen, ihre Kinder sowohl in die Welt der Weißen als auch in die der Indianer einzuführen.«

Er gibt zu, daß er nicht weiß, ob er seinen Traum realisieren kann, aber er möchte es versuchen.

Von weit unten, etwa auf halbem Weg den Abhang hinunter, springt Nellie Dull Knife aus dem Gras hoch, winkt ihm mit den Armen und ruft: »Dad, Dad! Hierher! Hierher, Dad!«

Es dauert ein paar Minuten, bis er bei ihr ist. Dann aber sieht er den riesigen Haufen frischer Erde von Guy Dull Knife III. Der Junge sagt nichts, aber das ist auch nicht nötig. Der Vater spürt, wie glücklich seine Kinder sind, daß sie selbst eine der Weißen Rüben entdeckt haben.

NACHWORT

Um der Folgerichtigkeit und einer leserfreundlichen Deutlichkeit willen habe ich beim Schreiben dieses Buches einige vielleicht recht willkürliche Entscheidungen getroffen. Im gesamten Text werden die Bezeichnungen »Sioux« und »Lakota« häufig als Synonyme, also bedeutungsgleich, verwendet. Auch verwende ich »Lakota« und »Nordcheyenne« (ohne Endungs-s) als Pluralform. Obwohl Fort Robinson, der Militärposten am White River, erst am 30. Dezember 1878 offiziell zum Fort erklärt wurde, bezeichne ich es schon in der Zeit davor als Fort Robinson. Sämtliche Wörter und Sätze in der Sprache der Lakota wurden von Francis Whitebird, einem eingetragenen Mitglied des Stammes der Rosebud Sioux, der fließend Lakota spricht und diese Sprache auch unterrichtet, auf korrekte Schreibweise und exakte Übersetzung geprüft. Um keine Verwirrung aufkommen zu lassen, wurde bei den Wörtern und Sätzen in Lakota auf sämtliche diakritische Zeichen und Akzente verzichtet. Abhängig von der jeweiligen Zeremonie und sonstigen Umständen können die Farben variieren, welche die vier Himmelsrichtungen präsentieren. Die in diesem Buch für die Himmelsrichtungen angegebenen Farben sind identisch mit denen, die Black Elk, der heilige Mann der Oglala, in seinem Buch *Black Elk spricht* (S. 2) verwendet. Letztendlich wurde das Manuskript freundlicherweise von zahlreichen Personen entweder in Auszügen oder ganz durchgesehen, sowohl von Indianern als auch von Nicht-Indianern. Guy Dull Knife jun. und Cora Yellow Elk lasen jedes Kapitel drei- oder viermal. Jegliche Fehler oder Auslassungen gehen jedoch auf den *Autor* zurück.

ANMERKUNGEN

Der alte Mann im Pflegeheim

1 Eine Beschreibung der Organisation der Sioux-Stämme und deren Wanderverhalten findet sich in Driving Hawk Sneve, *They Led a Nation*, S. 1–3.

2 Der Ursprung der Indianer Amerikas wird erläutert in Kehoe, *North American Indians*, S. 2–10.

3 Hintergrundinformationen über Leben und Tod von Crazy Horse aus der Sicht der Lakota finden sich in der von der Journalistin Eleanor Hinman verfaßten *Nebraska History*, »Oglala Sources on the Life of Crazy Horse«. Hinman befragte in den dreißiger Jahren alte Leute der Oglala, die Crazy Horse noch selbst gekannt hatten. Eine ergreifende Darstellung von Crazy Horses Tod ist nachzulesen in Frazier, *Great Plains*, S. 94–119.

4 Ereignisse, die zum Tod von Häuptling Bull Bear führten, werden in Hyde, *Red Cloud's Folk*, S. 50–55, eingehend besprochen.

Häuptling Dull Knife

1 John Bourke, General Crooks rechte Hand, war Augenzeuge des Angriffs auf das Winterlager von Häuptling Dull Knife; er notierte die genaue Anzahl der von der Armee bei dem Überfall eingesetzten Truppen und der den Weißen freundlich gesinnten indianischen Scouts. S. dazu ders., *Mackenzie's Last Fight with the Cheyenne*, S. 1–44.

2 Ergänzende Informationen bezüglich des Überfalls auf das Winterlager von Häuptling Dull Knife finden sich in Grinnell, *The Fighting Cheyenne*, S. 362–369, und in Brown, *Bury my Heart at Wounded Knee*, S. 290–293, eine von mehreren Quellen, die bezeugen, daß Little Wolf in dieser Schlacht siebenmal verwundet wurde. S. dazu auch Hoig, *The Peace Chiefs of the Cheyenne*, S. 130–132.

3 Colonel George A. Woodward wird zitiert in Hoig, S. 137.

4 S. Peter J. Powells ausgezeichnete Rekonstruktion der Kapitulation

der Nordcheyenne in Fort Robinson in ders., *People of the Sacred Mountain*, S. 1141–1149.

5 Daß Dull Knife und Little Wolf die später von der Regierung geäußerte Behauptung, der Vertrag von Fort Laramie aus dem Jahr 1868 sehe vor, daß sie mit ihren Leuten in das Indianerterritorium im Süden ziehen sollten, weder verstanden noch ihr zustimmten, ist nachzulesen in Powell, S. 827–830, und in Hoig, S. 127–131.

6 Powell weist auf S. 1149 und Hoig auf S. 131 darauf hin, daß Regierungsbeamte den Nordcheyenne zusicherten, sie könnten in ihre Heimat zurückkehren, wenn es ihnen im Süden nicht gefallen sollte.

7 Sheridans Ansicht, die Ausrottung des Büffels sei eine sinnvolle Maßnahme der Regierung und ausgezeichnet dazu geeignet, den Widerstand der Indianer zu brechen, wird zitiert in Cock, *The Border and the Buffalo*, S. 194–195.

8 Indianeragent John D. Miles wird zitiert vom Commissioner of Indian Affairs (CTA) in *Annual Reports*, 1877, S. 85.

9 Eine Darstellung von Miles' doppelbödigen Interessen in der Darlington-Indianeragentur findet sich in Berthrong, *The Cheyenne and Arapaho Ordeal*, S. 32. Zum korrupten Vorgehen der Regierungsbeauftragten in Darlington s. a. Wild Hogs Äußerung gegenüber dem New Yorker *Herald* (14. Februar 1879, S. 126). Daß in den Reservaten Amtsmißbrauch und Korruption an der Tagesordnung waren, wird durch die häufig zitierte Aussage von General Sherman untermauert, der Reservate einmal als »Land, bewohnt von Indianern und umgeben von Dieben« bezeichnete. S. dazu Matthiesen, *In the Spirit of Crazy Horse*, S. 17.

10 Miles wird vom CTA zitiert in *Annual Reports*, 1877, S. 85.

11 Wild Hog beschreibt im New Yorker *Herald* (14. Februar 1879, S. 126) die Entbehrungen, unter denen die Cheyenne zu leiden hatten.

12 Dieses Eingeständnis machte Little Chief gegenüber dem Senat, der es in seinem Bericht *Select Committee* (Juni 1980, S. 11) festhielt, einem Untersuchungsbericht über die Deportation der Nordcheyenne aus ihrer angestammten Heimat ins Indianerterritorium.

13 Zu Wild Hogs Gefühlen s. New Yorker *Herald* (14. Februar 1879), S. 19.

14 Die Äußerung der Häuptlinge findet sich in Hoig, S. 132.

15 Amos Chapmans Aussage, die Nordcheyenne seien geflohen, weil sie hungerten, findet sich in einem Telegramm der Armee, das Oberstleutnant W. H. Lewis am 15. September 1878 von Fort Dodge, Kan-

sas, an das Hauptquartier der Armee in Fort Leavenworth, Kansas, sandte. Es ist nachzulesen in U. S. Army, Camp Robinson *Field Reports*, Nebraska State Historical Society Archives.

16 Hayt wird vom CIA zitiert in *Annual Reports*, 1878, S. 23.

17 Hayt, zitiert ebd., S. 24.

18 Miles, zitiert im Senatsbericht *Select Committee*, S. 26.

19 General Popes Telegramm ist wiedergegeben in Brininstool, *Dull Knife*, S. 12.

20 Sheridans Befehle an General Crook sind nachzulesen in Berthrong, S. 34.

21 Little Wolf wird zitiert in »Ancestors Come Home«, in *The Morning Star People*, 14. Februar 1994, S. 4.

22 Old Crows Aussage findet sich im Senatsbericht *Select Committee*, S. 20.

23 Little Wolfs Aussage findet sich in Grinnell, S. 413.

24 Keiths Bericht stammt aus *Nebraska History*, Oktober 1924, S. 3.

25 Tangle Hairs Bemerkung über Little Wolf stammt aus Powell, S. 1170.

26 Chicagoer *Tribune*, 30. September 1878, S. 1.

27 Das Telegramm von Pope ging am 10. Oktober 1878 an Colonel W. D. Whipple, assistierender Generaladjutant in Chicago, Hauptquartier Illinois, Abteilung Missouri, und ist nachzulesen in U. S. Army, Camp Robinson *Field Reports*, Nebraska State Historical Society Archives.

28 Die Depesche von Fort Wallace ist wiedergegeben in der *New York Times*, 5. Oktober 1878.

29 Little Wolfs Antwort für Häuptling Dull Knife stammt aus Powell, S. 1175.

30 Telegramm vom 27. Oktober 1878 von Major C. H. Carlton an den Omaha-Stützpunkt, Hauptquartier Nebraska, Abteilung Platte, zu finden im Senatsbericht *Correspondence*, Februar 1879, S. 12.

31 Zu General Crooks Lob s. sein Bericht vom 27. September an seine Vorgesetzten im Hauptquartier, Abteilung Missouri, in U. S. Army, Camp Robinson *Field Reports*.

32 Wild Hogs Äußerung findet sich im Senatsbericht über die Deportation der Nordcheyenne, *Select Committee*, S. 11.

33 Wessels Aussage stammt aus U. S. Army, *Proceedings of a Board of Officers*, S. 63.

34 Der Versuch der Nordcheyenne, das Reservat im Süden zu verlassen und in ihre Heimat im Norden zurückzukehren, wurde als ernsthafte

Bedrohung für die Besiedlung des Westens angesehen. S. dazu ein Telegramm von Oberstleutnant P. H. Sheridan vom 19. September 1878 an General E. D. Townsend in Washington. D. C. Sheridan schreibt: »Es besteht die berechtigte Hoffnung, daß die Truppen sie aufspüren und dann entweder gefangennehmen oder vernichten werden … Für den Frieden in den Ebenen und den Erfolg des Reservatswesens ist es wichtig, daß wir die Indianer einfangen und keine Anstrengung scheuen, dieses Ziel zu erreichen.« Senatsbericht, *Correspondence*, S. 14.

35 Zu Crooks ambivalenter Haltung gegenüber den Befehlen s. sein Jahresbericht an seine Vorgesetzten, U. S. Army, Camp Robinson *Field Reports*, S. 3.

36 Zu Crooks Überzeugung, daß die Nordcheyenne eher Hand an sich legen würden als einer Rückkehr in das Indianerterritorium im Süden zuzustimmen, s. ebd., S. 3–4.

37 Zu den klimatischen Bedingungen in Fort Robinson s. ebd., S. 4.

38 Crooks Überzeugung, es sei unmenschlich, Häuptling Dull Knife und seine Leute mitten im Winter zu deportieren, ist festgehalten im Senatsbericht *Select Committee*, S. 4: s. Brief des Sekretärs des Kriegsministeriums an den Vorsitzenden des Kommitees für Indianerfragen bezüglich der Flucht der Cheyenne aus Fort Robinson.

39 Häuptling Dull Knifes Anmerkung, daß er sich auf seinem eigenen Grund und Boden befände und diesen niemals verlassen würde, findet sich in Grinnell, S. 418.

40 Wild Hogs Aussage ist nachzulesen im Senatsbericht *Select Committee*, S. 11.

41 Dull Knifes Aussage, sie würden eher verhungern als nach Süden ziehen, findet sich in Grinnell, S. 419.

42 Captain Lawton wird zitiert in U. S. Army, *Proceedings*, S. 114.

43 Zu Captain Wessels Kommentar zur gewaltsamen Verlegung der Unterhäuptlinge s. ebd., S. 64.

44 Zu Old Crows Aussage s. Senatsbericht *Select Committee*, S. 23.

45 Soldat Janzchin's Kommentar über die Nachhut findet sich in U. S. Army, *Proceedings*, S. 154.

46 Zum Kampfverhalten der Dog Soldiers s. ebd., S. 161.

47 Eine Auflistung der abgeladenen Toten findet sich in Powell, S. 1211, und in Grinnell, S. 423.

48 Zu Wessels Frage an die Indianer, ob sie nun bereit wären, nach Süden zu gehen, s. Powell, S. 1211.

49 Lawton wird zitiert in U. S. Army, *Proceedings*, S. 116.

50 Lawtons Bemerkungen über das Verbrennen des Pferdes finden sich ebd., S. 118.
51 Crooks Bericht über die starke Bewaffnung der Indianer ist nachzulesen im Senatsbericht *Select Committee*, S. 5.
52 Lawtons Bericht von dem kleinen Mädchen, dem er aus der Grube heraushalf, findet sich in U. S. Army, *Proceedings*, S. 122.
53 Zu Leutnant Simpsons Bemerkungen über das Ausplündern der Leichen s. ebd., S. 112.
54 Leutnant Cummings Bemerkungen über das Skalpieren der Leichen finden sich ebd., S. 168–170.
55 Zur Aussage einer Frau, der man die Finger weggeschossen hatte, s. ebd., S. 151.
56 Zu Leutnant Cummings Untersuchung von Big Antelope s. ebd., S. 175.
57 Ein Bericht über Wild Hogs Selbstmordversuch findet sich in Powell, S. 1241.
58 Zu Old Crows Aussage s. Senatsbericht *Select Committee*, S. 26.
59 Henry Cliffords Aussage, daß sich Häuptling Dull Knife nicht unter den Toten befunden habe, ist festgehalten in U. S. Army, *Proceedings*, S. 162.

Ende des Alten und Beginn einer neuen Ära

1 Eine Auflistung der Nordcheyenne, die das Indianerterritorium verlassen durften, um nach Pine Ridge zu gehen, findet sich in Berthrong, *The Cheyenne and Arapaho Ordeal*, S. 35–47.
2 Präsident Jacksons Ansichten sind nachzulesen in Thornsohn, *The Dream of America*, S. 80.
3 Sitting Bull wird zitiert in McLuhan, *Touch the Earth*, S. 77.
4 McGillycuddys Kommentare zum Tod von Crazy Horse sind nachzulesen in Hinman, »Oglala Sources on the Life of Crazy Horse«, S. 45–46, und in McGillycuddy, *Blood on the Moon*, S. 82–87.
5 Eine Zusammenstellung der Funktionen der Akicitas in der Gesellschaft der Lakota findet sich in Hassick, *The Sioux*, S. 17–29.
6 Zu McGillycuddys Bemerkungen über die Polizeitruppe s. Commissioner of Indian Affairs (CIA), *Annual Reports*, 1880, S. 11–12.
7 Ebd., 1881, S. 45.
8 Ebd., 1879, S. 37.
9 Ebd., 1879, S. 40.

10 Ebd., 1879, S. 38.
11 Ebd., 1880, S. 40–41.
12 Ebd., 1884, S. 40.
13 Ebd., 1882, S. 39.
14 Ebd., 1881, S. 45.
15 Ebd., 1880, S. 39.
16 Zu McGillycuddys Bericht über den Fortschritt der Oglala in den vergangenen Jahren s. ebd., 1879, S. 38–39.
17 Sitting Bulls Äußerung ist wiedergegeben in Nabokov, *Native American Testimony*, S. 192.
18 S. CIA, *Annual Reports*, 1884, S. 37.
19 Über den Gerichtshof für Verstöße der Indianer, seine Regeln und Richtlinien s. South Dakota Bar Association Report, 1909, S. 115–119.
20 Standing Soldier's Äußerungen finden sich in CIA, *Annual Reports*, 1884, S. 41.
21 Zum Bericht des Reservatsagenten s. CIA, *Annual Reports*, 1890, S. 50–51.
22 Ebd., 1881, S. 46–47.
23 Senator Dawes' Anmerkungen sind wiedergegeben in Washburn, *The Assault on Indian Tribalism*, S. 17.
24 Dieser häufig zitierte Kommentar Red Clouds ist in zahlreichen Büchern über die Geschichte der Ureinwohner Amerikas und über die Geschichte des amerikanischen Westens nachzulesen.
25 Neihardt, *Black Elk Speaks*, S. 195.
26 S. CIA, *Annual Reports*, 1891, S. 132–133.

Auf dem Hügel über dem Wounded Knee Creek

1 Wovokas Brief an die Abordnung der Sioux wird zitiert in McGregor, *The Wounded Knee Massacre*, S. 41–42.
2 Zu Mooneys Beobachtungen zum Geistertanz s. Utley, *The Last Days of the Sioux Nation*, S. 71.
3 Von Royers vorübergehendem Versuch, den Lakota von seinem Neffen Baseball beibringen zu lassen, erfuhr Verf. von einem der Nachkommen Royers, der selbst Baseball spielt.
4 Royers Telegramm vom 18. November ist nachzulesen in CIA, *Annual Reports*, 1891, S. 128.
5 Elaine Goodale wird zitiert in Utley, S. 77.

6 »*Nach Informationen aus den besten …*«: S. Chadron *Democrat*, 27. November 1890.
7 Sitting Bull wird zitiert in Ambrose, *Crazy Horse and Custer*, S. 17.
8 McGillycuddy zitiert Little Wound in *New York Times*, 3. März 1901.
9 Zu McLaughlins Ansichten über Sitting Bull und die Geistertanz-Bewegung s. CIA, *Annual Reports*, 1891, S. 125–126.
10 Oberstleutnant Sumners detaillierter Bericht über Big Foot vom 3. Februar 1891 findet sich in House of Representatives Executive Documents, 1891–1892, S. 223–228.
11 Zu Red Clouds Angebot an Big Foot s. Danker, »The Wounded Knee Interviews of Eli S. Rikker«, S. 180.
12 Die Nachricht an die Kommandeure vor Ort findet sich in Utley, S. 193.
13 Dewey Beard wird zitiert bei Danker, S. 180–200.
14 Beards Belobigung findet sich in McGregor, S. 107.
15 Dr. Eastmans Beobachtungen sind nachzulesen in Utley, S. 3.
16 Erinnerungen der Überlebenden des Wounded-Knee-Massakers finden sich in McGregor, S. 103–139.
17 Ebd.
18 Ebd.
19 Ebd.
20 Ebd.
21 Die Bemerkung eines Augenzeugen des Massenbegräbnisses findet sich in Utley, S. 4.
22 Der Brief von Miles wird zitiert bei Green, »The Medals of Wounded Knee«, S. 201.
23 Zu General Scotts Bericht s. »As Long as the Grass Shall Grow«, in: *University of Nebraska*, S. 9.
24 Zu Weinerts Anmerkung über sein Kanonenmanöver s. Jensen u. a., *Eyewitness at Wounded Knee*, S. 128.

Von Pine Ridge nach Paris

1 Zu den Indianern, die sich Cody angeschlossen hatten, ihren gesundheitlichen Problemen und zu Details über die Höhe der Monatslöhne s. Brief vom 11. April 1895, den Hauptmann Charles Penney, der damalige Regierungsagent für das Pine-Ridge-Reservat, an den Kommissar für Indianerfragen gerichtet hatte. In: Nebraska State Historical Society, RG 508, S. 261–264.

2 S. Standing Bear, *My People the Sioux*, S. 251.
3 Kommissar Oberleys Kommentar findet sich in Rosa, *Buffalo Bill and His Wild West*, S. 147.
4 Zu Minister Williamsons Kommentar s. CIA, *Annual Reports*, 1892, S. 459.
5 Zur Bemerkung des Regierungsagenten Penney s. CIA, *Annual Reports*, 1894, S. 289.
6 Zu Agent Clapps Zitat s. ebd., 1898, S. 276.
7 Zu Penneys Anmerkungen, s. ebd., 1893, S. 289.
8 Zu Penneys Bemerkung s. ebd., 1894, S. 288.
9 Zu Inspektor Dew, s. ebd., 1898, S. 280.

Guy Dull Knifes Kindheit

1 Wie Crazy Horse darauf reagierte, fotografiert zu werden, ist nachzulesen in McLuhan, *Touch the Earth*, S. 67.
2 *»Sie (die Indianer) werden sich an unsere …«*: Marshalls Kommentare finden sich in der bedeutenden richterlichen Verfügung *Cherokee Nation v Georgia* aus dem Jahre 1831, in der Marshall die vorherrschende Meinung wiedergab. S. Wilkinson, *Indian Tribes as Sovereign Governments*, S. 106.
3 Die Kommentare des Beauftragten Jones stammen aus Prucha, *The Great Father*, S. 764–766.
4 Red Clouds Abschiedsworte werden zitiert in Walker und DeMallie, *Lakota Belief and Ritual*, S. 137–140.

Der Schuljunge von Yellow Bear als Soldat

1 Informationen über Captain Pratt und die Carlisle-Indianerschule sind nachzulesen in Berkhofer, *The White Man's Indian*, S. 171, und in Prucha, *The Great Father*, S. 694–700.
2 Zu Plenty Horses s. Utely, *The Last Days of the Sioux Nation*, S. 257–258 und S. 265–266.
3 Hintergrundinformation über das Haskell Institute, über Eröffnung, Probleme in der Anfangszeit und den der Schule angegliederten Friedhof, sind festgehalten in Miller, »Tribes that Slumber«, S. 38–41.
4 Sämtliche Informationen zum Aufenthalt von Guy Dull Knife sen.

am Haskell Institute stützen sich auf seine Schülerakte, die Verf. von der Schule zur Verfügung gestellt wurde.

5 General Scott wird zitiert in Tate, »From Scout to Doughboy«, S. 424.

6 Kommissar Sells wird zitiert in *The Literary Digest*, S. 62.

7 Die Aufforderung an die Indianer, das Banner nicht im Stich zu lassen, findet sich in Barsh, »American Indians in the Great War«, S. 288.

8 Joseph Cloud wird zitiert in *Baltimore Star*, zitiert nach ebd., S. 279.

9 Präsident Wilson wird zitiert in *New York Evening World*, zitiert nach ebd., S. 277.

10 Die *New York Evening World* wird ebd., S. 289, zitiert.

11 Die *New York Mail* wird ebd., S. 291, zitiert.

12 *Literary Digest* wird ebd., S. 290, zitiert.

13 *»Unter den indianische Soldaten …«*: Zur genauen Darstellung einzelner Heldentaten der Indianer s. Tate, S. 417–436, und Innenministerium, Office of Indian Affairs (Büro für Indianerfragen), *The American Indian*.

14 Zu den indianischen Chiffrierern, s. Tate, S. 432.

15 Louis Atkins wird zitiert in Barsh, S. 294.

16 Zum Kommentar eines Reservatsagenten in Oklahoma s. Innenministerium, Office of Indian Affairs, *The American Indian*.

17 Die Veröffentlichungen des Innenministeriums aus dem Jahre 1919 sind zitiert in Barsh, S. 294.

18 Literaturhinweise zur wirtschaftlichen und sozialen Lage im Pine-Ridge-Reservat und zur Vermarktung seiner Viehherden während des Ersten Weltkrieges s.V. Deloria, *Behind the Trail of Broken Treaties*, S. 68–69. Weitere Hintergrundinformation zu diesem Kapitel finden sich in Cruttwell, *A History of the Great War: 1914–1918*.

Mütter und Töchter

1 Zur vorliegenden Zusammenfassung der Geschichte von der heiligen Frau in Gestalt des weißen Büffelkalbes s. DeMallie, *The Sixth Grandfather*, S. 283–285, Marla Powers, *Oglala Women*, S. 42–52, und William Power, *Oglala Religion*, S. 81–83.

2 Zum Stellenwert der Frauen und der Büffel bei den Lakota und zu den Beziehungen zwischen Männern und Frauen in der traditionellen Gesellschaft der Lakota s. M. Powers, *Oglala Women: Myth, Ritual, and Reality*.

3 Eine Darstellung Colliers findet sich in Deloria, *Behind the Trail of Broken Treaties*, S. 192–199.
4 Collier wird zitiert in Biolosi, *Organizing the Lakota*, S. 63.
5 Ebd., S. XIX.
6 Ebd., S. XX.
7 Informationen über Collier und den Indian Reorganization Act finden sich in V. Deloria, S. 187–206.
8 Eine umfassende Darstellung der Stammespolitik der Oglala im Pine-Ridge-Reservat in der Zeit vor dem Indian Reorganization Act ist nachzulesen in Clow, »The Indian Reorganization Act and the Loss of Tribal Sovereignity«, S. 125–134.
9 S. dazu Innenministerium, Office of Indian Affairs, *Constitution and By-Laws*.

Auf dem roten und dem weißen Pfad

1 Zu Beards Zusammentreffen mit Admiral Dewey und seiner Namensänderung s. Miller, »Echoes of the Little Big Horn«, S. 39.

Ein Lakota in Que Son Valley

1 Der massive Militärkomplex in Cam Ranh Bay ist beschrieben in Esper, *The Eyewitness History of the Vietnam War*, S. 92.
2 *»Etwa ein Jahr zuvor, …«*: Hintergrundinformationen zur Tet-Offensive finden sich in Karnow, *Vietnam: A History*, S. 515–566.

Die Badlands

1 Eine genaue Darstellung der Ermordung Raymond Yellow Thunders, der Untersuchung des Falles und der Rolle der AIM findet sich in The Gordon (NE) *Journal*, 23. Februar, 8., 15. und 29. März 1972, und in Lincoln *Star*, 5., 6. und 8.–11. März 1972.
2 Informationen über Dick Wilson, seine Beweggründe, seine Veruntreuung von Stammesgeldern, seine Haltung gegenüber der AIM und die Art seiner Amtsführung sind in Matthiessens hervorragender Studie *In the Spirit of Crazy Horse*, S. 60–63, und in Anderson u.a., *Voices from Wounded Knee*, S. 17–19, nachzulesen.
3 Die in diesem Kapitel über Wilson, Means, die AIM und die Demon-

stration in Gordon herangezogenen Informationen finden sich in V. Deloria, *Behind the Trail of Broken Treaties*, S. 70–73.

4 Über Leslie und Melvin Hare erhielt Verf. Informationen von einem ihrer engen Freunde, der selbst in Gordon aufgewachsen war und die Familie Hare gut kannte. Über die Verurteilung und Inhaftierung der Brüder ist in den Akten des Nebraska State Penitentiary nachzulesen.

5 Über die Versuche der Angehörigen Yellow Thunders, Hilfe zu erhalten, bevor sie sich an die AIM wandten, s. Anderson u. a., S. 13.

6 Die Allianz zwischen der AIM und den Stammesältesten aus dem Pine-Ridge-Reservat wird beschrieben in Matthiessen, S. 59–82.

7 In Matthiessens ausführlicher und bedeutsamer Darstellung finden sich auf S. 104–106, 406–411 und 417–419 Hintergrundinformationen über das Interesse der Regierung an der Kontrolle über indianische Landgebiete und über ihre Beziehungen zu Privatunternehmen.

8 Zum Rückzug der Indianer aus Washington, zur Zurückweisung ihres 20-Punkte-Programms durch die Regierung und zur Registrierung ihrer Anführer als Extremisten durch das FBI s. Matthiessen, S. 54–56.

9 Zu Wilsons Bemerkung s. ebd., S. 61.

10 Zu umfassenden Informationen über den Mord an Bad Heart Bull und Einzelheiten über den Aufruhr in Custer s. Matthiessen, S. 62–64, und V. Deloria, S. 63–64.

11 Die Anzahl der nach dem Protest in Custer festgenommenen und verurteilten Indianer, sowie der Richterspruch im Verfahren gegen Sarah Bad Heart Bull sind nachzulesen in *Wounded Knee Legal Defense/Offense Committee*, »Wounded Knee 1890–1973«, S. 15.

12 Wilsons Reaktion auf den Aufstand in Custer, seine Pressemitteilung und das Eintreffen von 65 Bundesmarshals im Pine-Ridge-Reservat sind aufgeführt in V. Deloria, S. 70–71, und in Anderson u. a., S. 16.

13 Zu den Ereignissen, die zur Besetzung des Dorfes Wounded Knee führten, s. Matthiessen, S. 63–64.

14 Ellen Moves Camp wird zitiert in Anderson u. a., S. 14.

15 Eine Auflistung der Waffen, die von der Regierung nach Wounded Knee geschafft wurden, findet sich in *Akwesasne Notes*, »Ken Tilsen, WKLDOC Lawyer, Speaks on the Trials«, S. 13.

16 Zur schleppenden strafrechtlichen Verfolgung Wilsons und seiner Schlägertruppen und zu den Strafen, mit denen die an der Besetzung von Wounded Knee Beteiligten belegt wurden, s. Matthiesen, S. 82.

17 *»Es fällt mir schwer zu glauben, …«*: Die Bemerkungen von Richter Nichol über das Vorgehen des FBI und seine Kommentare zur straf-

rechtlichen Verfolgung im vorliegenden Fall sind wiedergegeben in Matthiessen, S. 98.

18 Informationen über den Mord an Bissonette und die gesetzeswidrigen Ausschreitungen gegen traditonell gesinnte Indianer aus dem Pine-Ridge-Reservat finden sich in *Wounded Knee Legal Defense/Offense Committee*, S. 17–18, und in Matthiessen, S. 99–101.

19 DeSersas Tod wird beschrieben in Matthiessen, S. 254–255.

20 Charlotte Black Elk diskutierte mit Verf. ausführlich über einige der zahlreichen Veränderungen im Pine-Ridge-Reservat, die dazu führten, daß die Kinder der Lakota wieder eine stärker ausgeprägte kulturelle Identität erhielten.

21 Zu Edith Bull Bears Aussage vor dem Bundesgericht s. Oritz, *The Great Sioux Nation*, S. 43.

22 Die Entscheidung des Obersten Gerichtshofes bezüglich der Black Hills, des Vertrages von 1868 und der Wiedergutmachungszahlungen an die Lakota ist nachzulesen in U. S. Supreme Court, *United States, petitioner v Sioux Nation*, S. 2716–2752, und in Supreme Court *Reporter*, »Summary of October 1979 Term: Indians«, Oktober 1979, S. 414–416.

Ein Jahrhundert nach dem Wounded-Knee-Massaker

1 Statistiken über den Gesundheitszustand und die Armut der Oglala Sioux im allgemeinen und der Bewohner des Pine-Ridge-Reservates finden sich in: Select Committee on Children, Youth and Families, House of Representatives, 102nd Congre., 2nd Sess. Hearing, 19. Mai 1992, Washington, D. C., Fact Sheet, S. 7–8; *The New York Times*, 20. September 1992, S. 1; *Washington Post*, 11. November 1992, S. 3; *USA Today*, 30. November 1992, S. 7; Omaha *World-Herald*, 23. Juni 1993, S. 8, und *USA Today*, 2. September 1994, S. 5.

LITERATURHINWEISE

1. Monographien

Albers, Patricia, und Beatrice Medicine (Hgg.). *The Hidden Half. Studies of Plains Indian Women.* Lanham, Maryland, 1983.

Ambrose, Stephen E. *Crazy Horse and Custer. The Parallel Lives of Two American Warriors.* New York 1975. – Dt.: *Der Häuptling und der General. Entscheidung am Little Big Horn.* Aus dem Amerikan. von Ulla de Herrera. Hamburg 1977; Taschenbuchausgabe: München 1980.

American Indian Publishers. *Biographical Dictionary of Indians of the Americas,* Bd. 1, Newport Beach, California, 1991.

Anderson, Robert, Joanna Brown, Jonny Lerner und Barbara Lou Shafer (Hgg.), *Voices from Wounded Knee.* Rooseveltown, New York 1974.

Andrist, Ralph K. *The Long Death: The Last Days of the Plains Indian.* New York 1993.

Berkhofer, Robert F., Jr. *The White Man's Indian. Images of the American Indian from Columbus to the Present.* New York 1978.

Berthrong, Donald J. *The Cheyenne and Arapaho Ordeal. Reservation and Agency Life in the Indian Territory, 1875–1907.* Norman, Oklahoma, 1976.

Biolsi, Thomas. *Organizing the Lakota. The Political Economy of the New Deal on the Pine Ridge and Rosebud Reservations.* Tucson, Arizona, 1992.

Bourke, John G. *Mackenzie's Last Fight with the Cheyennes. A Winter Campaign in Wyoming and Montana.* New York 1890.

–. *On the Border with Crook.* Lincoln, Nebraska, 1971 (Erstausg. New York 1891).

Brininstool, E. A. *Dull Knife (A Cheyenne Napoleon).* Hollywood, California, 1935.

Bronson, Edgar Beecher. *Reminiscences of a Ranchman.* New York 1908.

Brown, Dee. *Bury My Heart at Wounded Knee.* New York 1970. – Dt.: *Begrabt mein Herz an der Biegung des Flusses.* Aus dem Amerikan. von Helmut Degner. Hamburg 1972; Taschenbuchausgabe: München 1992.

Clark, Robert A. (Hg.) *The Killing of Chief Crazy Horse.* Glendale, California, 1976.

Connell, Evan S. *Son of the Morning Star. Custer and the Little Bighorn.* San Francisco 1984.

Cook, John R. *The Border and the Buffalo.* Chicago, 1938.
Crow Dog, Mary, und Richard Erdoes. *Lakota Woman.* New York 1990. – Dt.: *Lakota Woman. Die Geschichte einer Sioux-Frau.* Aus dem Amerikan. von Gunter Riedel. Leipzig 1992; Taschenbuchausgabe: München 1994 (erw. Ausg.).
Cruttwell, Charles R. M. F. *A History of the Great War: 1914–1918.* Chicago, 1991 (Erstausg. Oxford 1934).
Deloria, Ella Cara. *Waterlily.* Lincoln (Nebraska)/London 1988.
Deloria, Vine, Jr. *Custer Died for Your Sins. An Indian Manifesto.* New York 1970.
–. *Behind the Trail of Broken Treaties. An Indian Declaration of Independence.* Austin, Texas, 1985.
DeMallie, Raymond J. (Hg.). *The Sixth Grandfather: Black Elk's Teachings Given to John G. Neihardt.* Lincoln, Nebraska, 1984.
Densmore, Frances. *Teton Sioux Music and Culture.* Lincoln, Nebraska, 1992 (Erstausg. Washington, D. C., 1918).
Dockstader, Frederick J. (Hg.) *Great North American Indians. Profiles in Life and Leadership.* New York 1977.
Driving Hawk Sneve, Virginia. *They Led a Nation. The Sioux Chiefs.* Sioux Falls, South Dakota, 1975.
Eastman, Charles A. *Indian Heroes and Great Chieftains.* Lincoln, Nebraska, 1991 (Erstausg. Boston 1918).
Esper, George, und Associated Press. *The Eyewitness History of the Vietnam War, 1961–1975.* New York 1983.
Frazier, Ian. *Great Plains.* New York 1989.
Freedman, Russell. *Indian Chiefs.* New York 1987.
Giago, Tim. *Notes from Indian Country*, Bd. I. Pierre, South Dakota, 1984.
Grinnell, George Bird. *The Fighting Cheyennes.* Norman, Oklahoma, 1989 (Erstausg. New York 1915).
Halberstam, David. *The Best and the Brightest.* New York 1972. – Dt.: *Die Elite.* Aus dem Amerikan. von Jürgen Abel und Friedrich Giese. Reinbek 1974.
Hassrick, Royal B. *The Sioux. Life and Customs of a Warrior Society.* Norman, Oklahoma, 1964. – Dt.: *Das Buch der Sioux.* Aus dem Amerikan. von Wolfdietrich Müller. Köln 1982.
Highwater, Jamake. *The Primal Mind. Vision and Reality in Indian America.* New York 1981.
Hoig, Stan. *The Peace Chiefs of the Cheyennes.* Norman, Oklahoma, 1980.
Hyde, George. *Red Cloud's Folk. A History of the Oglala Sioux Indians.* Norman, Oklahoma, 1937.

Jackson, Helen Hunt. *A Century of Dishonor.* New York 1993 (Erstausg. New York/London 1881).

Jensen, Richard E., R. Eli Paul und John E. Carter (Hgg.). *Eyewitness at Wounded Knee.* Lincoln, Nebraska, 1991.

Karnow, Stanley. *Vietnam. A History.* New York 1983 (rev. und aktualis. Ausg. 1991).

Kehoe, Alice B. *North American Indians. A Comprehensive Account.* Englewood Cliffs, New Jersey, 1981.

McGillycuddy, Julia B. *Blood on the Moon. Valentine McGillycuddy and the Sioux.* Lincoln, Nebraska, 1990.

McGregor, James H. *The Wounded Knee Massacre from Viewpoint of the Sioux.* Baltimore 1940.

McLuhan, T. C. (Hg.) *Touch the Earth. A Self-Portrait of Indian Existence.* New York, 1971. – Dt.: *... wie der Hauch eines Büffels im Winter. Indianische Selbstzeugnisse.* Aus dem Amerikan. von Elisabeth Schnack. Hamburg 1979.

Mails, Thomas E. *Fools Crow.* Lincoln, Nebraska, 1979 (Erstausg. Garden City, New York, 1957).

Martin, Calvin (Hg.). *The American Indian and the Problem of History.* New York 1987.

Matthiessen, Peter. *In the Spirit of Crazy Horse.* New York 1983.

Miller, David Humphreys. *Custer's Fall. The Indian Side of the Story.* New York 1992 (Nachdr. der Ausg. 1957).

Nabokov, Peter (Hg.). *Native American Testimony. An Anthology of Indian and White Relations. First Encounter to Dispossession.* New York 1991 (Erstausg. 1978).

Neihardt, John G. *Black Elk Speaks. Being the Life Story of a Holy Man of the Oglala sioux.* New York 1932. – Dt.: *Schwarzer Hirsch: Ich rufe mein Volk. Leben, Visionen und Vermächtnis des letzten großen Sehers der Ogalalla-Sioux.* Aus dem Amerikan. von S. Lang. Olten/Freiburg i. B. 1955; Taschenbuchausgabe: Bornheim 1982.

Olson, James C. *Red Cloud and the Sioux Problem.* Lincoln, Nebraska, 1965.

Ortiz, Roxanne Dunbar. *The Great Sioux Nation. Sitting in Judgment on America.* New York 1977.

Powell, Peter J. *People of the Sacred Mountain.* San Francisco 1981.

Powers, Marla N. *Oglala Women. Myth, Ritual, and Reality.* Chicago 1986.

Powers, William K. *Oglala Religion.* Lincoln, Nebraska, 1977.

Prucha, Francis Paul. *The Great Father. The United States Government and the American Indians.* Lincoln, Nebraska, 1984.

Rosa, Joseph G. und Robin May. *Buffalo Bill and His Wild West. A Pictorial Biography.* Lawrence, Kansas, 1989.
Russell, Don. *The Lives and Legends of Buffalo Bill.* Norman, Oklahoma, 1960.
Sandoz, Mari. *Cheyenne Autumn.* New York 1953. – Dt.: *Cheyenne.* Aus dem Amerikan. von Rudolf Beissel. Bamberg 1965.
Smith, Rex Alan. *Moon of the Popping Trees.* New York 1975.
Smythe, Donald. *Guerrilla Warrior. The Early Life of John J. Pershing.* New York 1973.
Standing Bear, Luther. *My People the Sioux.* New York 1928.
–. *Land of the Spotted Eagle.* Lincoln, Nebraska, 1978.
Thornsohn, Stig, Jens Damm und Annette Damm. *The Dream of America.* Højbjerg, Dänemark, 1986.
Urdang, Laurence (Hg.) *The Timetables of American History.* New York 1981.
Utley, Robert M. *The Last Days of the Sioux Nation.* New Haven, Connecticut, 1963.
Vecsey, Christopher (Hg.) *Handbook of American Indian Religious Freedom.* New York 1991.
Waldman, Carl. *Who Was Who in Native American History. Indians and Non-Indians from Early Contacts Through 1900.* New York 1990.
Walker, James R., und Elaine A. Jahner (Hgg.). *Lakota Myth.* Lincoln, Nebraska, 1983.
Walker, James R., und Raymond J. DeMallie (Hgg.). *Lakota Society.* Lincoln, Nebraska, 1982.
Walker, James R., Raymond J. DeMallie und Elaine A. Jahner (Hgg.). *Lakota Belief and Ritual.* Lincoln, Nebraska, 1980.
Washburn, Wilcomb E., und Harold M. Hyman (Hgg.). *The Assault on Indian Tribalism – The General Allotment Law (Daves Act) of 1887.* Philadelphia 1975.
Weatherford, Jack. *Native Roots – How the Indians Enriched America.* New York 1991.
Wetmore, Helen Cody. *Last of the Great Scouts. The Life Story of Col. William R. Cody (»Buffalo Bill«).* Duluth, Minnesota, 1899.
Wilkinson, Charles F., und Christine L. Milkas. *Indian Tribes as Sovereign Governments.* Oakland, California, 1988.

2. Artikel, Aufsätze und Fachzeitschriften

Akwesasne Notes. »Prosecution of Banks and Means Rests«, Juli 1974, S. 14f.

–. »The Custer Trials Go On«, Juli 1974, S. 16f.

–. »Ken Tilsen, WKLDOC Lawyer, Speaks on the Trials«, Juli 1974, S. 13.

Appleton, Caroline Dawes. »The American Indian in the War«, *Outlook*, 21. Mai 1919, S. 110–112.

Barsh, Russel Lawrence. »American Indians in the Great War«, *Ethnohistory*, Sommer 1991, S. 277–303.

Black Elk, Henry. »The Present Day Oglala Sioux«, *University of South Dakota W. H. Over Museum News*, Mai 1952, S. 1–5.

Buecker, Thomas R. »A History of Camp Robinson, Nebraska«, Chadron State College master's thesis, April 1992, S. 1–72.

–. und R. Eli Paul. »Cheyenne Outbreak Firearms«, *The Museum of the Far Trade Quarterly*, Sommer 1993, S. 2–12.

Clow, Richmond L. »The Indian Reorganization Act and the Loss of Tribal Sovereignty: Constitutions on the Rosebud and Pine Ridge Reservations«, *Great Plains Quarterly*, Frühjahr 1987, S. 125–134.

Danker, Donald F. (Hg.). »The Wounded Knee Interviews of Eli S. Ricker«, *Nebraska History*, Sommer 1981, S. 151–243.

Epp, Todd D. »The State of Kansas v. Wild Hog, et al.«, *Kansas History*, Sommer 1982, S. 139–146.

Grange, Roger T., Jr. »Treating the Wounded at Fort Robinson«, *Nebraska History*, Sept. 1964, S. 273–294.

Great Plains Quarterly, Winter 1991 und Winter 1994.

Green, Jerry. »The Medals of Wounded Knee«, *Nebraska History*, Sommer 1994, S. 200–208.

Guttman, Jon. »For Little Wolf and Dull Knife, Home Was a Thousand Heartbreaking Miles Away«, *Wild West*, Okt. 1989, S. 55f.

Hinman, Eleanor H. (Hg.). »Oglala Sources on the Life of Crazy Horse«, *Nebraska History*, Frühjahr 1976, S. 1–49.

Keith, A. N. »Dull Knife's Cheyenne Raid of 1878«, *Nebraska History*, Okt.–Dez. 1924, S. 116–119.

The Literary Digest. »Lo, the Rich Indian Is Eager to Fight the Savage Hun«, 1. Juni 1918, S. 56–62.

–. »American Indians True to Tradition in the War«, 8. Februar 1919, S. 54–57.

McDonald, J. Douglas, A. L. McDonald, Bill Tallbull und Ted Risingsun.

»The Cheyenne Outbreak Revisited: The Employment of Archaeological Methodology in the Substantiation of Oral History«, *Plains Anthropologist*, August 1989, S. 34–125.
Marley, Everett Leslie. »History of Pine Ridge Indian Reservation«, University of Nebraska master's thesis, 25. Juli 1935, S. 1–135.
Mason, W. Dale. »You Can Only Kick So Long ... American Indian Movement Leadership in Nebraska, 1972–1979«, *Journal of the West*, Bd. 23, Nr. 3, S. 21–31.
Meinhardt, Nick, und Diane Payne. »Reviewing U. S. Treaty Commitments to the Lakota Nation«, *American Indian Journal*, Jan. 1978, S. 2–12.
Miller, David Humphreys. »Echoes of the Little Bighorn«, *American Heritage*, Juni 1971, S. 28–39.
Miller, Yvonne. »Tribes That Slumber«, *True West*, Mai/Juni 1980, S. 38–41.
The Morning Star People. »Ancestors Come Home« St. Labre Indian School, Feb. 1994, S. 4.
Moses, L. G. »Wild West Shows, Reformers, and the Image of the American Indian, 1887–1914«, *South Dakota History*, Herbst 1984, S. 194–221.
Nebraska History. »Wounded Knee Special Edition«, Herbst 1990, S. 170–212.
Nebraskaland Magazine. »Fort Robinson Illustrated«, Jan./Feb. 1986, S. 3–114.
Roberts, Gary L. »The Shame of Little Wolf«, *Montana: The Magazine of Western History*, Juli 1978, S. 37–47.
Smythe, Donald. »John J. Pershing: Frontier Calvaryman«, *New Mexico Historical Review*, Juli 1963, S. 220–243.
Spindler, Will H. »Tragedy Strikes at Wounded Knee«, *Gordon Journal Publishing Company*, 1955, S. 30–37.
Tate, Michael L. »From Scout to Doughboy: The National Debate over Integrating Indians into the Military, 1891–1918«, *The Western Historical Quarterly*, Okt. 1986, S. 417–436.
Twiss, Gayla. »A Short History of Pine Ridge«, *The Indian Historian*, Winter 1978, S. 36–39.
University of Nebraska School of Journalism Depth Report No. 7. »As Long as the Grass Shall Grow«, 7. Juni 1971, S. 1–39.
Wounded Knee Legal Defense/Offense Committee. »Wounded Knee 1890–1973«, Nov. 1973, S. 1–30.

3. Veröffentlichungen der Regierung

Commissioner of Indian Affairs. *Annual Reports*, 1877–1880.

–. *Annual Reports*, 1868–1898.

Congressional Record, 90th Cong., 2d sess. »Medal of Honor 1863–1968«, 1968.

Dept. of Interior, U. S. Census. *Pine Ridge Indian Reservation 1886–1907.* Nebraska State Historical Society.

Dept. of Interior, Office of Indian Affairs. *Constitution and By-Laws of the Oglala Sioux Tribe of the Pine Ridge Indian Reservation of South Dakota*, Jan. 1936.

–. *The American Indian in the World War.* Bulletin 15, 1927.

–. *Treaty of Fort Laramie with Sioux, etc., 1851, 17. Sept. 1851. Treaty with the Sioux-Oglala Band, 1865, 28. Okt. 1865. Treaty with the Sioux-Brule, Oglala, Miniconjou, Yanktonai, Hunkpapa, Blackfeet, Cuthead, Two Kettle, Sansarcs, and Santee – and Arapaho, 1868*, 29. April 1868.

–. *Indian Schools and Education*, 1. Sept. 1939, S. 1–13.

–. *Letter from Ivan Drift to Mr. John Collier, U. S. Commissioner of Indian Affairs.* Nebraska State Historical Society Archives, 29. Dez. 1933, S. 1–5.

–. *Correspondence and Reports Between Agents Administering the Red Cloud/Pine Ridge Agency and Their Predecessors, Aug. 11, 1875 – Juni 30, 1914.* National Archives Bureau of Indian Affairs Record Group 75.

Dept. of Interior. United States Indian Service. *Student File of Guy Dull Knife, Sept. 1913 – June 1918.* Haskell Institute. Lawrence, Kansas.

–. *Letter from Pine Ridge Agent Charles G. Penney granting permission for Messrs. Cody and Salsbury to employ 125 Indians*, 11. April 1895.

House of Representatives Executive Documents for the 52nd Cong., 1891–1892. *Report of the Secretary of War*, Bde. 1–5.

Senate Report, 46th Cong., 2d sess. *Select Committee to Examine into the Circumstances Connected with the Removal of the Northern Cheyennes from the Sioux Reservations to the Indian Territory*, Juni 1880, S. 1–327.

–. *Correspondence between Secretary of War and Post Commanders during Cheyenne Outbreak.* Nebraska State Historical Archives, Feb. 1879, S. 1–49.

South Dakota Bar Association Report. *Rules of the Court of Indian Offenses, Pine Ridge Reservation (1909).* University of South Dakota Library, 21. Jan. 1909, S. 115–119.

U. S. Army. Camp Robinson, Nebraska. *Field Reports, Sept. 15, 1878 – Sept. 27, 1879.* Nebraska State Historical Society Archives microfilm.

U. S. Army. *Proceedings of a Board of Officers, Jan. 1879.* An investigation of the Cheyenne Outbreak, Jan. 1879, S. 1–217.
U. S. Census Bureau. *Economic, Infant Mortality, Life Expectancy, Suicide Rate, and Alcoholism Statistics for Pine Ridge Indian Reservation.* 1990 Census.
U. S. Supreme Court. *United States, petitioner v Sioux Nation of Indians et al.*, Supreme Court *Reporter* 448 U. S. 371, 65L.Ed.2d 844, 30. Juni 1980, S. 2716–2752.
–. *Summary of October 1979 Term: Indians.* Ibid., Okt. 1979, S. 414–416.

4. Tageszeitungen

Beaver City (NE) *Times-Tribune*
Chadron (NE) *Democrat*
Chicago *Tribune*
Denver *Post*
Gordon (NE) *Journal*
Indian Country Today
Kansas City *Daily Times*
Lincoln (NE) *Journal*
Lincoln *Star*
The New York Times
New York *Herald*
Omaha (NE) *Bee*
Omaha *World-Herald*
Rocky Mountain News
Sidney (NE) *Telegraph*
USA Today
The Washington Post

5. Archive

Camp, Walter. »Notes on the Flight of the Cheyennes and the Surrender of Dull Knife«. Nebraska State Historical Society Archives, Box 3–5, envp. 71.
Sandoz, Mari. »Notes on the Dull Knife Outbreak for book *Cheyenne Autumn*«. Nebraska State Historical Society Archives, MS565, Box 1.

DANKSAGUNG

An dieser Stelle möchte ich meinen Dank all denen abstatten, die zu diesem Buch beigetragen haben. Ich danke Phil Krous, Judy Barker, Margaret Odgers, June Levine, Dan Ladely, Ben Gregory, Pat McLoughlin, Rich Lombardi, Bill und Kathy Steinke, Woody und Georgia Garnsey, Jim Starita, Judy Olivetti und Melissa Malkovich, deren Freundschaft, Urteilsvermögen und gesunder Menschenverstand wesentlich dazu beigetragen haben, daß ich mein Konzept wie geplant in die Tat umsetzen konnte. David Wishart, dessen Sachkenntnis und Durchsicht des Manuskripts für mich von unschätzbarem Wert waren, danke ich ebenso wie Carl Hiaasen, Doug Clifton und Fred Grimm, meinen Freunden und Kollegen vom *Miami Herald*, die mich von Anfang an mit ihrem Rat unterstützten und es nie an Ermutigungen fehlen ließen. Richard Ovelmen und Edward Soto haben dokumentarisches Material beschafft und mich beraten. Jaime Obrecht und Bill Bowman, beides Vietnamveteranen, erklärten mir den Unterschied zwischen einem *trenching tool* und einem *entrenching tool* und vieles andere mehr. Die Fotografen Ted Kirk und Bob Feder kamen mit ihren technischen Fertigkeiten mit sämtlichen Fotografien, ob alt oder neu, bestens zurecht. John Carter und die Mitarbeiter der Nebraska State Historical Society gestatteten mir bereitwillig Zugang zu unerschöpflichem Quellenmaterial: Fotografien, Mikrofilmen, Büchern und Urkunden. Und das oft unter Zeitdruck. Tom Bueckner, der Kurator des Fort Robinson Museum, half mit seiner exzellenten Ortskenntnis und seinem historischen Wissen. Die Angestellten des Sierra-Vista-Pflegeheimes hatten sehr viel Geduld mit mir. Ferner danke ich Ellen Allen, der Archivarin am Haskell Indian Junior College, Will Norton und Michael Stricklin von der University of Nebraska Graduate School of Journalism für ihre Hilfe und dem Hitchcock Center für sein großzügiges Forschungsstipendium. Die Agenten Steve Delson, Frank Weimann und Jessica Wainwright unterstützten mein Projekt, und Neil Nyren, Lektor bei G. P. Putnam's Sons, trieb es stets voran.

Mein ausdrücklicher Dank gilt zwei Personen, deren Bedeutung für das Projekt nicht hoch genug geschätzt werden kann: Roger Holmes und Emily Levine, deren Engagement, Zielstrebigkeit und Bemühen, keine Fehler aufkommen zu lassen, nie nachließ.

Schließlich liegt mir ganz besonders am Herzen, den Lakota selbst zu danken: Marcella Gilbert und ihrer Mutter Madonna, die sich im Dorf Wounded Knee befand, Charles Trimble, dessen Bruder Al sein Leben lang für die Interessen der Oglala Sioux eingetreten ist, Charlotte Black Elk, Royal Bull Bear, Leonard Yellow Elk, Mel Lone Hill, Sam Loud Hawk und Richard Moves Camp, die stets beharrlich blieben und die Traditionen für ihre Kinder bewahrt haben.

Der größte Dank aber gebührt den Dull Knifes aus dem Pine-Ridge-Reservat, dem alten Mann im Pflegeheim, seinem Sohn und dessen Sohn, Nellie und Cora Yellow Elk, die mir allesamt zwei Jahre lang freundlich und geduldig Rede und Antwort gestanden und mir ihre Geschichte erzählt haben, ob im Zelt oder im Tipi, im Auto oder im Wohnwagen, beim Frühstück, Mittag- oder Abendessen, im Sommer oder Winter, in den Black Hills, den Rocky Mountains oder in den Kurzgrassteppen von Süddakota, Nebraska, Wyoming und Colorado.

Mitakuya-owasin.

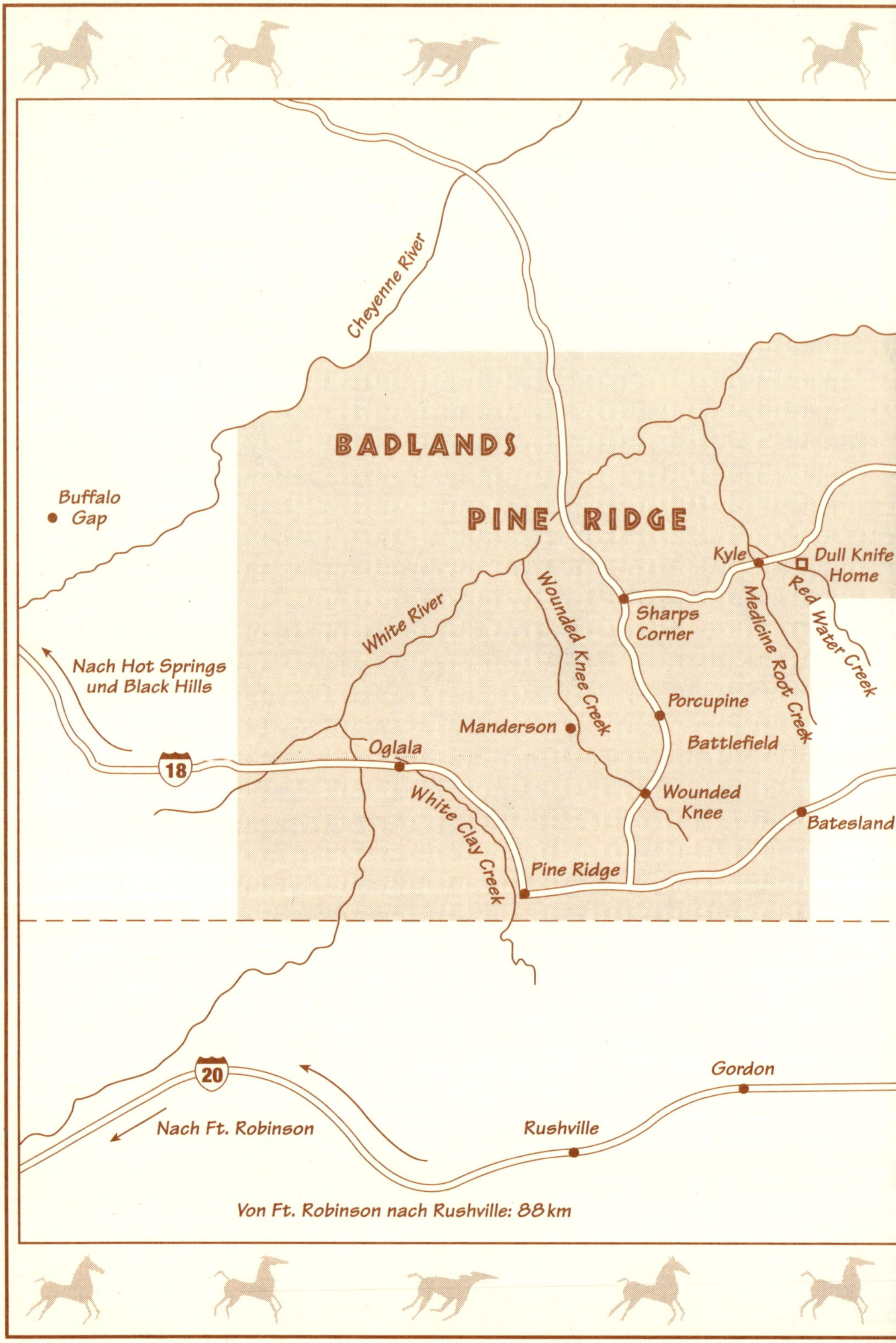
Cheyenne River
BADLANDS
PINE RIDGE
Buffalo Gap
Kyle
Dull Knife Home
Sharps Corner
Wounded Knee Creek
White River
Medicine Root Creek
Red Water Creek
Nach Hot Springs und Black Hills
Porcupine
Manderson
Battlefield
18
Oglala
Wounded Knee
White Clay Creek
Batesland
Pine Ridge
20
Gordon
Nach Ft. Robinson
Rushville
Von Ft. Robinson nach Rushville: 88 km